Deep Dive: Exploring the Real-world Value of Open Source Intelligence

深 潜
探索 OSINT 在现实世界中的价值

［美］Rae Baker 著

陈剑锋 张 玲 罗 仙 译

电子工业出版社
Publishing House of Electronics Industry
北京·BEIJING

Title: Deep Dive: Exploring the Real-world Value of Open Source Intelligence
by Rae Baker, and Foreword by Micah Hoffman
ISBN: 978-1-119-93324-3
Copyright © 2023 by John Wiley & Sons, Inc.
Simplified Chinese translation edition copyright © 2024 by Publishing House of Electronics Industry Co., Ltd.
All Rights Reserved. This translation published under license.
Copies of this book sold without a Wiley sticker on the cover are unauthorized and illegal.

本书简体中文版经由 John Wiley & Sons, Inc. 授权电子工业出版社独家出版发行。未经书面许可,不得以任何方式抄袭、复制或节录本书中的任何内容。

本书封底贴有 Wiley 防伪标签,无标签者不得销售。

版权贸易合同登记号　图字:01-2024-2031

图书在版编目(CIP)数据

深潜 : 探索 OSINT 在现实世界中的价值 / (美)瑞•贝克(Rae Baker)著 ; 陈剑锋,张玲,罗仙译.
北京 : 电子工业出版社, 2024. 12. -- ISBN 978-7-121-48971-6

Ⅰ. G252.8

中国国家版本馆 CIP 数据核字第 2025962A90 号

责任编辑：缪晓红
印　　刷：北京天宇星印刷厂
装　　订：北京天宇星印刷厂
出版发行：电子工业出版社
　　　　　北京市海淀区万寿路 173 信箱　邮编：100036
开　　本：787×1 092　1/16　印张：21.25　字数：530 千字
版　　次：2024 年 12 月第 1 版
印　　次：2024 年 12 月第 1 次印刷
定　　价：128.00 元

凡所购买电子工业出版社图书有缺损问题,请向购买书店调换。若书店售缺,请与本社发行部联系,联系及邮购电话：(010) 88254888, 88258888。
质量投诉请发邮件至 zlts@phei.com.cn,盗版侵权举报请发邮件至 dbqq@phei.com.cn。
本书咨询联系方式：(010) 88254760, mxh@phei.com.cn。

作者简介

Rae Baker 是德勤公司动态对抗情报团队（Dynamic Adversary Intelligence Team）的一名高级操作系统情报分析师，专门从事海上情报、人类情报、军事侦察和美国制裁相关研究。Rae 拥有扎实的平面设计背景，对图像分析和情报解读中"感知力"关键作用的发挥有独到见解。这些实用技能在她担任"OSINT 好奇心项目"（The OSINT Curious Project）执行委员会成员、"安全逃离行动"（Operation Safe Escape）团队负责人和国家儿童保护特别工作组（National Child Protection Task Force）志愿者等职位时发挥了关键作用。此外，Rae 还是一名持证私家侦探，她也是 Kase Scenarios 公司的所有者，该公司提供沉浸式的培训体验，旨在帮助个人在现实生活中从事 OSINT 工作作好准备。Rae 曾在 DEFCON Recon Village 和 ICS Village、Shmoocon、趋势科技的 DECODE 和 SANSOSINT 等世界各地的会议上发表演讲。Rae 还持有多个著名的行业证书，包括 SANSGOSI、ISC2 准会员（CISSP）和 AWS 解决方案架构师证书，同时也是 Trace Labs 黑徽章冠军获得者和最有价值 OSINT 奖获得者。

技术编辑介绍

  Espen Ringstad 是一名专门从事 OSINT 研究的高级情报分析师。Espen 因创办和运营 OSINT Curious Projects Discord 社区而闻名，该社区拥有来自世界各地 1 万多名成员。Espen 目前是 OSINT 培训公司 Kase Scenarios 的首席执行官和所有者。该公司专门从事 OSINT 实践培训。

致　　谢

　　我无法把所有值得感谢的人都列入这本书，但我会尽力而为。我不能不感谢在宾夕法尼亚州立大学的时光，特别是技术俱乐部对我职业生涯的影响。作为技术俱乐部的主席，我得以探索网络安全，结交终生好友，并结识了行业领袖，他们对我的成功起到了巨大的推动作用。此外，我要感谢 Patrick Laverty 和第八层会议（Layer 8 Conference）组织赞助作为学生的我参加他们会议的门票，并感谢 Trace Labs 首次将我带入 OSINT 的世界。

　　如果没有 OSINT Curious 团队对我的信任，我在 OSINT 社区的声音不会如此响亮。当我加入 OSINT Curious 董事会时，我感觉自己终于成功了。感谢 Ritu Gill 通读了本书，并花费很多时间提供了反馈和见解。

　　我要特别感谢我的德勤团队，他们是如此杰出和有才华，一直支持我，并不断教我新的东西。我永远不会忘记 Neal 和 J. P. 给我的关于人生道路的建议和指导。Anna、Justin M.，感谢你们无数个夜晚通读我的书并提供反馈意见，你们还为我天马行空的想法提供了坚定不移的精神支持，我对你们的感激之情无以言表。

　　我真的相信，如果没有 Espen 的帮助，我是不可能完成这本书的，他是我的技术编辑、支持人员和好朋友。Espen 花费了大量时间阅读我的草稿，提供反馈意见，并且听我抱怨。虽然这样的项目会考验我们的友谊，但我相信我们的友谊会因此更加牢固。

　　我还要特别感谢 OSINT 社区，感谢你们为想要学习和成长的人们提供了一个安全的空间。你们张开双臂欢迎和允许我分享对 OSINT 的热爱，你们成了我的朋友，对此我将永远心怀感激。

　　即便做了很多工作，这本书要是离开了 Wiley 的了不起的团队，将仍然难以面世。Jim Minatel、Pete Gaughan 和 Shannon Jade，他们让这个过程变得如此轻松。Jim Minatel 对我关于编写 OSINT 书籍的疯狂想法给予了信任，Pete Gaughan 是一位非常支持我的编辑，Shannon Jade 一路上给予了善意和有见地的反馈。

　　我在网络和 OSINT 社区之外的很多朋友经常耐心倾听我谈论 OSINT 技术和这本书，我非常感谢你们。Kelly，这些年来你为我付出了大量的时间和精力。Alex、Maddie、Angie、Lyndy、Katrien、Alicia、Chelsea，我们可能是偶然相遇，但你们已经成为我生命中最重要的支持力量之一。对于所有我没提到的人，我深表歉意，因为写了这么多页我真的已经累了。向我的父母致敬，他们让我相信无论遇到什么困难，我都能完成任何事情。爸爸，谢谢您花时间培养我对电子和计算机的兴趣。妈妈，感谢您向我灌输对艺术的热爱和无尽的创造力，它们渗透到了我所做的一切之中。

　　最重要的是，我要感谢我的丈夫，他毫无疑问地支持我，还要感谢我的孩子们，他们为了支持我的梦想，慷慨地牺牲了与我在一起的时间，这是我永远不会忘记的。如果他们为我感到骄傲，那么其他一切都不重要了。

序 言

在德国的一个小镇上，一位 18 岁的女子离开了她的家人、她的大部分财产和她所熟悉的一切，踏上了寻找更美好生活的旅途。她来到汉堡（德国州级市），在那里登上了远洋轮船。

曼哈顿号蒸汽轮船于 1939 年 1 月 17 日启航。这艘 705 英尺（1 英尺=0.3048 米）长的蒸汽轮船驶往美国，载有 1 300 名乘客。船上的舱单记录了这名女子的姓名、年龄、职业和读写能力。1939 年 1 月 26 日，轮船抵达纽约埃利斯岛。

通过互联网上的数据，我们能够很容易地了解到这位女子结婚、养育儿孙、在 98 岁去世的人生历程。她是我的祖母，她从德国到美国的史诗般的旅程被记录在政府文档和商业资料中，这些资料被数字化，并放在了互联网上。通过记录，我能够捕捉到她和我的家族过去的生活剪影，而这只是开源情报（OSINT）有效性和深刻性的一个小小的示例。

当你打开《深潜：探索 OSINT 在现实世界中的价值》一书时，你能够学习和磨炼各种技能，它们对你的工作和个人生活大有裨益。本书作者 Rae 在每章中都加入了不少故事、示例和实际应用，以此帮助读者在头脑中建立起 OSINT 工具之间的联系，以及使用这些工具的最佳时机。

对于 OSINT 圈子中的一些人来说，家谱数据是他们工作的核心；对其他人来说，交通数据可能更重要。还有一些 OSINT 人员可能会关注企业、社交媒体和暗网资源。本书涉及所有这些主题，并加入了额外的内容。OSINT 领域正在迅速发展，雇主和公众也渐渐开始了解我们其中许多人早已知道的事实：定位、收集和正确分析在线数据是当下职场的核心技能之一。这就是这本书非常有用的主要原因：它以简单易读的形式为你提供了探索真实世界的技能和经验。

我很荣幸被选中撰写这篇序言，希望你们向 Rae 学习。

Micah Hoffman
My OSINT Training 创始人

前　言

这本书为谁而写？

本书旨在为从入门到高级各个阶段的分析师提供帮助。书中的内容不仅适合那些希望对 OSINT 有基本了解的读者，也适合那些希望通过实际案例和开源情报领域顶尖专家的真知灼见来磨炼技术的人。

我的背景源于我在视觉艺术、犯罪调查和网络安全方面的经验。我在撰写本书时尽可能地列出各方观点，不仅包括来自情报界（IC）、执法界（LE）和网络安全界的观点，还纳入了可利用 OSINT 能力的其他领域和组织的观点。兼听则明，偏信则暗，我希望读完本书时，每个人都能通过新获得的知识、想法和观点来完善自己的技术。

你能学到什么？

阅读本书后，你将对 OSINT 的历史、目前的实践，以及对未来的预测有一个基本的了解。我们将学习如何应用情报周期的各个阶段，以及如何利用批判性思维和拓线思维来提高我们的分析能力。我们将广泛关注"像对手一样思考"的益处，学习在进行 OSINT 分析时如何运用这一思维方式使我们成为更好的分析师。

在开始学习技术之前，我们必须首先掌握如何通过基本的行动安全（OPSEC）策略和技术来建立高效、安全的研究账户，从而保护自己。

重点领域

第一部分：OSINT 基础

本部分围绕情报周期、如何应用批判性思维技能、行动安全最佳实践、撰写和分发报告、数据拓线、心理健康考虑因素，以及学会像对手一样思考等内容，介绍入门级 OSINT 基础技能。

第二部分：OSINT 进阶

在第一部分打下了 OSINT 核心技能的坚实基础后，我们将通过以下研究领域的高级技能来进一步提升我们的技艺：
- 第 5 章：人员情报

- 第 6 章：社交媒体分析
- 第 7 章：商业与组织情报
- 第 8 章：交通情报
- 第 9 章：关键基础设施和工业情报
- 第 10 章：金融情报
- 第 11 章：加密货币
- 第 12 章：非同质化代币

本部分的每章都将首先介绍基本概念和专家技能技巧，并辅以相关的案例研究和故事，通过现实世界中的实例将概念串联起来。

1）人员情报

学习使用 OSINT 丰富的公开数据来研究、跟踪和识别网络中人员的方法，以及如何通过唯一的主题标识符来定位和拓线；然后，了解如何、为何及何时能够利用公共索引资源。

2）社交媒体分析

介绍选择器识别、数据点收集和社交媒体数据拓线的各种方法，了解错误信息和虚假信息的识别和分析，以及如何验证信息的真实性和有效性。

3）商业与组织情报

深入了解大型、小型和非营利实体的内部运作机制。学习如何有效识别实体的结构、隶属关系、合同和案例资源。通过将组织数据与人员情报相结合，能够利用社交媒体和针对性的浏览器搜索来查找信息泄露事件。

4）交通情报

交通是社会的核心，在调查铁路、飞机、船舶、汽车、公共汽车和地铁时收集的数据可用于充实其他领域的 OSINT 分析结果。本章将介绍在调查中如何通过跟踪海运、陆运和乘客信息来获取有价值、有意义的交通情报。我们将了解在海洋中发生了哪些非法活动，以及如何利用地理定位和模式追踪来识别和分析这些事件。最后，我们将看到如何轻松地将交通情报与本书中的其他情报形式结合。

5）关键基础设施和工业情报

探讨电网、水处理厂、制造业、锅炉、管道等关键工业系统中的公共数据漏洞。研究可以从工业控制系统（ICS）、监控与数据采集系统（SCADA）和分布式控制系统（DCS）中收集哪些数据，通过使用 Shodan 和网络测绘技术调查哪些基础设施对互联网开放，从而找到突破口。我们将探索与互联网连接的物联网设备的定位方法，包括传感器、工具、电器和摄像头等。我们将了解关键物联网设备面临的挑战，如何识别可报告的漏洞，以及如何调查无线、蓝牙、Wi-Fi 和 LORA WAN 网络及相关的公开信息。

6）金融情报

概述负责预防金融犯罪的机构如何利用开源数据。介绍针对交易、欺诈或非法活动、跨国犯罪，以及与其他公开披露数据的分析方法。

7）加密货币

介绍加密货币的基本概念，并详细介绍各种形式的加密货币是如何运作的，然后将介绍加密货币的使用或滥用方式，以及如何通过钱包和账户信息找到账户的真正所有者。

8）非同质化代币

在这里，我们将了解什么是非同质化代币（NFT）。它们是如何被使用的，以及作为分析师，怎样利用它们来深入了解关于卖家和买家的信息。

为什么要学习 OSINT 技能？

OSINT 是一项非常实用的技能，可以有效地应用于许多职业领域，能够给许多情报分析技术带来极大便利，成为我们工作和生活的宝贵财富。事实上，我们可能已经在使用 OSINT 了，但自己却不知道！不少人经常在网上利用公开资源调查他们的新保姆、房屋清洁工或约会对象；志愿者组织使用 OSINT 技术来防止儿童剥削，或者通过研究家庭暴力受害者的网上活动痕迹来制订安全保护计划；企业使用 OSINT 来确保其组织和员工的安全；政府则使用 OSINT 来维护国家安全。OSINT 是越来越有吸引力的职业选择，因为它实在是太有趣了。

导　　言

与 OSINT 的"第一次接触"

我希望自己在很小的时候就和 OSINT 来个"亲密接触"，但事实上直到 2019 年我才知道 OSINT 是什么。而我做梦也没想到，在我一生中看似风马牛不相及的很多经历的潜移默化作用下，我竟然具备了在这个领域取得优异成绩所需的知识、热情和好奇心。

我的父亲是电气工程师，这意味着我从小就经常摆弄万用表、电阻器、电容器、发光二极管等电子玩具，当然还有计算机。我的第一台计算机是 Commodore 64，那是 20 世纪 80 年代末的事了，当时的程序都存储在 16KB 磁带盒里，软盘也是 51/4"标准。我清楚地记得，当时我正在学习如何在 DOS 下启动游戏，玩 Zork II。20 世纪 90 年代，我又在 Gateway 计算机上尝试写了一个能让球在屏幕上弹跳的代码，但没有成功。虽然有学习的兴趣和意愿，但数学和编码能力拖了我的后腿。由于对自己的技术能力缺乏自信，再加上高中经常逃学，我最终强烈地倒向艺术领域。绘画和写作对我来说简直是与生俱来的能力，我几乎没费什么力气就获得了视觉传达专业的副学士学位，并担任了近 15 年的高级平面设计师。多年来日复一日的艺术创作，使我变得越来越平庸，我急切地寻求新的挑战。回想一下，我总觉得我之所以选择成为一名艺术家，是因为害怕在技术领域一无所成。

36 岁时重返大学并不是一个容易做出的决定，当时我在高级设计师的工作岗位上过得很舒服。那时我有一个 2 岁的儿子，还有一个孩子即将出生。我需要更多的收入、更强的安全感，但比起它们，我更愿意迎接意志力的挑战。我立即进入宾夕法尼亚州立大学全球校园（World Campus）[1]学习网络、安全和风险分析，并在学习过程中担任了技术俱乐部主席。在此期间，我的工作重点是（通过远程方式）邀请行业领袖来讲述他们在该领域的地位与经历，并为学生提供建议。通过这项工作，我与信息安全领域的重要领导者进行了多次会谈，这对我来说是一个很好的交流机会。利用这些关系，几位俱乐部成员盛情邀请我参加在罗德岛举行的第八层（Layer 8）社会工程与 OSINT 会议（以下简称第八层会议）。在这次会议上，我第一次了解到什么是 OSINT。说到这里，让我们先稍微偏离当前的话题，来讨论一下"谋杀"（别担心，我没有杀过人，但犯罪调查是我的经历中非常重要的部分）。在学习、工作和家庭责任外，我有一个有点阴暗的爱好：我是一个超级真实"犯罪"迷。我收听过所有的顶流"真实犯罪"播客，看过几乎所有可以找到的犯罪纪录片（我甚至用 Excel 文件来维护这个列表），我身上还有西孟菲斯三人帮[2]（West Memphis

---

[1] 译者注：全球校园（World Campus）通过远程函授方式教学，取得在线教育学历。
[2] 西孟菲斯三人组是美国犯罪史上十分著名的三个犯罪嫌疑人，他们曾被判为杀人犯关进监狱，18 年后即于 2011 年 8 月无罪释放。

Three）中 Damien Echols 形象的文身。毫无疑问，我痴迷于犯罪博客，为什么呢？和其他人一样，我很容易被精彩故事的戏剧性情节所吸引，但除此之外，我对案件的调查和分析也深感兴趣。我渴望成为一名内行，能够还原案件幕后的人物、原因和方法。我就像"爱丽丝漫游仙境"中追逐面包屑而深入兔子洞的爱丽丝一样，陶醉于跟踪每个案件的细枝末节。朋友们，这就是我发现 OSINT 如此吸引人的原因。对我来说，OSINT 不仅是一份工作，它还是真实犯罪调查、可视化和信息安全之间的完美结合，是我个人生活经历的巅峰。在一个我从未涉足过的专业领域，我的经历和技能组合偶然间为我量身定制了这个职位，而在 2019 年首次参加这次会议前我甚至从未听说过它。

会议结束后，我决心将所有精力都集中在 OSINT 上，好好利用我市场营销的背景为自己打造一个品牌！我在哈里斯堡 BSides 大会上首次登台亮相并做了一个不自信的 OSINT 演讲之后，慢慢克服了一直以来对公开演讲的恐惧。此后，我又在 DEFCON、Shmoocon、SANSOSINT 峰会和第八层会议等一系列会议上做报告，发表了我对 OSINT 的看法。在转瞬即逝的一年中，我从一名平面设计师成长为 OSINT Curious Project 的执行董事会成员，并与 OSINT 界的顶尖人物并肩工作。最重要的是，我受雇于全球四大咨询公司之一德勤公司（Deloitte）的 OSINT 岗位，加入了一个最具才华的团队。我每天都在向他们学习。

每个人都梦想从事自己热衷的职业，对我来说，OSINT 就是这样的职业。我期待着能与你们分享我所学到的知识，并点燃你们对 OSINT 的热情。

目　　录

第一部分　　OSINT 基础

第 1 章　OSINT ··· 002
- 1.1　什么是 OSINT ··· 002
- 1.2　OSINT 简史 ·· 004
- 1.3　批判性思维 ·· 008
- 1.4　心理健康 ··· 010
- 1.5　个人偏见 ··· 011
- 1.6　伦理学 ·· 013

第 2 章　情报周期 ··· 015
- 2.1　什么是情报周期 ·· 015
- 2.2　规划和需求阶段 ·· 016
- 2.3　信息收集阶段 ··· 017
- 2.4　文档编制方法 ··· 025
- 2.5　处理与评估阶段 ·· 028
- 2.6　分析与生产阶段 ·· 030
- 2.7　报告 ··· 033
- 2.8　分发与消费阶段 ·· 037

第 3 章　换位思考 ··· 039
- 3.1　了解对手 ··· 039
- 3.2　被动侦查与主动侦查 ·· 043

第 4 章　行动安全 ··· 045
- 4.1　什么是行动安全（OPSEC） ······································ 045
- 4.2　创建 OPSEC 步骤 ··· 048
- 4.3　OPSEC 技术 ·· 052
- 4.4　研究账户 ··· 058
- 4.5　祝贺你 ·· 061

第二部分　OSINT 进阶

第 5 章　人员情报 068
- 5.1 概述 068
- 5.2 名称 074
- 5.3 用户名 077
- 5.4 电子邮件 081
- 5.5 电话号码 090
- 5.6 公共数据和个人信息泄露 092

第 6 章　社交媒体分析 101
- 6.1 社交媒体 101
- 6.2 持续社群监测 112
- 6.3 图像和视频分析 119
- 6.4 错误信息、虚假信息和恶意信息 128
- 6.5 综合利用工具 137

第 7 章　商业与组织情报 143
- 7.1 什么是组织情报 143
- 7.2 了解基本的公司结构 145
- 7.3 组织分析方法 147
- 7.4 识别组织犯罪 172
- 7.5 制裁、黑名单和指派 174
- 7.6 501(c)(3)非营利组织 176
- 7.7 域名注册和 IP 地址分析 180

第 8 章　交通情报 188
- 8.1 概述 188
- 8.2 船舶 198
- 8.3 铁路 208
- 8.4 航空 219
- 8.5 汽车 242

第 9 章　关键基础设施和工业情报 254
- 9.1 概述 254

9.2　分析关键基础设施、OT 和 IoT 系统的方法 …… 258
9.3　无线网络 …… 270
9.4　分析无线网络的方法 …… 275

第 10 章　金融情报 …… 281
10.1　概述 …… 281
10.2　金融犯罪与有组织犯罪形影不离 …… 283
10.3　分析方法 …… 290

第 11 章　加密货币 …… 298
11.1　加密货币概述 …… 298
11.2　暗网 …… 310
11.3　加密货币分析方法 …… 313

第 12 章　非同质化代币 …… 318
12.1　NFT 概述 …… 318
12.2　NFT 分析方法 …… 320

后记　下一步是什么 …… 325

第一部分

OSINT 基础

第 1 章　OSINT

1.1　什么是 OSINT

开源情报（Open Source Intelligence，简称 OSINT）指通过收集和加工公开信息来制作情报。这里所指的公开信息是无须秘密许可或入侵系统即可公开访问的数据，然而也可能来自像报纸这类需要付费的信息载体。公开信息可以从互联网、社交媒体、主流媒体、出版物、网络订阅、音频、图像、视频和地理空间/卫星信息等来源收集。

需要注意的是，OSINT 是一种纯粹被动的情报收集方法，也就是说，我们即使在数据库中获得了一个人的凭证信息，也不会使用这些信息去访问任何东西或登录系统。使用凭证或主动扫描/侵入系统属于主动侦查的情报分集方法，应留给白帽子、合法渗透测试人员或经事先授权/批准的行动计划的执法人员去做。归根结底，我们要在努力收集信息的同时尽可能减少"噪声"，以防被对手发现。

OSINT 听起来像一条为具有军事或情报背景的人准备的职业道路，但事实上这一领域由拥有多元化的经验和教育水平的从业者构成。许多久负盛名的分析师都有这样那样的经历。在从事调查工作、写博客和参加与 OSINT 相关的会议之前，我曾在一个营销团队担任过 15 年的平面设计经理。OSINT 最令人兴奋的一点是这个领域相对年轻且非常广泛，有无数专业方向，许多行业为确保信息安全都对 OSINT 分析存在迫切需求。因此，我们有很多机会培养自己对 OSINT 某个细分主题的兴趣，就像我在海事情报领域所做的那样。

不少工作领域都能用到 OSINT 技能，包括：

- 新闻学
- 情报部门（中央情报局、国家安全局、联邦调查局等）
- 政府
- 武装力量
- 商业
- 家谱学
- 教育（培训）
- 私家调查
- 安全评估

此外，拥有某些素质上的优势对于开展 OSINT 工作非常有利。如果要我为情报分析师选择一项必须具备的特质，那必然是好奇心。技术、写作技能和批判性思维都可以传授，但如果分析师缺乏深入挖掘和了解更多信息的好奇心，他就很难成为一名优秀的 OSINT 分析师。好奇心是调查和最终收集情报的驱动力。表 1.1 所示为优秀 OSINT 分析师应具备的素质和技能。如果它们不太适合你，也并不一定意味着你就和 OSINT 无缘，因为我们并非天生就是调查员。但是这种情况下，你可能需要通过进一步培训来学习这些技能。

表 1.1 优秀 OSINT 分析师应具备的素质和技能

好奇心	分析性	积极倾听	交流
注重细节	创意	技术兴趣	有条不紊
结构化	自我激励	书面/口头技能	批判性思维
有组织	顽强	—	—

有些对 OSINT 职业感兴趣的人可能会认为自己无法胜任，因为总觉得缺乏该职业所需的"出类拔萃的技能"。这就好比旁观顶级 OSINT 分析师的工作过程一样令人生畏。好消息是，OSINT 是一种思维方式，因此我们不必纠结于自己对 OSINT 工具掌握得不熟练，有条不紊、注重细节、充满好奇心将帮助我们找到应对挑战的创新方法。

假设有两个分析师，他们的任务都是查找与目标人员相关的电子邮件地址，分析过程如表 1.2 所示。

表 1.2 两个分析师查找与目标人员相关的电子邮件地址的过程

	分析师 1	分析师 2
步骤 1	在浏览器中搜索目标人员姓名	使用 LinkedIn 确定目标人员的雇主
步骤 2	查找与目标人员相关的博客	找到雇主的域名：company.com
步骤 3	目标人员的电子邮件地址显示在博客底部	在 Linux 中运行 Python 工具，查找泄露数据中所有与 company.com 相关的电子邮件
步骤 4	通过 emailrep.io 验证电子邮件地址是否处于活动状态	从 first.last@company.com 中找到目标人员姓名
步骤 5	—	通过 emailrep.io 验证电子邮件地址是否处于活动状态

分析师 1 用浏览器以"名，姓"的方式搜索目标人员的姓名。在搜索结果中，她发现了一个名为"（目标名）玩家博客"的博客，并注意到在页面底部有一个邮件地址 first.last@email.com。分析师用网络电子邮件验证工具 emailrep.io 分析该地址，就可以获得该地址的创建时间或最近使用日期。

分析师 2 采用了不同的方法，她首先在 LinkedIn 上搜索目标人员工作的公司，并迅速找到了域名 company.com。然后分析师切换到她的 Linux 机器上运行了一个高级分析工具，将域名地址与从互联网数据泄露案件中获取的电子邮件信息进行交叉比对。工具运行一分钟后，分析师找到了 first.last@company.com，这与目标人员的姓名相符。与前一位分析师一样，她也在 emailrep.io 中验证了电子邮件地址的最后活动日期。

两位分析师都能找到以目标人员姓名为原始线索的活动电子邮件地址。分析师 1 的方法简单直接，而分析师 2 决定使用她熟悉的高级工具。她们都完成了任务，并在报告中提供了活动的电子邮件地址，但哪一位分析师做得更好？这个示例的目的是说明通过各种方法都能够完成目标，通过什么途径完成无关紧要，但使用过于技术化的方法并非总是最佳选择。分析师 2 采取了额外的步骤，花费了更多时间来达到目的。就时间敏感的任务而言，时效性可能是任务的一个关键指标。分析师 1 很幸运，只花了很少的时间就找到了电子邮件地址，但在其他情形中，她可能需要花更多的时间来搜索。

1.2 OSINT 简史

在本节中，我将简要介绍 OSINT 的发展历史。

1.2.1 OSINT 的过去

50 多年来，美国情报界一直在以各种形式使用 OSINT。1941 年，罗斯福总统成立了对外广播监测局（Foreign Broadcast Monitoring Service，FBMS）。二战期间，FBMS 的首要任务是记录、转录和翻译短波宣传广播并用于军事报道。1941 年 12 月珍珠港事件后，FBMS 的重要性与日俱增，并被更名为联邦广播信息服务处（Federal Broadcast Information Service，FBIS）。二战结束后，杜鲁门成立了中央情报组，联邦广播信息服务处被划归其中，更名为对外广播信息服务处（Foreign Broadcast Information Service，FBIS）。

直至 20 世纪 90 年代，FBIS 都主要负责监测和翻译来自其他国家的新闻和宣传材料。它在古巴导弹危机和整个冷战期间为军方提供了重要信息，包括对苏联从古巴撤走导弹的最初报道。

FBIS 在全球设立了 20 个分局以便就近收集材料并加以利用。据称，用于监测苏联解体的情报中有 80% 归功于 FBIS。1997 年，由于预算削减和资金短缺，FBIS 濒临解散，但美国科学家联合会（Federation of American Scientists）的公开呼吁挽救了它，该组织称 FBIS 为"美国情报界的最佳投资"。

几十年过去了，OSINT 并未发生重大改变。即使是在美国"9·11"恐怖袭击事件之后，OSINT 也未发生显著变化。FBIS 收集的数据在当时被认为是 OSINT，但这种开源数据的收集和使用方式与我们今天所做的并不相同。

随着社交媒体的蓬勃发展，21 世纪第一个十年末期的 OSINT 与 1941 年的 OSINT 产生了巨大差别。新版本的 OSINT 诞生于互联网的飞速增长和发展时期，通过所谓的 Web 2.0 完成了从静态网页到用户生成内容（如社交媒体）的重大转变。互联网彻底改变了 OSINT 的信息收集实践。

2005 年，美国国家情报总局（DNI）创建了开源中心（OSC），受托通过人员培训、工具开发和新技术测试来确保美国情报界能够有效收集、共享和使用开源信息。当时，许多人认为开源情报是一种结构化程度较低且去中心化的信息收集方法，情报界在那时并没有充分认识到其潜力，也没有明确的、有效的信息共享手段。此外，他们还执着于检验信息的来源和分析方法，以评估信息的可信度，以及对可能直接暴露个人身份的信息

（Personally Identifiable Information，PII）进行保护。

尽管情报界暂时阻碍了 OSINT 的发展，2009 年反对马哈茂德·艾哈迈迪·内贾德竞选总统的伊朗绿色革命（被称为"推特革命"）清晰表明了将社交媒体分析纳入 OSINT 的重要性。虽然伊朗政权在整个暴力抗议过程中强制封锁媒体，但全世界依然通过社交媒体上的用户生成内容全面了解了这场革命。

> "个人正在以前所未有的方式公开其社交圈和职业圈的信息，包括在线表达个人情感、拍摄当地景点和事件的照片等。"

1.2.2 OSINT 的现在

随着手机和社交媒体使用的不断普及，我们拥有了新颖独特的方式来获取开源数据。Instagram、TikTok 和 Snapchat 等平台的兴盛激发了用户大量上传数据的热情，这使我们受益匪浅。地图和卫星图像的准确性和可访问性极大提升，之前还被定义为机密的信息现在允许用户公开检索。但与此同时，用户对安全和隐私的重视使具备加密通信能力的 Signal、WhatsApp 和 Telegram 等 App 成为主流，从而增加了 OSINT 获取数据的难度。这些数据障碍催生了开发独特工具的需求，这些工具通常通过 GitHub 等开源代码库提供给 OSINT 社区。在社交媒体上蓬勃发展的 OSINT 社区以博文、视频、播客和直播的形式提供免费培训。此外，还有一些合法的付费 OSINT 培训和认证。非营利组织也正在利用众包情报分析技术来解决人权分析、失踪人员定位等问题。

随着 Web 2.0 的蓬勃发展，OSINT 的领域已经扩展并超越了传统的情报界。随着开源分析师掌握了与其他情报收集方法相交叉的技能，情报学科之间的界限也变得越来越模糊。在传统意义上，情报部门分为五大类型：人力情报（HUMINT）、信号情报（SIGINT）、图像情报（IMINT）、测量情报（MASINT）和开源情报（OSINT）。近年来，我们看到技术、学科与社区内使用的各种情报开始融合。

传统意义上的五类情报包括：

- HUMINT（人力情报）：指通过人力收集信息；
- SIGINT（信号情报）：包括可由舰船、飞机、地面站点或卫星收集的电子传输信息；
- IMINT（图像情报）：包括地理空间情报（GEOINT）；
- MASINT（测量情报）：对从高空、机载 IMINT 和 SIGINT 系统收集到的数据进行高级处理和使用；
- OSINT（开源情报）：包括一系列广泛的信息来源，涵盖从媒体（报纸、广播、电视等）、专业和学术记录（论文、会议、专业协会等），以及公共数据（政府报告、人口统计、听证会、演讲、社交媒体等）中获取的信息。

卫星技术的进步使得分析师可以获得前所未见的公开来源的高分辨率卫星图像。在这些新图像的支持下，分析师可以将图像情报（IMINT）、地理定位和地理空间情报（GEOINT）技术融入日常工作中。Bellingcat 和信息复原力中心（Centre for Information Resilience，CIR）等组织就是这方面的例子，它们的分析师经常利用图像分析技术来识别人员和地点，用于说明人权侵犯行为和战争罪行。

人力情报（HUMINT）是另一个专业信息收集界限日渐模糊的领域。数据掮客使个人信息变得廉价且容易被公众获取。社交媒体的使用率急剧上升使得通过互联网追踪个人成为可能。以前的追债人和私家侦探的成名本领是能够追踪难以找到的人，他们依赖与其朋友和家人当面谈话来确定目标人物的位置。而现在，只需搜索网上的帖子、评论、点赞和签到，就能找到这些人。如今的私家侦探还可以利用信号情报（SIGINT）技术，通过无线爱好者提供的数据库和从世界各地收集的无线开放数据来追踪目标人员的蓝牙或 Wi-Fi 传输痕迹。

眼下，分析师可以访问我们从未见过的大量公开数据存储库。由于可用数据如此充沛，解析这些数据成为我们必须解决的艰巨任务。幸运的是，分析师已经开始与 OSINT 社区合作开发免费的开源工具，帮助我们理解堆积如山的新数据。这些解析工具的开发速度必须与互联网和社交媒体平台算法的变化速度相一致，这就催生了身兼开发人员的新型 OSINT 分析师的诞生。

令人难以置信的是，生活在今天的人们从未体验过没有互联网的生活，也不会体会到拨号上网的痛苦。孩子们一出生就留下了数字足迹，有些孩子甚至在出生时就注册了电子邮件账户！就在我们观察"社交媒体一代"受到的全面影响时，新的媒体形式还在持续涌现，OSINT 技术必须不断发展以适应这种情况。对我们而言，OSINT 的黄金时代似乎还远未到来。

1.2.3 OSINT 的未来

未来几年，当前的 Web 2.0 将向所谓的语义网（Semantic Web）或 Web 3.0 转变。语义网旨在通过定义和结构化使互联网数据具有机器可读性，进而使计算机能够更好地解释和理解数据。大数据、人工智能、自然语言处理和机器学习技术开始被应用于 OSINT 的收集、分析和报告，这些新技术通过与 Web 3.0 结合，能够为情报周期的各个阶段有效赋能。以下是在不同的阶段进行变革和加速情报周期的方式。

规划和需求阶段：通过先进的人工智能（AI）和机器学习（ML），利用从以往报告中汇总的线索，用户层面的规划和需求制定工作将变得更加易于理解和有的放矢。

收集阶段：随着大数据的持续增长，人工智能将帮助情报收集工作进一步自动化和简易化。机器学习和自然语言处理将被用于更准确地定位收集源，而高级分析师将能够在更短的时间内找到更多数据，并对其进行正确分类。

处理和评估阶段：人脸识别和模式识别将成为主流，有助于分析师更快地确定嫌疑人。自然语言处理将对收集到的数据进行审查、评估和解释，及时发现错误信息和虚假信息，进而对信息来源进行核查。

分析和生产阶段：自动化工具将通过关联和聚类，对收集到的信息进行更准确的分析。人工智能可用于绘制包含个人和企业数据的详细关联图。

分发和消费阶段：人工智能将为用户和分析师自动定制近乎实时的警报和报告，以便他们能够迅速采取必要的行动。情报消费速度的提升也将要求情报响应速度必须更快。

随着数据规模的不断扩大及数据分析与挖掘技术的持续改进，一个值得关注的新兴研究领域就是情感分析或意见挖掘。全球绝大多数人都在使用社交媒体讨论自己的观点和感受，其中的语气或情感可以使用自然语言处理、文本分析和计算语言学进行判定。利用相关工具对诸如人们如何说话、写作、使用表情符号和标签的内容样本进行分析，就可以估算出人们对某一特定主题的总体感觉。目前，我们看到这种技术被用于分析政府选举和公民抗议等事件。在2016年美国大选中，有一项研究的目标就是确定城市和农村地区之间，或服务区和工业区之间是否存在政治分歧[1]。研究人员使用Twitter应用程序编程接口（API，允许程序与应用程序通信），根据推文数据中被称为元数据的地理位置收集情感信息。研究结果表明，基于地理位置的情感信息确实反映了当地人的意见，这一做法可能对预测整体舆论有巨大的益处。未来，OSINT方法将越来越多地应用于日常预测分析。

2016年美国大选也说明了互联网内容是如何左右用户情绪和公众看法的，因此需要开发更多工具来打击日益猖獗的网络宣传、错误虚假信息和深度伪造行为，这类预测分析将成为情报界和执法部门用于侦查和预防犯罪的一种手段[2]。汤姆·克鲁斯（Tom Cruise）的电影《少数派报告》（Minority Report）完美地预言了一个未来场景，即犯罪行为在发生之前就能被发现和起诉。这部电影在2002年首映时，"预犯罪"的概念还闻所未闻，但到了2022年，我们可以看到这种预测分析的雏形已被广泛应用于执法和刑事司法领域。虽然对于这项技术事实上是减少了偏见还是强化了不平等和歧视，众说纷纭，但毫无疑问它将继续存在，并通过面部识别和物体检测技术持续强化[3]。

侦查和预测分析技术的普及也将使人们越来越善于对付它们。

对于情报界和执法部门来说，未来将有更深入、更实用的OSINT培训，使分析师能更有效地运用OSINT技能。未来的案件调查将受益于更强大的OSINT数据库和公民的众包协作[3]。虽然这种公民调查可以收集到许多线索，但也并非没有安全问题。未经培训的公民可能而且经常会泄露无辜者的个人信息，破坏证据，甚至不计后果地与嫌疑人接触。在公民调查持续增长的背景中，OSINT社区需要开发一种更有效的方法来提取、分析和可视化众包数据。随着OSINT概念通过电影、纪录片和播客的传播越来越普及，我们必须作好向未接受过培训的公民进行讲解的准备，表明分析者在被动情报收集过程中应遵循的道德底线。

马克·吐温（Mark Twain）曾将18世纪末美国的工业发展时期称为"镀金时代"

---

1 Ussama Yaqub, Nitesh Sharma, Rachit Pabreja, Soon Ae Chun, Vijayalakshmi Atluri, and Jaideep Vaidya. 2020. Location-based Sentiment Analyses and Visualization of Twitter Election Data. Digit. Gov.: Res.Pract.1, 2, Article14(April2020), 19pages.

2 Etter M, Colleoni E, Illia L, Meggiorin K, and D'Eugenio A. Measuring Organizational Legitimacy in Social Media: Assessing Citizens' Judgments With Sentiment Analysis. Business & Society. 2018; 57(1): 60-97. doi: 10.1177/ 0007650316683926.

3 J. Pastor-Galindo, P. Nespoli, F. Gómez Mármol, and G. Martínez Pérez, "The Not Yet Exploited Goldmine of OSINT: Opportunities, Open Challenges and Future Trends," in IEEE Access, vol.8, pp. 10282-10304, 2020, doi: 10.1109/ACCESS.2020.2965257.

（Gilded Age），因为那是一个"严重的社会问题被薄薄的镀金所掩盖的时代"[1]。这与即将到来的开源情报的"镀金时代"并无二致，在战争、抗议、个人隐私泄露和动乱等悲剧的共同作用下，开源情报的技术与发展日新月异。推动当前 OSINT 技术进步的许多因素都深深植根于政治中。作为分析师，我们有责任利用这些令人兴奋的新技术，在不带偏见或政治色彩的情况下开展合乎道德的调查。与此同时，这些新技术的出现也要求我们必须正确处理"灰色地带"，以保持分析师的职业道德。

使道德界限变得模糊不清的一个领域是在线众包调查，这是一种相对较新的公民协作方法，用于处理悬难案件和高风险实时事件这样的大型复杂案件。利用 Discord、Slack、Teams 和 Reddit 等团队协作平台和论坛，志愿者可以参与正在进行的实时调查。虽然这种技术已被"信息复原力中心"和 TraceLabs 等合法组织证明是有用的，但在这里我要明确提醒分析师们：不要参与未经审查的调查。

在非官方在线论坛上发布的案件通常不会对参与者进行程序审查，因而对其背景、道德和动机知之甚少。从道德角度来看，有人担心由未经培训的调查人员处理非官方案件，有可能影响调查人员自身，或者伤害受害者的朋友和家人，甚至干扰案件的指控者。2013 年在波士顿马拉松赛上发生的恐怖袭击事件，就是众包情报可能造成严重负面影响的最佳例证。

2013 年 4 月 15 日，马萨诸塞州波士顿一年一度的马拉松比赛中发生了两起爆炸。3 人在爆炸中丧生，264 人受伤，其中包括参赛者和终点线附近的观众。很快，联邦调查局发表声明称，他们在现场发现了尼龙碎片、滚珠轴承碎片和钉子，表明爆炸中可能使用了高压锅装置。接下来的几天里，就当联邦调查局不遗余力地寻找爆炸案嫌疑人的同时，互联网志愿者也开始了自己的调查。

热门论坛网站 Reddit 上的几个新闻"子论坛"非正式地对爆炸案嫌疑人进行众包调查。其中某个子论坛的一名用户认为，某个自 2013 年 4 月 16 日以来一直被报告为失踪的抑郁男子与嫌疑人有相似之处。该用户根据失踪男子苏尼尔·特里帕蒂（Sunil Tripathi）的长相，就武断地认定这次袭击可能是"出于宗教动机"。这个帖子得到了广泛的关注，很快苏尼尔和他的家人就受到了骚扰，最终他们的个人信息被这些网络侦探公布了出来。

2013 年 4 月 19 日，当局找到了真正的嫌疑人焦哈尔·察尔纳耶夫和塔梅尔兰·察尔纳耶夫。在警方的追捕下，塔梅尔兰中弹身亡，焦哈尔身负重伤并被逮捕，他于 4 月 22 日被指控密谋使用大规模杀伤性武器。在焦哈尔被捕后，Reddit 管理人员因对苏尼尔及其家人的错误指认和骚扰，向苏尼尔的家人道歉。悲剧的是，4 月 23 日苏尼尔的尸体在河中被发现，尸检显示他死于自杀。

1.3 批判性思维

用我最擅长模仿的连姆·尼森的腔调说，要成为一名有价值的 OSINT 分析师，就必

---

[1] Wuster, Tracy. "There's MillionsinIt!": "The Gilded Ageand the Economy of Satire." The Mark Twain Annual, vol.11, 2013, pp.1-21.

须磨炼"一套特殊的技能"。批判性思维,即"对现有事实、证据、观察和论据进行分析,从而形成判断[1]"的思维,可以说是我们武器库中最重要的技能。如果不具备对发现的数据进行批判性思考的能力,我们就无法在数据点之间建立情报关联,也无法评估其合理性。许多在社交媒体上从事信息核实工作的新闻记者,他们同时也工作在澄清虚假事实的前线。

信息正以惊人的速度轰炸着我们,辨别真假只能靠自己。蓄意生成的错误或虚假信息通过新闻、社交媒体和广告 24 小时不间断地传播。更要命的是,现在我们还必须考虑人工智能合成媒体,即深度伪造(Deepfake)者批量制造的虚假叙事。要核实这些汹涌而来的数据,我们需要具备批判性思维,以便对所获取的信息进行评估和反思。作为分析师,能够识别欺骗行为有助于有效收集数据,并使我们能够根据合法信息得出正确结论。

> "批判性思维不仅是把信息放在一起,找出规律,然后选择答案。它还涉及减少偏见,考虑所有可供选择的方案,并将其提交给决策者[2]。"

批判性思维能力是经验的积累,需要经过相当多的训练和实践才能运用自如。如果你觉得批判性思维很难适应,那也不要气馁,因为每个人都有非理性的时候。记住,即便是福尔摩斯也不是一直都能进行批判性思考的。掌握批判性思维的方法之一,是在调查中应用戴维·T. 摩尔(David T. Moore)对保罗和埃尔德的批判性思维模型的解释。该模型由 8 个主要步骤组成,旨在帮助我们用批判性思维看待问题[3]:

步骤 1:分析需求,确定数据收集的范围;
步骤 2:关键问题,确定情报应回答的关键问题;
步骤 3:考虑因素,我们应该聚焦哪些证据?这些证据会产生什么影响;
步骤 4:进行推论,确定用于推断的证据,以及它们是否存在偏见;
步骤 5:构造假设,确定对证据或任何关键问题的假设;
步骤 6:形成概念,确定证据的可靠性或收集方法的结果;
步骤 7:评估影响,定义关键问题的正确/错误结论可能产生的结果;
步骤 8:补充观点,确定有关情况的其他观点。

表 1.3 通过一个例子对批判性思维模型进行诠释[4]。

---

1 Edward M. Glaser. "Defining Critical Thinking." The International Center for the Assessment of Higher Order Thinking (ICAT, US)/Critical Thinking Community. Retrieved 16 May 2022.

2 Moore, D. T.(2006). In Critical thinking and intelligence analysis (p.76). essay, Center for Strategic Intelligence Research, Joint Military Intelligence College.

3 Moore, D. T.(2006). In Critical thinking and intelligence analysis (p.27). essay, Center for Strategic Intelligence Research, Joint Military Intelligence College.

4 Moore, D. T.(2006). In Critical thinking and intelligence analysis (p.51). essay, Center for Strategic Intelligence Research, Joint Military Intelligence College.

表 1.3　用于诠释批判性思维的示例

1. 分析需求	确定船只是否通过船对船转运方式非法转运石油，以逃避制裁
2. 关键问题	我们能否识别用于转运石油的油轮； 我们能否用 GPS 和卫星图像来核实这些地点； 我们能否识别混淆船只身份的方法
3. 考虑因素	如果想证实存在船到船的石油转运，我们应掌握什么证据； 如果想证实存在混淆船只身份的情况，我们应掌握什么证据； 哪些事情是无法被观察到的
4. 进行推论	从观察到的和收集到的证据中可以推断出什么
5. 构造假设	关于证据的假设是什么； 关于证据来源的假设是什么； 对非法转运石油有何假设
6. 形成概念	人为分析如何影响观测结果； 证据来源的可靠性如何
7. 评估影响	如果船对船非法转运石油的结论不正确，可能会发生什么； 如果船对船非法转运石油的结论正确，可能会发生什么
8. 补充观点	关于船对船非法转运石油，还有哪些其他观点

通过以上 8 个步骤的技巧，我们不难看出，这种方法可以应用于任何调查，从而启发我们从一个全新而独特的角度看待问题。实际上，这种方法可以帮助我们找到进一步分析的立足点（也称为拓线点）。在深入探讨如何通过拓线点取得进展之前，我们必须讨论一下经常被忽视的心理健康话题。

1.4　心理健康

OSINT 工作有时节奏快、风险高、刺激性过强。分析师可能因为入迷而一头扎进一个项目中，忽略了它可能对心理健康产生的有害影响。OSINT 案件调查可能涉及反复接触关于人权暴行、谋杀、视频影像、受害者陈述、酷刑和性剥削在内的各类数字内容。如果不适当考虑这些材料可能对人的心理产生的影响，特别是在反复见证受害事件的极端情况下，我们就无法以健康、可持续的方式处理这些材料。即使是经验最丰富的 OSINT 分析师，也需要反复认识这一工作可能带来的心理隐患。

我曾担任过预防和揭露剥削儿童行为的志愿者，也帮助过家庭暴力受害者，目睹了许多令人触目惊心和精神创伤的内容。我清楚地意识到，这类工作可能会导致多种类型的创伤和心理健康损害。对于分析师来说，与我们正在努力防止的暴行相比，心理健康似乎是次要的；然而，不良心理健康不仅会对我们的案件结果造成灾难性的影响，还会对我们的个人生活和职业生涯构成威胁。重要的是，我们要能够识别自己、朋友和同事身上不同形式的精神创伤，帮助他们阻止进一步的损害。以下是我们在情报领域工作时可能经历的一些常见形式的精神创伤。

替代创伤：与创伤幸存者共情而造成的创伤。
二次创伤：亲耳听到他人经历而造成的创伤。
同情疲劳：在帮助他人的过程中所经历的情绪、身体和心理影响。
职业倦怠：由于长期承受高度压力而导致的情感、身体和精神上的疲惫，通常会使人感到情感枯竭和不堪重负。
创伤后应激障碍（PTSD）：一种精神疾病，由于经历或目睹恐怖事件而引发的，会出现幻觉、噩梦和严重焦虑，伴随着不可抑制的事件回忆。

精神创伤的症状因人而异，从身体反应到情绪反应也不尽相同。精神创伤造成的物理症状可能会让受创者感到震惊，其影响能够像身体受伤一样具体和真实。以下列出了几种常见的精神创伤症状，以帮助你识别自己和他人的情况：

- 震惊
- 拒绝
- 愤怒
- 悲伤
- 情绪波动
- 易怒
- 苍白
- 倦怠
- 疲劳
- 心跳加速

OSINT 界有义务使人们关注和意识到保持心理健康的重要性，我们必须努力做到应对精神创伤的自我护理和自我评估，同时通过相应手段支撑新进入这一领域的分析师。他们有权在必要时寻求心理健康援助。在某些情况下，还应该为他们提供帮助性的预防措施。

如果你觉得自己正在经历精神创伤，请联系你附近的心理健康热线。

美国：联系美国国家心理健康研究所，发送短信 HELLO 至 741741，即可获得全美 24 小时免费保密咨询。

英国：发短信 SHOUT 至 85258，联系预防自杀热线。

1.5 个人偏见

偏见指对一件事、一个人或一个群体的偏爱或反对，这通常被认为是不公平的。换句话说，如果我们如此专注于某一特定结果或信念，那么我们的调查就可能会偏向于这一结果，而不管其原来的真相如何。偏见可能导致我们对收集和分析的信息做出错误的解释，这就破坏了实施成功有效的调查所必需的公正性。我们在意识到存在个人偏见后，就可以公开挑战这些偏见，将其归纳为模板，然后将其摒弃。从观察其他人的偏见中，我们能更容易地认识到自己的偏见。经常审视自己的偏见，反复问自己"为什么"，是清除可能渗透至我们研究中任何不公正信念的好方法。

- "为什么我认为这是可信的？"
- "为什么我相信这是证据？"
- "我是否表现出了偏见，为什么我会有这种感觉？"

假设你是尼古拉斯·凯奇的超级粉丝，你非常喜欢他的表演，甚至认为他是这个星球上最好的演员。巧合的是，你被分配到一个 OSINT 工作小组，负责调查和确定谁是世界上最好的演员。你能够作为一名公正的分析师来完成这项调查，还是会有意（或无意）干预调查结果，使其向着理想的方向发展？如果调查结果完全被你对尼古拉斯·凯奇的热爱所左右，那就无疑是**证实性偏见**！

证实性偏见不一定是恶意的，甚至也不一定是有意的，因为人类倾向于偏爱或证实我们自己希望相信的。作为分析师，我们在收集和分析 OSINT 时需要认识到证实性偏见。尽管这一点值得商榷，但相比尼古拉斯·凯奇的职业生涯，我们的研究成果可能会产生更为深远的影响。有证据表明，即使我们在收集和分析信息时努力保持主观性，事实上我们仍然会受到**认知偏见**的影响。

在调查一线，分析师有可能受到所接触到的首份数据的极大影响。这种**第一印象偏见**可能会对接下来的数据收集和分析工作产生连锁效应[1]。如果我们收集到的每份数据都存在偏差，我们就不得不怀疑这些信息和随后的分析是否是合理的。

如果你曾去过赌场，听到一位客人兴奋地宣称他们"手气正旺！"或他们"好运附体"，这就是所谓的**"手气旺谬误"**或**"聚类错觉"**[2]。这种现象会让我们将随机事件视为群体的特征和趋势。比如，你可能将在某个酒吧一起玩的人群都视为帮派成员，而仅仅因为你最近在该酒吧调查的 3 组人员恰好都是帮派成员。

结果偏见是指我们根据先前的结果做出决定，而不考虑导致我们得出该结果的因素和条件[3]。这种偏差会导致分析无效且不准确，因为每个数据点都是建立在之前不正确的数据基础上的。

盲点偏见是指我们认为自己的偏见比别人少，或者我们在别人身上找到了更多的认知偏见。实际上在某种情况下，我们看待自己的行为同样存在"盲点"。

《今日心理学》将**从众思维**定义为"一群理智的人在顺应大众潮流或认为无法进行反驳信念的驱使下，做出非理性或非最佳决策时的一种反常现象[4]"。如果你与同伴一起开展某项研究，他们提出了一个你不同意的主张，但你没有与他们争论，而是选择同意以保持群体和谐，这就是**从众思维**的体现。从众思维可能会损害一项本来是有效的调查，因为大众所认同的信息可能未经验证或充满偏见。

锤子定律是一种过度依赖熟悉工具的认知偏差。亚伯拉罕·马斯洛（Abraham Maslow）在 1966 年说："我想，如果你拥有的唯一工具是一把锤子，那么把一切都当作钉子来对待是很有诱惑力的[5]。"这种偏见可能是 OSINT 分析师容易遭遇的常见陷阱，他

---

1 Lim, K. H., Benbasat, I., & Ward, L. M. (2000). The Role of Multimedia in Changing First Impression Bias. Information Systems Research, 11(2), 115-136.

2 Gilovich, Thomas (1991). How we know what isn't so: The fallibility of human reason in everyday life. New York: The Free Press. ISBN 978-0-02-911706-4.

3 Gino, Francesca; Moore, Don A.; Bazerman, Max H. (2009)."No Harm, No Foul: The Outcome Bias in Ethical Judgments" (PDF). SSRN 1099464.Harvard Business School Working Paper, No. 08-080.

4 groupthink, 2022.

5 Maslow, Abraham Harold (1966). The Psychology of Science: A Reconnaissance. Harper & Row. ISBN 978-0-8092- 6130-7.

们常常把注意力集中在看似崭新而美妙的工具上，而不是花时间去学习分析方法和分析背后的"原因"。

1.6 伦理学

开源情报通常涉及复杂的隐私问题，如分析师、分析对象和任何第三方的隐私。隐私权的侵犯或丧失不但会对个人造成身体上的伤害，也会在情感和经济上造成破坏。作为分析师，我们在工作环境中经常需要收集个人信息，因此必须在强烈的道德观和伦理观的指导下做正确的事情。如果未经训练的人故意在网上披露个人信息，侵犯个人隐私（也称为"Doxxing""人肉搜索"），就可能导致欺凌、恐吓、失业、自杀或人身伤害，正如那些在2022年1月6日美国首都骚乱中为确认抗议者身份"提供帮助"的"社会调查员"所做的一样。OSINT提出了复杂的道德问题，却鲜有明确的答案。以下是我们在这一领域工作时必须考虑的几个普遍的伦理问题。

- 谁来决定哪些人应该享有隐私权？

在美国，我们拥有获取和分析公开信息的第一修正案权力，但个人也有合理的隐私权。不幸的是，在高强度的案件调查中，分析师可能会无意中对谁有罪、谁无罪，以及谁应该维护自己的隐私权做出带有偏见的判断。

可能的结果：对实时事件的调查可能是混乱无序的，我们认为自己看到的并非总是事实上发生的。匆忙指认嫌疑人可能造成伤害，调查者的错误分析也许会导致当事人失去工作。

- 违规使用泄露数据是可以接受的吗？

数据泄露是指在系统所有者不知情或未经其许可的情况下，从系统中窃取或删除信息的事件。由于这些数据是被窃取的，所以拥有或分发这些数据在道德上是不可接受的。

可能的结果：有些人认为，泄露数据的购买和使用会奖励犯罪者，从而导致更多的数据泄露事件。抛开道德规范不谈，如果你在执法领域工作，未经许可使用被窃取的数据可能会给你的案件带来严重后果。

- 我们认为某人做了违法的事，可以对其进行"人肉搜索"吗？

当分析师发现欺诈、恋童癖和盗窃等犯罪活动的证据时，他们可能倾向于公开揭露坏人及其罪行，其方式通常是"人肉搜索"，在网上公布他们的个人信息和罪行以便让所有人都能看到。有些人认为，因为这些数据是通过开源情报发现的，而且是出于善意而披露的，所以他们有权曝光这些信息。

可能的结果：当我们发现犯罪证据后决定自行处理而不是向当局报警时，我们将承担很大的风险，例如，错误地识别或指认了其他人员，届时我们会将自己、受害者及其家人置于危险之中，也可能会影响执法部门正在进行的案件调查。

- 我们能用重置密码的方式获取信息吗？

在网站通过重置操作获取个人账户密码，其目的是试图得到个人的部分或全部信息，如电子邮件地址、用户名、联系信息等。根据平台的不同，这种重置尝试可能会触发向账户持有人发送电子邮件或通知等动作。可以说，我们可能正在跨越"被动OSINT活动"

和"主动黑客攻击"之间的界限。

可能的结果：由于重置个人账户密码需要与账户进行实际接触，所以在某些情况下可能被视为主动介入。在未经利益相关者事先批准的情况下尝试重设密码，可能会危及案件调查和分析工作。此外，如果重置密码会让账户所有者知道有人试图攻击他们的账户，则可能会对进一步的调查造成困难。更有甚者，可能会让调查者转而成为攻击目标。

与密码重置类似，OSINT 的大部分工作可被视为具有道德挑战性的灰色地带，因为 OSINT 与其他安全和情报领域不同，并没有一套标准的道德规范可以遵守。为了给出一套统一的 OSINT 道德规范，我借鉴了（美国）国家情报总监办公室（ODNI）制定的《情报界职业道德原则》。

OSINT 职业道德：

- 我们寻求真相，客观地获取、分析和提供情报；
- 我们在调查活动中坚持诚信、负责任的行为和道德操守的最高标准；
- 我们遵守法律，确保以尊重隐私、公民自由和人权义务的方式履行我们的使命；
- 我们公平地对待所有人，尊重他们，不进行骚扰或歧视，避免伤害他人；
- 我们在行为上表现出正直诚信，铭记我们的所有行为，无论公开与否，都应在整个 OSINT 界产生积极的影响；
- 我们是公众信任的负责任的管理者，我们谨慎使用情报授权和资源，通过适当渠道报告不法行为，对自己负责，并最终对公众负责；
- 我们力求不断改进我们的技术，负责任地分享信息，与同事合作，并发扬创新精神。

"交流情报可以让人洞察到自己的朋友和敌人在说什么、计划什么，甚至在考虑什么[1]。"

——马克·洛文塔尔

1　Lowenthal, Intelligence: From Secrets to Policy, p71.

第 2 章　情报周期

2.1　什么是情报周期

情报周期源于情报界，在美国情报周期被视为以可靠和可重复的方式收集和处理信息的指南。该周期通常由 5 个关键阶段组成，从规划开始，到分发结束，如图 2.1 所示。然而，美国国家情报委员会前副主席马克·洛文塔尔（Mark Lowenthal）在其著作中建议插入一个反馈阶段[1]。他认为，决策者或利益相关者在获得情报后并非一定会采取行动，如果在情报周期中加入反馈阶段，将激励利益相关者阅读情报并向分析师提供反馈。

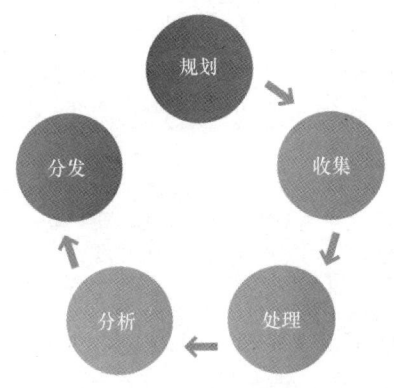

图 2.1　情报周期图

在情报周期中，首先要确定情报的主要利益相关者或消费者的需求。一旦需求确定、列出了清单、给出了优先次序，就可以用它们来推动数据收集工作。该周期以"反馈"结束，并以该过程结束时产生的新问题来重新开始下一个周期。

根据洛文塔尔的说法，情报周期由以下 6 个关键阶段组成：
- 规划和需求
- 信息收集
- 处理与评估

1　Intelligence: from secrets to policy / Mark M. Lowenthal.

- 分析与生产
- 分发和消费
- 反馈意见

2.2 规划和需求阶段

规划和需求阶段的关键要素包括：设计完成调查和制作最终产品的战略、确定利益相关者的需求，以及定义通过收集和分析要回答的情报问题等。需求应由主要利益相关者和接收最终报告的情报使用者确定。更简洁地，在开始调查之前，我们需要知道"是谁、做什么、为什么、怎么做"，这些信息由情报需求者来决定。作为分析师，有时我们可能倾向于在没有确定关键问题的情况下就直接开始收集信息，但这可能会将时间浪费在追逐不必要的线索和无法对其采取行动的糟糕情报上。

在明确界定主要利益相关者提出的问题后，我们必须制订一个从信息收集阶段到反馈意见阶段的详细计划。该计划主要回答以下几个基本问题：

- 该项目需要多少名分析师？
- 我们需要专门的分析师吗？
- 将花费多少时间？
- 将使用哪些数据源？
- 我们是否需要应用程序编程接口（API）来大规模收集数据？
- 是否有需要注意的法律问题或敏感问题？
- 数据将保存在哪里？
- 谁有权访问数据？
- 分析师会遇到哪些安全风险？
- 我们将如何合作？
- 我们将以何种格式存储笔记（思维导图、Word 文件等）？
- 最终报告是什么样的？
- 最终报告是演示文稿还是文件？
- 一旦利益相关者阅读了最终报告，他们将如何提供反馈？

不难看出，规划和需求阶段为流程的其余部分奠定了成功的基础。如果这一阶段没有得到利益相关者的认可，就会出现连锁反应，引入不必要的数据收集工作人员，进而导致无益的分析并给出无法指导行动的最终报告。

在这一阶段，重要的是确定我们用来收集数据的情报学类型（HUMINT、OSINT、IMINT、SIGINT，还是 MASINT），因为这往往决定分析师如何评估信息。这种区分也有助于确定使用的是完全来源情报还是单一来源情报，而这将影响产品的可信度和分类。一旦你确信调查的规划和要求已经确定，就可以进入下一阶段。

2.3 信息收集阶段

在这一过程中，我们应该已经成功地从利益相关者那里收集到了情报问题和需求，并制订和完善了其他阶段的实施计划。现在，我们可以进入情报周期中最激动人心的阶段——信息收集阶段。这是将预先确定的计划付诸行动的阶段，也是分析师最得心应手的阶段。从事先确定的、处于活动状态的数据源和应用程序编程接口（API）中，分析师开始专注于检索公共数据并查找可用信息。这一阶段收集的数据量及应遵循的任何法律限制，都应完全根据本阶段预先确定的要求来执行，并应符合主要利益相关者的需求。

根据数据收集渠道的不同，我们可能会遇到合规限制，因此我们必须始终了解所在国家甚至所在州有关收集个人数据的法律要求。在欧盟，《通用数据保护条例》（GDPR）等法律法规可能会让人感到困惑，例如，个人和新闻收集大多不受 GDPR 的约束，但执法部门与商业实体收集则需要遵循不同的框架。GDPR 为数据收集行动提供了一些指导，但在真正开始收集之前我们还必须征求法律意见，以确保行动不违法：

- 处理个人数据需要有法律依据；
- 在处理个人数据时，必须遵循 GDPR 中的以下原则：
  - 合法、公平和透明
  - 限制目的
  - 最小化采集
  - 准确性
  - 存储限制
  - 完整性和保密性
  - 问责制
- 必须预知、理解并尊重主体的权利；
- 必须确定我们是数据拥有者还是数据处理者。

根据个人偏好和需求不同，各个分析师和团队收集数据的方法可能有所差异。分析师可以选择从大数据收集、搜索引擎结果和社交媒体账户中任意一个起点开始研究。无论我们使用哪种方法，都必须理解并运用被称为"拓线点"的主要收集技术，这样调查才能取得成功。

2.3.1 拓线艺术

在收集阶段，我们会遇到指向其他数据的数据，这些数据可能与调查结果和用户账户相关联，这种追踪潜在线索的过程被称为"拓线点"。发现和利用信息中的潜在联系是一项宝贵的技能，也是所有 OSINT 信息收集工作的基础。我们通过基于电子邮件地址的"拓线点"过程来说明具体方法。

将电子邮件地址输入工具或搜索引擎，我们可以将该电子邮件与用户名、密码、电话号码、地址、姓名或 IP 地址等其他数据关联起来。在收集了所有这些数据之后，每条数据现在又成了新的起点，它们将进一步扩大我们的调查范围。实际上，每条新的信息都建立在上一条信息的基础上，当它们汇集在一起时就有了新的故事。不过，寻找"拓线点"需要练习。图 2.2 展示了从电子邮件地址出发的拓线场景。

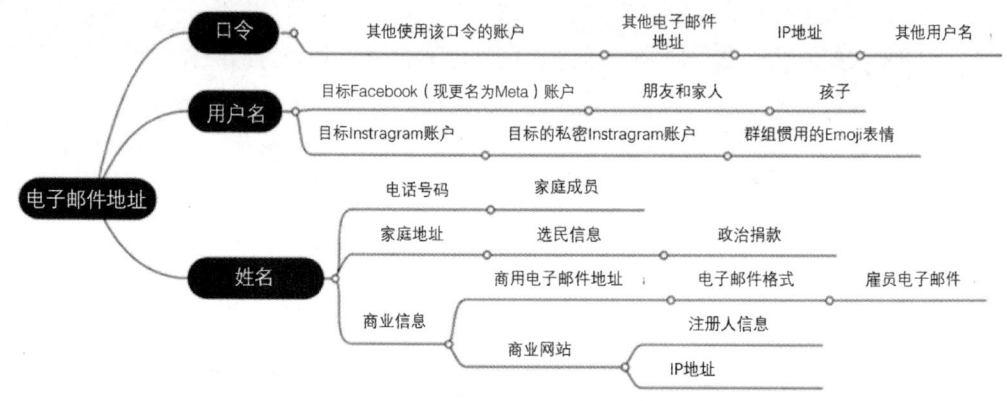

图 2.2　从电子邮件地址出发的拓线场景

可用的拓线点包括：

- 姓名
- 别名
- 外文名称
- 出生日期
- 简介图片
- 电子邮件
- 密码
- 电话号码
- 地址
- 住宅图片
- 用户名
- 企业
- 联营公司
- IP 地址
- 配偶
- 亲属
- 孩子
- 车辆信息
- 无线网络/蓝牙
- 社交媒体账户
- 数字货币钱包
- 旅行详情
- 使用的技术
- 领域
- 业余爱好
- 宠物名称
- 社区团体/会员

学会快速、高效地拓线是一门艺术，我们需要训练大脑以更好地发现和解读我们所看到的东西。艾米·赫尔曼（Amy E.Herman）在《视觉智能》一书中写道："学会看到重要的东西可以改变你的世界。"赫尔曼以艺术作品为工具，培训联邦调查局、情报分析师和财富 500 强企业去分析和重新思考他们以前看待世界的方式。赫尔曼认为，我们需要对事物进行两次观察，才能对其有一个全面的了解，她认为这种艺术可以直接应用于信息拓线过程。使用她的方法可以帮助我们在不受外界影响的情况下观察事物，然后再根据新的数据再次审视[1]。

- 先观察
- 参考其他已有信息或意见

---

[1] Herman, A. E. (2017). In Visual intelligence sharpen your perception, change your life (pp.55-56). essay, Mariner Books.

○ 再次观察

赫尔曼认为，重要的细节往往隐藏在众目睽睽之下，如果我们过分关注显著的细节，就有可能错过眼前的事物。为了克服我们忽视平凡的这种天性，帮助我们发现工作中隐藏的细节信息，她开发了COBRA方法（见表2.1）[1]。

表2.1 COBRA方法

COBRA方法	详情
C（Concentrate）	专注于事物的伪装
O（One）	一次只做一件事
B（Break）	休息一下
R（Realign）	重新调整期望值
A（Ask）	请别人和你一起看

专注于事物的伪装。作为一种生存机制，我们的大脑天生就会关注那些与众不同或格格不入的事物。要注意到隐藏在人们视线中的事物，我们必须强迫自己放慢脚步再看一遍，不带偏见地考虑我们看到的东西。

一次只做一件事。避免多任务处理，只专注目前的任务，避免认知超载。多任务处理会降低我们的效率和能力，并让信息溜走。

休息一下。为了保持对任务的长期专注，我们必须休息一下。感官超负荷会导致压力，而暂时离开一会儿再重新集中注意力，往往会带来突破。

重新调整期望。在我们的研究中寻找特定的东西，就有可能错过我们大脑认为的无关紧要的信息。我们的个人偏见在我们对一个案例的期望中起着巨大的作用，认识到偏见并设法超越它是必需的。

请别人和你一起看。人们都是通过不同的视角观察世界的，所以就我们的工作向他人征求不同的意见和观点会很有帮助。寻求与自己背景、观点和视角不同的人的见解，这可能会带来突破。

持续学习是情报分析师的必修课。我们应该训练自己的思维，使其不仅对局势中错综复杂的小细节，同时对更明显、更宏观的大细节也保持敏锐和开放的态度。举例来说，如果我们观察乌克兰画家奥列格·舒普拉克（Oleg Shuplak）的一幅视错觉画作的局部，就会发现似乎有一名男子坐在原木上弹奏乐器，而一名女子则坐在旁边聆听（见图2.3）。

不过，放大整幅画后，我们会发现一些令人兴奋的东西，因为画中的所有元素在视觉上关联起来。如果我们只看画面的局部，就会忽略男人和女人是一个更大的视觉幻象的一部分——这个幻象其实是一张人脸。

先别急着走！这幅画还有一个隐藏的元素。虽然我们关注的是画中的两个主要人物，以及隐藏在元素中的人脸这一更大范围的视错觉，但画面中还有一张人脸有待发现。仔细观察画中的树，你会发现树皮中同样隐藏着一张脸。

---

[1] Herman, A. E. (2017). In Visual intelligence sharpen your perception, change your life(pp.55-56). essay, Mariner Books.

图 2.3　一幅视错觉画作

这个练习的目的是帮助你理解，在调查过程中，我们不应当总是将注意力集中在细节或大局上，而是要对两者进行等量权衡，防止忽略可能就藏在眼皮底下的关键细节。学会识别重要数据并加以分析是一项艰巨的任务。值得注意的是，拓线的工作可以自动化，并外包给能够从多个来源收集大量数据、通过专用算法或人工智能技术来进行关联。昂贵的自动化工具可以提供许多新的数据点来进行拓线调查；但是，如果没有人类分析师来理解数据的相关性并从信息中提炼情报，那么收集到的数据就毫无用处。

作为多个专业 OSINT 课程和训练营的讲师，我逐渐意识到对于 OSINT 新学员来说，数据拓线概念是最难学习的，但也是最重要的技能。通常情况下，培训学生如何使用复杂的收集工具，要比教会他们如何探究和批判性思考容易得多。"硬"技能固然重要，但"软"技能（如创造性思维和创新能力）的价值也不应被我们忽视。对于某些分析师来说，分析思维是与生俱来的，但令人欣慰的是这些技能也是可以通过练习掌握的。以下是一些可以帮助我们加强分析思维和拓线技能的练习。

（1）就一个主题（你自己）编写一份报告。此练习以你自己为目标，看看有多少个人数据可以通过公开来源获得。

- 仅通过搜索引擎查找个人电子邮件地址，你能找到多少关于自己的信息？
- 找到你的个人用户名或社交媒体账户了吗？
- 能否找到任何官方记录，如投票信息或房屋购买记录？这些记录揭示了你的哪些情况，这些信息可以如何使用？

（2）编写一份企业报告。请任选一家公司进行这项练习，并尝试回答以下问题，这些问题用于撰写一份 OSINT 报告。

- 能否确定公司的电子邮件命名结构，是形如 firstname.lastname@email.com，还是

firstinitial.lastname@email.com？
- 利用上一个问题的结果，你可以使用搜索引擎找到这家公司的更多电子邮件地址吗？
- 在 LinkedIn 等社交媒体网站上，你还能找到哪些关于这家公司和员工的信息？

（3）发现用户名的相关信息。在本练习中，请使用你的一个用户名，并尝试回答下列问题。
- 在用户名查询网络工具（如 whatsmyname 应用程序）中进行搜索，你有多少账户使用该用户名？
- whatsmyname 应用程序中列出的所有账户都属于你吗？
- 使用你的电子邮件地址前缀作为用户名，能否找到属于你的其他账户？例如，在 Email123@example.com 中，Email123 是可以作为用户名搜索的前缀。
- 从你找到的每个社交媒体账户中，还能获得哪些数据？能找到出生日期吗？有当前的照片吗？有没有看到带有你家门牌号的照片？

2.3.2 克服 OSINT 挑战

在无法取得进展或找到任何有用拓线数据的情况下，即便是最优秀的 OSINT 分析师也可能停滞不前。在调查过程中，我们常常觉得自己已经追寻到了所有可能的线索，或者我们的常规搜索策略失效了。如果你也面临这种情况，请记住我当初在开始调查生涯时学到的最好的一课：没有信息也是一种信息。它的意思是，有时根本就没有数据，无论我们如何努力寻找都不会发现任何信息。这虽然会令人沮丧，但缺乏数据也是一种异常事件，当我们纵观调查全局时，必须报告这种现象。

如果不存在这种情况，而且你确定可以从调查中获取更多信息，那么 RESET 技巧和差距分析就是帮助分析师消除大脑迷雾、继续前进的好方法。

2.3.3 RESET 技巧

尼科·德肯斯（Nico Dekens）在非营利组织"OSINT 好奇心项目"的一篇博客中，介绍了如何利用"重置"（RESET）技巧重新启动和清理大脑，以帮助分析师实现更好的分析。这种技巧是一种奇妙的方法，通过让你的大脑"呼吸"，让超负荷的大脑向新的可能性和探索途径敞开大门。表 2.2 所示的 5 个步骤可以帮助我们的大脑跨越调查障碍。

表 2.2 RESET 技巧

R（Routine）例行公事	与其陷入每次调查都以相同方式完成相同流程的惯例怪圈，不如列一张清单，写下你想到的新点子。保持不断变化的工作方法有助于让你的想法保持新鲜
E（Emotions）情绪	保持情绪稳定是一种良好的做法，尤其是在创伤性和高风险的调查中。将我们的感受和想法记录下来，有助于防止可能影响案件的偏见和狭隘视野
S（Sever）切断	切断你与工作之间的精神联系，远离工作。离开调查和计算机的时间会让你的头脑焕然一新，能够更高效地处理数据

（续表）

E（Explore）探索	花时间探索和学习当前任务之外的内容。查看新工具，尝试新事物
T（Think）思考	尽量不要在思维周围筑起围墙，让它尽情梦想和驰骋。无拘无束的梦想往往能激发出令人耳目一新的新想法

每当分析师感到困顿或想从新的角度看问题时，他们都应采用 RESET 技巧。我实施 RESET 技巧的方法之一是从办公桌前站起来，走 30 分钟的路。从中获得的精神休息通常有助于为工作提供新的视角。RESET 技巧是重置思维的好方法，但我们还可以使用另一种名为"差距分析"的技巧来处理大量信息，并迅速理清头绪。

2.3.4 差距分析

差距分析是一种技术，其通过提问来有条不紊地对调查任务进行分解，对信息的整体性进行评估，从而找出存在的知识差距。以下是差距分析中使用的 4 个主要问题：
- 我已经知道了什么
- 这意味着什么
- 我还需要知道什么
- 我怎么才能知道

采用差距分析的好处在于，它能让我们迅速将大量信息提炼成更有条理、更易于管理的东西。

差距分析示例：

让我们来解答拉尔斯·维兰德在 Twitter 账户"每日问答挑战"Quiztime 上发布的地理位置问题（见图 2.4）。

图 2.4　Quiztime 上发布的地理位置问题

(1)**我已经知道了什么？** 图 2.5 显示，一艘长长的小船自东向西驶过一片平静的水域。图片右下方的码头和船尾悬挂着德国国旗。船头印有"Temptation"（诱惑）的名字和一个难以辨认的标志。水道两侧各有一条道路，其中一条似乎通往一个小镇，另一条道路旁边有一条自行车道。底角有一个玻璃天花板的建筑，根据遮阳伞和露天座位来看，可能是一家餐厅。画面中的两片绿地似乎都是农田；根据植物的生长位置，可能是葡萄园。

(2)**这意味着什么？** 根据我们找到的数据，这张照片的拍摄地点很有可能位于德国，靠近一条用于旅行和娱乐的水道。水道两侧有道路和葡萄园，右下角有一家餐馆，似乎还有一条自行车专用道。所有这些信息都表明，照片中的地点可能是一个旅游胜地。

(3)**我还需要知道什么？** 我们还需要知道餐厅或城镇的名称。

(4)**我怎么才能知道？** 我们可以从免费的海事跟踪数据库（如 Vessel Finder）中查找船名，以了解它的航向或常去的地方。利用谷歌地球的卫星图像，我们可以有条不紊地搜索德国境内那些两侧都有公路和葡萄园的水道。在原始图像上使用反向图像搜索技术，有可能找到类似的照片，从另一个角度拍摄的城镇（见图 2.5），或其他任何可识别的特征。

图 2.5　从另一个角度拍摄的城镇

利用差距分析技术，我们可以确定 Quiztime 原始照片的拍摄地点是德国摩泽尔河畔的贝尔斯坦和梅特涅城堡[1]。采用系统化的方法，将难题分解成小块、易消化的碎片，这样我们就可以只关注相关信息，这种方法不仅适用于从全局角度研究问题，也可用于回答分析过程中出现的任何问题。

2.3.5　我们为何拥有如此多的数据

2009 年，随着智能手机和社交媒体网站的兴起，一个有组织的公民新闻网络开始

---

1 One Million Places.com.

关注对伊朗政权的抗议活动。利用社交媒体和论坛在开放的互联网上进行抗议，公民们能够有效规避政府对通信的封锁，从而让世界其他地方的人都能见证。这一公民新闻网络对新型通信技术的有效使用，完美地诠释了技术性与连通性的融合令互联网迅速扩张。

开源情报的海量数据为 OSINT 研究带来了极大便利，但也成为数据收集工作的最大障碍。让人类手动收集和解析 ZB 级的信息，不仅会使我们的工作量超负荷，而且不太可能找出有价值的线索。工具的使用可以提高分析师的工作效率，特别是在面对这种信息采集难题时尤其如此。为了减轻手动采集数据的负担，我们可以使用数据聚合器、应用程序编程接口（API）和网络爬虫等工具。

数据聚合器：数据聚合器从一个或多个来源收集、处理和打包数据，并将它们以有用的方式展示出来供人们使用。常用于人员搜索的几个流行数据聚合器是 Lexis Nexis、Tracers 和 Pacer。

应用程序编程接口（API）：应用程序编程接口是连接两个应用程序的规范化接口，它为开发人员提供了一套规则，并据此来配置或修改软件相互调用的方式。以下是一些常用服务 API 的示例，这些 API 经常被集成到其他工具中：

- Shodan
- VirusTotal
- Dehashed
- EmailRep
- Greynoise
- IntelligenceX

网络爬虫：网络爬虫在互联网上查找链接、姓名和电子邮件等公开来源数据，这一过程被称为"爬取"。一旦"爬取"发现了新的网站或资源，它就会从互联网上爬取（或称为"搜刮"）数据，接着通过从搜索引擎等索引网站上找到的个人数据来进一步丰富信息内容。例如，房地产网站 Zillow 和人物搜索网站 That's Them 等索引网站通过对互联网的爬取，将多种来源的信息结合起来，并建立了自己的数据库。OSINT 常用的付费网络爬虫工具有 Pipl、Spiderfoot 和 Skopenow。

网络爬虫是一个有争议的话题，很多爬取行为都来自学术期刊、研究人员和档案保管员，不过一些人工智能公司也承认他们爬取了数十亿张社交媒体照片用于面部识别软件。尽管明显涉及隐私问题，但 2022 年 4 月，美国最高法院裁定爬取公众可访问的数据不属于滥用《计算机欺诈和滥用法》（Computer Fraud and Abuse Act，CFAA）的行为。

在分析中使用大数据的另一个陷阱是，从唾手可得的大量数据中，我们有可能认为在没有意义的地方存在有意义的模式[1]。德国神经学家克劳斯·康拉德（Klaus Conrad）将这种类型的感知偏差定义为"神游"（Apophenia）或"聚类幻觉"。2018 年发表在《欧洲社会心理学杂志》（European Journal of Social Psychology）上的一项研究得出结论，"神游"

---

[1] Danah boyd & Kate Crawford (2012)CRITICAL QUESTIONS FOR BIG DATA, Information, Communication & Society, 15: 5, 662-679, DOI: 10.1080/1369118X.2012.678878.

可以准确地解释阴谋论的发展[1]。为了避免在自己的工作中出现"神游",我们应当时刻意识到自己潜在的偏见,并寻求同事的反馈。尽管大数据技术存在这些潜在挑战,但它的最大优势是能够有效进行分类、查询,并能够快速、一致地提供给最终用户。

大数据带来的简化流程大大缩短了信息收集时间,使调查员能够更迅速地进入开发和分析流程。此外,许多现成的网络爬虫工具都会对收集到的数据进行威胁情报风险评分和异常预警,以提示分析师立即对最重要的发现开展调查。与此相比,大数据将众多数据来源增强并整合到一个数据集的能力,对分析师而言只是锦上添花的功能。然而,我们确实需要考虑拥有和管理如此庞大的个人信息数据集带来的责任。

作为处理大量个人数据的分析师,我们有道德责任,同时为了遵守 GDPR 也负有法律责任,也就是我们应将数据收集范围缩小到仅满足利益相关者要求所需要的程度。这种将数据收集限制在与原始需求相关的必要范围内的原则被称为数据最小化。在实践中,这也意味着我们收集和存储数据的策略必须非常有针对性。例如,如果最初的要求是让我们确定当事人是否从 A 点前往了 B 点,那么我们就没有必要收集当事人过去 10 年中的个人违规数据。如果我们在分析中无法减少数据收集量,那么我们应努力在完成工作后从文件和系统中删除不必要的个人数据。

2.4　文档编制方法

文档指的是我们编目和传递信息的过程。简单来说,这也是我们在整个调查过程中记录笔记的方式。笔记可以纯粹用于整理我们的思路,或者在执法或私人调查中用作证据。对笔记进行适当的准备和组织是满足调查要求的关键。

有效的文档工作始于准确捕捉利益相关者的需求和约定。如果不清楚我们需要回答的问题或利益相关者希望看到的数据(并将其作为证据),那么我们在工作开始前就已经失败了。如果分析师因为笔记没有条理导致遗失细节而必须重做研究,利益相关者可能会付出高昂的代价。预先对如何汇编和组织数据提出明确的要求,有助于我们组织数据;各国或各州也可能有必须遵守的数据收集法律。在知悉并理解这些要求之后,我们就能开始研究记笔记的最佳实践技巧了。

典型的记笔记技巧往往因人而异。例如,视觉型学习者可能更喜欢保存屏幕截图,而听觉型学习者可能会使用数字录音机来收集自己的想法。无论我们选择何种方式来记录我们的发现,我们都必须考虑以下几点,笔记应当:
- 对我们而言清晰易懂
- 对他人而言清晰易懂

由于我们很容易沉浸在 OSINT 研究的激动人心的过程中,所以我们可能都会犯这样的错误,即完全不顾条理和结构,只是顺手将笔记丢进文档中。在调查结束时,我们难免会忽略一些重要的东西,更糟糕的是我们不得不与团队或老板分享令人尴尬的凌乱笔记。

---

[1] Prooijen, J. v. (2018). The Psychology of Conspiracy Theories. United Kingdom: Taylor & Francis.

想象一下下面的调查场景：

分析师的任务是在一个月的时间内，就预先确定的主题找到一组特定的细节。她要完成情报周期的所有步骤；她要收集利益相关者的要求，并妥善制订调查计划。由于信息收集阶段运行良好，团队通过处理和分析所有数据，最终形成一份精美的书面报告，并上报给联邦调查局。然而，在反馈意见阶段，联邦调查局对报告中提到的一个人表示了兴趣，并询问分析师是如何找到该信息的。

在慌乱中，分析师回去翻阅她的笔记，却发现她没有准确地记录下她为找到相关人员所实施的步骤。现在，她必须回到联邦调查局，要么承认她没有相关笔记，要么需要申请额外的时间来重新研究。不幸的是，由于这场延误，传票的时间窗口已经关闭，联邦调查局无法再追查此人。

这个例子看似极端，但说明了信息组织的重要性。事实上，在处理时间紧迫的调查时，这种情况很有可能发生。笔记的准确性对高效开展调查至关重要，这一点在与其他分析师合作时会更加明显。

还有一种情况是笔记需要在团队内自由共享，我们既可以使用 OneNote 等笔记平台实时共享信息，也可以仅仅简单地共享 Word 文档。这种协作方式的好处在于，每位分析师的背景和视角不同，所以很可能形成新的线索。每位分析师都会根据自己的生活经历，从不同的角度看待相同的数据和数据间的联系。因此，拥有一个能够共同分析数据的团队可以提供新的数据拓线机会，并能激发数据收集方法的开发和创新。

但不幸的是，由于多个"写手"参与其中，合作笔记很快就会变得杂乱无章，分析师感受到过度的"数据疲劳"，无法找到能够开始工作的线索。分析师可能会独立工作，将自己的笔记囤积起来，只在必要时才与团队进行笔记互动，这种情况抵消了团队协作的整体效益。为防止分析师进入无序状态，应该提前商定一种笔记风格，或者指定一名牵头人来负责监督所做笔记的协调工作。此外，如果调查工作没有限制使用自动化工具，那么有些自动化工具可能会为协同工作提供更多解决方案。

基于 Chromium 浏览器的自动化工具（如 Hunchly 和 Vortimo）可同时用来收集和记录信息。这能够让分析师有更多的时间进行分析，而不需要花费太多时间在数百个打开的浏览器标签页中寻找内容。自动化工具不仅可以方便地收集图片、片段和文本，还能够在我们继续浏览的同时允许对要素进行标记来记录详细信息。调查完成后，我们只需要在这些工具中查看我们的笔记、标签和链接，就能根据收集到的详细信息生成报告。

取决于不同的案件复杂程度，我们可能需要在笔记中加入如思维导图、图表和图形等可视化内容。当我们审查自己的文档时，所使用的每种可视化内容都应该有特定的目的。在知识图谱中查看实体、链接和属性有助于更轻松地理解整个调查过程。另外，思维导图可用于解读数据点之间的联系和进行拓线。

虽然获取和记录数据的方法通常属于个人偏好，但最好还是多测试几种不同的方法，看看哪种最有效。你需要牢记每种方法的具体使用案例，同时考虑团队之间，以及团队内部成员之间的协作。以下是 OSINT 社区使用的一些重要文档编制技术与技巧：

- 始终假定笔记会被共享
- 使用带有说明的截图

- o 记录所获取的 URL 和来源
- o 使用已修改或已禁用的源页面超链接[1]
- o 使用表格工具来管理选择器
- o 记录流程和拓线步骤
- o 记录日期和时间
- o 阐明你做了什么，以及如何做的

（1）**Word 型文档**：基于文本的文档，它在计算机上的显示效果与打印文档相同。用于文字处理的软件有许多不同类型，具体取决于使用的是 Mac、PC，还是基于云的系统。常用的文档程序包括 Microsoft Word、Google Docs 和 LibreOffice。

优点：易于使用和访问。

缺点：对于大型调查来说比较麻烦，跨团队共享时很难保持条理清晰。

（2）**电子表格**：电子表格使分析师能够进行数据制表、计算、组织和分析，同时还能将数据可视化为图表、直方图和图形。在 OSINT 协作团队中使用电子表格，可有效捕捉和验证分析师与团队之间的实时数据。常见的电子表格程序有 LibreOffice Calc、Microsoft Excel 和 Google Sheets。

优点：易于创建可视化元素；分析师可以运行公式来快速统计和分析数据；有条理的布局；文件可被传输。

缺点：电子表格公式的学习难度较大。

（3）**Microsoft Teams**：主要用作通信平台。不过它也有文件共享功能，允许团队成员之间进行文档协作。

优点：易于使用，通常在企业环境中部署，可随时随地通过云访问。

缺点：不适用于调查，难以进行大型分析，可能存在漏洞，界面有待改进。

（4）**Microsoft OneNote**：一款笔记应用程序，允许创建多个笔记本，其中包括内容标签和独立页面，还能与 Microsoft 套装产品无缝集成。

优点：易于使用，非常适合协作，可轻松共享完整的笔记本，采用微软标准进行文字处理，可导入微软文档，可轻松粘贴照片以在团队中共享，通常在企业环境中部署，可随时随地基于云进行访问。

缺点：可能会有漏洞，如果记事标准不统一，大型调查可能会变得笨重。

（5）**Google Workspace**：一系列基于云的协作工具，包括 Google Docs、Sheet、Slides 和 Drive。这些工具可与微软的 Office 产品相媲美，让分析师及其团队之间实现无缝共享，并具有谷歌产品一贯的高可用性。

优点：易于使用，协作简单，可随时随地访问。

缺点：复制和粘贴存在一些问题；由于是托管在谷歌服务器上的而不是个人托管，处理敏感资料时安全性较差；你的数据可能会被别人访问。

（6）**Hunchly**：一款付费调查工具，由加拿大安全顾问兼作家 Justin Seitz 开发。该软

---

1 译者注：这么做是为了避免在查阅笔记时，不小心跳转到源页面。

件可作为浏览器的扩展程序运行,在进行调查时,Hunchly 会捕获 URL 和屏幕截图,以便你在工作时记录笔记并无缝跟踪调查过程。

优点:Hunchly 是一款开发成熟的工具,在 OSINT 界备受推崇。使用该软件可以最大限度地减少浏览器中打开的标签页数量,并在跟踪信息来源的同时收集和记录工作过程。

缺点:付费工具,略有学习难度。

(7)**Vortimo**:由 Paterva(创建 Maltego 的公司)创始人 Roelof Temmingh 于 2019 年开发。它是一款免费工具,可作为浏览器的扩展程序运行,与 Hunchly 相似,可在你工作时在后台捕捉进程和数据,并通过维护来源列表来简化分析。

优点:免费,能很好地捕捉动态内容并不断分析新的拓线数据,最大限度地减少浏览器中打开的标签页数量。

缺点:仅限基于 Chromium 的浏览器使用,最大的缺点是浮动叠加框经常会在你工作时碍事。

(8)**Obsidian**:一款笔记和知识库软件,它使用本地系统中的文本文件和媒体文件来存储笔记和生成幻灯片、思维导图等。

优点:界面简单易用,个人使用免费。Obsidian 为本地存储,其安全性更高,更易保存。它的一个很酷的功能是,可以将待处理的数据自动生成幻灯片和思维导图。有很多 Obsidian 的教程可以学习如何使用该工具。

缺点:目前还没有用于团队协作的托管式解决方案,它在不需要与团队共享实时笔记的项目中效果最好。此外,Obsidian 对于两人或两人以上的公司或团队是收费的。

每种记录工具都提供了让分析师在记录流程时节省时间和精力的独特方式。无论我们是选择手动记录工作还是借助自动工具,一旦我们进入情报周期的处理与评估阶段,拥有一份清晰、完备的调查结果记录将被证明是非常有用的。

2.5　处理与评估阶段

根据美国国家情报局局长办公室(ODNI)2022 年的说法,"情报是在美国境内或境外收集的信息,涉及:对我们国家、人民、财产或利益的威胁;大规模杀伤性武器的开发、扩散或使用;与美国国家或国土安全有关的其他事项"。事实上,在整个情报信息收集阶段获得的所有数据都只是原始数据,应由分析师通过处理和评估,加以利用、提炼,才能转化为有价值的情报。

在完善数据的过程中,我们可以使用 Cyber Chef 等工具清理数据,这是一款免费的网络工具,可以解密数据字符串。我们还可以开始翻译编译后的外文文本,并利用第一阶段确定的关键利益相关者问题,尝试对文档中我们关注的数据进行解释。此时,我们还需要考虑所收集的数据是否准确可信。

在过去十年中,由于虚假新闻报道和图像生成持续涌现,对信息核实的需求成倍增长,本书后面专门用了一整节的篇幅来讨论它。这个问题也是情报周期中处理与评估阶段不可或缺的一部分,这里将简单介绍一些核实策略。情报界有几种用于数据核查的专业评级系统。北约海军法典（NATO Admiralty Code）就是这样一种评估方法，旨在评估所收集信息的可靠性，以及数据的可信度（见图2.6）。

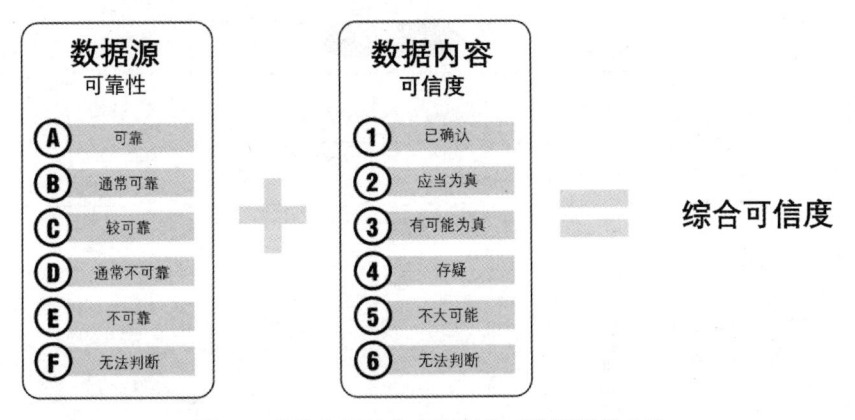

图2.6 北约海军法典中数据的可信度评估方法

首先对数据源根据可靠性进行评估，赋予字母 A~F 的等级。之后，根据数据内容被证实的可能性，对其可信度进行评估，给出 1~6 的分值。通过对数据源和数据内容进行适当分级，可为用户自主决定数据是否可验证提供依据，而这对构建基于事实的情报至关重要。在对收集到的数据进行处理和评估后，我们可能需要向利益相关者提出进一步的问题，以确保他们收到有效的情报。

2.5.1 范围界定

根据利益相关者的要求，重新确定工作重点、定义和缩小工作范围以避免可能存在的误导，这种行为被称为"范围界定"。在情报周期的任何阶段，只要利益相关者认为有必要，就可以进行范围界定。通常，在情报需求最终确定并交给分析师之前，会有一个初步的范围界定过程。如果在后续的范围界定过程中情报问题和要求发生了变更，我们就需要停止处理，重新启动情报周期并重点关注新的要求。我们可以把范围界定过程想象成一个漏斗，数据从一端进入，经过一系列问题和要求的筛选后，从另一端出来的只有最相关的数据。在范围界定过程中，我们可能还有机会利用其他闭源数据来丰富我们的结果。

2.5.2 数据富化（Data Enrichment）

作为开源情报分析师，我们可以通过数据富化过程将自己的数据与利益相关者认可的第一方（内部）和第三方（外部）的数据相结合以进一步丰富我们掌握的数据，填补其中缺失或不完整数据的空白。加入内部来源的数据后，我们可以从收集到的数据中得出更深入、更准确的信息。

以下是如何使用数据富化的几个例子：
- 使用内部执法数据库以查询目标人物的车辆信息；
- 查询付费的第三方营销数据库以查找主题信息；

- 参考内部威胁情报手册以收集有关威胁行为者的信息。

图 2.7 所示为数据富化的一个例子。

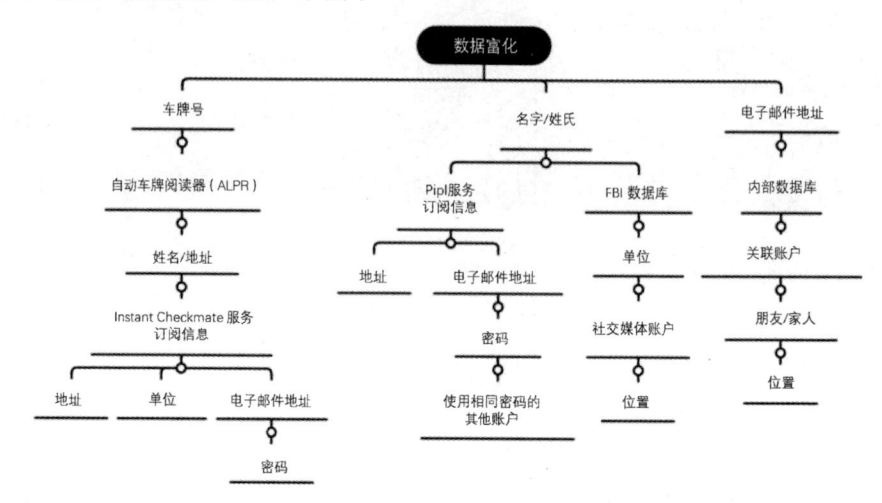

图 2.7　数据富化的一个例子

如果实施得当，数据富化能够帮助我们在数据点之间建立关联。例如，假设一名金融欺诈分析师正在调查一名潜在的诈骗犯，而分析师所掌握的唯一线索就是诈骗犯的电子邮件地址。首先，分析师可以通过内部欺诈数据库和外部 OSINT 查找工具查询该电子邮件地址的匹配信息。实现目标的方法之一是使用 SpiderFoot 等有助于自动发现关联账户的工具。搜索结果显示了目标电子邮件账户的以下详细信息：

- 它与活跃的社交媒体账户相连；
- 它目前仍在运行和使用中；
- 它可以在多个证书泄露事件中找到；
- 它与一个黑客论坛上的帖子有关。

接下来，针对初始电子邮件地址工具发现的新信息，分析师可以使用第一方和第三方的数据来富化它。根据使用时间戳，能够确定该电子邮件地址处于活动状态并正在使用。利用与电子邮件地址相关联的社交媒体账户、漏洞数据和社交媒体帖子，分析师可以对该地址背后的个人进行详细调查。

2.6　分析与生产阶段

在情报周期的分析阶段，我们对经过翻译、解密和解释的数据进行评估，以生成情报产品。根据需要，我们得出的结论可能会进一步与其他保密和非保密来源的信息融合。在这一过程中我们应该问自己：「收集的数据能告诉我们什么？我们为什么要关心这些数据？」在最终的数据确定后，我们就可以开始思考如何向利益相关者分发这些信息。

根据紧迫性的不同，情报产品可以采取立即报告的形式，也可以采取长期评估和持续报告形式。更重要的是，在这些报告中我们要解决在规划和需求阶段所确定的问题，并根据利益相关者的需求生成相应格式的报告。对许多分析师来说，这一阶段可能不那么让人感到兴奋，但它是整个调查过程的关键部分。无论利益相关者是否精通技术，如果不能以一致而全面的方式向他们提供关于调查结果的信息，那我们作为分析师就是不合格的。在撰写情报报告时，必须对报告里的信息进行审查，确保其准确性，同时遵循情报工作的五大原则：

- 必须及时
- 对确定性和不确定性必须有明确界定
- 报告必须为读者量身定制
- 报告必须易于理解消化
- 报告必须能够回答情报问题

2.6.1 可视化

在调查分析、团队协作和最终报告的创建过程中，有许多种方式可以有效组织数据，使得它们能够被更深入地阐述和理解。分析工作的可视化方案将完全取决于个人喜好，除非在向利益相关者提交的报告中事先约定了图形的呈现方式。在这种情况下，我们希望以最佳格式绘制图表，以便读者理解我们的要点。以下是一些用于数据可视化的方法。

思维导图：思维导图用于组织想法，以可视化方式显示数据并查看各部分之间的关系。这种可视化方式通常仅供团队成员内部协作使用，用于说明数据点之间的拓线或联系（见图2.8）。

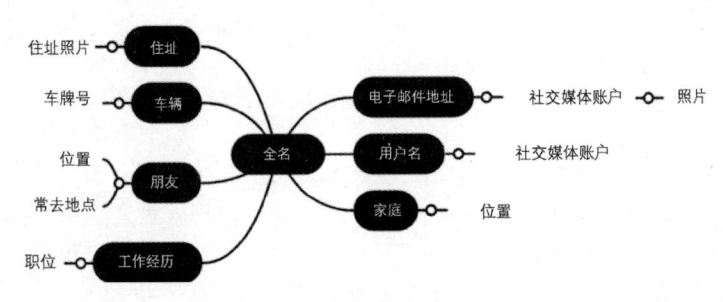

图2.8 思维导图的示例

表格：表格是一种可视化的信息摘要方式，它们易于阅读，通常用于对数据进行可视化分类（见表2.3）。

表2.3 表格的示例

选择器类型	选择器	更多详情
电子邮件地址	fakeemail@fake.com	密码：password123，bestengineer123，qwerty321
出生日期	01/28/1979	在"birthdayapp"泄露数据集中发现
职位名称	总工程师 Fake 公司	曾任 Fake 公司地面测量员

图表：条形图和柱状图等图表可用于显示量化数据（见图2.9和图2.10）。可以使用 Microsoft Excel、Open Office Calc 和 Google Sheets 等免费和付费软件创建图表。

明文密码与公司名称

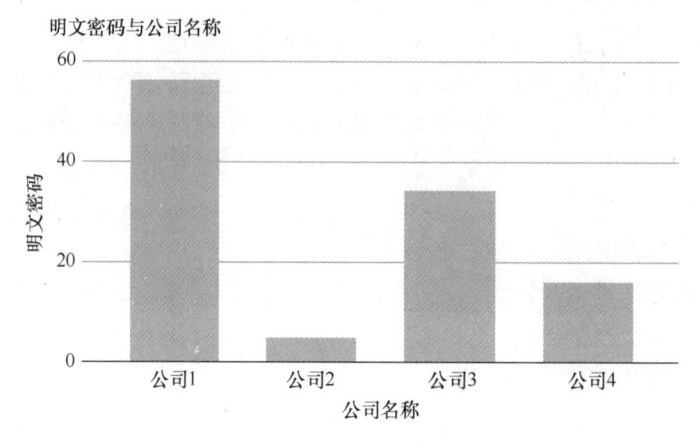

图 2.9　柱状图的示例

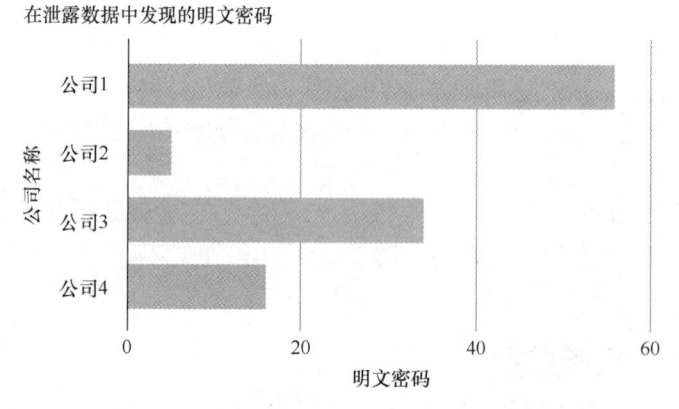

在泄露数据中发现的明文密码

图 2.10　条形图的示例

链接分析图：这类图表可将数据用图形表示，显示两个或多个数据点之间的关系。市面上这类软件类型很多，根据所提供功能的不同，价格也不一样。也有一些公司提供有限制的免费版软件。Maltego 就是这样一家公司，它提供可用于信息收集和构建基于节点的链接分析图表的免费社区版软件，可以通过它分析链接关系（见图 2.11）。

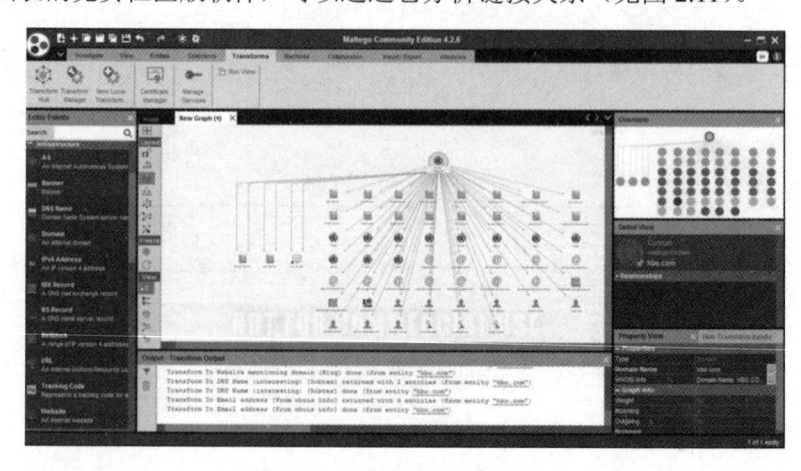

图 2.11　链接分析图的示例

2.7 报告

OSINT 报告是向利益相关者传达情报调查结论的载体。报告的目的是让读者了解我们发现的信息，为决策提供建议或阐明情报上下文。报告应为消费者量身定做，并假定它们可能会在更大的范围传播，因此任何细节都需要让读者一目了然，不需要进一步介绍。报告的风格因公司、分析师和调查目的而异，但在编写报告时应牢记一些关键提示。

首先，要考虑报告的读者是谁。读者是注重技术的人，还是对技术细节不感兴趣的首席执行官？应针对不同的读者性格类型来定制报告；记住，有些人对数据敏感，而有些人则更注重视觉效果，尝试在一份报告中融入这两种概念；始终把重点放在"所以会怎么样"之类的问题上，并确保用简短精练的段落撰写；无论读者是谁，他们都应理解所传达的信息，并都能获得相同的知识要点；使用非常谨慎和准确的语言，以避免语义混淆；慎重选择用于表达分析者想法和结果的词语，不要使用行话、冗词、修辞或含糊不清的词语；尽量避免读者误读或误解所读内容。

你可能听说过这样一句话："越血腥，越吸引眼球"（If it bleeds, it leads）。这句话在 19 世纪 90 年代末由著名新闻人威廉·伦道夫·赫斯特（William Randolph Hearst）道出并被不断传播。这句话表明，最令人震惊和可怕的新闻标题会得到最多的关注。以最重要或最令人震惊的信息作为标题的命名模式，可以在被称为"倒金字塔"的记者写作指南中找到（见图 2.12）。

图 2.12 "倒金字塔"的记者写作指南

位于这一倒金字塔最上方的是最重要的信息。在 OSINT 报告中，这一部分就是我们的内容摘要，在这里简明扼要地总结我们的发现。接下来，倒金字塔的中间部分是放置所有重要的信息的地方，以对内容摘要进行补充，它们是报告的主体，包括我们发现了什么、我们是如何发现的，以及整改建议。最后，在金字塔的底端是最不重要的信息（其他），如附录和索引。

2.7.1 报告语气

在撰写 OSINT 报告时，写作的语气应具有说服力和分析性。在报告中遣词造句的方式会影响读者对我们试图传达信息的理解水平。让我们的写作更具影响力的方法之一就是使用积极的、具有说服力和分析性的语气表明观点。

没有观点信息的："我们正在研究 OSINT 在美国政府内部的整体效能。"
包含观点信息的："美国政府在实施 OSINT 方面举步维艰。"

2.7.2 报告设计

设计和布局得当的报告应该简洁、有条理、易于阅读。如果利益相关者收到的报告杂乱无章，字体大小、颜色和间距各不相同，他们就有可能遗漏我们试图提出的关键要点。这可能会导致调查中止，或对分析师的形象造成不良影响。

首先，要考虑报告的受众是谁，首席执行官收到的报告应该与联邦调查局或普通公民收到的报告不同。一定要以最终读者为中心量身定制格式和术语。我们应该选择易于阅读和连贯的颜色（如蓝色、绿色和黑色），搭配字形和字号都清晰易读的字体。

应使用粗体标题或横线等分隔方式来划分有意义的部分。标题应简明扼要地概括后续段落中的信息，以便读者快速浏览并找到与自己最相关的内容。

图片（如照片、图表和截图）应包含图号以供参考，所有表格应包含表号。应使用 APA、MLA 或脚注，适当引用网站 URL 和参考文献。

图像和表格的大小应保持一致，以免读者产生混淆。同样，尽可能统一报告文件的命名。

（1）标题和日期。

报告的标题一定要简短，但要有描述性，如果需要还应包括报告编号。这看似显而易见，但我们应始终标明报告的日期以明确其发布时间。

（2）内容摘要。

内容摘要是我们进行底线前置（Bottom-Line-up-Front，BLUF）陈述的地方。BLUF 是一个军事术语，指将所有重要的细节都放在报告前面以节省读者时间的做法。像首席执行官这样时间宝贵的读者会很喜欢这样的摘要，因为他们不必翻阅整份报告就能找到重点。

（3）主体或分析。

这一部分是调查工作的重点，也是我们回答利益相关方提出的所有情报问题的地方。分析部分是报告的主要部分，应分为几个章节为读者提供必要的信息，使其了解调查的过程和结果。一定要花时间解释清楚"所以会怎么样"这类问题，以便读者理解报告蕴含的价值并有所收获。在撰写分析部分时，尤其要保持积极和有说服力的语气，以激励读者采取适当的行动。我们还必须注意不要将观点绝对化，这是一个责任问题。例如，我们**不能百分之百确定**我们找到了目标人物的电子邮件地址，但这封电子邮件**极有可能**是目标人物发出的。

（4）总结。

在报告的最后有必要为读者重述内容摘要，它是我们的分析和结论的浓缩版本。

（5）推荐阅读。

除内容摘要外，我们还可以根据调查结果向读者提供可能的补救措施和建议的行动项目。撰写报告的目的是让读者了解我们的调查结果，回答有关情报的问题，并就如何开展下一步工作提出我们的专业建议。

（6）附录。

如果我们引用了大型图片、表格或辅助性细节信息，应将其放在附录中，并在报告中适当引用。

示例

我们已经掌握了执行 OSINT 调查所需的技能和 OSINT 报告的关键技巧，现在让我们用一个案例来说明如何将这一切结合起来。

任务：

我们的"X 客户"认为他的一名员工在互联网上泄露的信息侵犯了知识产权，希望约翰私人侦探公司进行调查。

要求：

X 客户希望获得知识产权被侵犯的证据，包括我们能找到的该员工如何外泄数据的任何细节，作为起诉该员工的前提。调查持续 30 天，然后向 X 客户提交一份单页报告。

初始信息：

电子邮件地址：employee02@clientxcompany.com

员工全名：Willbfired

数据收集和拓线：

在这个项目中，我们可以主要关注目标及其在网上的互动对象，从而确定目标的能力和动机。拓线点可能包括以下内容：

- 社交媒体账户
- 用户名
- 朋友
- 家庭
- 电子邮件地址
- 在线活动情况
- 暗网活动情况

数据富化：

在本例中，使用如下信息来富化数据：

- 付费背景调查工具

> - 调查数据库
> - 车牌数据
> - 下载数据库（泄露数据）
>
> **分析：**
> 分析工作使用开放源数据和付费数据库信息进行。所有收集到的信息和流程都记录在约翰公司私人调查网络上的 OneNote 文档中。
>
> **可视化：**
> 将获得的信息存储在 OneNote 的表格中，详细说明每项信息的发现位置，以及与案例的相关性。收集过程使用思维导图进行记录，仅供内部分析师使用。
>
> **报告：**
> 30 天后，根据利益相关方的要求编写单页报告，并按要求分发。

2.7.3　报告范例

报告范例如图 2.13 所示。

John's Private Investigations

Client X OSINT Report
Project Name: Client X, Intellectual Property Theft 004
Date: May 16, 2022
Time: 11:00am EST
Investigator: John Q. Investigator

Executive Summary:
Analysts at John's Private Investigations (JPI) observed through Open Source Analysis the sale of Client X intellectual Property by user "Ipthief" on the dark web forum "Money4IP" for $74,800 USD. The Paypal account within the post was associated to the email "employee02@clientxcompany.com" which was provided to JPI as an initial selector. Based on the association of the subject to the provided email, it is highly likely the employee stole IP from Client X by saving it to a USB drive to sell on the dark web for profit.

Analysis:
Observation 1: Email address "employee02@clientxcompany.com" was observed in breach data associated with the password "ipthief."

Observation 2: A post by user "Ipthief" on the dark web forum "Money4IP" mentions they work for ClientX and exfiltrated the data using a USB thumb drive.

Figure 1: Screenshot of post by user ipthief on dark web forum Money4IP

Observation 3: The same post by user "Ipthief" on the dark web forum "Money4IP" asks for payment of $74,800 USD via their paypal at "employee02@clientxcompany.com"

Summary:
It is highly likely based on observations made by JPI that Employee Willbfired knowingly exfiltrated ClientX's intellectual property on a thumb drive for the purpose of selling this information on the dark forum "Money4IP."

Recommendations:
JPI recommends installing a USB locker or lockdown software on all company systems as well as actively monitoring dark web forums for posts relating to ClientX.

Appendix:
Additional Selectors observed:

Email Address	Willbfired@email123.com
Username	Ipthief2

图 2.13　报告范例

2.8 分发与消费阶段

Lowenthal 认为，不应将"分发"和"消费"作为两个阶段放在正常的五步流程中，而应将其合并为一个阶段[1]。在向利益相关者提交报告时，即使材料很有说服力，也不一定总是能促使他们采取行动。作为情报周期中的一个环节，情报消费更有可能带来讨论和回应。此外，利益相关者使用情报的方式，以及他们作为利益相关者对调查所承担的义务也很关键，我们可以通过正式报告和快速提示来实现这一点。

2.8.1 快速提示

有时可能需要立即向利益相关者报告关键信息，以便让他们立即采取行动。在上一节的报告示例中，我们查明了涉及知识产权的数据在暗网市场中被销售。在这种情况下，利益相关者不希望一直等到最终报告出炉，而是能够及时收到警报或"提示"。相关情报应包含有关发现和可能的补救措施的快速 BLUF 声明。

2.8.2 反馈阶段

从一开始的规划和需求阶段，利益相关者和分析师之间就应建立积极的沟通渠道。而在整个过程结束，甚至报告发布之后，他们也应当保持沟通。这种持续的沟通使分析师能够评估最初的需求问题在多大程度上得到了回答，进而对分析结论做出相应的调整。同样，持续的反馈也有助于确定是否需要回答更多的问题，以及是否需要进一步收集信息。

2.8.3 情报周期的挑战

情报周期旨在为整个情报界内外的标准化程序提供规范指导，但它也同样面临挑战。在《情报与国家安全》一书中，阿瑟·赫尔尼克（Arthur Hulnick）概述了他认为当前形式的情报周期所面临的若干挑战。他认为，作为分析师，我们不应指望或依赖利益相关者在周期的规划和需求阶段提供适当的指导[2]。这种认为情报系统会自动将需求通知分析师，而不是由分析师主动发现问题的错误想法造成了当前的被动局面。如果分析师不去主动出击，而一直在等待利益相关者指导，那么信息收集阶段就迟迟无法开始。根据 Hulnick 的观点，更好的方法是将规划和需求、信息收集这两个阶段视为对等的、并行的，而不是先后运作的过程。

---

[1] Intelligence: from secrets to policy / Mark M. Lowenthal.

[2] Arthur S. Hulnick (2006)What's wrong with the Intelligence Cycle, Intelligence and National Security, 21: 6,959- 979, doi: 10.1080/02684520601046291.

在 Hulnick 看来，另一个重大挑战是，由于情报界的恐惧、安全顾虑和个人心理障碍，情报的分析和收集过程往往是相互分离的。这种流程上的脱节可能会导致利益相关者提出的要求只是为了证实他们的观点，而不是对预期的结果持开放态度。当结果对利益相关者有利时，他们可能会认为分析结果证实了自己的观点，因此是无用的：这些情报他们已经知道。当分析结果与利益相关者的观点相冲突时，他们也会对分析结果不屑一顾，认为这是潜在的干扰信息。

当然，情报周期并不完美，而且由于 OSINT 涉及如此广泛的领域，分析师应根据不同的优先事项或任务进行定制化的分析。情报周期需要不断进行重新评估，并根据特定的 OSINT 领域加以灵活运用。实际上，情报周期是灵活的，每个分析团队都需要从更广的层面和各自的具体角色出发，来考虑调查过程中可能遇到的障碍。

第 3 章 换位思考

3.1 了解对手

你可能想知道，为什么在 OSINT 领域工作时，要花时间去认知和了解网络对手。目前在 OSINT 及更宽泛的网络安全领域，黑客攻击、漏洞和勒索软件已成为家常便饭，随着在线运行的系统越来越多，攻击也随之增加。安全专业人员通常为之将对手拒之门外而加固系统。但除此之外，我们还必须考虑为什么某些公司或个人一开始就可能成为攻击目标。从 OSINT 视角来看，可以通过从外部调查组织或个人来确定这个问题的答案。

通过这种看待安全风险的视角，我们或许能够确定组织或个人的安全性，以及其在互联网活动的轨迹中是否存在有趣的、暗示性的，甚至引人入胜的东西。我们可以利用攻击者以往采取过的战术，结合威胁情报来理解甚至预测攻击者的行为。从攻击者的视角看待信息收集、入侵系统并在系统间移动的思维方式被称为换位思考。使用换位思考可以使我们将工作重点侧重在攻击者可能追求的目标、可以看到的数据，以及这些数据对他们的价值上。探测资产、挖掘漏洞、横向移动、适应环境、升级战术与流程以打磨技术，这些都是对手在网络攻击中所做的。有了这些知识，我们就能撰写出更有影响力的报告，从而促使利益相关者采取行动。

威胁情报团队在制定网络攻击应对措施时会采用这种方式，而红队在对利益相关者的系统进行主动漏洞评估时也会采用这种思维方式，事实上它同样适用于 OSINT 调查。通过学习以熟悉攻击者用来进入系统或从用户那里偷偷收集信息的方法，了解执行这些程序的基本方式，将有助于我们为利益相关者提供有价值的情报，从而说明其组织或个人在基础设施和日常网络活动中的薄弱点。

以下为常见黑客术语。

（1）暴力攻击。

这种攻击通过尝试所有可能密码组合来找到正确的用户账户密码，从而获取账户访问权。

在 OSINT 中的作用：找出个人或组织使用的易于被攻击的弱密码。通过向相关方展示这些密码在暴力攻击中的脆弱性，针对密码强度提出要求或建议。

（2）凭证填充攻击。

凭证填充攻击是暴力破解攻击的一个子集，攻击者基于在数据泄露事件中被盗的网络登录表单凭证组合（用户名和密码）来尝试非法访问账户。

在 OSINT 中的作用：在不同的网站和电子邮件服务之间，许多用户通常会重复使用密码，因此当这些密码出现泄露时就会被攻击者用来进行凭证猜测。OSINT 可用于检查个人或公司使用的所有凭证，在发现风险时提出补救建议。

（3）网络钓鱼、鱼叉式攻击、捕鲸式攻击。

在网络钓鱼中，攻击者伪装成合法的个人或企业，试图通过欺诈性电子邮件或网站收集个人数据或敏感数据（通常是银行信息）。鱼叉式攻击以特定个人为目标，而捕鲸式攻击则以公司首席执行官等高价值对象为重点。

在 OSINT 中的作用：通过挖掘社交媒体和其他公开信息，我们可以展示个人或组织在有预谋的网络钓鱼攻击面前有多么脆弱。分析师可针对高价值目标精心制作诱人的、重点突出的网络钓鱼电子邮件，来证明攻击者也能做到这一点。

（4）错别字攻击（Typosquatting）。

这是一种社会工程学攻击，通过让用户在浏览器中输入或访问错误的 URL（这些 URL 通常与真实网站非常相似），将其带入恶意网站。

在 OSINT 中的作用：通过调查 DNS、IP 地址和 Whois 数据等网络信息，我们有可能找出与目标相关的含有"错别字"的 URL。如果幸运的话，我们还能知道是谁注册了这些域名，以及这些域名的托管公司，以便利益相关者采取适当行动。

（5）URL 重定向。

这些攻击会将用户从目标网站重定向到一个冒充原始网站的新 URL，但该 URL 是恶意的，可用于窃取用户凭据。

在 OSINT 中的作用：通过调查 DNS、IP 地址和 Whois 数据等网络信息，我们可以找到并可能识别出与我们的目标相关的含有"错别字"的 URL。还可以使用 Wayback Machine 查看网站在不同历史时期的样子。如果利益相关者打算采取行动将其删除，那么这些细节将对他们很有价值。

了解黑客可实施的攻击类型及他们可能感兴趣的数据类型只是第一步。接下来，我们需要了解攻击者的动机是什么，以及他们可能拥有哪些能力。分析攻击者的一种方法是根据已了解的情况为他们设定一个角色。可以通过回答以下问题，为分析攻击者的手段、动机和机会创建一张"角色卡"：

- 攻击者可能使用哪些工具？
- 他们可能在什么时候活动？
- 什么对他们而言很重要？为什么？
- 他们可能拥有哪些资源？
- 我们能从他们的攻击中发现什么规律？

使用这种方法为可能的攻击者建立"角色卡"，这将有助于分析其目标，如目标当前的安全性，以及基础设施存在哪些漏洞。

美国联邦调查局前特工、PaloAlto Networks 攻击面分析部门主管、Decoding Cyber 创始人 Michael F.D. Anaya 在一次会议上发表了题为"从对手的角度看问题"的精彩演讲。他通过一个场景向听众展示了 4 栋不同的房子，如图 3.1～图 3.4 所示。之后他与听众一起从窃贼的角度讨论了每栋房子的优缺点。看看这里展示的 4 栋房子，让我们转换身份，从窃贼的角度为自己构建一张"角色卡"。

图 3.1　一号房子[1]

一号房子	
优点：	看起来可能有贵重物品可偷； 地势较低，无须过多攀爬； 有可以藏身的灌木丛； 位于偏远地区，执法人员可能需要一段时间才能到达； 房子很大，可能听不到破门而入的声音。
缺点：	可能有安全系统； 无法假装我们只是过路人。

图 3.2　二号房子[2]

---

1 todd kent / Unsplash.

2 Pixasquare / Unsplash.

二号房子
优点：看起来可能有贵重物品可偷。
缺点：窗户不够大，无法爬行； 　　　　可能有安全系统。

图 3.3　三号房子[1]

三号房子
优点：没有真正的二楼，攀爬难度较低； 　　　　项目还在开发中，区域中房子很多； 　　　　项目还在开发中，所以我们可以一次闯入不止一栋房子。
缺点：可能不值得付出努力； 　　　　邻居可能看见非法闯入的情况； 　　　　单层地板更容易听到闯入声。

图 3.4　四号房子[2]

---

1 Dillon Kydd / Unsplash.

2 David Veksler / Unsplash.

四号房子	
优点：	有很多树叶遮挡，可以藏身其中；
	可能有值得偷窃的物品。
缺点：	可能不值得付出努力；
	邻居可能看见非法闯入的情况。

我们可以看到，对手的攻击会考虑许多因素，例如，出入口、周边安全、潜在的战利品，以及是否存在邻里守望等。对于攻击者来说，这一切都归结为成本效益分析，即风险与回报的比较。在这种情况下，窃贼必须选择攻击的收益（利润）是否大于成本（牢狱之灾）。同样，网络上的攻击者在确定下一个攻击目标时，也要权衡这种确切的成本效益分析：收益（可能是赎金或炫耀的权利）是否大于成本（通常是法律的惩罚）？

试想一下，窃贼仔细权衡了各种方案，认为抢劫一号房屋能获得最佳回报。然而当他们走近时，却发现隔壁房子的前门大开着。窃贼很快放弃了原计划，从前门进入邻居家，10 分钟后就拎着装满银器的袋子出来了，并且没有引发任何警报。

这种情况说明，如果个人用户或组织未能妥善保护其重要数据的安全，而这些数据又泄露在互联网上，那么攻击者就更可能利用这些容易获得的信息，经由"敞开的前门"来达到目的。与任何其他职业一样，我们的座右铭是"更聪明地工作，而不是更努力地工作"，这同样适用于那些想利用我们的信息达到不轨目的的人。我们为利益相关者提供价值的一种方式是通过转换视角，"像对手一样思考"，找出组织和基础设施的薄弱环节。我的意思是，要设身处地地为攻击组织或个人安全薄弱环节的人着想，通过扮演攻击者的角色来更好地识别安全问题和数据泄露，并提出补救建议。不过与真正的攻击者之间的重要区别是，虽然我们是以攻击者的视角来看待问题的，但我们不能像他们一样主动访问系统或账户。

3.2 被动侦查与主动侦查

把自己当作攻击者来看待，是提高 OSINT 技能和增加报告价值的好方法。不过在某些场合中，可能会激发调查者产生通过主动访问账户或系统来挖掘信息的冲动。特别是在高强度案件调查中，这种转向主动侦查的意愿会格外明显。鉴于增大访问权限可能会破坏案件调查进程，作为 OSINT 分析师，我们必须时刻保持被动收集状态。这意味着我们只能从公共来源收集信息，而绝不能通过进入系统（即便是通过网络扫描程序也不行）、与用户互动或登录账户来收集信息。未经许可进行主动侦查可能会对我们、用户、家庭或他人造成伤害，损害案件并使我们承担法律后果。归根结底，我们的目标是像黑客一样思考，而不是成为黑客本身。

在收集大量信息（有时是关键和敏感信息）时，我们可能会遇到与目标相关的登录数据。如果我们正在调查用户并需要说明其数据泄露情况，那么个人的用户名和相关密码等登录凭证对报告可能很有用，但我们绝对不能使用这些凭证登录账户。

我们在执行 OSINT 时使用的所有数据都是公开的，这意味着我们绝不会进入或"黑入"某个系统来查找信息。所有的侦查工作都应当是被动完成的，如果分析师采用"主动"技术收集，他们所做的就不属于 OSINT。话虽如此，还是有一些流行的工具能够主动扫描系统信息，并将数据呈现给我们。在现实的做法中，我们会和这类工具之间建立隔离层，因而所产生的主动扫描行为就无法归因到调查者了。OSINT 分析师经常使用的主动扫描工具之一是 Shodan，它可以主动扫描互联网中联网设备的搜索引擎，包括网络摄像头、工业控制系统和路由器等。使用 Shodan，我们无须亲自开展扫描行为就能获取信息。了解常用工具，特别是哪些工具可以被检测到并用于追踪到我们，是确保我们的行动安全和个人安全的重要组成部分。

第 4 章　行动安全

4.1　什么是行动安全（OPSEC）

行动安全（OPSEC）由 OPSEC 职业协会（OPS）全国主席 Patrick J. Geary 定义为"用于防止对手获取信息的调查分析过程[1]"。这一过程决定了我们的行动是否可被观察到，以及是否可被对手利用。

OPSEC 的特点如下：
- 它是一个分析过程
- 它侧重于了解对手的能力和意图
- 它注重敏感和关键信息的价值

在调查期间维持"良好的 OPSEC"对于相关人员的安全和案件的完整性都很重要。使用威胁建模方法可以为我们准备和维护可持续的 OPSEC 提供指导。

4.1.1　威胁建模

如果我们的行为可以被观察到，那么我们就必须扪心自问："我们的威胁模型是什么？"进而采取措施减少或消除这些安全漏洞。OWASP 将威胁建模定义为"为了保护有价值之物而努力识别、沟通、理解威胁和制定对策"的过程。以下是开发威胁模型的简单框架，如果应用得当，它将为我们的 OPSEC 战略奠定基础：
- 划定调查范围
- 确定谁是攻击者
- 确定哪些个人或系统可能成为攻击目标
- 制定 OPSEC 策略
- 评估你的工作

情报界和威胁情报领域已经开发了一些用于威胁建模的系统和方法，我们可以有效地将其应用于 OSINT 研究。

---

[1] Davis, P. (2002). Analyze this: OPSEC is key in the war on terrorism. Journal of Counterterrorism & Homeland Security International, 8(2), 22-25.

4.1.2 "不受欢迎的人"方法

"不受欢迎的人（Persona non Grata，PnG）"方法要求分析师描绘出潜在攻击的具体角色，以确定他们可能的目标、方法和能力。这种方法有助于我们从对手的角度来看待问题，从而意识到并减少 OPSEC 策略中的漏洞。利用 PnG 方法建立角色的过程包括为假想的攻击者起名字、确定其目标和技能组合，如图 4.1 所示。

攻击者1
无所事事的学生

攻击者1因出勤率低被大学开除，出于无聊，他通过在线黑客论坛社区学习了相关技能。这名攻击者不仅无所事事，而且对学校感到愤怒，想要展示他的技能。

目的
- 展示他的技能
- 对目标造成破坏
- 在不被发现的情况下完成攻击
- 故意泄露机构证书和文件，造成尴尬和不适

技能
- 主要使用现成脚本/代码和网络攻击工具包
- 有一些编码技能
- 已经成功发起了几次攻击

攻击者2
政府资助的人员

攻击者2是由政府资助的，他们由意识形态驱动，目标明确，渴望帮助他们的国家或团体。

目的
- 传播虚假信息
- 泄露敏感信息
- 对反对派进行打击，造成破坏
- 制造具有国际影响的事件
- 对攻击行为负责

技能
- 团队协作
- 充分训练
- 动机强烈
- 关注开放源代码漏洞（OSEC）

图 4.1 利用 PnG 方法建立角色的过程

4.1.3 "安全卡"还是"角色卡"

使用"安全卡"的方法与 PnG 方法很相似，它们都会为潜在的攻击者建立详细的原型角色。不过，安全卡通常在复杂或非同寻常的攻击中使用。我们使用目标影响、对手动机、对手资源和对手方法四大威胁类别制作了一副 42 张卡片的卡牌。通过将卡片随机排列来探索不同的威胁组合，以便在制定 OPSEC 策略时激发新的灵感，如图 4.2 所示。

- **目标影响**：对目标生活的影响。
  - 人际关系
  - 社会
  - 伦理学
  - 身体、情感和经济福祉
  - 侵犯隐私权
  - 受害情况
- **对手动机**：攻击原因。
  - 便利性
  - 希望/需要

- 冲突
- 复仇/伤害
- 政治
- 安全
- 金钱
- 宗教
- 好奇心

- **对手资源**：攻击者可以使用的资源。
  - 工具
  - 时间
  - 电力
  - 金钱
  - 专业知识
  - 犯罪豁免
  - 内部信息

- **对手方法**：攻击者可能使用的方法。
  - 技术
  - 间接
  - 掩饰
  - 操纵
  - 胁迫
  - 多阶段
  - 物理
  - 流程

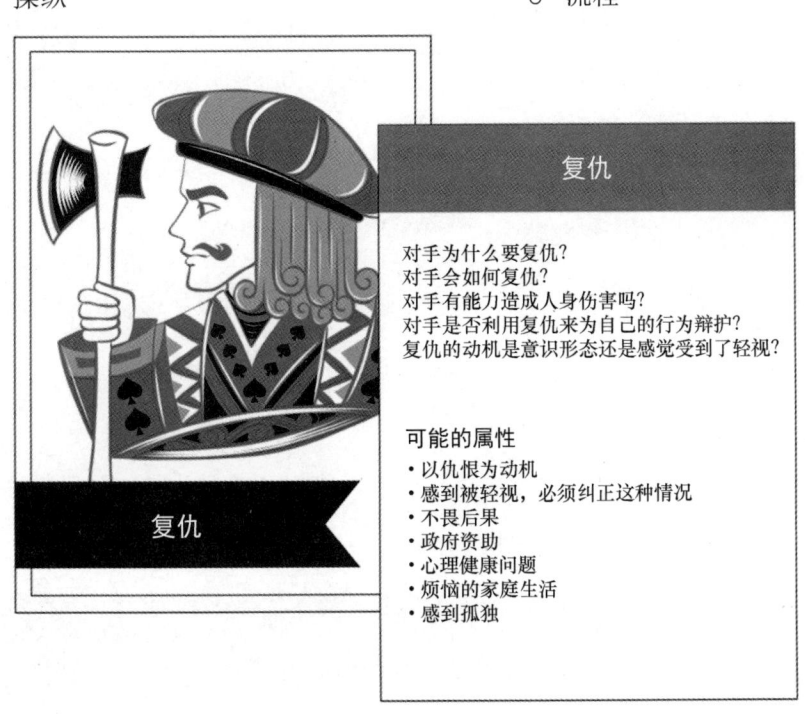

复仇

对手为什么要复仇？
对手会如何复仇？
对手有能力造成人身伤害吗？
对手是否利用复仇来为自己的行为辩护？
复仇的动机是意识形态还是感觉受到了轻视？

可能的属性
- 以仇恨为动机
- 感到被轻视，必须纠正这种情况
- 不畏后果
- 政府资助
- 心理健康问题
- 烦恼的家庭生活
- 感到孤独

图 4.2　安全卡牌中的一张

4.1.4　攻击树

绘制攻击树图表是确定威胁和漏洞并制定应对措施的最古老的方法之一。这种图表旨在通过不同的"树叶"将原始目标分解为更详细的步骤，来说明对系统的潜在攻击方法。在为每个攻击目标建立攻击树后，我们就能制定相应的 OPSEC 策略，如图 4.3 所示。

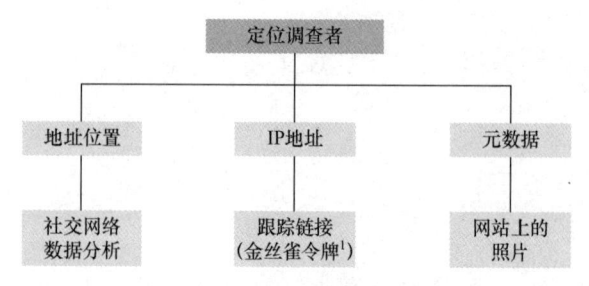

图 4.3　典型的攻击树分解图

OPSEC 建模方式方法为开发有效的威胁模型、制定 OPSEC 策略以确保调查期间的安全提供了良好开端。接下来，我们将学习创建有效 OPSEC 策略的五大步骤。

4.2　创建 OPSEC 步骤

图 4.4 所示为 OPSEC 的五大步骤。

图 4.4　创建 OPSEC 的五大步骤

4.2.1　创建 OPSEC 的五个步骤概述

步骤 1：定义关键信息。
在进行调查时，首先需要定义什么是关键信息，哪些信息需要保护，以及利益相关者

1　译者注：金丝雀令牌（Canary Tokens）是一种追踪文件访问情况的技术方法。在文件中嵌入一个特殊的跟踪 URL，一旦它打开，就会通过电子邮件提醒令牌的持有者。

愿意接受的保护级别和成本。

步骤2：分析威胁。
- 定义对手：谁拥有制造混乱的手段和动机
- 确定对手的目标：造成破坏的动机是什么
- 确定对手的能力
- 定义对手可能造成破坏的方式
- 确定对手可能已经掌握的信息

步骤3：分析脆弱性。
- 确定对手能否侦测到我们的行踪和数据收集目标
- 确定我们的OPSEC薄弱点，以及对手可以收集到哪些信息
- 确定对手能否收集到足够的关键信息，以破坏调查或制定反制措施

步骤4：风险评估。

在这一步骤中，我们应评估和应用以前的研究成果。然后，我们可以利用OPSEC脆弱性、对手的动机和能力，以及预期干扰来进行成本效益分析。举例来说，下面是两个具有不同OPSEC要求的案例及其成本效益分析。

案例1：

4名分析师负责研究有国家背景支持的高级持续性威胁（APT）团伙。利益相关者要求提供一份清单，说明完成30天的调查需要哪些资源。

资源要求：
- 4台研究专用便捷式计算机
- 4部"一次性"电话
- 4个VPN账户
- 4个虚拟专用服务器（VPS）账户
- 估计总费用：5 360美元

成本—效益：该方案的成本较高。如果被发现，遭到报复和任务失败的可能性也较高。在这种情况下，收益似乎大于成本。

案例2：

4名分析师的任务是调查一家大型公司中涉嫌保险欺诈的几个人。利益相关者要求提供一份清单，说明完成30天的调查需要哪些资源。

资源要求：
- 4台研究专用便捷式计算机
- 4部"一次性"电话
- 4个VPN账户
- 4个虚拟专用服务器（VPS）账户
- 估计总费用：5 360美元

成本—效益：该方案的成本较高。如果被发现，分析师的任务风险较低。因此，成本大于收益。

这个例子说明，在执行分析任务时，如果事先对风险进行有效评估，我们就能做好充分准备，制定必要的应对措施，而且只需要支付必要的费用。

步骤 5：使用反制措施。

简单来说，反制措施是我们为应对威胁而采取的行动。就 OPSEC 而言，这种威胁通常是被对手注意到的，反而使我们成为目标。作为分析师，我们采用的许多反制措施都是为了通过欺骗来掩盖我们的身份。临时账户和 VPN 等位置隐蔽工具都是简单的主动反制措施，用于掩盖可能对我们不利的信息。另一个有用的对策是减少身份暴露。这意味着限制我们在网上可获得的数据量，或者对数据获取行为进行控制，以便对手只看到我们希望他们看到的内容。通过减少我们的网上足迹，我们可以缩减攻击面或总体安全风险暴露。正如我们在以下案例中所看到的，OPSEC 风险可能会给分析师和调查带来灾难性的后果。

当 OPSEC 失误时会发生什么？

"紫龙行动"案例：

20 世纪 60 年代末，越南战争期间，越南共产党以某种方式提前收到了美军攻击机和"滚雷行动"任务的警告，他们似乎知道事件和计划攻击的准确时间。为了确定信息是怎么泄露的，美军开展了一项名为"紫龙"的反间谍行动，但无法找到泄露源。最终，美国太平洋司令部（USPACOM）的 OPSEC 小组确定，在行动的各个阶段，他们都在不知不觉中向越方提供了任务信息。通过对历史打击模式的分析，以及对包含高度、时间和出入点等信息的"飞行员通告"（NOTAMs）的详细分析，越方能够预测这些打击行动将在何时何地进行。

暴露于汽车站的"Ditroite 行动"案例：

2021 年 6 月，一位市民在英格兰东南部肯特郡的一个公共汽车站后面发现了一大堆湿漉漉、皱巴巴的纸张。很快，这位市民意识到这 50 页纸中包含敏感信息，于是联系了媒体。这些文件似乎是国防部一名高级官员遗失的，主要介绍名为"Ditroite 行动"的任务，陈述了英国皇家海军的"45 型"驱逐舰"卫士"号已经"无害通过乌克兰领海"，预计俄罗斯会做出强烈性反应。其中很多文档都被列为"官方敏感"级别，其中一份文件被标注为"仅限英国查看的机密"，它讨论了美国主导的北约行动结束后英国在阿富汗的"高度敏感"建议。

这些都是 OPSEC 失误导致重要信息（包括计划、地点、犯罪和任务）泄露的典型示例。有些 OPSEC 失误会造成更大的后果，比如丧命。为了案件调查和分析师的安全，他们必须在每次调查之前都准备好账户、机器和策略。

计划周密的 OPSEC 应始终以具体使用案例为依据，并可根据需求的变化进行调整。在制定 OPSEC 策略时，我们必须让主要利益相关者从一开始就参与进来，这不仅是为了让他们了解不断变化的情况，也是为了在考虑预算限制的同时向其提出要求。这一做法有助于确定在调查中需要何种级别的 OPSEC。

定期审查我们的 OPSEC 策略是一种很好的做法；我们应根据项目要求来确定 OPSEC 级别，同时不断评估我们的活动，以及这些活动将能够为对手提供什么样的信息。例如，我们在调查一个公司的欺诈行为时，不会采用与调查一个可疑恐怖组织时相同的 OPSEC 策略，因为后者的威胁程度要高得多。我们还应考虑对手可能有能力并愿意利用公开信息做些什么。就像法律“正义一方”的分析师一样，对手也会在公开信息中寻找突破点并建立数据联系，来满足他们的信息需求和情报缺口。现实情况是，他们不需要通过高科技黑客工具来攻破系统，因为网络上存在大量“低垂的果实”，也就是容易找到的信息。以最近泄露的 Conti 勒索软件团伙的聊天信息为例，这些信息是勒索软件成员在策划各种勒索软件活动时共享的。如图 4.5 所示，他们的密码字典仅基于一些泄露的凭据，并在后面添加了“123”或“!”。这些成员并没有制作复杂的黑客工具，而是通过猜测用户密码来创建密码字典。


```
  {
    "rid": "b3waFmEkyep694hCq",
    "ts": "2020-09-30T09:59:08.776Z",
    "msg": "what was the dictionary?",
    "username": "tl1",
    "name": "Team Lead 1"
  },
  {
    "rid": "b3waFmEkyep694hCq",
    "ts": "2020-09-30T09:59:26.883Z",
    "msg": "
M@tches2020!!
M@tches2020!
M@tches2020
Matches2014
matches123
matches123!
matches123!!
m@tches123
m@tches123!
m@tches123!!
Matches123
Matches123!
Matches123!!
M@tches123
M@tches123!
M@tches123!!
Dinham2323
Dinham2323!
Dinham2323!!
Dinh@m2323
Dinh@m2323!
Dinh@m2323!! ",
    "username": "user8",
    "name": "wewewe"
  }
```


图 4.5　密码字典

制定实用有效的 OPSEC 策略意味着了解我们的对手、掌握他们可能具备的能力，并先发制人地保护我们自己免受其害。

4.2.2　其他 OPSEC 提示

- 遮挡或移除便捷式计算机、台式计算机上的麦克风和摄像头，或安装软件来做到这一点。
- 阻止浏览器中的跟踪 cookie。
- 注意浏览器用户代理（帮助用户与浏览器通信的软件）会泄露哪些数据。
- 为机器打好补丁，更新软件。
- 在社交媒体中巧妙设计发帖时间和位置，制造“不在场证明”。
- 为浏览器打上补丁并保持更新。
- 请注意，一些网站会识别浏览器和 IP 的“指纹”，这可能泄露使用者信息。
- 安装杀毒软件的所有补丁，并及时更新。

- 使用密码管理器来存储和生成强健的密码。
- 连接公共 Wi-Fi 时使用 VPN。
- 删除未使用的旧账户。
- 使用多因素身份验证。
- 在设备闲置时激活屏幕锁定。

如前文所述,有一些特定技术可以在执行调查时帮助维护 OPSEC。

4.3 OPSEC 技术

行为安全对于保护调查者、调查工作至关重要,必须切断在线信息与真实身份之间的联系。有几种技术方案可以帮助实现这些目标,如 VPN、虚拟机和隐私浏览器。

4.3.1 VPN(虚拟专用网络)

VPN 通过在调查者本地和网络上的另一台设备之间建立专用连接来为用户提供匿名性(见图 4.6)。就像家庭地址一样,每台连接到互联网的计算机都有唯一的 IP 地址。我们可以像查询家庭住址一样追踪 IP 地址,因为它是公开的。通过 VPN 来混淆网络地址,我们几乎可以"出现"在世界任何地方。

图 4.6 VPN 原理

4.3.2 为什么使用 VPN

不只是罪犯才会使用 VPN,公众也通常使用 VPN 来访问内部网络、穿透流媒体内容封锁以观看其他地区的节目,或绕过网络审查。这种能够在几秒钟内就出现在其他国家的能力,除能够保证调查的隐私外,还有其他好处,比如,我们将在第 5 章"人员情报"中介绍能够在目标当地搜索信息的能力。以下是使用 VPN 的几个原因:
- 增强公共 Wi-Fi 的安全性
- 防止互联网服务提供商追踪隐私数据
- 防止应用程序追踪隐私数据
- 防止政府追踪隐私数据
- 不受地理区域限制,随时随地访问网络内容

4.3.3 VPN 的选择

选择 VPN 时要考虑以下几点：
- 成本（免费与付费）
- 接受的付款方式
- 多设备支持，以及是否有限制
- 允许的同时连接数
- 有多少台服务器，位于何处
- 是否有服务限制、连接节流或数据上限
- 是否有第三方审计报告
- 是否提供专用 IP 地址
- 整体声誉如何

4.3.4 关于 VPN 的更多说明

VPN 提供了一个便于用户进行隐匿浏览的代理 IP 地址。不过在使用 VPN 时仍有一些事情需要警惕。例如，如果用户登录了一个可以跟踪行为的应用程序，那么该应用程序仍然可以看到我们在做什么。同样，通过跟踪 cookies 也能追踪到我们在整个网络上的行为。许多人还担心的一个方面是 VPN 对日志的留存。

关于日志或记录，一直有一种说法，即 VPN 提供商会保存所有用户的连接信息，并可以提供给执法机关。如果这些日志真的存在，它们将包括我们连接到 VPN 的时间、地点和方式，以及我们的访问目的地。许多 VPN 提供商会宣传他们不保留任何日志，但这只是一种巧妙的营销手段，互联网的性质决定了日志肯定是存在（或存在过）的，只是被清除了而已。而我们该如何证明连接日志被清除了呢？为了确保万无一失，在使用前我们应该检查 VPN 公司的违规记录，并在注册时尽可能保持匿名。虽然使用 VPN 可以为浏览增加隐私性，但使用 VPN 也恰恰说明有人可能在从事网络活动时故意掩盖其公开的 IP 地址。

所有公共 IP 地址都归某个主体（通常是某个公司）所有，要查询 IP 地址的所有者相对比较容易。如果分析师浏览了目标的网站，目标就可以通过检查网络日志来查看哪些公共 IP 地址访问了他们的网络服务器，并使用 IP 查询工具确定这些人是否使用了 VPN。这种信息披露可能影响到我们的整体 OPSEC 策略，因为它引发了不必要的关注。使用 VPN 为我们的调查增加了额外的安全性和匿名性，但请记住，如果我们为了安全而使用 VPN，那么对手也可能使用 VPN 来掩盖自己的身份和上网历史。在调查对手的习惯时，也请考虑一下你目标可能会如何主动掩盖他们的踪迹。

4.3.5 隐私浏览器

调查者可以使用隐私浏览器访问暗网。

Tor：

Tor 是"洋葱路由器"(The Onion Router) 的缩写，从 Tor 网站免费下载后就可以访问 Tor 网络。Tor 用于匿名访问互联网，流量在到达目的地之前会通过 7 000 多个中继服务器中的一部分进行路由，该类中继服务器由免费志愿者搭建并构成网络（见图 4.7）。使用 Tor 可以使流量更难被分析（但不是无法分析），从而使用户的位置和使用情况保持私密。

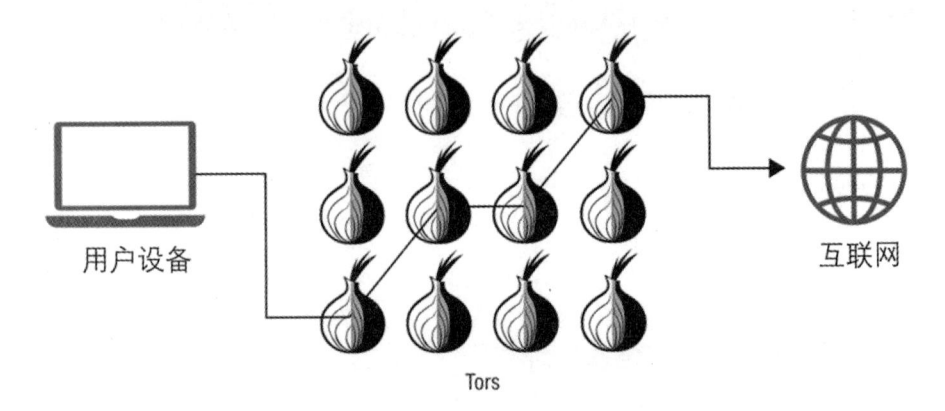

图 4.7 Tor 工作原理

Tor 的工作原理是对流量进行多次多层加密（就像洋葱有很多层那样）。流量将通过随机网络发送至一串中继服务器，其中前一个中继服务器将流量外层的加密层剥离，得知其下一步的目的地路由，后一个中继服务器再次将加密层剥离并执行类似的操作。每个中继服务器只知道前一个中继服务器和后一个中继服务器，而不知道其转发的内容或它到达这里的完整路径。最终，流量由一个出口节点流出，在该节点上可以查看流量真正包含的内容。Tor 的运行机制可以确保没有人能轻易确定使用者的位置及浏览历史。为了增加安全性，我们可以先连接 VPN，然后再连接 Tor。鉴于许多互联网服务提供商认为 Tor 流量有害，因而会对其进行屏蔽，先使用 VPN 可以防止互联网服务提供商发现我们正在使用 Tor。

优点：

使用 Tor 的优势是可以匿名浏览和通信。如果使用得当，用户通过 Tor 浏览的 IP 地址、数据和历史记录都不会被追踪到。这种匿名性对于绕过审查制度，在受到管制的地区及处于危机或侵犯人权的情况下确保行动自由非常有用。

缺点：

由于 Tor 的中继工作方式，它的运行速度往往比普通浏览器或 VPN 慢得多，下载数据变得非常困难。同样重要的是，Tor 只能降低我们浏览网站、数据和行为被追踪的机会，并不能完全防止追踪。例如，如果用户通过 Tor 登录其个人社交媒体账户，网站的 cookie 可能会记录浏览历史，从而使用户留下痕迹。

Tor 既可用于合法目的，也可用于非法目的，这导致网络上的 Tor 流量一旦被识别出来就会显得很可疑。执法机构使用 Tor 来追踪恐怖分子、黑帮、黑市及各种罪犯。有些政府完全禁止使用 Tor，有的网站无法以 Tor 方式被访问。

Freenet：

Freenet 由爱丁堡大学学生 Ian Clarke 提出，它是一个使用分布式数据存储实现匿名性的点对点通信平台。据 Freenet 项目介绍，其工作原理是对通信进行加密，并通过其他节点对流量进行路由，以掩盖目的地和通信内容，如图 4.8 所示。

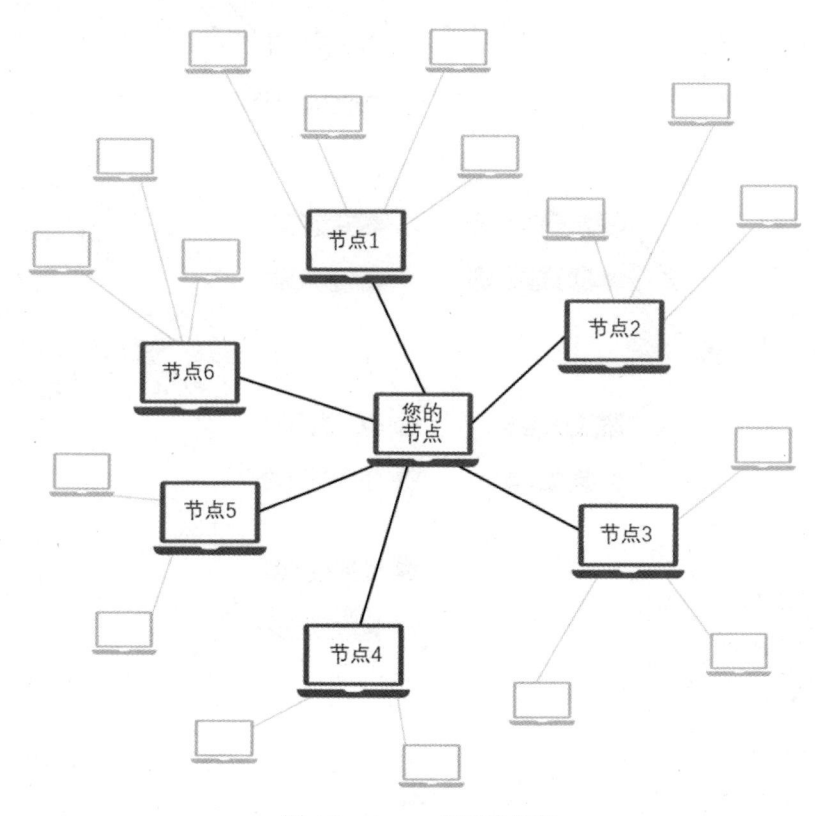

图 4.8　Freenet 的工作原理

优点：

与 Tor 相比，Freenet 在特定服务器或节点瘫痪时受到的干扰较小。它还具备跨平台能力，如 Windows、Linux、Android 和 macOS。

缺点：

当通过 Freenet 下载数据时，有可能将数据内容和我们的唯一可识别信息（PII）暴露在互联网上。

I2P：

隐形互联网项目（Invisible Internet Project，I2P）是另一种隐匿网络方案，主要用于通过分散的、端到端加密的、由志愿者维护的点对点网络安全地连接暗网。I2P 使用所谓的大蒜路由，即将信息分割成更小的片段（称为"蒜瓣"），对其分别进行加密和路由，直至在目的地重新组装（见图 4.9）。对信息的分割可以防止整条内容被第三方截获。此外，由于 I2P 构建了一个独一无二的域名系统（DNS），我们可以自行托管、镜像内容，并加入仅由可信人员组成的网络。

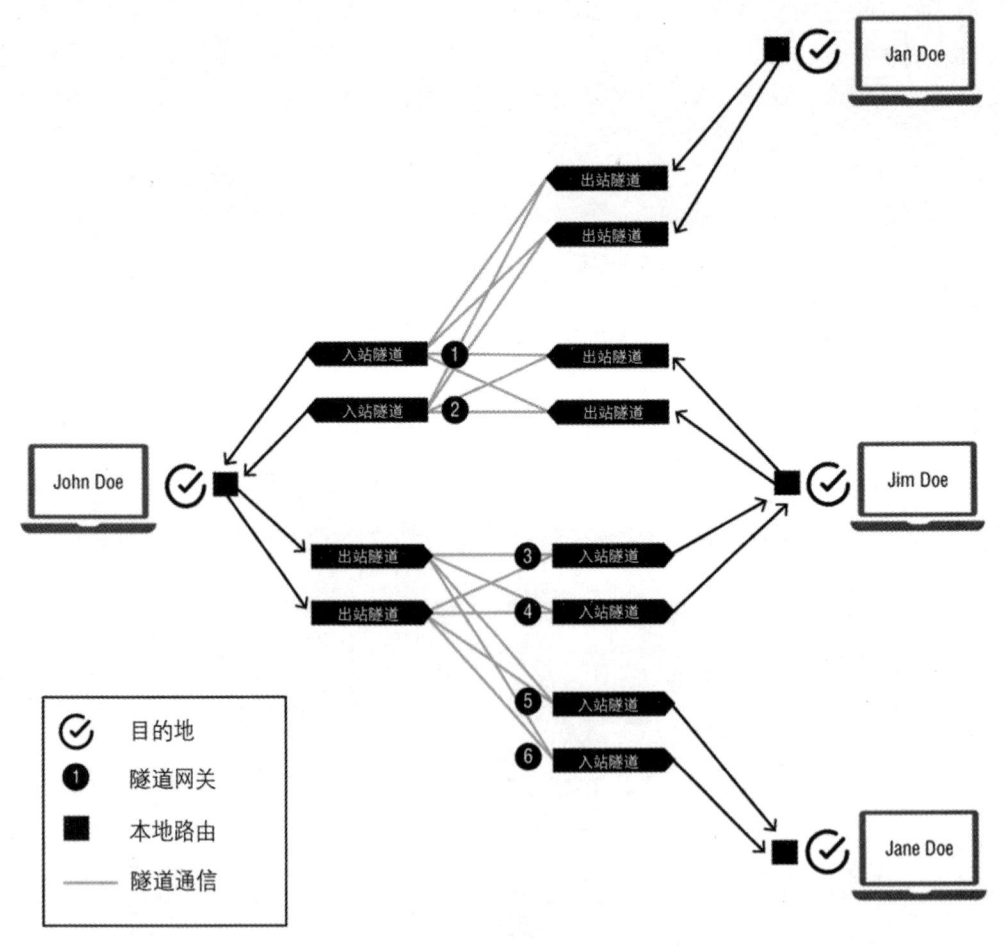

图 4.9　I2P 的网络结构示例

优点：

I2P 提供了一个非常安全的、保护用户免受信息干扰的网络。由于采用了分组交换技术，可将信息分解成多个部分，并将负载分配给多个对等网络并在目的地重新组装，其性能很高。

缺点：

在浏览器中安装和配置 I2P 并使其正常工作可能比较困难。不过有在线教程可以帮助完成这一过程。鉴于浏览表层互联网中的索引网站无法保证隐私，而且由于 I2P 需要强制登录（用户必须登录系统才能访问其内容），这一做法降低了整体的匿名性。此外，I2P 还存在一些漏洞问题，2014 年的一个零日漏洞被利用导致大约 3 万名用户被暴露。

4.3.6　虚拟机

VM（Virtual Machine）是虚拟机的简称，它不是物理意义上的计算机系统，而是通过将其资源分割，达到在同一台物理主机（宿主机）上设置和运行多台虚拟的计算机的效果。由于宿主机与虚拟机之间存在屏障，所以我们可以在一个安全的环境中进行情报收集、自由点击不安全的链接、打开不安全的附件，以及分析我们在私人机器上不敢访问的数据。

虚拟机通过本地应用程序进行管理，通过界面我们可以配置 IP 地址、VPN 和硬件偏好等。我们还可以在一台机器上同时运行多个虚拟机，但需要注意的是，虚拟机的内存占用率非常高，同时运行多个虚拟机可能会导致系统不稳定。虚拟机有很多用途，有些人将它们视为运行特定工具的专用机器，另一些人则用不同的虚拟机登录不同的在线身份，作为他们管理调查账户的安全方法。换句话说，特定 OPSEC 要求和个人偏好会影响我们为何及如何建立虚拟机环境。

良好的 OPSEC 实践绝不只依靠 VPN 或虚拟机对调查者的在线身份和存在痕迹进行保护。因为对手有无穷无尽的方式在互联网上监视我们，所以我们必须保持警觉。例如，有一种错误的说法是虚拟机可以完全保护用户不受伤害。然而，在网络摄像头劫持（未经摄像头所有者的许可而侵入并激活摄像头的行为）和浏览器指纹识别等技术的作用下，虚拟机对保护用户的 OPSEC 几乎没有作用。

在 2013 年的一起案件中，19 岁的大学生贾里德·詹姆斯·亚伯拉罕（Jared James Abrahams）因威胁散布他人的隐私信息而被捕，这种做法也被称为性勒索。亚伯拉罕劫持了包括美国青少年卡西迪·沃尔夫在内的多名年轻女性的网络摄像头，并拍摄了裸体图像，意图以曝光为威胁使勒索受害者提供更多敏感材料。亚伯拉罕用一台主计算机控制了 30~40 台计算机进行操作，他会更改受害者的账户密码，然后将用户头像更改为他通过用户摄像头偷拍的裸体照片。不久后，亚伯拉罕会发送信息，威胁说如果受害者拒绝发送更多照片、视频或在 Skype 实时视频中表演，他就会上传更多裸照。此案就是一个很好的例子，在这种情况下，运行虚拟机对保护这些女性几乎没有任何作用。

对用户进行在线监控的另一种常见方式是浏览器指纹识别，即使用网站上的跟踪脚本对浏览器和设置的详细信息进行跟踪。这些跟踪脚本原本的目的是指导浏览器运行，但它们也可以根据属性和行为特征高度准确地识别用户和设备。通过脚本收集到的数据会被出售给数据经纪人，后者会将这些数据与其他公共数据结合起来，打包出售给广告商，以便更精确地向用户投放广告。

浏览器指纹识别可以收集以下数据：

- 字体样式
- 显卡
- 驱动
- 网络浏览器
- 操作系统
- 硬件
- 音频硬件/软件
- 内部/外部媒体设备
- 在线搜索历史
- 时区
- 屏幕分辨率
- 语言包
- 在使用的广告拦截器
- 浏览器扩展
- 广告数据

遗憾的是，即便使用 VPN 或虚拟机也无法规避浏览器指纹识别过程。虽然虚拟机可以为网页浏览提供一个虚拟沙盒，但如果我们未能对搜索和行为进行有意的随机化处理，也没有不定期卸载和重建虚拟机，我们仍然有可能被留下指纹。

4.3.7 移动设备模拟器

移动设备模拟器是一种在计算机上模拟移动设备环境（如智能手机）的程序。使用移动设备模拟器，不需要手机就可以安装和运行移动应用程序。移动设备模拟器主要由网络开发人员用于统一网站的外观和行为，因为在安卓系统和苹果 iOS 等移动平台上，网站的显示效果可能会不同。OSINT 分析师使用移动设备模拟器的原因是他们有时需要访问 Snapchat 等社交媒体平台，而这些平台的应用程序只有手机端版本。在这种情况下为了避免购买"一次性"手机或使用个人手机，移动设备模拟器就成为一种简单的、免费的替代方法。除了运行应用程序，移动设备模拟器还可以在保持匿名性的同时用于发送和接收短信、通话和聊天，并作为 Facebook 和 Instagram 等社交网站的手机验证工具。有一些移动设备模拟器可供免费下载，不过在选择移动设备模拟器时一定要确认其信誉良好，不包含任何可能干扰你的安全隐私的恶意软件。业界最受欢迎的移动设备模拟器有 BlueStacks 和 Genymotion。

4.4 研究账户

研究账户通常被称为"马甲"账户，是为了掩盖用户身份而在互联网上创建的虚构账户。使用研究账户不仅能帮助我们在收集信息时不那么引人注目，还能帮助我们克服在社交媒体平台限制未登录用户查看信息数量的问题。在进行调查时，我们不会使用自己的账户登录，因为我们不希望社交媒体平台追踪个人信息，并将我们推荐为调查对象的好友（社交网站的推荐算法会根据访问过你的个人资料或与你有联系的人，向你推荐你可能认识的人）。假如调查对象发现我们被推荐为他或她的朋友，可能会引起不必要的麻烦：要么说明账户是假的，要么暴露了我们的身份。在社交媒体和账户安全都在不断发展的时代，建立和维护一个研究账户简直就是一门艺术。

创建一个"假人"就像为小说或剧本创作一个角色一样，我们必须考虑到许多小细节，才能让一个人看起来真实。在开始之前，我们最好先检查一下任务要求，确定我们需要研究账户的原因、我们想通过目标分析回答什么问题，以及在研究账户被干掉时的响应措施。我们应围绕任务的要求塑造角色，假如分析师正在研究特定的人物目标，那么就应该将假人赋予这一目标最容易接受的人格特质。同样的概念也适用于群体，通过选择"合群"的性格特征，我们可以在理想的情况下潜伏在暗处而不被发现，从而继续收集信息。与花样滑冰运动员的角色相比，摩托车团伙更容易接受摩托车手的角色。由于我们的意图是混入其中，因而可能需要对目标或团体在正常情况下的一般性网络行为进行研究。

在列出角色的详细信息时，尽量使内容包含有关其生活和历史的关键性问题。类似 fakepersongenerator 这样的网站可以生成从电子邮件地址到驾驶的车辆等一系列虚假角色信息。请记住，我们希望我们的"角色"能够看起来尽可能真实，能够融入现实世界之中。

使用一个没有朋友或任何发帖历史的新账户可能会给你正在调查的对象或社区敲响警钟。务必记录角色的详细信息，以备在创建研究账户或重置密码时需要回答安全问题，如"第一只宠物的名字"或"母亲的娘家姓"等。为了帮助调查者创建角色，我列出了创建研究账户时可能需要考虑的细节：

- 名字
- 姓氏
- 昵称
- 用户名
- 指代词
- 外貌（体重、身高、文身）
- 出生日期/出生地点
- 星座
- 地点（国家、州、市、区、镇）
- 电话号码
- 学历（高中、学院/大学）
- 就业
- 受抚养人（儿童、老人）
- 简历/工作经历
- 政治派别
- 婚姻状况
- 宠物
- 爱好（游戏、跑步、运动）
- 亲属（母亲/父亲、叔叔/婶婶、祖父母）

在为我们的角色制定了个人和职业细节清单之后，下一步就是挑选个人形象。个人形象对我们与受众的联系和融入非常重要，错误的形象照片可能会让研究账户被锁定或删除。近年来，社交媒体平台已开始通过算法来检测创建研究账户和僵尸账户时使用的某些行为和模式，从而对这些账户进行清理。在新算法的检测下，研究账户使用的个人照片已成为一个突出问题。我们不建议使用与自己有任何关联的个人照片，那么能否使用他人的照片或图片库中的照片呢？使用真人图像虽然可以骗过算法，但如果在调查坏人时危及无辜者的安全，那么这种选择是不道德的。许多分析师的方法是使用人工智能生成的图片，例如，在 thispersondoesnotexist 网站上创建一张与众不同，但完全虚假的头像作为调查者的个人资料图片。不幸的是，社交媒体平台也跟上了时代的潮流，开始通过检测照片中的眼睛位置来识别照片是否是智能合成的。在资深开源情报专家、前 OSINT Curious 执行董事会成员史蒂文·哈里斯（Steven Harris）撰写的一篇博客中，他讨论了人类如何通过仔细观察耳朵、发际线和牙齿处是否有奇怪的人工痕迹，以及永远不变的眼睛位置来检测生成的照片（见图 4.10～图 4.12）。

图 4.10　AI 生成的人脸（1）　　　　图 4.11　AI 生成的人脸（2）

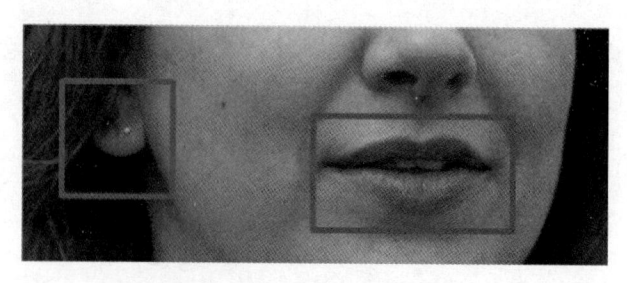

图 4.12　AI 生成的人脸（3）

尽管持续变化的环境增加了研究账户创建的难度，但只要对照片稍加处理，我们往往就能绕过这些检测算法。通过对人工智能生成的图片进行翻转、裁剪、改变颜色等处理，以及调整图片使眼睛偏离中心，我们往往就可以骗过平台。另一个选择是将照片组合起来，这种改变或变形照片的外观的方式有助于规避检测。如果某个平台在创建账户时不需要提供人脸照片，那么我建议挑选一张能吸引目标受众的照片。例如，如果你正在研究一个摩托车帮派，那么一张摩托车的照片就很有意义，它可以吸引特定人群，也是帮助你增加虚假身份可信度的好方法。

此外，建立研究账户通常需要设置一种或多种身份验证方法。如今，平台在验证账户是否真实方面做得越来越好，在注册时，许多平台会要求输入电话号码作为备选身份验证方式，随后平台会发送验证码到这个号码。在账户中输入私人电话号码的麻烦是它将被存储在该账户中，并有可能在未来用于追溯到调查者。另一个麻烦是，如果一个电话号码被用于创建多个新账户，那么所有账户都可能被视为表现出异常行为而被锁定，包括与该号码相关的早期个人账户。因此，当平台要求用户输入电话号码时，我的建议是使用预付费 SIM 卡和经过出厂重置的廉价手机，以避免号码间相互"污染"。SIM 卡价格低廉，而且很容易买到，我们可以很方便地为每个研究账户购买不同的 SIM 卡。同样，在拥有多个电话号码的条件下，我们可以避免在多个账户中重复使用同一个号码而触发平台的账户锁定机制。不要使用网络电话（VOIP）号码，因为平台已经变得越来越聪明，它们通常认识这些号码。建立一个令人信服的角色和研究账户只是第一步，现在我们需要让它们保持活跃。

在成功创建了研究账户后，就应该开始考虑如何管理和维护它们。试着把研究账户角色看成需要负责维持其生命的"婴儿"。我们要做的就是定期登录每个研究账户，进行正常的网络活动，比如，添加好友、评论、点赞帖子，以及谈论时事等。在以角色账户的身份发表评论和参与活动时，请尽量以贴近角色的方式点赞、思考和做出反应，以体现出角色特征。当我们在调查我们所反对的人和组织，或在道德和法律上有问题人和组织时，扮演角色可能会特别困难，但我们仍然必须尽量像他们那样说话和行动。此外，还要注意你的角色所在的地区，尽量在该地区的正常作息时间发布信息。这些日常维护活动将有助于防止平台算法发现异常行为并锁定或删除账户。一旦研究账户被锁定，许多平台都要求在重新激活账户前上传证明用户身份的身份证图像。幸运的是，可以使用一些自动化方法来让我们的"角色"保持活力。

为了使研究账户的跟踪、维护和组织工作更易于管理，我们可以通过一些方法来自动执行任务以维持研究账户的正常活动,使我们的"角色"持续活跃。我从我的朋友、SANS 认证讲师尼科·德肯斯(Nico Dekens)那里学到了一个窍门,那就是运用"如果—这样—那么—那样"(If this then that,IFTTT)系统,自动让研究账户发布帖子。IFTTT 是一个基于网络和应用程序的平台,可以让调查者集成可用资源,并通过称之为"配方"的触发器来操作和控制相关应用程序、设备和服务。在 Nico 的博客中,他讨论了自己维护研究账户的方法,即根据每个研究账户角色的具体情况开发多个自定义 IFTTT "配方"。例如,如果角色是足球迷,Nico 就会创建一个"足球配方",自动地将足球比赛的比分发布到相关研究账户的时间轴上。这些"配方"在互联网上保持了真实的存在感,这不仅让研究账户看起来更有人情味,而且在很多情况下,还能防止研究账户因表现出奇怪的行为而被平台锁定。

4.5 祝贺你

我们已经完成了第一部分"OSINT 基础",你应该对自己不断增长的基础知识更有信心了。我们一起探讨了 OSINT 的过去、现在和未来,了解了 OSINT 领域的挑战和成就。现在,你应该对情报周期,以及如何将每个阶段应用于调查有了扎实的了解,你学到了如何有效寻找数据和收集新信息的关键知识,掌握了批判性思考的技巧,以及如何编写专业 OSINT 报告的方法。我们讨论了应当对自己的心理健康保持警惕的原因,以及如何通过"换位思考"进行分析。最后,我们回顾了 OPSEC 策略、隐私工具和在研究账户中保护个人信息的方法。这些第一部分的内容对于成为一名道德、安全的模范 OSINT 分析师至关重要。请花点时间祝贺一下自己已经取得的成就,然后我们将继续关注下一部分的技能。

本书在结构上首先为你打下了一个了解 OSINT 调查最佳实践和要求的坚实基础。现在,我们聚焦在特定的 OSINT 关键领域发展你的技术和技巧,通过强大的、不唯工具是从的信息收集、数据拓线、数据富化和报告撰写知识来提升你的技能,进而围绕现实世界的案例研究来体验 OSINT 在实战中的应用。

第二部分

OSINT 进阶

在第一部分"OSINT 基础"中，我们探讨了为什么大脑是 OSINT 分析的最佳工具。如果你已经学习并具备了一定的 OSINT 基础知识，那么就算不使用工具也能工作。诚然，有些工具对于 OSINT 分析非常关键，以至于我们除了学习如何使用它们之外别无选择。搜索引擎就是这样一类横跨所有 OSINT 领域的工具。

搜索引擎是一种用于网络搜索的软件系统。它们针对输入的查询文本，在互联网上系统性地搜索相关信息。OSINT 分析师常用的谷歌、必应、Yandex 和百度等搜索引擎使用爬虫技术访问网页，分析网页内容，并将其存储在索引中。所抓取的内容也包括 PDF、Word 和 Excel 等文件信息。有时，搜索引擎甚至能获取特定网站上一些不希望访问者知悉的内容或元数据链接，这一点对于情报分析非常关键。搜索引擎使用算法存储和索引数据，并在需要时将它们取出并按特定规则排序。在响应用户查询时，搜索引擎根据数据重要性的不同，能够在首页显示出最相关的内容，这就是所谓的 ranking 机制。有时我们可能需要利用算法和排序原理，深入挖掘大多数用户不会关心的，但与 OSINT 分析高度相关的内容。搜索引擎用途广泛，而且使用完全免费。

在使用搜索引擎时，建议根据需求使用不同的平台。例如，如果我要调查中国的公司或人员，我肯定会选择中文搜索引擎百度以获得有针对性的结果。同样，如果我要找的是俄罗斯的东西，我会使用搜索引擎 Yandex。因为每个搜索引擎都会根据其特定算法提供不同的结果，加上它们分别索引的是互联网的不同部分，所以一定要使用多个搜索引擎来获得最全面的结果。另外，将 VPN 出口设置为研究对象所在的位置，例如，当调查一个俄罗斯组织时，将 VPN 设置为俄罗斯境内可能会得到更好的结果。一位技术精湛的 SANS 讲师、加拿大皇家骑警（RCMP）的情报分析师，也是我的好朋友 Ritu Gill 向我传授了一个小窍门，那就是使用 similarweb.com/top-websites 来找到整个互联网上最受欢迎的网站（其中也包括搜索引擎）。

尽管搜索引擎对于针对性搜索非常有用，但在 OSINT 界存在一种不幸的偏见：要成为一名出色的分析师，我们必须使用高度专业化的工具。这种思维方式既不现实，又会适得其反，坦率地说，它会让新的分析师因为不具备"专业技能"而被拒之门外。我也遇到过类似的情况，当时我所在的 OHSHINT 联邦局团队参加了在 DEFCON28 会议期间举行的"失踪人员"夺旗活动并赢得了第一名。

获胜后，我们在受邀接受的各种采访中介绍了比赛策略和参赛技巧。但我们立即遭到了社区中一些成员的质疑，因为采访中我们提到：最终提交的信息主要是通过搜索引擎找到的。"使用简单的工具就不是好分析师"的说法是严重错误的。事实上我想说的是，当分析师能够不带任何偏见地去自由思考，并能从多个角度去攻克一个问题时，他表现得更为出色。如果你刚刚才接触 OSINT，请记住我们作为分析师都是从零开始的，你也无须证明什么。分析师应在项目范围内积极运用他们可以使用的任何工具。

我们的团队在比赛中使用的方法是通过配置搜索引擎查询来缩小结果的范围，这种方法被称为"谷歌高级搜索符"（Google Dorking）。

Google Dorking、Google Hacking 或简称为 Dorking、Dorks，是指使用 Google 的高级运算符来编写搜索字符串以优化搜索，从而可以找到网站上通常无法查看的信息。Dorks

是一种强大的工具，通过有针对性地使用搜索字符串迫使搜索引擎只查找我们重点关注的内容，从而在短时间内定位想要的数据。下面是一些比较常见的 Dorks：

常见的 Dorks	示例
引号（""）	"Tricia Jones"，"security"
加号（+）、and、|	"Tricia" + "Jones" "Tricia" and "Jones" "Tricia" | "Jones"
or	"cybersecurity" or "information security"
减号（-）	"front door" – wood
inurl:	inurl: "osintcurio.us/admin"
intitle:	intitle: "login"
Intext:	Intext: "camera monitoring system"
site:	"login"　site:osintcurio.us
filetype:	"passwords"　filetype: xls

Dorks 的工作原理是在搜索字符串的同时，加载一个或多个高级运算符以筛选输出结果。例如，在处理失踪人员案件时，最好的方法之一是通过谷歌搜索失踪人员的姓名。以失踪者的名字和姓氏开头，可以将搜索结果减少到只包含名字和姓氏的结果。

```
"FirstName" and "LastName"
```

接下来，我们添加居住城市的信息，这样就可以将搜索结果缩小到只搜索与居住城市相关的姓氏和名字的人。这样做的目的是将搜索结果减少到我们可以手动处理的数量，同时非常有针对性地精确查找我们要找的内容。

```
"FirstName" and "LastName" and "City of Residence"
```

有时，我们可能想从输出中删除一些可能会使搜索变得模糊的内容。例如，如果你的搜索对象的名字恰好与某个名人一样，正如当我搜索自己的名字时，我在得到所有与我相关内容的同时，也会得到所有与英国女演员蕾·贝克相关的内容。为了解决这个问题，我们添加了一个减号运算符，以排除结果中任何与女演员蕾·贝克相关的内容。

```
"FirstName" and "LastName" and "City of Residence"
            - "Famous Actress Name"
```

使用 Dorks 的方法有很多，结果也各不相同。使用"or"而不是"and"可以搜索"A 或 B"，使用管道符"|"可以连接两个词。

下面是另一个例子，说明使用 Dorks 如何提高搜索效率。让我们找出尼古拉斯·凯奇最喜欢的意大利面形状，如果搜索尼古拉斯·凯奇（Nicolas Cage）时不使用 Dorks，那么搜索引擎将搜索所有提及尼古拉斯（Nicolas）或笼子（Cage）的数据，并返回 36 800 000 条结果。

[Google搜索框：Nicolas Cage — About 36,800,000 results (0.61 seconds)]

在他的名字周围加上引号后，我们只能收到同时包含 Nicolas 和 Cage 的结果，这样我们的结果就缩小到了 26 300 000 个。

现在，由于尼古拉斯·凯奇最近接受了 Reddit Ask Me Anything（AMA）采访，我们可以通过在引号中加上他的全名、加号和"ask me anything"，将结果缩减到 35 100 个。这样就能找到所有提到尼古拉斯·凯奇和"ask me anything"的内容。

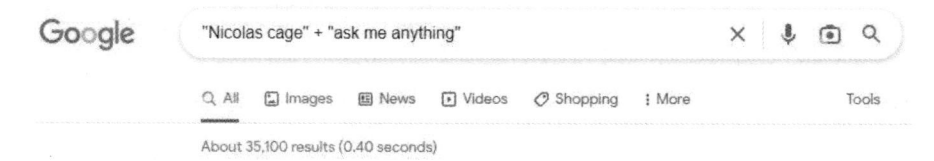

[Google搜索框："Nicolas cage" + "ask me anything" — About 35,100 results (0.40 seconds)]

最后，再加上一个加号和意大利面形状这几个词，我们就可以将结果进一步降为 315 个，这样搜索起来就容易多了。运行这个查询，我们很快就会发现方管意大利面是他的最爱。

[Google搜索框："Nicolas Cage" + "ask me anything" + "pasta shape" — About 315 results (0.37 seconds)]

上面讲到了 Dorks 如何应用于人员情报追踪，接下来我们举几个简单的例子说明它与其他类型的 OSINT 的相关性。

商业和组织情报 Dorks：

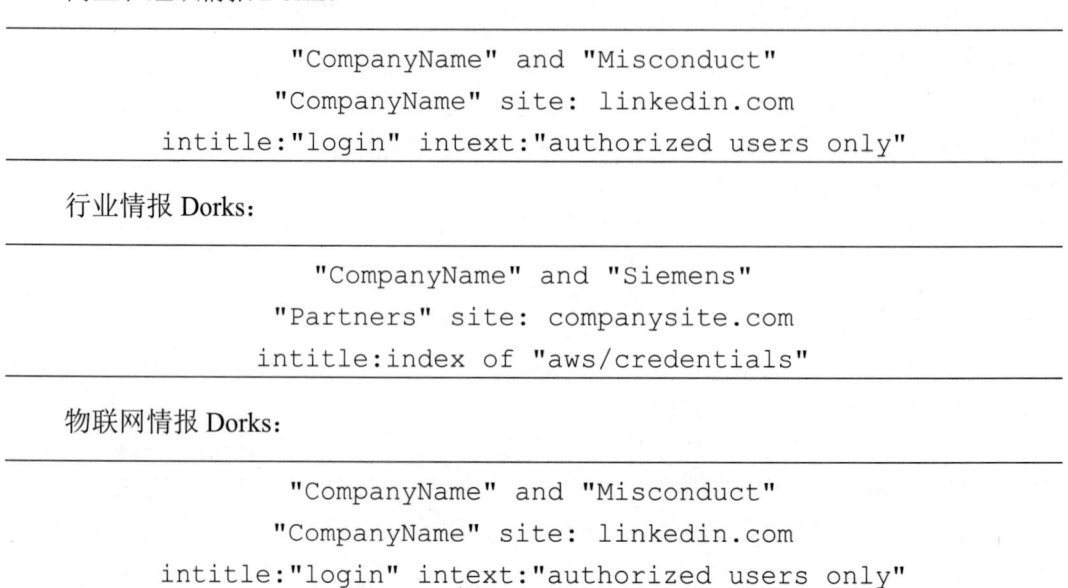

```
"CompanyName" and "Misconduct"
"CompanyName" site: linkedin.com
intitle:"login" intext:"authorized users only"
```

行业情报 Dorks：

```
"CompanyName" and "Siemens"
"Partners" site: companysite.com
intitle:index of "aws/credentials"
```

物联网情报 Dorks：

```
"CompanyName" and "Misconduct"
"CompanyName" site: linkedin.com
intitle:"login" intext:"authorized users only"
```

金融情报 Dorks：

"CompanyName" and "Misconduct"
"CompanyName" site: linkedin.com
intitle:"login" intext:"authorized users only"

交通运输情报 Dorks：

"CompanyName" and "Misconduct"
"CompanyName" site: linkedin.com
intitle:"login" intext:"authorized users only"

> **提示**
>
> 在搜索外国人员或实体时，请尝试使用英语或其母语拼写。如果记住这些 Dorks 查询有点难，那么在 google.com/advanced search 上可以找到关于高级运算符使用的辅助页面，可以在其中设置我们的搜索条件。

现在你已经了解了 Dorks 是如何提升工作效率的，下面我们将从第 5 章"人员情报"开始，学习如何将这一概念应用到 OSINT 分析的各个部分。

第 5 章　人员情报

5.1　概述

当执行 OSINT 分析任务时，很有可能会涉及对人员的研究。我们有很多理由对某个个体进行分析，全世界的人口数量约 77.5 亿，这数十亿人口拥有自己的事业、家庭和人脉，当然其中有些人还是罪犯。在 OSINT 中，我们需要了解这些人交流沟通、开展业务、维护资产和出行的方法。随着人口的持续增长，几乎每件物品都有一个能够与其他设备相连的 IP 地址，通过创建关于其使用和交易的记录，可以存储从我们去了哪里到电动牙刷的速度设置等有关我们的一切信息。一方面，这是对隐私的侵犯，另一方面，这种对生活的细枝末节的持续记录，对情报分析师来说是一座名副其实的金矿。

回顾一下今天你进行的所有活动和与你有过接触的人：
- 你去银行了吗？
- 你去健身房了吗？
- 你登录过哪些社交媒体账户？
- 你开过车吗？
- 你和老板、朋友、家人交谈过吗？
- 你在哪里吃的饭？

上述信息看似不太重要，但如果利用所有收集到的信息为你的生活绘制一幅活动踪迹图呢？想象一下，在分析恐怖分子、追踪诈骗犯或黑客组织时，这些数据能带来多大的价值。反之亦然，对手也可以利用你的日常活动和交际捕捉到许多信息。当考虑到对手追踪我们行动的可能性时，第 4 章关于"行动安全"的内容就显得更加重要了。

诚然，对个人信息进行分析听起来确实具有侵犯性。作为 OSINT 分析师，我们的规则是只能对公开来源获得的数据进行分析，而不能通过登录他人账户来完成。幸运的是，我们所研究的个人开源资料大多来自市场上的数据库，它们是通过数据经纪人或社交媒体合法出售的数据。

5.1.1　什么是人员情报

人员情报，也称为人员搜索，是收集和输出关于特定人员的情报信息的行为。人员情报结合了多个情报学科，用于帮助我们回答关于特定人员的问题并生成情报报告。例如，OSINT 分析师将被动地收集人员的数字足迹，而外勤特工将主动地使用人力资源进行信息收集。

人员情报的大部分工作是收集特定人员的数字足迹。

数字足迹，有时也称为"数字影子"或"电子足迹"，是指人员在使用互联网时留下的数据痕迹。第 4 章介绍了如何利用 VPN、虚拟机和研究账户来最小化自己的数字足迹，避免自己成为对手人员情报活动的目标。通过收集互联网上琐碎的个人身份信息并将它们拼凑在一起，可以了解到一个人的数字足迹，从而揭示一些有助于回答有关人员的情报需求的重要信息。数字足迹可以揭示目标过去和未来的旅行、网友关系、兴趣爱好、工作联络和车辆使用等情况。

以下是一些典型的数字足迹信息：
- 名称
- 地址
- 电话号码
- 工作经历
- 家人/朋友
- 出生日期
- 政府标识符（社会保障号码）
- 业余爱好
- 旅行经历
- 汽车/车辆识别码/牌照
- 生活模式（经常出现的时间/地点）
- 会员资格/团体

令人震惊的是，这些例子只是互联网上关于我们每个人数据源中的一小部分。数字足迹不仅来自出售信息的数据经纪人和我们在社交媒体上的互动，还来自我们的网站浏览和搜索历史。有了这些公开可获取的数据，在进行人员情报收集时就有多种选择了。然而，与任何工具一样，人员情报活动的开展可能被正当利用或不当利用，甚至恶意滥用，以下是相关的例子。

1. 正当利用

幸运的是，许多关注人权的非营利组织开始认识到开源情报对其任务的价值。以"安全逃离行动"（Operation Safe Escape，OSE）组织为例，作为该组织 OSINT 团队的首席志愿者，我的主要任务之一就是评估受害者的数字足迹。

当处于虐待关系中的人成功摆脱困境时，出于人身安全的考虑，他们往往需要保持隐蔽。不幸的是，我们的客户中有相当多的人被施虐者虐待，这些施虐者要么精通技术，要么善于操纵他们所掌握的信息使得他们看起来"精通技术"，从而给受害者造成了极大的压迫。当施虐者使用公开的信息来源（也就是 OSINT 分析师经常使用的信息来源）来追踪受害者时，受害者如何隐藏自己？

在"安全逃离行动"组织，我们采用对抗性思维来研究受害者的数字足迹。在研究过程中，我们会问自己以下关键的问题：
- 我们能确定受害者的位置吗？
- 我们能找到受害者的社交媒体账户吗？
    - 受害者在社交媒体上泄露了什么
    - 受害者的照片或视频会泄露地点吗
- 受害者是否与特定区域的人员交谈过？
- 受害者的工作是否公开？
- 受害者的孩子是否在不知情的情况下泄露了信息？

2. 不当利用

人员情报也会被用来做坏事，其中最坏的一种方式就是"人肉搜索"（Doxxing）。每当我想到人员信息是如何被错误地使用时，我脑海中总会跳出一个案例，那就是"玩家门"（Gamer Gate）。"玩家门"是 2014 年发生的一个事件，程序员埃隆·乔尼（Eron Gjoni）在博客上发表了长篇博文来讲述自己恋情的结束。他指责自己的前女友、独立游戏开发者佐伊·奎恩（Zoe Quinn）出轨了一名视频游戏记者，从而让她开发的游戏"抑郁探索"获得好评。接着，互联网上爆发了对她本人和她的游戏的谩骂。4chan[1]和 IRC[2]用户还发布了她的个人信息和裸照，导致她试图自杀。而这一场利用公共网络的粗暴攻击只是"玩家门"事件的开端。

除了佐伊·奎恩，女性游戏开发者布里安娜·吴（Brianna Wu）也在这场"玩家门"事件中成为攻击目标。她的个人信息（包括家庭住址）被公布在网上，她本人也遭到暴力威胁。始于互联网的辱骂行为最终蔓延到现实世界，迫使布里安娜·吴逃离了家门，躲藏了起来。

"人肉搜索"令人发指，但令人痛心的是这类事件又时常发生。保持对信息可访问性的警惕是至关重要的，我们的对手可以随时从在线人员搜索网站上以不到 20 美元的价格购买关于我们的数据。

3. 恶意滥用

2011 年，在维基解密最火的时候，美国知名安全公司 HBGary 的前首席执行官亚伦·巴尔（Aaron Barr）声称，他已经确定了"匿名者"黑客组织的两名关键成员和维基解密的支持者。巴尔在给一位同事的私人电子邮件中写到，他在开展相关研究，最终会曝光"匿名者"组织的成员。

"他们以为我除一个由 IRC 账户名构成的组织架构外，什么都没有！"他写道，"这些家伙应该是黑客，但他们不明白。我打败了他们！"巴尔的意思是，尽管"匿名者"声称是由精英黑客组成的，但该组织低估了他。"匿名者"组织认为巴尔所掌握的信息只是他

---

[1] 译者注：4chan 是一个完全匿名的实时消息论坛，由美国人 Christopher Poole 于 2003 年创办。

[2] 译者注：IRC 是因特网中继聊天协议（Internet Relay Chat），是由芬兰人 Jarkko Oikarinen 于 1988 年首创的一种网络聊天协议，用于在线交流、学习和互动。

根据在 IRC 聊天中发现的用户名而绘制的组织结构图。

作为回应，"匿名者"组织攻破了 HBGary 公司的网站，以其组织的信息取而代之。黑客们从 HBGary 公司的服务器中窃取了 4 万多封电子邮件，并删除了大量备份数据。HBGary 公司的总裁佩妮·利维（Penny Leavy）一度通过 IRC 匿名聊天室请求"匿名者"组织放弃针对 HBGary 公司的网络攻击。泄露的电子邮件显示，巴尔利用社交媒体收集了大量姓名并梳理了人物关系，从而得出了相关人员参与了"匿名者"组织的结论。巴尔还创建了一些马甲账户以渗透到"匿名者"的 IRC 聊天中进行用户名收集，并与他认为的关键人物进行交流。他大致确定了该组织的哪些领导人物在公开发帖，并将他们的发帖时间和日期联系起来。

最终，巴尔的推特账户被黑，HBGary 公司的网站也被入侵，4 万多封电子邮件在海盗湾[1]上泄露。当时 HBGary 公司正在出售相关业务，该事件直接导致其损失了数百万美元。

从这些事件中我们不难看出人员情报是如何被人们利用和操纵的，其中既有好的一面，也有坏的一面。情报分析师的工作涉及大量数据，因此他们必须遵守法律，尤其在涉及隐私的问题上更应如此，最好的做法是随时了解当地法律，并在展开人员情报分析工作前获得相关部门的批准。《通用数据保护条例》（GDPR）是欧盟隐私法的组成部分，其中对个人数据的使用和保留方式进行了规范。根据该条例的内容，欧洲国家在收集和存储个人数据方面的隐私要求与美国截然不同。

抛开道德规范不谈，上述所有事件都采取了人员情报的通用做法，即通过分析一个人的日常行为和互动交流来挖掘这个人的细节特征。这种通过观察来建立并了解特定目标的习惯和行为的技巧，被情报分析师称为"生活模式分析"。

5.1.2 研究目标的生活模式

在人员情报案例中，有时候可能需要了解目标在日常生活中的惯常活动方式，这种情况分析被称为"生活模式分析"。我们可以把这种侦察方法看作典型私家侦探工作的"网络版"。当提到私家侦探的工作时，我们可能会浮现出这样的印象：他们将车停在一条小巷口，只身坐在破旧的汽车里，尽职尽责地监视着被笼罩在黑暗中的调查对象的家。我认为这种想象是相当准确的，这种秘密监视的目的是记录目标人物的活动，看他们去哪里、什么时候去、和谁一起去，然后从数据中总结出一套模式和可能的偏差范围。开源情报中的生活模式分析方法也大致相同，只是不再依靠物理线索，而是通过数字足迹来确定调查对象的模式、习惯和行为。在某些情况下，我们甚至可以根据调查对象的生活模式，来推测他未来的行动或印证相关预测。美国地理空间情报基金会（USGIF）董事会成员杰夫·乔纳斯（Jeff Jonas）曾说过："要抓住罪犯，要么是收集到对手不知道的数据，要么是能够以超出对手理解能力的方式对收集到的数据进行关联推断。"虽然这句话是关于地理空间情报收集的，但同样可以应用于人员情报收集。通过观察调查对象的生活模式，可以深入了解调查对象及其可能采取的行动。

---

1 译者注：海盗湾（The Pirate Bay）是一个专门储存、分类及搜寻 BT 种子的网站。

当使用多个信息来源时，生活模式分析能获得最佳效果。信息的来源可能各不相同，但通常包括社交媒体、人员搜索网站、数据经纪人、公共文档、数据泄露和个人披露等。完整的生活模式分析应该是详尽的，同时结合网络图、时间线和图表等可视化工具，以说明调查对象的活动范围和生活模式。一旦确定了某种模式或特定的兴趣点，我们就可以与相关部门共享这些信息，让他们使用我们提供的数据和可视化工具来推动执法机构开展实际调查。

在人员情报分析中可以运用本书第一部分"开源情报基础"中提到的差距分析技巧，来明确已知信息和未知信息。

下述问题是生活模式分析过程中需要提出的关键差距分析问题：

- 我已经掌握了哪些信息？
- 已知信息意味着什么？
- 我还需要了解哪些信息？
- 我怎样才能获得想了解的信息？

以下是生活模式分析过程中的注意事项：

- 事件之间是否存在时间差？
- 是什么造成了延误？
- 存在哪些情报缺口？
- 外界环境对目标活动有什么影响？

下面将举例说明，在哪些情况下生活模式分析可以成为收集开源情报的有用工具。

场景 1：某军事基地的人员不得在安全区域使用手机。然而，他们其中有人携带了健身追踪手表。每天早上 7 点、中午 12 点和下午 5 点，他们在安全设施的周边进行安全检查。

收集方法：使用 Strava 等网站可以看到健身追踪手表记录的路径，根据对起点和终点的分析，甚至可以推断出卫星图像中未曾显示的隐藏建筑物。

场景 2：一个涉嫌贩卖虐待儿童信息的暗网论坛所有者，在他的网站的社交媒体账户（包括 Twitter）上定期发布帖子。

收集方法：通过对 Twitter 上的帖子进行分析，可以确定他从未在美国东部时间下午 5 点到凌晨 1 点在社交媒体上发布内容，通过推断，这可能是他睡觉的时间，这样可以缩小他所处的地点范围。

接下来，我们试着分析一下用户的推文发表时间，看看从中可以归纳出哪些信息。市场上有很多免费的工具可以用来分析 Twitter 账户。在这个例子中，我使用 Accountanalysis.app 搜索深受观众喜爱的《每日秀》喜剧演员乔恩·斯图尔特（Jon Stewart）的 Twitter 账户。最近的 200 条推文显示，乔恩主要在美国东部时间周三、周四上午 9 点至 12 点用 iPhone 发布推文（见图 5.1 和图 5.2）。

同时，对斯蒂芬·科尔伯特（Stephen Colbert）最近 200 条推文的分析显示，他主要在周一至周五通过 Twitter 网络应用程序发布推文，时间集中在晚上 7 点到 10 点。

这些推文的发布时间可能与《深夜秀》的拍摄结束时间有关。根据谷歌搜索结果，《深夜秀》在美国东部时间 5 点 30 分上映，时长为 75～120 分钟，也就是图中显示的 19:00，即东部时间晚上 7 点（见图 5.3 和图 5.4）。

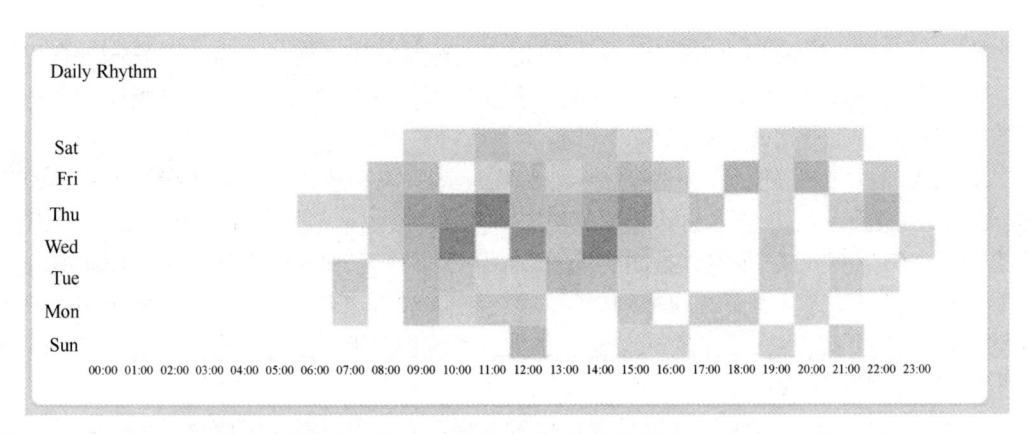

图 5.1　乔恩·斯图尔特 Twitter 账户上的 Accountanalysis.app

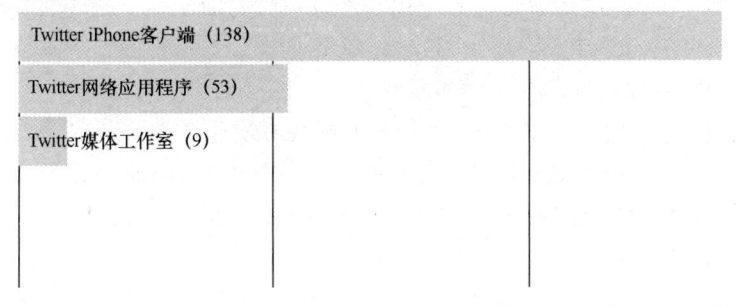

图 5.2　Accountanalysis.app 上显示乔恩·斯图尔特使用的发布平台

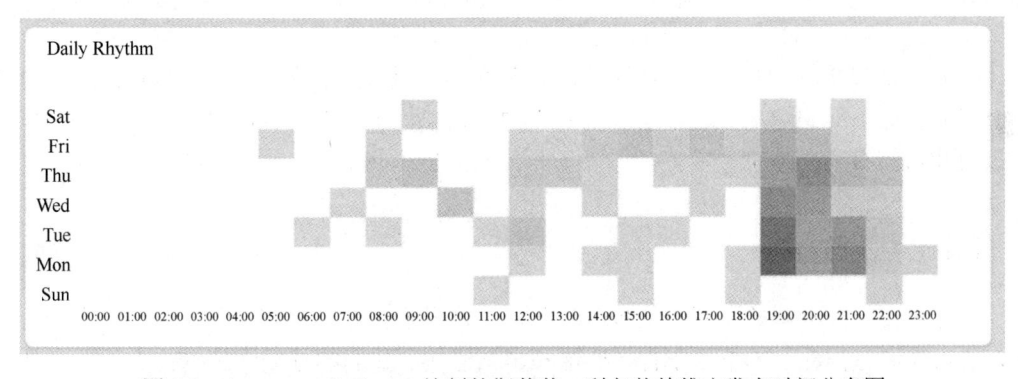

图 5.3　Accountanalysis.app 绘制的斯蒂芬·科尔伯特推文发布时间分布图

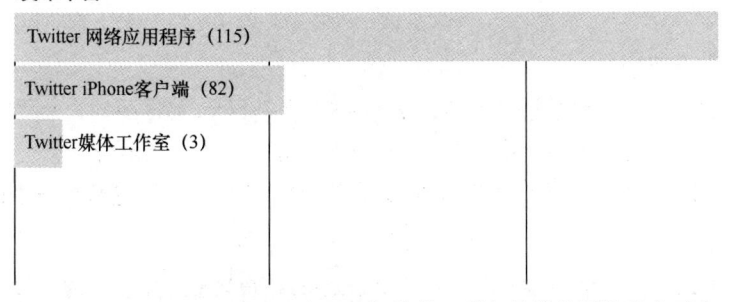

图 5.4　Accountanalysis.app 上显示斯蒂芬·科尔伯特使用的发布平台

在这些示例中，我们通过 Twitter 来确定调查对象的生活模式，事实上其他带有时间信息的平台也可以完成这项任务。因为帖子和媒体都有发布时间，所以社交媒体平台是一个收集调查对象生活模式的切入点。

如场景 1 中提到的，有一些技术可以追踪运动手表和蓝牙等其他持续向外广播的信号，这类追踪的目的之一是通过人员对 OPSEC 的疏忽来揭示他们的秘密位置或行动规律。本杰明·斯特里克（Benjamin Strick）概述了阿尔及利亚东部一个天然气储存设施的安全漏洞。本杰明有一天注意到在阿梅纳斯天然气营地有许多来自欧洲的工人。Strava[1]网站上的健身排名揭示了这些工人的个人信息、家乡及建筑物附近的步行通道，而这些信息都可能与 OPSEC 风险有关。

此外，在暴乱和大规模伤亡等重大事件发生后，记者还可以利用健身手环追踪技术来定位目击者，特别是利用 Strava 健身应用程序允许用户上传他们的跑步路线这一机制。调查人员可以创建一个新的用户账户，并使用事件发生时对应的地点和时间来上传伪造的跑步路线，从而获取类似"谁在附近"的 App 推荐信息。一旦确定了当时位于该地区的人员，执法机构便可以找到目击者进行询问。

在掌握调查对象的基本信息的基础上，了解其习惯和行为是获取更多信息的绝佳方法。但如果手头只有人员的姓名、电话号码或用户名等单一信息时，该怎么入手呢？接下来的章节将深入探讨针对每类数据可以使用的开源情报技术。

5.2 名称

在开源情报中，我们通常会从单一的信息开始，利用该信息来找出关联信息，并持续找出研究目标的完整情况。名称是一个通用的切入点，虽然对名称的研究看似简单，但有些技巧和窍门有助于缩小搜索范围，并识别出真正的人员。

5.2.1 人员名称

试想一下，在刚开始做开源情报分析师时，领导递给我们一张便条，上面只有一个名字，要求我们查找此人的电子邮件、地址和电话号码。我们的行动计划是什么？不仅要找到此人，还要验证找到的信息的真实性。当只知道调查对象的姓名时，我们可以从理解命名习惯开始行动。

5.2.1.1 命名习惯

"命名习惯"是指一套约定俗成的命名规则，因地区和文化而异。例如，在美国，姓名通常包括名字（First name）、中间名（Middle name）和姓（Last name）。在西方，姓氏在传统上是从父亲那里继承下来的。但并非世界上所有人都是按这样的惯例来命名的，美

---

[1] 译者注：Strava 是一款社交健身跟踪应用，可以帮助用户记录外出运动数据，如跑步、骑行、徒步旅行。该应用使用 GPS 记录所有活动，并允许用户在平台上与朋友分享。

国人也不一定都按这种惯例来命名。不同的文化有不同的命名习惯，这可能会影响我们搜索调查目标时使用的关键字。

例如，在处理某个案件中，我需要确定一个来自某国的人员与某个发送潜在恶意流量的网络的关联。当在谷歌上搜索他的名字时，得到了数百个相同名字的网页。我很难确定哪个网页才是我想要搜索的对象信息，于是花了好几天的时间才找到了正确的名字。最终，我通过搜索到的某个电子邮件地址进行逆向追踪，才发现他的电子邮件和用户名都是与他名字相近的名称。如果我当时了解该国的命名习惯，我就会按"姓"在前，"名"在后的顺序去搜索，而不是用西方人的命名习惯。此外，我还意识到他的英文名也与账户有关。要不是因为没有弄清命名习惯导致的额外搜索和无用信息，我原本可以更加高效地完成调查工作。这个案例表明，增加对研究对象背景知识的学习，有助于更好地理解我们已掌握的数据。

世界各地的命名习惯各不相同，此章仅例举几个主要国家。需要了解更多相关信息，可在我的网站 raebaker.net/Resources 上浏览。

5.2.1.2 阿拉伯语命名习惯

一般来说，阿拉伯人的姓名由 5 部分组成，但顺序不一定相同（见图 5.5）。
- 名字：本名（Ism）
- 别名（Laqab）
- 父名（Nasab）
- 族名（Nisba）
- 昵称（Kunya）

Muhammad al-Farūq 'Ibn Khālid al-Baghdādīy
('Abū Karīm)

مُحَمَّد الْفَارُوق ابن خالد الْبَغْدَادِيّ
(أَبُو كَرِيم)

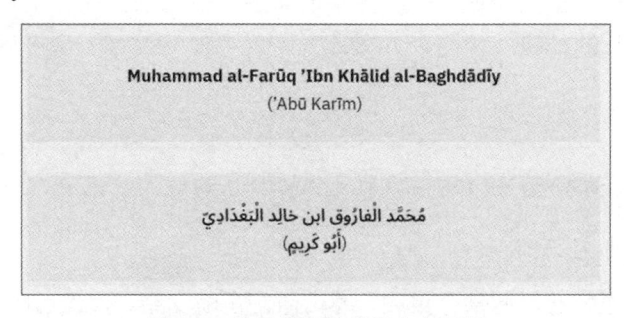

图 5.5　常见的阿拉伯语命名示例

1. 名字：本名（Ism）

本名通常是《古兰经》中传统的阿拉伯名字、外国名字，或者是一个意为"遵从"的复合词，后跟真主 99 个尊名中的一个。

2. 别名（Laqab）

别名通常是宗教的、尊称的或描述性的称谓（见图 5.6）。

3. 父名（Nasab）

父名基本上是一串祖先的名字，其中以"的儿子"或"的女儿"分隔。例如，父亲名为阿巴斯（Abbas），祖父名为哈桑（Hassan），曾祖父名为卡里姆（Kareem）时的父名："卡里姆之子哈桑之子阿巴斯"（Abbas son of Hassan son of Kareem）

- physical qualities: الطَّويل – the tall
- virtues: الفاروق – he who distinguishes truth from falsehood or الرَّاشد – the rightly guided.
- compounds with الدِّين (religion): light of the religion: نور الدِّين

图 5.6　阿拉伯语姓名中"别名"的示例

4. 族名（Nisba）

族名像西方人的姓氏，但它是由出生地、宗教派别或家族名称及职业衍生而来的（见图 5.7）。

- the place of birth, origin: البَغْدادي (from Baghdad);
- the name of a religious sect or tribe or family: التَّميمي (belonging to the Tamīm tribe);
- a profession: العَطَّاري (the perfume vendor);

图 5.7　阿拉伯语姓名中"族名"示例

5. 昵称（Kunya）

昵称不是个人正式姓名的一部分，不会出现在文件中。昵称常在生活中被他人称呼时使用，如以第一个孩子的名字命名为"孩子的父亲"或"孩子的母亲"。如果这个人没有孩子，则使用象征性的品质，如健康之父。

> **注意**
>
> 阿拉伯女性结婚后不随丈夫的姓，而是保留自己的姓氏。但是，子女随父姓。

5.2.1.3　中文命名习惯

中国人的姓名由姓和名两部分组成。姓氏通常是随父亲，姓氏后跟名字。名字是一个字或两个字。女性结婚后不改名，但有些人会选择在全名前加上丈夫的姓氏。例如，陈娇嫁给杨国，她可以被称为杨陈娇。

中文在英语中有很多种表达方式，所以把中文名字用西文字符表示出来，可能会让人困惑。例如，"GUO"也可以拼写为"GWO""GUOO"和"GUOH"。中国人经常把自己的名字翻译成英文以遵守西方的命名习惯。例如，林红可能被称为 Tim LIN 或 Hong LIN。

中文名字还可能包含家族历史，体现重要的日期或事件，或具有年代特征。例如，"建国"这个名字代表中华人民共和国的成立时期，是 20 世纪 50 年代和 60 年代出生的人常用的流行名字。

请注意，许多中国人都有多个名字，以便在不同场合使用。例如，有在社会上起的绰号，结婚时用的正式名字，工作、学习时用的昵称，以及英文名等。

5.2.1.4 俄语命名习惯

俄语名字也由几个部分组成：名字，以父亲名字为基础的中间名，以及父亲的姓氏。在俄语中，女儿的名字后面会加上以"a"结尾的父亲的全名，以表示性别。例如，如果伊戈尔·米哈伊洛维奇·梅德韦杰夫（Igor Mihajlovich Medvedev）有一个女儿安雅（Anya），她的名字就是安雅·米哈伊洛维奇·梅德韦杰娃（Anya Mihajlovich Medvedeva），如果有一个儿子帕维尔（Pavel），他的名字就是帕维尔·米哈伊洛维奇·梅德韦杰夫（Pavel Mihajlovich Medvedev）。

5.2.1.5 姓名搜索技巧

在充分了解了典型语种的命名习惯之后，我们现在介绍如何通过调查对象的姓名来找到与他相关的信息。姓名搜索的秘诀是找到合适的关键词。这样，就可以在多数平台上进行搜索并得到有用信息。

以下是搜索姓名的技巧：

- 使用 Dorks，搜索重点是"姓氏"。
- 试着根据命名习惯，搜索姓名的一些可能的别名、昵称或近似的名称等。
    - 名，姓
    - 姓，名
    - 昵称，姓
- 利用不同平台进行姓名搜索。
    - Bing、Yandex 或 Google
    - 在线免费人员搜索工具
    - 付费人员搜索工具，如 Pipl，可交叉引用和连接全网络多个来源的身份数据
- 尝试将姓名作为用户名和电子邮件地址的一部分。
    - 如 FirstnameLastname@gmail.com

通过姓名识别和验证人员是一项耗时的任务，但在了解了世界各地不同命名习惯后会稍微容易一些。除搜索真实姓名外，个人在互联网上使用的其他昵称（如用户名）也是很好的标识符。

5.3 用户名

"用户名"又称用户 ID、网名、登录名或账户名，主要用于用户登录计算机时系统识别用户身份。曾经，用户名只是用于指代一个人的真实身份的网络角色名，但随着黑客文化、社交媒体和流媒体的兴起，用户名现在已不限于在网络空间使用，而是进入了现实世界。例如，我有一个用来与开源情报社区频繁互动的 Twitter 账户。由于工作性质，我只知道许多朋友的用户名，却无法在现实生活中认出他们。这听起来可能很荒诞，但对于那些工作和生活中大部分时间都依赖互联网的人来说，这一界限是模糊的。

对许多人来说，用户名是隐藏自己真实身份的好办法。本书第一部分已经说明，出于

新闻、研究、调查、安全等正当理由，我们倾向于在网上隐藏自己的真实身份。但也有一些非法贩卖数据、滥用泄露信息的恶意行为者也在这么做。在 4chan、8chan、Reddit 和 Dark Web 等论坛上，一些用户因其发布的内容而变得知名。一个典型例子就是神秘的右翼匿名阴谋论者 Q 通过这一用户名的活动，为其树立了臭名昭著的网络身份。

2017 年，一个名为 Q 的用户首次在匿名网站 4chan 上发帖。他声称自己在政府内部拥有 Q 级权限，可以接触到有关特朗普政府及其反对派的最高机密信息。Q 的神秘身份和成千上万被称为"Drops"的神秘阴谋论催生了一场"QAnon"运动。QAnon 的追随者根据 Q（在这个用户名之后隐藏的一个或多个人）的说法，实施了数起暴力行为。经过一位纪录片制片人长达三年的调查，就关于 Q 这个身份的幕后黑手得出了几种说法，研究人员一致认为他是"8kun"（原 8chan）论坛管理员罗恩·沃特金斯（Ron Watkins）。Q 用户名背后的操纵者利用 8kun 论坛的匿名性隐藏了自己的真实身份。多数人对网络技术或操作并不精通，因此不会意识到在不同平台上重复使用一个用户名，可以为调查提供更多的信息。

由于用户名取代了个人在网上的真实姓名，用户往往会习惯性地在他们创建的所有账户中重复使用同一个用户名。想一想，你在购物、邮件和游戏程序中注册了多少个账户，而这些账户是否使用了相同或近似的用户名。使用同一用户名在各个平台上挖掘信息，可以更容易地收集和关联调查对象注册过的所有网站、服务和应用程序。

5.3.1 用户名搜索技巧

与多数开源情报的拓线过程类似，有无数种方法可以开始以用户名为原点的调研工作。只要看看用户名所包含的信息，你就会有所启发。测试一下你是否可以从以下用户名中推测出有用信息：

- Kellyf04231982
- Gamer_Jim420
- MI_Proud_Oathkeeper
- Oorah89

我们可以从上述用户名，推断出一些信息。

（1）仔细观察第一个用户名"Kellyf04231982"，我们可以看到一个名字（Kelly）和一个中间名或姓氏的首字母（f），然后是一个八位数的数字（04231982）。这个数字可能是随机的，但更有可能代表的是"1982.04.23"这个日期，可能是该用户的生日或周年纪念日。

（2）第二个用户名"Gamer_Jim420"可能预示着，吉姆（Jim）喜欢玩游戏，可能还会吸毒。虽然这些细节看起来毫无帮助，因为一个用户名可能与多个真实人物关联，但我们或许可以根据吉姆吸毒、爱好游戏等特性，进而从他的照片和社交媒体帖子中确认他的身份。

（3）第三个用户名"MI_Proud_Oathkeeper"反应出了较多的用户个人信息。名字的第一部分（MI）可能是指密歇根州，第二部分"Proud"一时看不出什么细节，但在过去几年中，"Proud""Pride""Patriot"等词往往指代了右翼保守主义，而且多与极右翼（alt-right，也称为"另类右翼"）运动存在联系。用户名最后一部分是"Oathkeeper"（誓言守护者），这进一步促使我们尽快确认该用户是否与美国极右翼反政府民兵组织有联系。

（4）最后一个用户名"Oorah89"也反映出了一些有价值的用户个人信息。Oorah 是美国海军陆战队的常用战斗口号,因此可以推断,该用户可能是一名现役或退役海军陆战队队员。用户名中的"89"可能是该用户的出生日期,也可能是对其而言另一个重要的日子。

上述例子展示了如何从单一用户名的构成中提取有用的个人信息和背景信息。接下来的章节将介绍利用用户名关联其他账户的方法。

5.3.2 利用用户名关联账户和人员信息

通过用户名对账户和信息进行关联,简单来说就是尽可能地使用一个用户名去匹配和发现该用户的其他账户。在此过程中发现的其他主体信息,如姓名、电子邮件地址等,都将有利于人员情报分析。图 5.8 所示为基于用户名搜索的信息拓线图,显示了用户名如何帮助我们识别用户的其他关键细节信息。

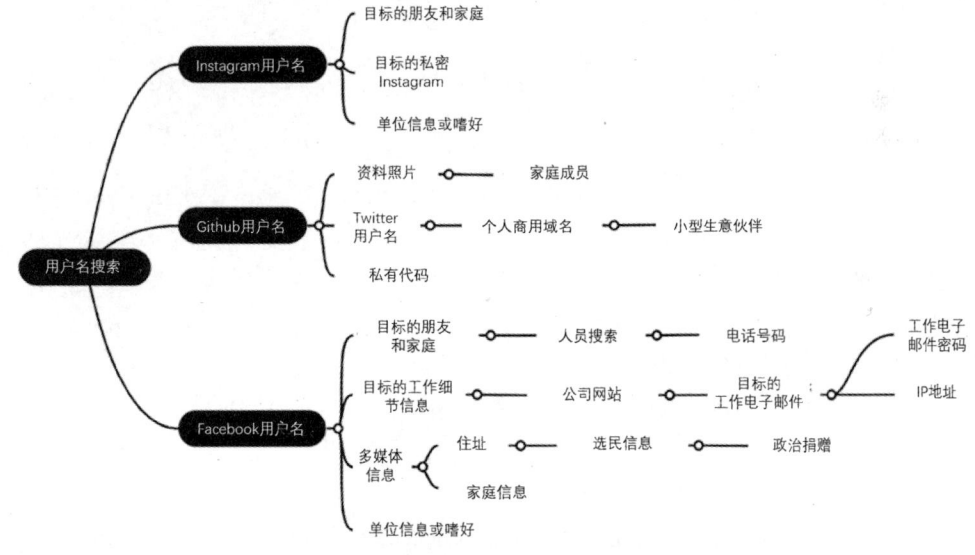

图 5.8 基于用户名搜索的信息拓线图

可以看到,以用户名为切入点可以引申出一些搜索信息的方向,但是从哪里入手比较合适呢?从最基础的方法开始,也就是返回谷歌去搜索用户名。以我的用户名为例,在谷歌输入我的用户名"wondersmith_rae",谷歌反馈的第一页信息可以看到 Twitter、Medium、YouTube 和 Twitch 等平台上与我的用户名相匹配的账户(见图 5.9)。这是一个很好的切入点。但如果仅仅依赖用户名,可能很难发现我在其他平台上使用的与此用户名相似的名称。可以试着设想作为该用户,他们还可能会用哪些类似的用户名,进而帮助我们获得更多有用的信息。

- 无效推测:调查对象在 10 个平台上注册的用户名都是"wondersmith_rae",所以他很可能在所有平台上都以该用户名来注册。
- 有效推测:调查对象以用户名"wondersmith_rae"在多个平台上注册,但有时候在其他平台上该用户名可能已经被他人抢先注册了,因此还应该试试"wondersmith""wondersmithrae""raewondersmith"和"thewondersmith"等相似的用户名,同时看看这些账户间是否存在关联。

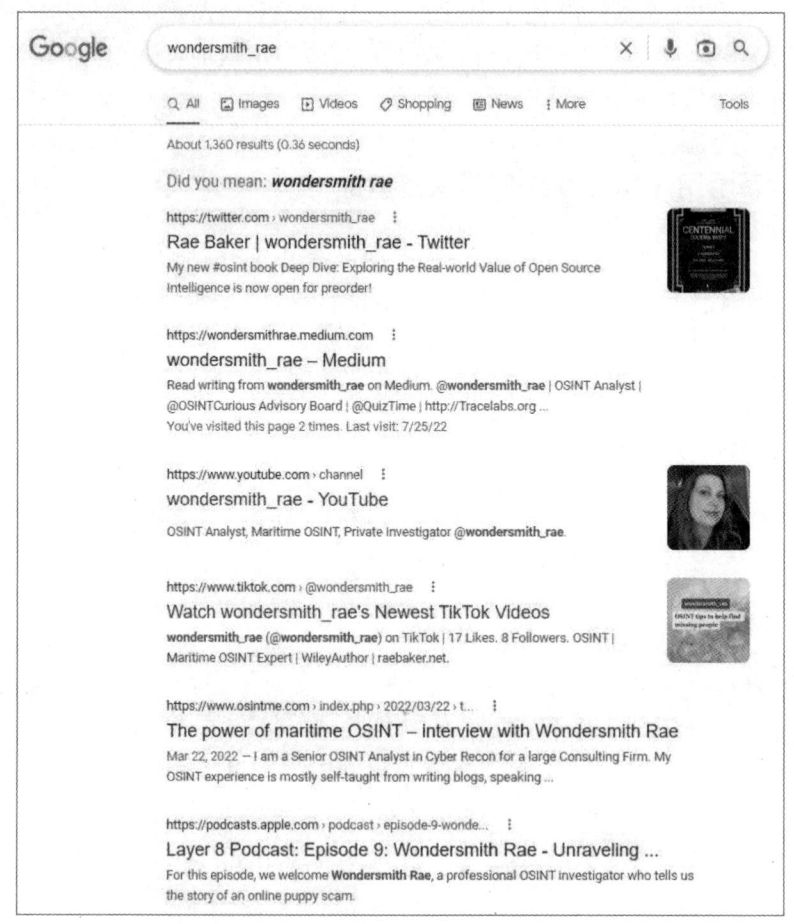

图 5.9　谷歌搜索用户名"wondersmith_rae"反馈的页面截图

设想调查对象可能做什么或不做什么，有时能帮助我们获得一些易忽略的重大发现。通常搜索引擎不会显示所有的结果，在研究中采用其他工具（如 WhatsMyName）来查找用户名可能会有所帮助。

我推荐的开源情报分析师必备的工具屈指可数，然而总有例外，如 WhatsMyName。WhatsMyName 是由总部位于澳大利亚的 OSINT Combine[1]与 OSINT Curious[2]总裁、My OSINT Training[3]的所有者迈卡·霍夫曼（Micah Hoffman）合作开发的免费工具（见图 5.10）。我之所以使用它进行分析，是因为它不仅使用了开源情报界非常可靠的数据来源，同时还考虑到了隐私问题，我相信它不会保存用户数据日志。更重要的是，我通常能很幸运地利用这个工具找到有用信息。

---

[1] 译者注：OSINT Combine 是一家由澳大利亚退伍军人创办的公司，开展开源情报培训、软件和服务。
[2] 译者注：OSINT Curious 是一个分享开源情报的社区。
[3] 译者注：My OSINT Training 是一个提供开源情报学习、知识和培训的在线平台。

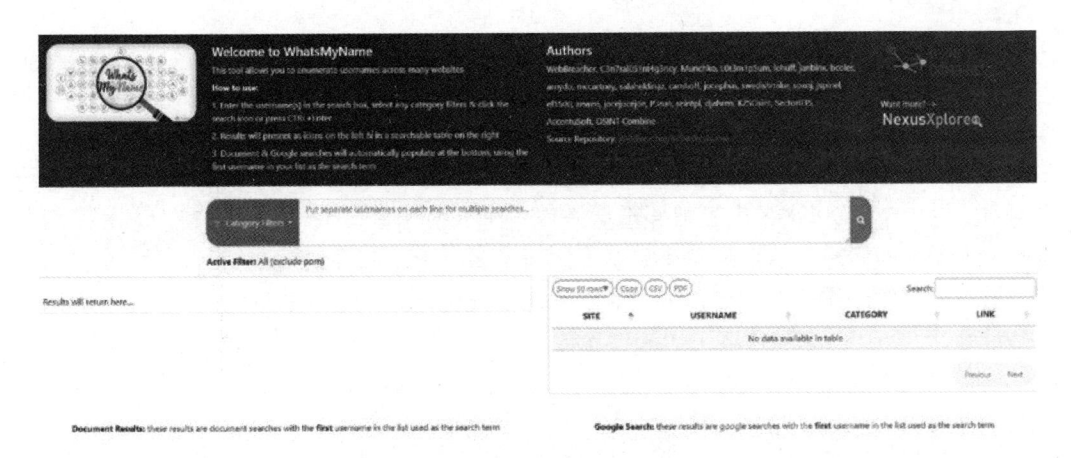

图 5.10　WhatsMyName 应用程序

WhatsMyName 有一个用户名搜索输入框。在提交后，该工具会访问一系列网站，查看该用户名是否已在这些网站上注册，或者是否能在用户配置文件中找到。该工具能够在 400 多个网站上快速测试用户名的情况，同时提供一个源链接来验证发现的结果。当然，WhatsMyName 并不是唯一的用户名研究工具，其他工具的列表请访问 raebaker.net/resources。

　　用户名可以与研究对象建立起关键联系，它可以将我们带入一个相互关联的账户和目标信息的复杂迷宫之中。无论是调查单个网络罪犯，或是识别恐怖网络组织的关键成员，这种类型的研究在各种开源情报分析中都是无价的。在处理侵犯儿童的案件时，我真正体会到了用户名搜索技巧的价值。互联网上的恶意行为者通常只有在匿名的情况下才会在互联网上活动，而一旦大幕揭开、恶意行为者被揭穿，他们必须面对家人、社区和法律对他们行为的审判和制裁。糟糕的一点是，用于保护情报分析师安全的 OPSEC 原则，也同样庇护了犯罪分子。暗网上大量的恶意行为者，尤其是那些与其他恶意行为者进行交易的人，往往隐藏在用户名后面。就像 QAnon 运动中的"Q"一样，他们在恶意行为者社区中因为出售或提供的内容而臭名昭著，其用户名在事实上具有品牌效应。经过培训并在法律支持下的开源情报分析师可以采用人员分析工具和技巧，以恶意行为者的用户名为切入点来搜索该恶意行为者的其他账户、电子邮件，甚至找到真实姓名。得到的信息将会帮助我们打击恶意行为者及整个犯罪网络。显然，这是一个理想化的例子，用于说明用户名在正确的人手中可以发挥多么强大的作用，同时它也说明了以用户名为切入点时，我们可以挖掘到哪些信息。

　　下一节将阐述我最喜欢的人员情报拓线方法之"电子邮件"。有趣的是，它与用户名有很多相同之处。

5.4　电子邮件

"电子邮件是人类心灵的窗户。"

——佚名

电子邮件可能并不是了解一个人灵魂的窗口，但它确实能揭示我们的数字足迹。最早的电子邮件是 1965 年麻省理工学院（MIT）开发的，其允许用户在中央计算机上共享文件和信息。1971 年，一位名叫汤姆林森（Tomlinson）的计算机程序员在美国国防部高级研究计划局（DARPA）的 Arpanet（互联网的前身）网上，首次引入了@符号用于指定特定用户。自 1971 年以来，电子邮件迅猛增长，到 2022 年，全球大约有 42 亿[1]名处于活跃状态的电子邮件用户，这意味着有许多人注册了多个电子邮件地址。

前一节介绍了用户名是如何成为我们的网络身份，并在我们注册账户后描绘了我们的数字足迹的。与用户名一样，电子邮件也被用来注册在线账户，无论我们走到哪里，电子邮件都会跟随着我们，展示我们的生活细节信息。电子邮件地址的构成也可能告诉我们关于创建者的信息。

下面是几个例子。

- DebbieNFrank02071974@email.com

这个邮件地址暗示了黛比（Debbie）1974 年 2 月 7 日嫁给了弗兰克（Frank）。出现了两个名字，因此可以推测这个邮件地址是这对夫妇的共同账户。

- John.McCormick@companyname.com

一目了然，这个邮件地址反映了用户的姓名，而公司域名表明这是约翰（John）的企业邮箱。约翰所在公司的企业邮箱的命名规则也很直观，即 firstname(dot)lastname@companyname.com，如果想找到更多的员工电子邮件，只需要知道员工的名字，就可以根据这个命名规则轻松猜出他的电子邮件地址。

- deviantlinktrade@protonmail.com

"离经叛道（deviant）"这个词本身不太让人感到震惊，但这个电子邮件地址似乎带有黑暗的含义。非法泄露的内容通常是通过链接分享的，这个地址可能成为执法部门的潜在线索。此外，使用以隐私著称的电子邮件提供商 Proton Mail，表明该用户可能比较关注自己的隐私。

通过电子邮件用户名，我们不仅可以了解到用户的很多信息，还可以将电子邮件作为切入点来查找更多信息。图 5.11 显示了以电子邮件地址为切入点的信息拓线图。

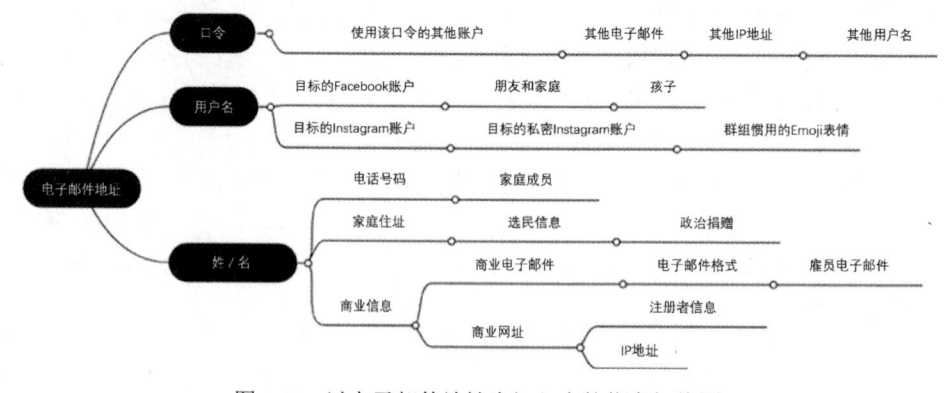

图 5.11　以电子邮件地址为切入点的信息拓线图

如图 5.12 所示，我们可以从电子邮件地址中找到许多突破口。电子邮件地址本质上

---

1 译者注：原文数据是 4.2 million，根据谷歌搜索，此处数据应为 4.2 billion，即 42 亿。

就像电子邮件账户的用户名，因此可以将该用户名与网站和社交媒体等其他在线账户关联起来。值得庆幸的是，用户名搜索采用的许多技术也同样适用于电子邮件搜索。

5.4.1 通过电子邮件关联账户和人员信息

原则上，电子邮件分析的第一步就是在搜索引擎中输入电子邮件地址，看看会得到什么结果。这个过程可以立即提供几个拓线点。在记录并验证了相关结果之后，就可以使用专门的工具开展分析了。

资深开源情报专家史蒂芬·哈里斯（Steven Harris）（@nixintel）在他关于"电子邮件地址资源"的文章中描述了一个用于分析的好方法，即利用研究对象的电子邮件地址的一部分，通过用户名工具（如基于浏览器的 WhatsMyName 或基于 Python 的 Sherlock）来搜索相关信息。Sherlock 也是一个类似的工具，它通过 Python 脚本来在线搜索与输入的用户名相匹配的账户（见图 5.12）。Sherlock 已预装在 Kali Linux 的发行版中。

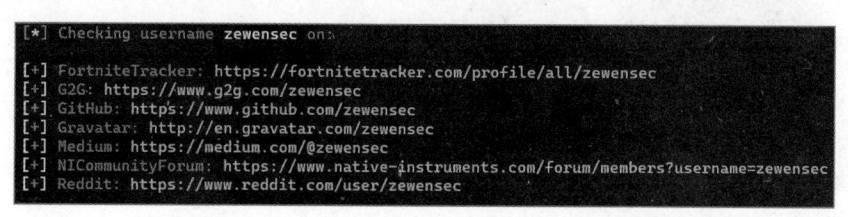

```
[*] Checking username zewensec on:
[+] FortniteTracker: https://fortnitetracker.com/profile/all/zewensec
[+] G2G: https://www.g2g.com/zewensec
[+] GitHub: https://www.github.com/zewensec
[+] Gravatar: http://en.gravatar.com/zewensec
[+] Medium: https://medium.com/@zewensec
[+] NICommunityForum: https://www.native-instruments.com/forum/members?username=zewensec
[+] Reddit: https://www.reddit.com/user/zewensec
```

图 5.12　在 Sherlock 中搜索用户名"zewensec"

无论使用的是网络工具还是命令行工具，过程都是一样的。这些工具通常在线抓取公开数据，最终反馈与用户查询匹配的结果。但网站账户并非电子邮件可以提供的唯一信息，针对某些电子邮件服务商还可以找到 Google ID 等其他信息。

5.4.2　Google 账户

Gmail 账户，更具体地说是谷歌（Google）账户，它有一个与之关联的 Google ID，用作账户的唯一标识符（见图 5.13）。谷歌账户使用 Google ID 来登录和整合地图、评论、电子邮件、照片、日历等各种谷歌服务，因此如果能找到一个人的 Google ID，也就能获取该用户在这些服务上的公开数据。

图 5.13 提供了几个例子，说明如何基于 Google ID 结果扩展相关研究。谷歌用户在创建账户时，可以选择添加个人照片。该用户登录账户后，照片将显示在谷歌服务中，我们可以进行反向图片搜索以查看该照片是否在网络上的其他平台出现过。例如，如果一个用户在谷歌账户和社交媒体账户上上传过相同的个人照片，那么就能够将这些账户关联起来。用户还可以选择将自己的照片上传到"谷歌照片"中，如果设置为公开可见，那么其他人也可以访问这些照片。

就像 Yelp[1] 一样，谷歌拥有自己的评论平台，名为 Contributions，用户可以在该平台

1　Yelp 是美国最大的点评网站，于 2004 年创立，该平台囊括了各地餐厅、购物中心、酒店、旅游等领域的用户，用户可以在 Yelp 网站中给商户打分，提交评论，交流购物体验等。

上对服务、活动和餐厅等进行评论。如果谷歌用户光顾了一家餐厅，就可以对服务进行星级评分或文字评价。所有用户的评价都会显示在谷歌地图上，以便让其他用户了解该餐厅的情况。我曾处理过一个案件，需要根据域名注册时的 Gmail 地址确定罪犯可能居住的区域。我采用了 Epieos（一个基于 Web 的工具，可以执行反向电子邮件搜索和社交媒体查找）搜索他的 Gmail 地址，得到了一个该罪犯在谷歌 Contributions 平台的链接。幸运的是，该罪犯经常外出就餐，并通过地点打卡和照片记录了很多就餐体验。通过在地图上具有精确定位信息的大约 25 条评论，我能够根据这些餐馆地理位置的"中心点"，来推测出当事人可能的居住地址。

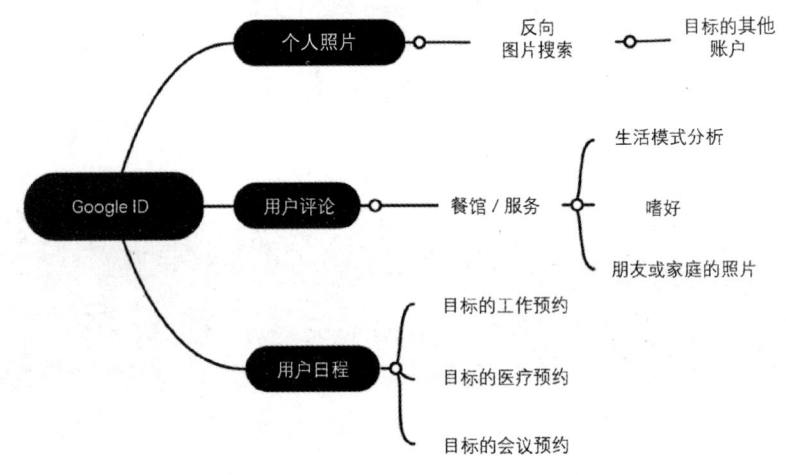

图 5.13 基于 Google ID 的信息拓线图

5.4.3 将电子邮件与域名相关联

研究目标电子邮件的另一个途径是将其与网站注册联系起来，使电子邮件与网站的域名相关联。搭建网站时，需要满足两个关键的条件才能让网站正常运行：首先是网站的托管空间，其次是域名。在购买和注册域名时，我们支付的费用将使我们取得域名一段时间内的使用权。一旦域名注册成功，包括姓名、地址、电话号码和电子邮件地址在内的个人信息就会被公开。

要找出域名的所有者，可以搜索 WHOIS 数据库，这是一个关于域名所有者及其联系方式的信息数据库（见图 5.14）。

WHOIS 记录由互联网名称与数字地址分配机构（ICANN）认证的注册者管理。可以通过许多不同的免费工具和服务访问 WHOIS 记录，但我更喜欢使用的两个工具是 Whoxy 和 Viewdns。WHOIS 记录通常包含域名注册者的电子邮件信息，因此可以通过电子邮件地址从域名关联到有关人员的其他信息（见图 5.15）。

备注

需要注意的是，域名所有者也可以决定不共享任何联系信息。

```
Raw Whois Data

Domain Name: kasescenarios.com
Registry Domain ID: 2721802822_DOMAIN_COM-VRSN
Registrar WHOIS Server: whois.one.com
Registrar URL: https://www.one.com
Updated Date: 2022-08-31T08:26:37Z
Creation Date: 2022-08-29T18:37:44Z
Registrar Registration Expiration Date: 2023-08-29T18:37:44Z
Registrar: One.com A/S
Registrar IANA ID: 1462
Registrar Abuse Contact Email: abuse@one.com
Registrar Abuse Contact Phone: +45.44451220
Domain Status: ok https://icann.org/epp#ok
Registry Registrant ID: REDACTED FOR PRIVACY
Registrant Name: REDACTED FOR PRIVACY
Registrant Organization: REDACTED FOR PRIVACY
Registrant Street: REDACTED FOR PRIVACY
Registrant City: REDACTED FOR PRIVACY
Registrant State/Province:
Registrant Postal Code: REDACTED FOR PRIVACY
Registrant Country: NO
Registrant Phone: REDACTED FOR PRIVACY
Registrant Phone Ext:
Registrant Fax:
Registrant Fax Ext:
Registrant Email: https://www.one.com/en/whois
Registry Admin ID: REDACTED FOR PRIVACY
Admin Name: REDACTED FOR PRIVACY
Admin Organization: REDACTED FOR PRIVACY
Admin Street: REDACTED FOR PRIVACY
Admin City: REDACTED FOR PRIVACY
Admin State/Province:
Admin Postal Code: REDACTED FOR PRIVACY
Admin Country: REDACTED FOR PRIVACY
Admin Phone: REDACTED FOR PRIVACY
Admin Phone Ext:
Admin Fax:
Admin Fax Ext:
Admin Email: https://www.one.com/en/whois
Registry Tech ID: ONECOMHM
Tech Name: Host Master
Tech Organization: One.com A/S
Tech Street: Kalvebod Brygge 24
Tech City: Koebenhavn V
Tech State/Province:
Tech Postal Code: 1560
Tech Country: DK
Tech Phone: +45.46907100
Tech Phone Ext:
Tech Fax:
Tech Fax Ext:
Tech Email: hostmaster@one.com
Name Server: ns02.one.com
Name Server: ns01.one.com
DNSSEC: signedDelegation
URL of the ICANN WHOIS Data Problem Reporting System: http://wdprs.internic.net/
>>> Last update of WHOIS database: 2022-08-31T08:26:37Z <<<
```

图 5.14 WHOIS 数据库记录的 Kasescenarios 网站信息

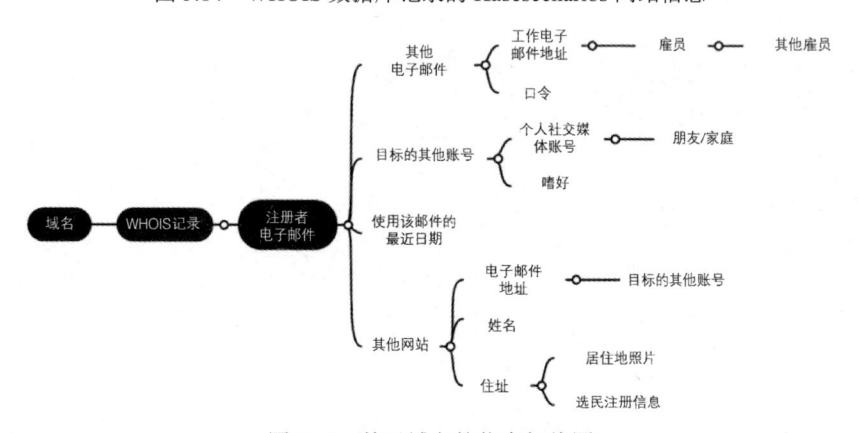

图 5.15 基于域名的信息拓线图

5.4.4 电子邮件验证

需要记住，在使用未经验证来源的公共数据时，我们找到的关联信息并非总是可靠的。电子邮件验证用于确定电子邮件是否与调查对象或目标具有一定的关联。如果电子邮件地址与用户名相同，即使它们非常独特，也不一定意味着它们之间存在关联，需要对结果进行反复验证。从多个来源收集信息，是验证人员和电子邮件地址之间关联性的一种可行方法。如果通过电子邮件地址枚举工具找到了目标的电子邮件地址"koalafanclub@email.com"，并不意味着该地址得到了验证或证实。但如果发现 Instagram 账户"@koalafanclub"上的目标名称和个人照片与电子邮件账户相匹配，则可以认为用户名与电子邮件是相关的。

当前有一些瞄准市场营销的电子邮件工具，主要用来帮助企业收集电子邮件和梳理可用于市场销售的邮件列表。可以使用这些工具来检查和收集电子邮件，以便进行开源情报分析。我在分析电子邮件时经常使用的工具是 EmailRep，原因是只需要查询电子邮件地址就能得到与之相关的用户账户。例如，我在 EmailRep 上查询了"fakeemail@email.com"，图 5.16 显示该电子邮件的信誉度为"低"，意味着它不太可能是一个有效的电子邮件地址。此外，还可以看到，这个邮件地址的信息尚未出现在泄露数据中，因此无法获取到其口令。如果将鼠标滚动到底部，还会看到它被列为"Twitter"的关联账户。从这些信息可以综合了解到，这是一个真实的、被用于创建了 Twitter 账户的电子邮件地址，其密码没有被泄露。因此，我们可以尝试转向挖掘该用户的 Twitter 账户来搜索更多个人信息。

```
curl emailrep.io/fakeemail@email.com
{
    "email": "fakeemail@email.com",
    "reputation": "low",
    "suspicious": false,
    "references": 1,
    "details": {
        "blacklisted": false,
        "malicious_activity": false,
        "malicious_activity_recent": false,
        "credentials_leaked": false,
        "credentials_leaked_recent": false,
        "data_breach": false,
        "first_seen": "never",
        "last_seen": "never",
        "domain_exists": true,
        "domain_reputation": "n/a",
        "new_domain": false,
        "days_since_domain_creation": 9289,
        "suspicious_tld": false,
        "spam": false,
        "free_provider": true,
        "disposable": false,
        "deliverable": true,
        "accept_all": false,
        "valid_mx": true,
        "primary_mx": "mx00.mail.com",
        "spoofable": true,
        "spf_strict": true,
        "dmarc_enforced": false,
        "profiles": [
            "twitter"
        ]
    }
}
```

图 5.16　EmailRep 反馈的查询信息截图

电子邮件地址有效性的验证，能够提升与之相关内容的可信度。了解用户最后一次登录电子邮件账户的时间，可以避免分析师因追踪一个不常使用的电子邮件地址而浪费时间和精力。

5.4.5 隐私电子邮件

在讨论如何验证和确认电子邮件地址的同时，还必须谈谈用于保护用户身份的隐私电子邮件。由于许多电子邮件地址服务商提供了安全、隐私和端到端加密功能，这非常有利于开源情报分析师采取 OPSEC 手段。也就是说，有许多人会使用提供隐私服务的电子邮件服务商来保护他们的真实身份。许多电子邮件服务商在注册时不要求用户提供个人身份信息，这使得注册的新账户成为匿名账户，从而更难与其他账户进行验证和关联。

以下是五大基于隐私的电子邮件服务商：

- Protonmail
- Startmail
- Zoho Mail
- Thexyz
- Tutanota

虽然这些电子邮件是以隐私为导向的，但并不意味着它们"刀枪不入"。许多此类服务，如 Protonmail，只有在使用 Protonmail 服务器时才是安全的。如果用户将电子邮件发送到第三方平台或邮件中包含敏感信息，那么邮件就不会被加密。

5.4.6 数据泄露

前文已经介绍了对手收集和利用个人信息的多种方式。电子邮件地址不仅是用来发送邮件的，它也代表了网络身份的用户名。电子邮件地址、兴趣爱好、IP 地址，甚至纯文本用户密码都存储在我们访问过的网站和使用的应用程序的数据库中。如果对手利用服务上的漏洞来攻击数据库，这些数据可能会被他们打包获取并在网上出售，这就是所谓的"数据泄露"。

1. 数据泄露不违法吗？

数据泄露是由于安全事件导致用户数据被暴露的。尽管数据泄露意味着非法访问用户数据，但我们有合法的手段来使用已泄露的数据。从道德上讲，对泄露数据的研究是一个灰色地带，我强烈建议，应首先获得相关部门的批准，再下载和存储已泄露的数据。

2. 如何处理泄露数据？

为了说明对已泄露数据的合法用途，下面列举了一些客户提问，我们将逐一解答：

客户 1：我的电子邮件被泄露过多少次？

客户 2：我的员工是否使用工作电子邮件注册了个人账户？

客户 3：对手可能利用我的泄露数据做什么？

使用免费网站 HaveIBeenPwned（HIBP），可以搜索某个电子邮件在多少次入侵事件中被暴露，以及它们分别是哪些入侵事件。HIBP 的最大优势在于它不会向我们提供任何登录凭证或个人隐私信息，因此分析师可以放心使用而不必担心触犯道德底线。如图 5.17 所示，我在 HIBP 上搜索"fakeemail@email.com"，结果显示在 91 次数据泄露和 18 次售卖事件中都涉及了这个电子邮件地址（搜索结果不包括敏感数据库，它们只对注册会员开放）。

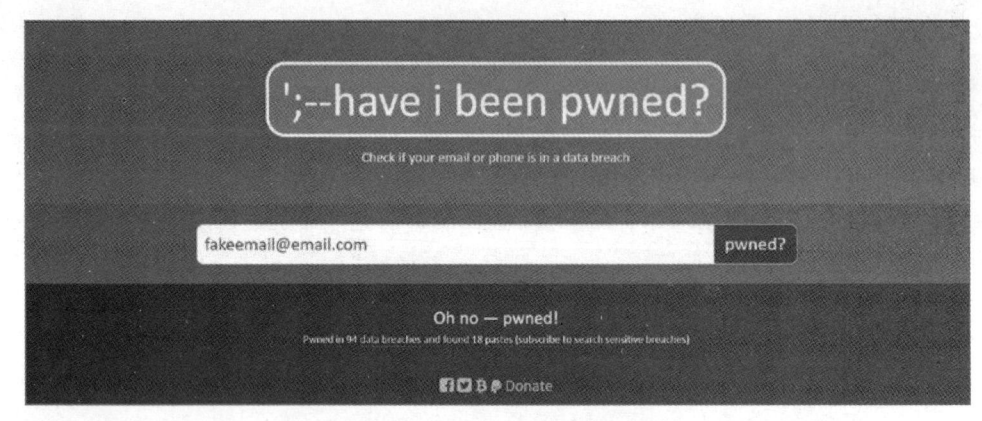

图 5.17　HIBP 搜索页面截图

备注

数据泄露可能包含 10 年或更久以前的数据，因此要注意，并非所有的数据都是活跃的和正在使用的。仔细浏览 HIBP 反馈的信息，还可以看到每次事件发生的日期。

除数据外，HIBP 还会提供数据泄露事件的名称和详细信息，以及具体泄露数据的列表（见图 5.18）。

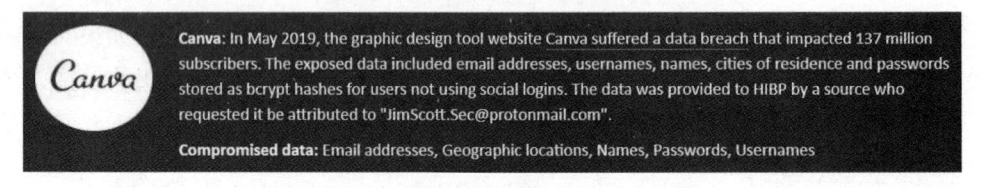

图 5.18　HIBP 反馈的数据泄露事件详情截图

要回答第一个客户的问题"我的电子邮件被泄露过多少次？"可以在 HIBP 上进行查询，得到邮件地址泄露的次数。

针对第二个问题，先假设我们可以访问泄露数据本身。这里要提醒一下：开源情报应始终以被动方式开展，情报分析师绝不能使用密码登录任何账户。IntelligenceX（IntelX）是一个访问泄露数据的好工具，IntelX 是源于捷克的一个搜索引擎，用于搜索常用的关键词，并且能够从暗网、文件共享平台、WHOIS 数据和公开泄露的信息中提取数据。

要回答客户提出的问题"我的员工是否使用工作电子邮件注册了个人账户？"可以在 IntelX 中对公司域名进行搜索，看看有多少公司邮件地址被注册为个人账户。根据客户公司的规模不同，这可能是一项艰巨的任务。以"email.com"作为公司域进行搜索，会得到 1 000 多个文本文件（.txt）。如果没有自动化脚本的帮助，我们就需要在这些文本文件中手动搜索公司的电子邮件和密码（见图 5.19）。许多文本文件都被遮挡了，点击右下角的"Full Data"（完整数据）可以打开每个文件，进行更详细的搜索。

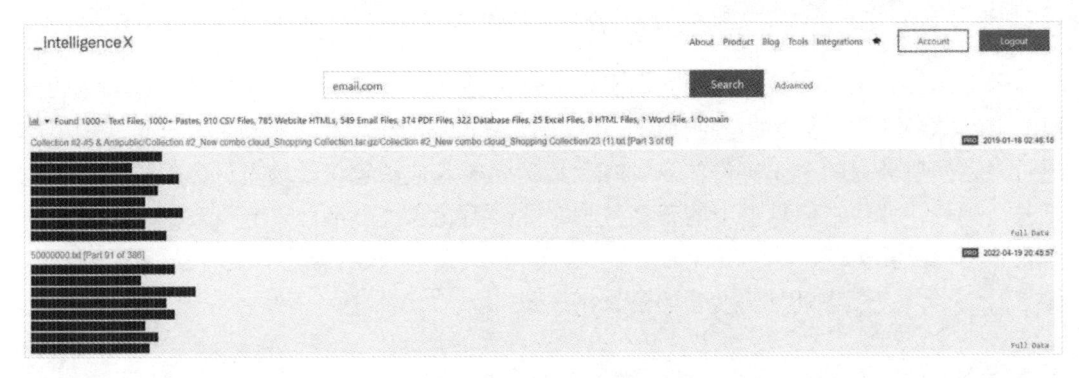

图 5.19　IntelX 搜索页面截图

备注

IntelX 包含教育折扣，为中小学和大学提供一定程度的免费使用权限。

要回答最后一个问题"对手可能利用我的泄露数据做什么？"就必须了解泄露数据可能的拓线点。许多拥有数十亿用户的大型公司和在线社区都发生过数据泄露事件，包括 Adobe、AdultFriendFinder、Ashley Madsion、Ancestry、Dominos Pizza 和 Facebook。很多用户都在这些网站上注册了账户，所以我们很可能在泄露数据中找到调查对象的一个或多个邮件地址。每次数据泄露事件会暴露不同的敏感信息，因此可以通过分析多个数据泄露事件，将同一邮件账户的真实姓名、IP 地址、密码和用户名等信息关联起来。用户口令也可以通过泄露数据进行关联。在图 5.20 的示例中，我们将对数据集 3 中找到的密码"hij"与数据集 5 中使用另外的电子邮件地址中找到的密码"hij"进行匹配。使用这种口令关联方法，特别是唯一口令关联，可以帮助我们发现调查对象新的电子邮件地址。

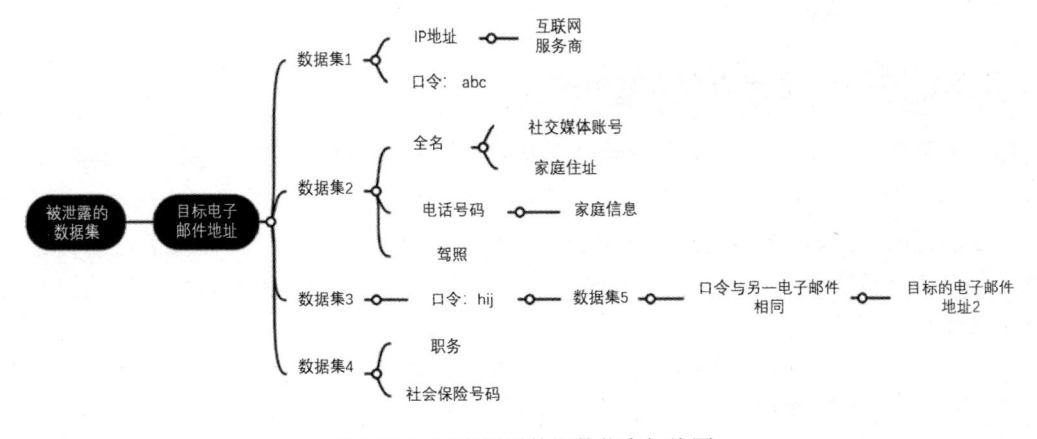

图 5.20　源自泄露数据的信息拓线图

5.5 电话号码

前面已经介绍了如何查找用户名和电子邮件地址，以及从两者出发进一步拓线的要点。本节将聚焦研究人员的电话号码。在美国，从市场数据库和可搜索的公开记录中能够通过电话号码获得的个人身份信息（PII）远远多于其他国家。市场人员会购买或出售电话号码列表，并将它们与手中的营销数据合并，因此这些电话号码会与数据库中的其他身份识别信息相关联。对于研究人员来说，这些数据一旦被关联上，就能发挥很大作用。图 5.21 显示了基于电话号码搜索的信息拓线图。

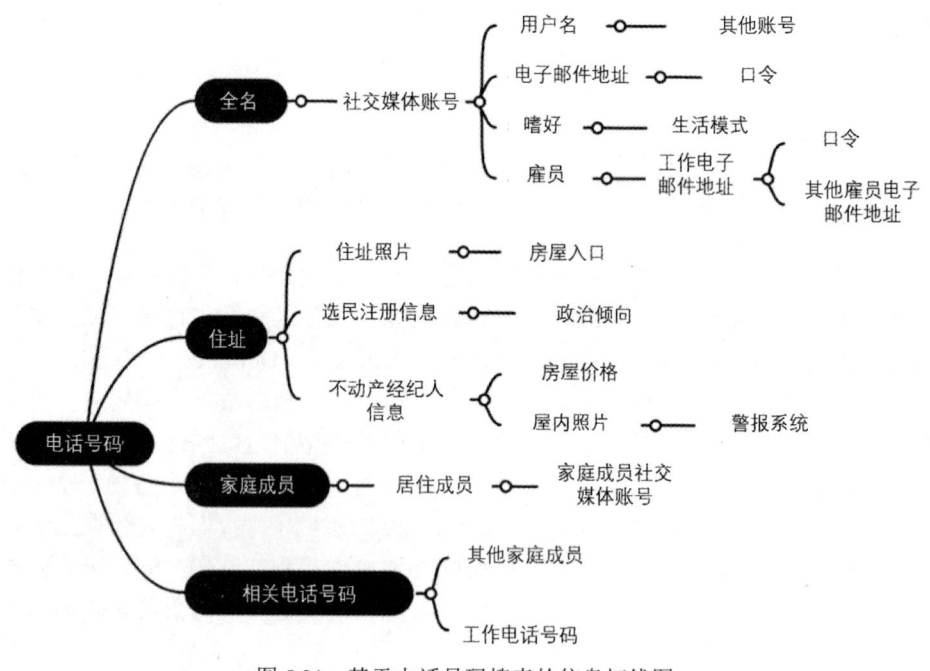

图 5.21　基于电话号码搜索的信息拓线图

5.5.1　利用电话号码与人员相关联

人们往往会用同一个电子邮件地址和用户名注册不同的账户，但是电话号码不一样。我们经常会启用新的电话号码，加上电话号码可以共享（固定电话）或循环使用（公司分配的号码），因此特定电话号码并非一直归一个人所有。尽管验证电话号码可能很棘手，但通过它依然可以提供一些新的拓线点，有时电话号码的共享甚至能够为调查工作带来线索。

在最近的一个案例中，我的任务是挖掘一名外国公民的数据并找到相关信息，来确定该公民在美国生活和工作时是否在秘密为其政府工作。与之前的案例一样，我还是先系统性地搜索所掌握的每个信息点：首先在搜索引擎中查找，然后根据获得的信息，采用不同工具去挖掘更多的相关数据。例如，如果我打算从调查对象的电话号码开始搜索，那么过程大概如图 5.22 所示。

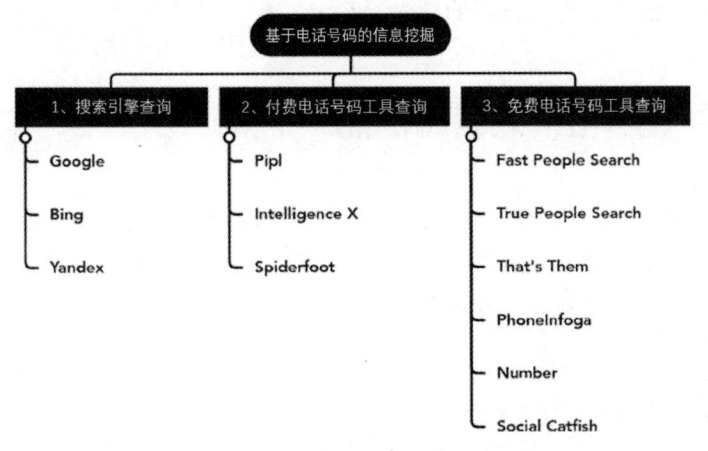

```
                    基于电话号码的信息挖掘
        ┌──────────────────┼──────────────────┐
   1、搜索引擎查询      2、付费电话号码工具查询   3、免费电话号码工具查询
    ├ Google             ├ Pipl                ├ Fast People Search
    ├ Bing               ├ Intelligence X      ├ True People Search
    └ Yandex             └ Spiderfoot          ├ That's Them
                                               ├ PhoneInfoga
                                               ├ Number
                                               └ Social Catfish
```

图 5.22　基于电话号码的信息挖掘过程

电话号码可能不准确，因此在多个平台进行搜索能够更好地检验我们的推测。采用付费工具进行搜索会比使用免费工具更加高效。

在分析该案例中的外国公民时，我很难确定已找到的信息是否真的是目标人物的信息。我有一个该人的电话号码，但需要验证其真实性。就和流程图中描述的过程一样，我从搜索引擎查询开始，发现了一个社交媒体账户，该账户似乎属于当事人的妻子。当我确定自己已经获悉了他妻子的姓名后，我开始有条不紊地采用常用的、免费的电话号码工具来查询当事人的电话号码。最终，我确定目标人物身份的方法是找到他的妻子，并在公共数据库中关联他们的固定电话号码。幸运的是，他们两个的名字关联到了同一个座机号码。根据这个座机号码，我找到了他的当前地址、电子邮件地址、口令和 IP 地址，从而可以开展进一步的分析。这次的调查是幸运的，因为并非每次都能像这次轻易地利用电话号码就找到调查对象的相关信息。更复杂的是，目前伪造电话号码已经变得非常容易了。

5.5.2　伪造电话号码

我们最不想看到的是，整个案件已掌握的信息只有一个电话号码，结果发现电话号码是伪造的。如果电话号码被犯罪分子通过某种方式更改，这种情况就有可能发生。"来电显示欺骗"是一种常见的电话诈骗策略，它通过伪造号码来掩盖来电者的真实身份，使其看起来像一个可信的电话号码以诱骗接听者提供信息或金钱。通常，犯罪分子使用免费 IP 语音（VoIP）工具，用欺诈号码来掩盖自己的电话号码。

在很多情况下，追踪伪造的电话号码是很困难的，但通过搜索引擎查询该电话号码，可以快速查找到所有涉及该电话号码被用于诈骗的信息。我曾通过浏览反电信诈骗论坛上关于电话号码伪造的帖子，很幸运地把相关信息点关联上了。如果这个电话号码被多次使用，那就很可能会透露谁在使用这个电话号码。

以我的经验，根据电话号码开展调查很艰难，而且经常是不准确的，非常令人沮丧。

但有时，我们已掌握的信息就只有一个电话号码，所以必须穷尽所有途径在数据中找到一个可用的信息拓线点。如果你正在经历这种状况，请跳出思维定式，把精力转移到同事、老板及其他可以回避电话号码调查的搜索途径上。

5.6 公共数据和个人信息泄露

"公共数据"是由美国联邦、州和地方政府制作发布的、可供公众查阅的规范性数据库。公共数据对我们的研究非常重要，因为它们是可信的，可作为法律证据。

公共数据包括以下内容：
- 犯罪记录
- 婚姻/离婚
- 出生/死亡
- 财产
- 人口普查
- 法院判决
- 破产登记
- 税收留置权
- 选民信息

公共数据在多方面有利于开源情报分析，通常是尽职调查人员、保险投资人、律师、记者、私家侦探和开源情报分析师的关键核查来源。顾名思义，公共数据是面向公众开放的，这一点与涉密数据不同。然而在某些情况下，一些关于个人信息的敏感、可信数据会被其所有者无意识地发布在了网上，这种情况被称为"个人信息泄露"。例如，有人扫描了自己的社会保障卡并将其发布在网站上，或者某个旅行者发布了自己的护照照片等。这些由个人公开信息的做法，使得一些个人敏感数据也在公共互联网上共享。分析公开数据可以帮助我们发现目标信息（如商业诈骗），以及涉及位置、资产等要素的个人信息。

5.6.1 搜索与目标相关的公共数据

过去，我们不得不西装革履地去当地的法院或政府办公室请求查阅公共数据。但幸运的是，当今社会已经发生改变，公共数据在网上可以轻松访问。需要查看公共数据的原因有很多，但就人员情报而言，通常是为了更好地了解调查对象的生活情况。图 5.23 显示了基于公共数据的信息拓线图，仅通过公开法庭备审记录中的当事人记录，就可能获得信息挖掘的拓线点。虽然法院档案只是公共数据的一种特定类型，但这一权威的数据来源能够使我们了解到潜在的分析要点。

查阅公共数据有几种方法。第一种方法是去保存记录的部门申请查阅，不过这是我认为最不理想的一种方法。第二种方法是使用 LexisNexis 和 Thomson Reuters 等付费工具来查阅。付费工具可以很好地揭示信息的关联性并提高分析效率，但通常价格昂贵。第三种方法是通过免费的公开资源查找和获取公共数据,如搜索引擎、州/地方政府网站和免费公开的数据库等,有些地方还支持数据的免费分析。

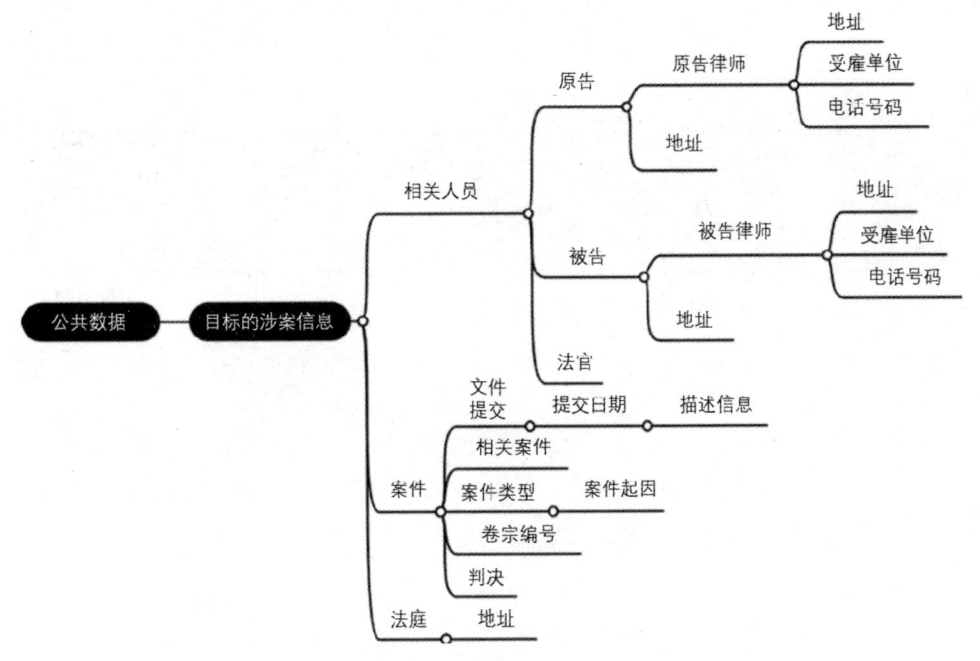

图 5.23 基于公共数据的信息拓线图

5.6.2 美国官方公共数据来源

下面是在调查过程中可采用的一些公共数据来源。

1. 联邦级公共数据

联邦级公共数据是由联邦官员或机构创建或制作的,可访问的联邦级公共数据通常包括联邦法院文件和案件档案,它们可通过公众查阅法院记录(PACER)系统查阅。采用 PACER 系统的缺点是需要在用户账户中绑定信用卡信息。PACER 系统每个季度的免费访问额度最高为 30 美元,每份文件的最高收费为 3 美元。

基于联邦级案件的性质,许多被封存或保密的相关文件难以获取。美国政府出台的《信息自由法案》(FOIA)规定公众有权要求联邦机构提供文件。该法案规定,除非属于个人隐私、国家安全和法律豁免范围,否则各机构必须依法提供所要求的信息。尽管如此,根据《信息自由法案》去申请访问流程,通常需要 20 多天,这还取决于你申请的信息量。此外,联邦机构所提供的信息可能会被大量删减,因此很难用于开源情报分析。当联邦级的数据无法提供所需的信息时,可以试着查阅州级的文件,以找到法院的详细信息和相关机构的季度、年度报告。

2. 州级公共数据

州级公共数据是由州政府官员或机构创建或制作的,州级公共数据往往包含丰富的州级法院记录和州内实体所需的商业文件,但向公众公开的程度不一。如图 5.24 所示,宾夕法尼亚州统一司法系统(UJS)门户网站提供法院案件搜索,前提是需要知道案件或调查对象的具体信息以满足查询要求(见 ujsportal.pacourts.us/CaseSearch)。此外,各州的在线备审案件目录可以提供离婚、出生、死亡、婚姻和刑事案件等方面的详细信息和背景情况。

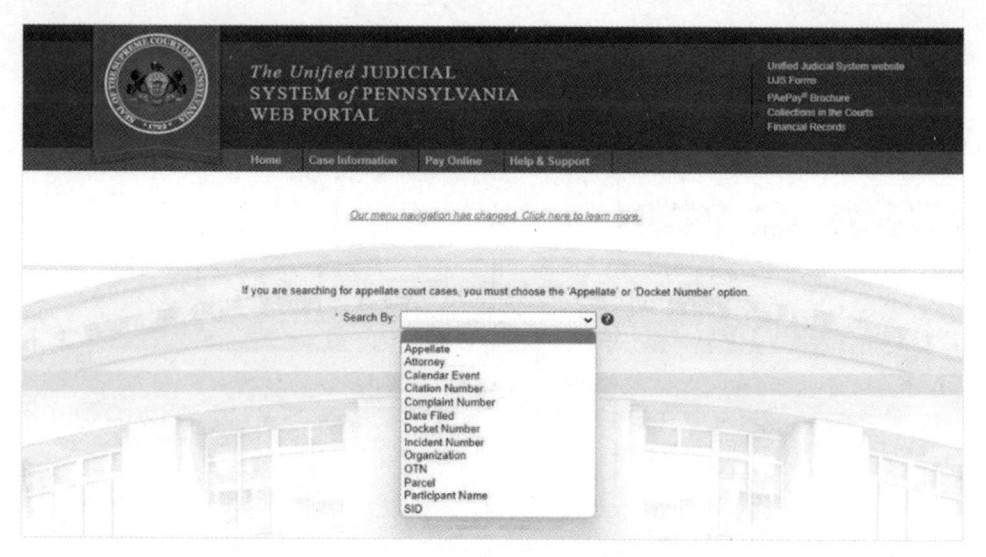

图 5.24 宾夕法尼亚州统一司法系统门户网站截图

查找州级公共数据最简单方法是使用谷歌 Dorks,结合州名称和相关记录来搜索,如:

"新泽西州"和"犯罪记录"
"加利福尼亚州"和"离婚记录"

许多人试图通过网上出售公共数据获利,因此请注意仅使用.gov 后缀的网站,而不要使用未经审查的二手数据转售网站。

另一个重要的州级官方文件来源是各州的州务秘书网站。这些网站可让公众免费查阅许多包含公司和资产的政府记录。利用文件可能会找到公司股东、董事和其他相关人员的姓名,从而了解一家公司的整体情况。

如图 5.25 所示,我找到了宾夕法尼亚州政府网站,并在商业实体搜索中查询了"Nifty 50's"。这是费城一家经济、实惠的复古餐厅,也是我年轻时经常光顾的餐厅。

宾夕法尼亚州政府网站需要付费才能查看特定文件,但仍然可以免费找到企业的地址、企业的全名、高管的姓名,以及是否仍在运营的状态信息,如图 5.26 所示。浏览企业备案等文件,可以找到许多拓线点并从中获得更多信息。如果我打算对该实体进行分析,那么下一步就是继续搜索该地址,看看是否有其他企业通过该地址注册。此外,如果知道了管理人员的姓名,就可以调查他们与其他公司的联系,从而挖掘出他们开展活动的潜在动机。验证已查找到的个人信息的一种方法是在州级公共数据中查找他们登记的投票记录。

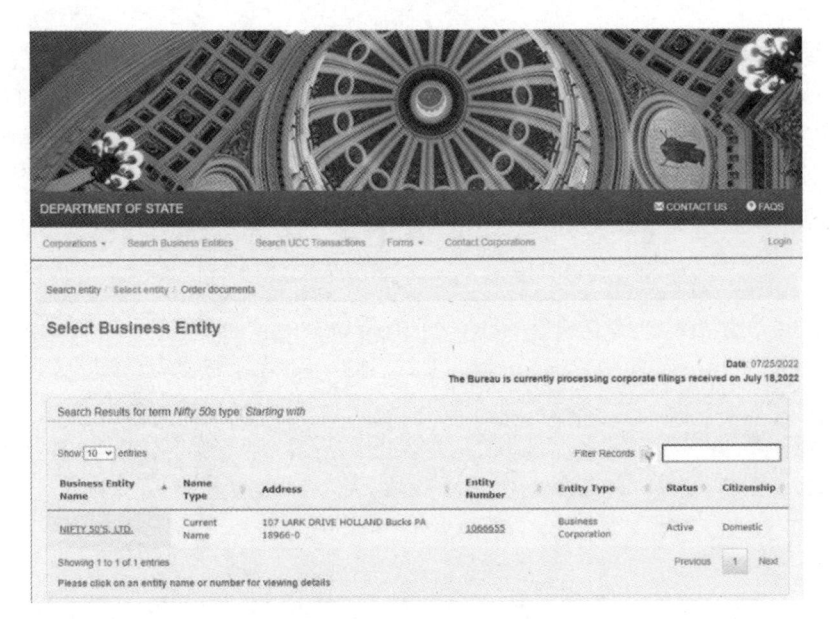

图 5.25　宾夕法尼亚州政府网站中搜索"Nifty 50's"

图 5.26　宾夕法尼亚州政府网站中搜索"Nifty 50's"反馈的信息截图

3. 州级投票记录

美国一些州设有可公开查阅和搜索的在线州级投票记录，其中包含了选民的信息。关于获取和使用公众选民登记信息的法律因州而异，相关规定可以在全国州议会会议（NCSL）网站上找到。如图 5.27 所示，投票记录可用于开源情报分析，以查找投票当年个人的居住地址、可能居住在该地址的其他人、就业情况，以及可能影响其行动的政治关系。查找州选民登记数据通常很简单，只需要在搜索引擎中搜索该州和“选民登记”即可。例如，搜索“佛罗里达州”（Florida）和“选民登记”（Voter Registration），可以获得以下反馈信息。

State-by-State Table: State Laws on Access to and Use of Voter Registration Lists

State	Who can request the voter file?	What information does the file contain?	What is kept confidential?	What can the file be used for?	Programs to keep voter information confidential?
Alabama Ala. Code § 17-3-53, § 17-4-33	Political parties are provided with a state list, and counties may choose to make information available to others.	All voter registration information, except what is confidential.	SSN, month and day of birth.	Not specified.	All registration information except for the voter's name is kept confidential if a voter submits an affidavit affirming that they are a victim of domestic violence, a federal or state prosecutor, a federal, state, probate or municipal judge, a legislator, or a law enforcement officer.
Alaska AS §15.07.127, §15.07.195	Anyone can request a copy of the list or an electronic format.	Names, addresses, party affiliation.	Age or DOB, any part of SSN, DL number, voter ID number, place of birth, signature.	Not specified.	A voter may elect in writing to keep the voter's residential address confidential if the voter provides a separate mailing address.

图 5.27　美国州议会会议网站上的选民登记法案

佛罗里达州的选民信息查询网站显示了排名靠前的结果（见图 5.28）。与佛罗里达州的数据库类似，许多其他州的数据库在执行查询前，会要求提供全名及额外的信息，如出生日期、地址等。

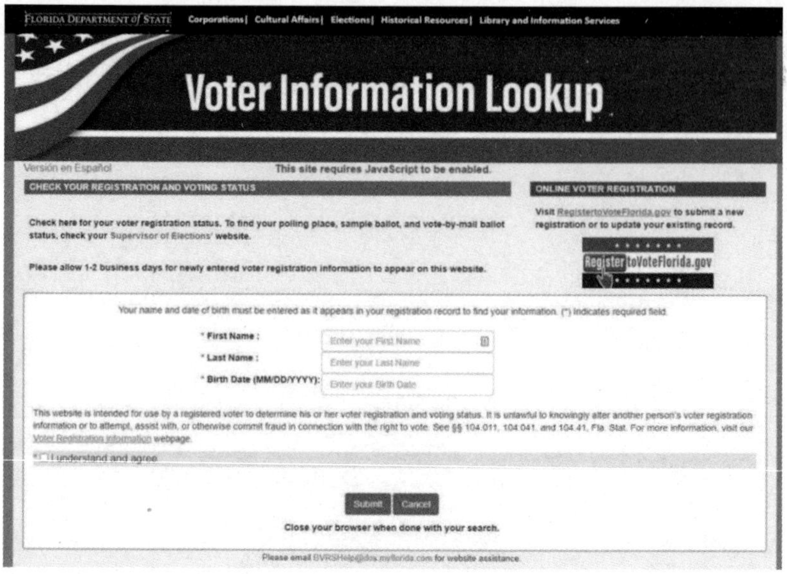

图 5.28　选民信息查询网站

各州的选民查询搜索结果通常包括已登记选民的全名、地址、政治派别、政治捐款、历史投票情况及工作、职务等信息。有几个州提供整个选民数据库的下载功能，这样就可以对所有投票记录进行分析、可视化，甚至在其他工具的帮助下对数据进行整合。虽然州记录是提供更翔实的个人和公司数据的绝佳渠道，但有时也需要利用地方政府记录来提供更符合当地情况的数据。

4. 地方政府数据

地方政府数据包含州内市、县、区、镇和教区的信息。地方政府内部的文件包括轻罪、交通违法和条例违规记录。这些记录是否向公众开放，取决于市政当局的要求，以及其维护数据库的资金和能力。规模较小、资金不足的地方政府可能无法提供数据在线查阅功能，而规模较大、资金充足的地方政府则可以做到。地方政府网站的搜索条件可能有所不同，例如，通过第三方站点对阿拉巴马州莫比尔市的政府网站进行搜索，只需要输入姓氏即可返回结果（见图 5.29），而宾夕法尼亚州的搜索条件则需要输入搜索对象的姓、名和出生日期。此外，有一类地方政府记录可以了解到研究对象的地址、财产和家庭情况，那就是房产记录。

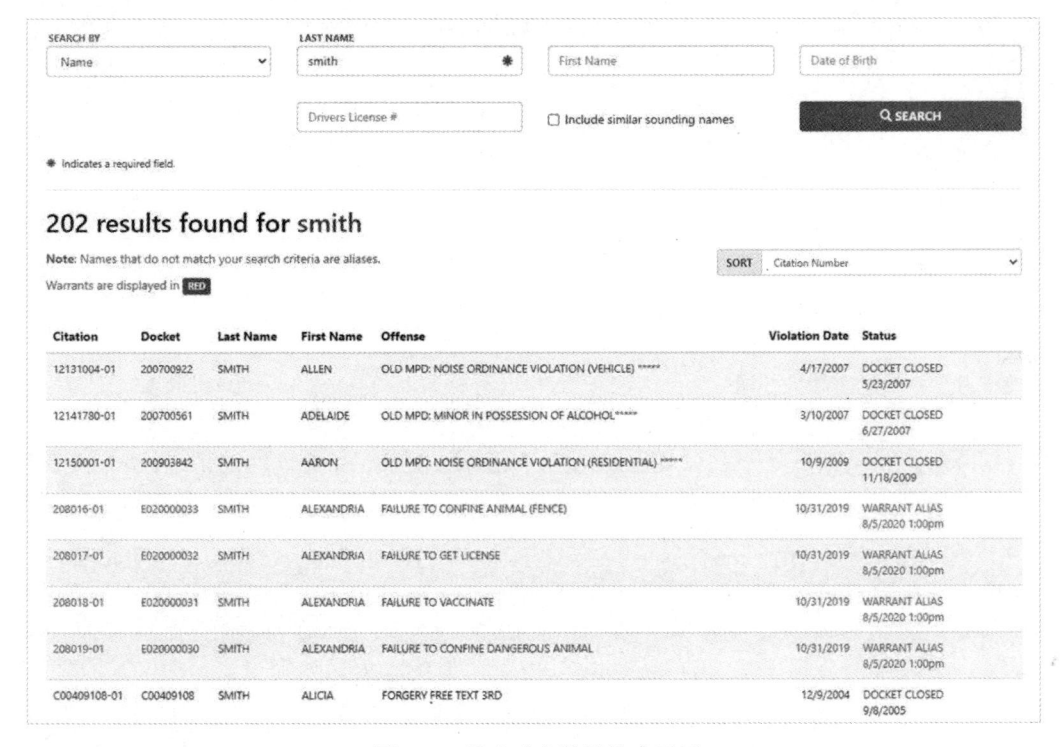

图 5.29　地方政府数据搜索示例

5. 房产记录

房产记录是指包含土地所有者建造或购买的私人或商业土地信息的法律文件。与法院公开记录和维护数据的方式类似，房产记录也可在互联网上的各种数据库中被查阅、汇总和存储，以便公众访问。房产记录被认为是权威的信息来源，因为这些数据直接来自政府统计，是可用、可信的数据。可以通过地方政府的税务网站访问合法的房产记录来源数据，了解当事人的财产信息，包括价值、销售额、土地、买家姓名等。

对于美国的大多数县来说，使用谷歌搜索县名+估税员（Tax Assessor），就会进入该县的官方政府网站或数据库，内置的搜索功能可以搜索该县的地区数据记录（见图5.30）。

图 5.30　谷歌搜索"县名+估税员"

如果一个州的县级网站没有公开房产记录，则可以从二手来源获取这些数据。一些房地产网站，如 Zillow 和 Trulia，通过从县政府和其他公共数据中抓取公共房产数据来整合房产信息，并在其网站上通过这些数据将房产买家和卖家联系起来。这些网站利用多种来源的数据库完善房产信息，并通过照片等方式对信息进行了富化，因此调查者可以利用此类网站了解到房屋或企业的相关细节，包括建筑布局和安全系统的位置等。房地产网站并不是主要的数据来源，它们提供的信息可能是过时的或不正确的，因此一定要对这类网站上的信息进行验证。在美国，很多个人信息都是公开的，以至于我们可能认为其他国家的法律也是如此。但在其他国家，房产记录等个人数据可能会受到严密保护。

备注

虽然 AirBNB 和 VBRO 等网站不涉及官方房产信息，但从这些网站上也可以挖掘到生活模式、照片、建筑布局和租客个人信息等数据。

6. 国际房产记录

国际房产记录指的是个人在其原籍国之外拥有的住宅和商业地产的记录。获取美国以外的国际房产信息，受到各国法律不同程度的监管。在国际层面上，公共数据可能受到更严格的保护，隐私法规可能会限制这些数据的使用、披露、存储和分发。在一些国家，违反隐私法规可能会导致巨额罚款甚至牢狱之灾。

2013年，一名英国调查员和他的妻子在中国被捕，这是一个违反严格隐私保护法律的例子。风险咨询公司中慧（ChinaWhys）接受了制药巨头葛兰素史克（GSK）的聘请，并指派调查员韩飞龙（Peter Humphrey）去调查一段据称以葛兰素史克中国总裁马克·雷利（Mark Reilly）为主角的性爱录像，该录像被用于勒索。勒索者指控马克·雷利涉嫌腐败，用旅行、金钱、美色来贿赂医生，以提高公司的销售额和股价。韩飞龙及其妻子于英增（Yu Yingzeng）因涉嫌非法购买中国公民的个人数据，并在调查期间出售给葛兰素史克公司而被捕。在美国，收集一个人的公开信息是合法的；在中国，韩飞龙和于英增因涉嫌收集公民隐私数据被判刑2年。为了避免违反隐私方面的相关法律，在开展工作时，研究调查者所在的国家法律及研究对象所在国家的法律是很重要的。

通过谷歌浏览器搜索，可以快速找到各国的隐私法。例如，法国国家信息与自由委员会（CNIL）提供了一份数据保护地图，在 cnil.fr 站点中给出了有关各国隐私法的信息。请不要仅仅依赖在线搜索，而应将其作为研究的起点，并确保与法律团队澄清所有相关问题。一旦确认分析的合法性，就可以利用谷歌 Dorks 来搜索特定国家或地区的公开数据。以下是对非洲公共财产记录的简单定向搜索：

"财产记录"和"非洲"

开展针对性的搜索查询，可以挖掘到一些没有严格隐私法限制的国家的公共数据。虽然权威的政府文件是最可靠的，但有时我们拿不到需要的数据，或者这些数据被分散在多个没有搜索功能的数据源中。在这种情况下，可以采用非官方（但经过审核）来源的数据库和出版物来补充相关信息。

5.6.3 美国非官方数据来源

"非官方数据来源"是指非正式的、未经授权的非政府信息来源。然而，尽管数据来源于非官方渠道，但不意味着这些数据没有价值，只是需要格外留意数据的真实性。有很多优秀的非官方数据来源，如 BRB Publications 可用于免费获取政府机构的数据集列表，Public Accountability Project 可为公众提供有关个人和组织的公共信息数据集。要找到与研究对象相关的信息，可能需要进行数据挖掘，但我建议先通过搜索引擎进行一些针对性搜索，将重点缩小到可用的范围内，如法院记录和相关数据。有关官方和非官方数据来源的详细清单，请查看我的网站（raebaker.net/resources）。

通过官方和非官方渠道的数据源，可以将获得的结果与目标用户名、电子邮件和生活模式分析等辅助信息结合起来并相互补充，有利于我们全面、完整地了解调查对象的相关情况。在查看从公共数据中收集的信息时，同样需要考虑如果对手使用相同的数据，可能会对我们造成什么危害。

图 5.31 中的信息拓线图描绘了仅以当事人的姓名作为拓线点，就挖掘出了他的电子邮件、密码、法庭记录、房产记录、用户名及朋友和家人等一系列信息。再深入研究的话，可以利用收集到的用户名、电子邮件和其他信息，来进一步挖掘当事人在社交媒体平台上的信息。

发现、解释和报告目标人员及其行为，是调查者开展开源情报工作的一项关键能力。大多数开源情报任务都需要掌握一定程度的人员情报技能，因为人是所有实体、系统和基础设施中不可或缺的一部分，而正是这些实体、系统和基础设施使世界得以运转。以人员情报为起点，下一个需要重点关注的分析领域是社交媒体。社交媒体账户可以显示人和实体之间的重要联系、有关人员日常活动的信息，还可以据此挖掘到研究对象的其他账户，从而收集更多信息。

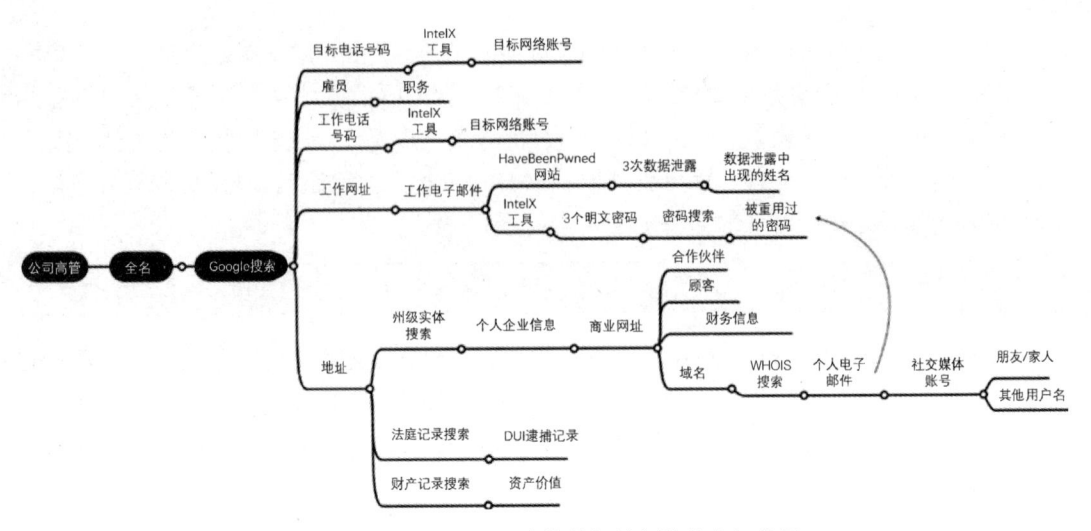

图 5.31 利用一名公司高管数据绘制的信息拓线图

第 6 章　社交媒体分析

6.1　社交媒体

"社交媒体分析"通常被称为社交媒体情报（SOCMINT），是指从社交媒体上收集可识别个人身份的信息。人员情报重点关注的是用户账户，包括该人发布的内容、图片、视频等相关元数据，与谁联系和互动，以及所对应的某种生活方式；而社交媒体分析不仅分析 LinkedIn 和 Facebook 等社交媒体网站，还包括媒体共享网站、论坛、游戏平台和博客/微博网站等。

热门社交媒体、信息平台和论坛包括：

Facebook	Twitter	Instagram	MeWe
Gab	WhatsApp	Telegram	QQ
微信	Tumblr	Skype	Viber
Snapchat	YY	VK	Pinterest
LinkedIn	Reddit	4chan	8chan
YouTube	Flickr	TikTok	Discord

调查员如今可以在许多不同的社交媒体平台上免费、方便地获取用户个人信息，因此社交媒体分析逐步成为人员分析的关键。社交媒体分析具有通用性和广泛性，适用于多种案件，例如：

- 网络犯罪
- 金融犯罪
- 欺诈调查
- 虐待儿童
- 非法交易
- 社区监测
- 恐怖主义
- 发展趋势
- 犯罪组织
- 虚假信息/错误信息
- 生活模式分析

在开始社交媒体分析之前，先了解一下社交媒体账户的构成要素和关键部分，这有助于明确分析重点。

6.1.1 社交媒体的关键组成

要利用在社交媒体上挖掘到的数据，首先需要明确哪些信息点是有价值的。社交媒体数据由用户数据、用户关系、用户互动、帖子内容、媒体内容和元数据等关键部分组成。

用户数据是指用户在社交媒体上填写的个人信息资料。这些数据可能包括生日、家乡、全名、情感状况等。

用户关系指的是关注或喜欢该用户的人，以及该用户关注的人。在许多社交媒体账户上都能看到用户的亲友关系或粉丝在线情况。

用户互动则是该用户和其他用户之间的点赞、表情符号和评论。如果某个用户点赞了另一个用户的每张照片，那么他们很有可能在现实生活中也有联系。

帖子内容是用户在帖子中输入的文字，包括用户标签和话题标签[1]。帖子内容可能与用户周围环境和所处情境有关，也可能包含了用户的某些观点。

媒体内容是帖子分享内容的一种形式。在某些平台（如 TikTok）上，媒体内容就是帖子。媒体，尤其是视频，可以揭示背景、位置或生活模式等额外信息。

元数据是社交媒体中的帖子或媒体文件中的隐藏数据，这些数据包含了媒体创作的时间、地点等详细信息。

图 6.1 展示了上述每个要素如何成为人员情报研究的潜在拓线点。我们不难发现，仅从一个社交媒体账户中就能获得大量数据。

明确了典型的社交媒体的关键组成部分后，接下来介绍如何收集和分析数据。

6.1.2 收集目标的社交媒体数据

用于提取、收集和分析社交媒体数据的工具数量庞大，往往让人应接不暇。与其关注哪些工具可以用于收集哪些数据，不如聚焦数据收集的方法和所收集数据的关键拓线点。经过实践，我们最终都会形成惯用的社交媒体信息收集模式。下面将介绍在社交媒体的每个关键组成部分挖掘信息的一些重要的细节。

用户数据：
- 全名
- 用户名
- 生日
- 教育情况
- 工作/职务
- 曾居住地
- 联系信息
- 家庭/关系
- 生活事件
- 个人简历
- 个人照片

---

[1] 译者注：话题标签是指在社交媒体平台上用于标记和分类相关内容的关键词，以#开头。

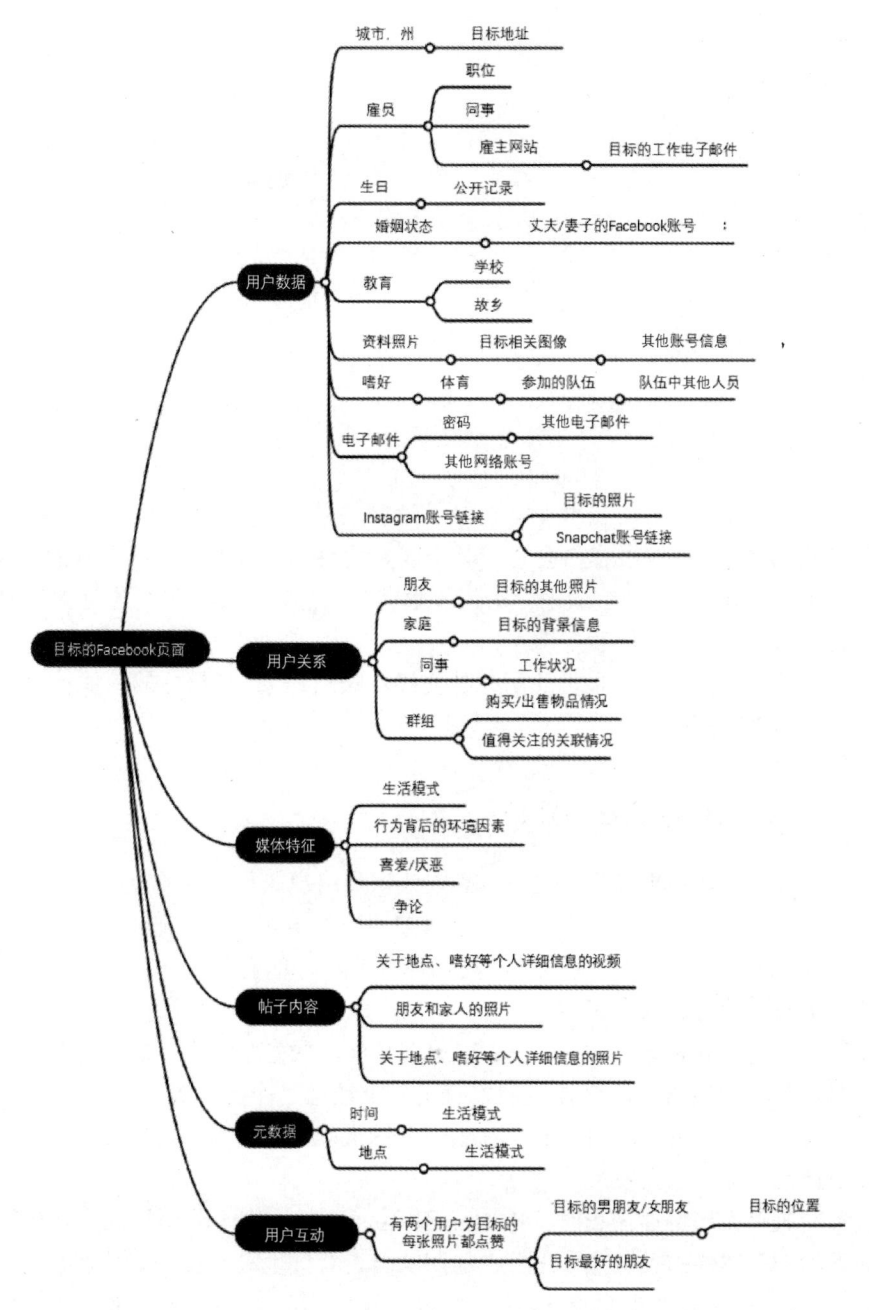

图 6.1 基于 Facebook 账户开展人员情报研究的信息拓线图

用户关系：
- 朋友
- 家庭
- 同事
- 群组

用户互动：
- 点赞
- 表情符号
- 评论

帖子内容：
- 背景
- 地点
- 朋友/家人
- 个人资料
- 习惯（吸烟、酗酒、吸毒）
- 兴趣爱好

媒体内容：
- 用户照片
- 识别特征（发色、文身）
- 习惯（吸烟、酗酒、吸毒）
- 地点
- 朋友/家人
- 兴趣爱好

元数据：
- 地点
- 时间
- 日期

在进行社交媒体分析时，借助笔记记录及绘制关系分析图将有助于分析工作的开展。由于信息较多且分散，我们很容易会忘记某个线索信息是在哪个渠道挖掘到的。因此，我喜欢用 OneNote 和 i2 关系分析图来记录相关数据。当然，也可以采用你觉得有效的记录方法，只要确保分析工作井然有序即可。

在收集信息时应记录同一人员的所有社交媒体账户。当找到目标的其他社交媒体账户时，可以挖掘到更多的信息。

6.1.3 关联目标社交媒体账户

在深入研究用户账户细节信息之前，必须认识到用户账户本身的复杂性。用户在同一平台上拥有不止一个账户是很常见的现象，很多用户甚至拥有很多账户。注册了 10 个独立的 Instagram 账户的人并不一定意味着要做坏事，也许他们拥有几家公司，每家公司都需要维护一个独立的社交媒体账户。

我还发现，使用 Instagram 的这一代人[1]通常喜欢注册多个账户。他们可以通过更改隐私设置来允许特定的人访问，这样他们就有了一个经过"净化"的"假账户"（Finstas）用于向家人展示；同时也会用另外的"真账户"（Rinstas）来记录与朋友之间的叛逆行为，而这类账户通常不会让家人发现或访问。

当我参与失踪人口案件调查时，Finstas 和 Rinstas 的区别十分明显，令我难以置信。我最近处理的一个案件的关键点，在于我的团队能否有效地关联社交媒体账户，从而找到一名失踪儿童。从该儿童的姓名和照片开始，我使用谷歌和用户名搜索找到了 2 个 Instagram 账户和 1 个 Facebook 账户，并找到了与之匹配的个人头像。幸运的是，这 3 个账户都没有将个人资料设置为仅自己可见，因此我可以查看这些账户的好友列表、发帖历史及与这些账户相关的媒体信息。显而易见的是，这 3 个账户平时都很少更新。在收集完基本信息后，我将注意力转向了该用户 Instagram 个人资料中的好友列表。在浏览时，我注意到了一个看似无关的账户，但仔细观察后发现，该账户的头像与其他 3 个账户相吻合，

---

[1] 译者注：这里指 2010 年前后出生的一代人。

这个账户更新较为频繁，而且发布了其他账户上没有发过的自拍照。

该账户的创建者是学龄儿童，其发布的图片、视频大多以学校为背景，很容易根据建筑物确定学校的具体位置。其中，有一张照片是拍摄对象站在公共浴室镜子前的自拍照，身后的镜子里能看到一个毛巾架。放大来看，毛巾架上的文字似乎是一个品牌名称或商店名称。经过进一步挖掘，我们确定了它是一家商店的名称，而这家商店距离该失踪儿童的学校只有一个街区。这张浴室照片是该账户发布的最后一张照片，因此也是最后一张能证明当事人所在位置的照片（见图6.2）。

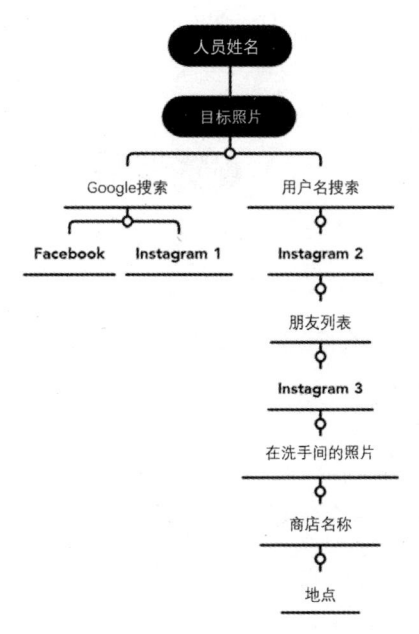

图6.2 基于人员姓名的社交媒体分析拓线图

在关联目标社交媒体账户时，我通常会重点关注3个方面的账户：
- 与调查目标共用相同用户名的用户朋友或关注者的账户
- 与调查目标共用相同头像的用户朋友或关注者的账户
- 对用户的图片或帖子做出一致反应的账户

这3个方面是一个很好的起点，因为它们都是用户关注自己并与自己互动的标志性信息。在Instagram上搜索好友和粉丝列表时有一个小窍门，那就是将鼠标滚动到列表底部，然后运行浏览器扩展程序Instant Data Scraper，将所有好友和粉丝提取到一个扩展名为.csv的文件中。这样不仅能更高效地搜索列表，还能以文档方式保留搜索结果。

2020年，美国联邦调查局（FBI）在费城追查到一名嫌疑人，他被指控在乔治·弗洛伊德事件[1]抗议期间纵火焚烧警车，这个例子说明了利用社交媒体账户关联能够帮助我们发现目标，同时也反映了开源情报的重要性。

在抗议示威活动期间，直升机上的新闻摄像机拍摄到了一段视频，画面里一名妇女在

---

[1] 译者注：乔治·弗洛伊德事件是指2020年5月26日，美国警察暴力执法致黑人乔治·弗洛伊德死亡，后在美国明尼苏达州暴发的抗议示威活动。

纵火焚烧警车。为了找到当事人，FBI 在 Instagram 和 Vimeo 上翻查了一遍，终于在她右前臂上发现了一个"和平符号"文身。在当事人的其他照片中，一件 T 恤的正面写着"留住移民，驱逐种族主义者"的标语。根据这句标语，调查人员确定了这件 T 恤只在易集（Etsy）交易网站上的一家商店出售。

　　FBI 浏览了 Etsy 交易网站上该商店的页面，发现了当事人关于该商店的评论，该评论的个人资料显示她在费城。FBI 通过谷歌将当事人的用户名与她的 Poshmark[1]账户相关联，从而发现了她的另一个用户名"lore-elizabeth"。然后，通过在谷歌上搜索用户名"lore-elizabeth"，最终找到了她在 LinkedIn 上的个人资料，资料显示她开了一家按摩工作室。按摩工作室的网站上有当事人的视频，视频中可以看到她右前臂上的"和平符号"文身，因此确认了她的身份（见图 6.3）。

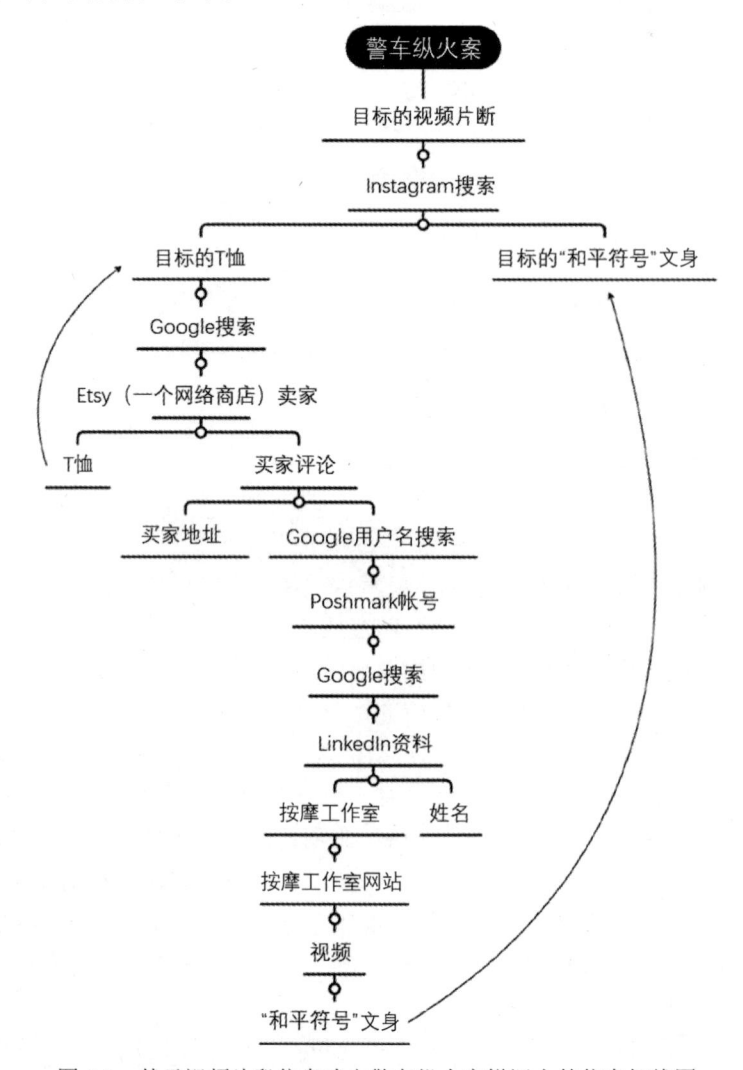

图 6.3　基于视频片段信息确定警车纵火案嫌疑人的信息拓线图

---

[1] 译者注：Poshmark 是美国最大的二手交易电商平台，创立于 2011 年，主要销售二手服装和配饰。

从该案例可见，了解当事人社交媒体账户之间的关联，以及当事人与其他用户之间的互动与是十分重要的，哪怕是不经意间发布的一条评论。

6.1.4 目标在社交媒体上的关联与互动

用户与谁互动、如何互动是社交媒体分析的重要部分，也是了解目标的有效方法。通过深入研究用户的发帖、评论、点赞及与他人的互动情况，可以获得有价值的信息。

6.1.4.1 研究目标与"谁"在联系和互动？

目标在社交媒体上与"谁"互动，是朋友、家人还是粉丝？互动的形式包括评论、点赞、回复、跟帖、动图等。要确定研究目标与谁有联系，往往需要对社交媒体网站进行深度挖掘和人工分析。通常，当需要梳理研究目标在社交媒体上的关联时，我会列出属于该用户的所有社交媒体账户，然后系统地建立联系，以厘清其朋友、家人、好友或者敌人。为了便于理解和直观地显示人物关系，可以使用关联矩阵或关联分析图。

美国情报部门用关联矩阵来梳理人物关系。在图 6.4 中，黑圆表示已知关联人物，白圆表示疑似关联人物。在分析社交媒体账户时，通过逐步完善矩阵中的人物信息，就能够根据关联的数量确定这组人物关系中的核心人物。

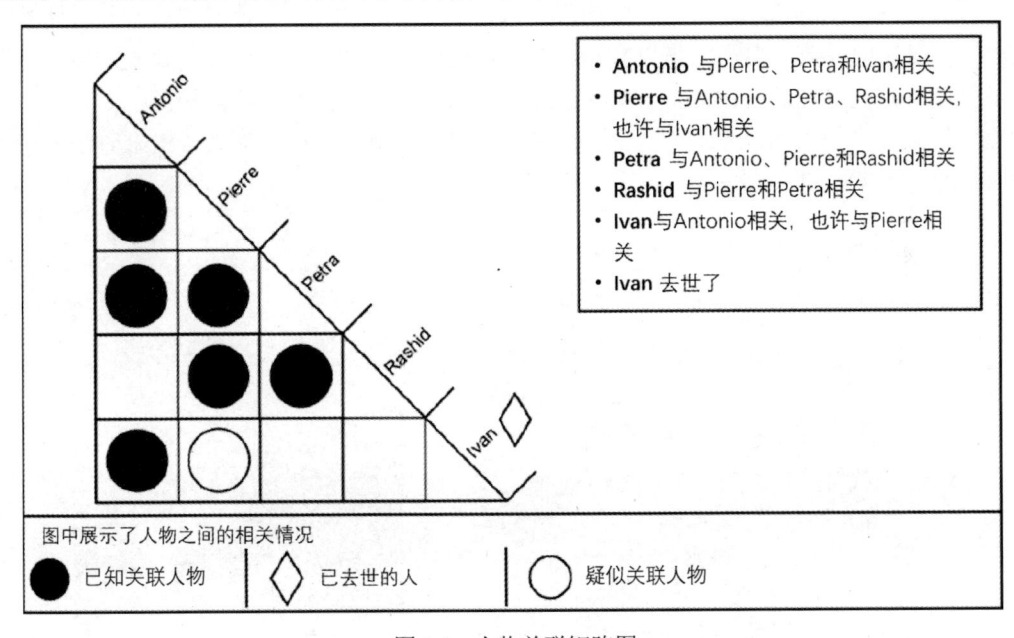

图 6.4 人物关联矩阵图

另一种人物关系可视化的方法是关联分析图。关联分析图可以通过 i2、Maltego、思维导图或其他工具平台绘制。以图 6.5 为例，该图利用思维导图工具对人物关系进行可视化。当直观地看到人物关联数据时，就更容易根据个体间联系的频率展开分析。在大部分情况下，关联分析图也需要手动绘制，不过也有一些生成社交媒体关联的高级方法，它们将在本章后续部分介绍。

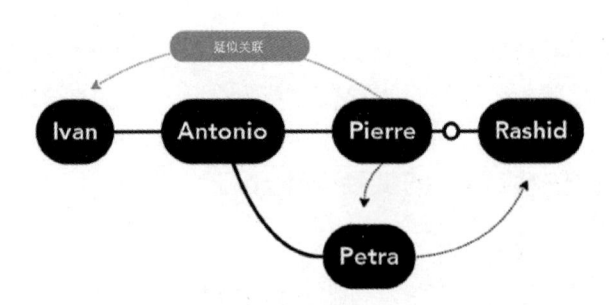

图 6.5　人物关系矩阵数据可视化图

6.1.4.2　研究目标如何互动

研究目标发布的帖子可以挖掘到很多关于他们个人生活的信息，有时甚至可以据此推断出他们所处的环境，这些信息对分析工作很有帮助。下面列举 3 个例子，看看可以从研究目标发布的帖子中提取到哪些对开源情报研究有用的信息。

（1）用户"Jonathan"（虚构名）和他的妻子继承了一些服装珠宝，并在 Facebook 上发帖，打算在坦帕的市场中出售这些珠宝。根据帖子的内容，可以知道该用户住在坦帕，他还发布了与他见面的十字路口和电话号码。如果我是劫匪，我可以通过这些信息定位到该用户本人，在谷歌地图上找到他的房子，并抢走他们的珠宝（见图 6.6）。

（2）用户"Sarah"（虚构名）在 Instagram 上发布了一篇关于她出差第一天进展顺利的帖子。虽然她隐藏了自己的位置数据，但通过反向图片搜索，可以知道她发的照片是在华盛顿联邦调查局总部外面拍的。照片上的时钟显示是 3 点 15 分，再加上她发布的内容是刚刚结束一天的工作，因此可以推断出她是在刚刚下班后，从总部大楼出来时拍的这张照片（见图 6.7）。

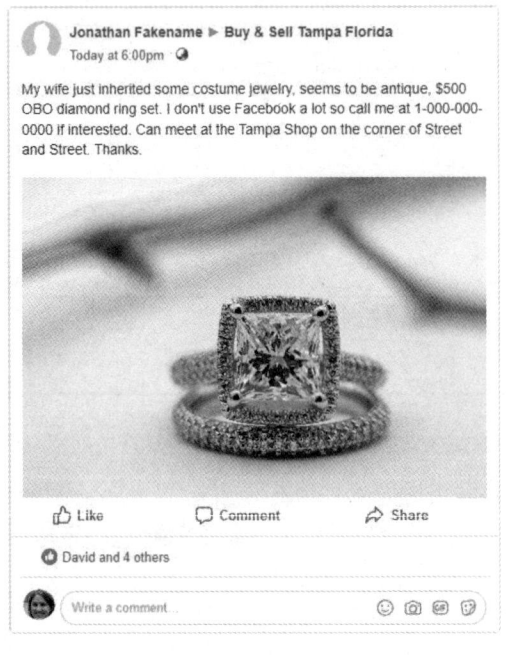

图 6.6　示例账户 1　　　　图 6.7　示例账户 2

（3）用户"Chris"（虚构名）经常在 Facebook 的一个 3D 打印群里发帖。在某个帖子中，他上传了一张疑似 3D 打印枪支的图片，并提到了一些关于打印失败的问题。在评论区，Chris 告诉另一位用户他已经用 3D 打印制作了 20 把枪。为了得到更多的背景信息，查看 Chris 的个人 Facebook 页面可以发现，他睡眠不好，而且显然在工作上遇到了麻烦。综合以上信息，Chris 可能会对自己或他人构成威胁（见图 6.8 和图 6.9）。

图 6.8　示例账户 3　　　　　图 6.9　示例账户 4

6.1.5　媒体和元数据

元数据是社交媒体帖子及共享的图片、视频文件中附带的一小部分数据，也就是说它是关于数据的数据。用户每次发布帖子时，根据其个人隐私设置的不同，社交媒体平台可以获取有关用户位置、日期、发布时间和使用设备等元数据。经常使用社交媒体的人都和元数据打过交道，只是可能没有意识到它。在如图 6.10 所示的这篇 Twitter 帖子中，元数据显示在底部，包括内容上传的时间、日期和使用的设备等信息。

过去，情报分析师可以使用免费的取证工具对发布的图片和视频进行分析，以获取有关用户及其设备的具体信息。幸运的是，为了保护用户隐私，现在很多平台都删除了这些元数据。为进一步说明如设备类型等基本元数据的作用，我以美国前总统唐纳德·特朗普的一条推文为例，其中表达了他只用政府的办公手机，但该条推文的元数据显示他是用 iPhone 设备发布的推文（见图 6.11）。

深潜　探索 OSINT 在现实世界中的价值

图 6.10　帖子中包含的元数据

图 6.11　推特网页

（截图日期为 2022 年 2 月 16 日）

当年，《政治》杂志、《纽约时报》和美国有线电视新闻网（CNN）都报道了特朗普使用 iPhone 引发的轩然大波，其背后的原因是，使用未加密的个人手机很有可能导致国家安全问题。试想一下，如果元数据获取并显示了他的位置信息，美国特勤局该有多恐慌？

显然，用户在社交媒体上的个人信息过度分享对情报分析工作十分有利，但对用户来说并非好事。一些用户开始意识到个人隐私信息公开的后果，并开始将自己的账户设置为私人账户、关闭数据共享功能或完全删除账户，还有一些用户则开始研究操纵和混淆社交媒体数据的技术。

2020 年，在华盛顿举行的 Shmoocon 黑客大会上，有一场名为"青少年黑客在社交媒体上混淆身份"的演讲很有意思，内容是关于操纵社交媒体数据的。萨曼莎·莫斯利（Samantha Mosley）是"编程女孩计划"的一名教师，她和父亲拉塞尔（Russell）讨论了一群青少年如何经过精心设计成功欺骗了社交媒体的算法，从而混淆他们的位置和身份。

这群青少年在不同的地点注册了多个 Instagram 账户。账户所有者可以通过重置密码，并将密码重置链接发送给下一个用户来实现账户在这群青少年中的轮换共享。通过使用重置链接，账户所有者可以保持对账户的控制权，并且可以在位置、身份被泄露或发布的内容不适当的情况下，让其他登录者从账户中注销并重新获得所有权。这些用户分散在国家各处，甚至在境外轮流使用账户，目的就是欺骗平台追踪用户位置的算法。

如果用户 1 想发一张在海滩上的自拍照，她会通过电子邮件或聊天信息等外部渠道将照片发送给该群体的用户 2。用户 1 和用户 2 会商定好发布的时间和标题，然后由用户 2 登录用户 1 的账户，按照商定计划发布照片。通过这种复杂的协作混淆方法，账户看起来是在不同的位置发布照片和点赞内容的，从而成功欺骗 Instagram 算法。该群体通过查看每个用户账户收到的定向广告是与假地点还是真实地点相匹配，来验证算法是否已被欺骗。

这个演讲很好地印证了为什么调查者需要审查收集到的所有信息，特别是在社交媒体上获取的信息。因为对手可能会使用类似的方法来隐藏他们的真实身份，或者发布一些误导性的个人资料和内容，以掩盖他们的网络行踪。

6.1.6 社交媒体核心数据点

下面列举了一些可以从社交媒体中获得关键信息的数据拓线点。

用户：
- 别名
- 名称
- 用户名
- 出生日期
- 工作单位
- 电子邮件
- 地址
- 家乡
- 教育情况

帖子：
- 提及常去的地点
- 提及生活变化、恋爱、怀孕、康复治疗等
- 标记为目标可能与之交往的人
- 压力、家庭问题、嗜好等迹象
- 转向其他社交媒体账户，如 TikTok、Snapchat、YouTube、CashApp 的链接
- 最喜欢/评论的人（他们可能是好朋友，知道目标的位置）
- 签到/标记的地点
- 代表帮派、人口贩卖、剥削的表情符号
- 文字暗号（帮派、人口贩卖、剥削）
- 医疗问题
- 设备

媒体：
- 外貌显著特征，包括痣、雀斑、耳洞、文身等
- 外貌变化、发色变化、新文身、新饰品、体重变化
- 与研究对象一起出现在照片/视频中的人
- 照片/视频是否显示位置
- 有无值得关注的细节，如帮派标志、服装颜色选择、吸毒等
- 汽车品牌/型号

一旦确定了值得关注的社交媒体账户，应该如何有效地关注此类账户发布的内容和互动情况呢？通过对网络社群中社交媒体账户的持续监测，可以更深入地了解他们的行为、模式和风险。

6.2 持续社群监测

如果案例涉及一群人或一个网络社群，可以使用持续社群监测技术。通过连续不断地观察社群内的互动情况，可以实时地了解一个群体的思想、动向、组织和计划。

近期，情报分析师、记者和当局持续关注的网络社群如下：

- 右翼和民兵组织
- 亲俄团体
- 黑客/勒索软件组织
- "匿名者Q"组织
- 恐怖分子/极端组织
- 儿童剥削组织

为了持续观察公开或私人的网络社群内的互动和交流情况，可以人工记录，也可以采用一些工具。监控的目的是通过被动方式了解该网络社群的运作模式，以获取新的信息或掌握潜在的威胁。在某些情况下，记者可能会创建一个"马甲"账户，加入一个暴力仇恨组织的Telegram社群以收集信息、撰写文章，从而曝光该组织的内部运作方式。在另外的场景中，开源情报分析师可能会根据执法部门的线索受邀加入该组织的网络社群，以确定该组织发动下一次暴乱的地点。

监测社群的第一步是找到他们常用的交流平台，最常用的平台包括Facebook、Telegram、Reddit、4chan、8kun和Discord。新成员的加入规则由社群设定，可能需要通过邀请、回答挑战性问题等进行验证，或者干脆完全向公众开放。出于隐私考虑，许多社群团体放弃了互联网公共论坛，转而使用如Telegram等更注重隐私的平台；有些社群甚至开发了自己的专用"替代技术"平台，如Gab和Parler。寻找社群平台比较容易，只需要在谷歌上搜索社群名字并找到跳转链接即可，但有时可能需要多次尝试。

备注

对私有网络社群的渗透程度取决于相关部门的批准情况。开源情报分析师在创建和使用"马甲"账户加入社群之前，请确保获得相关批准。需要提醒的是，开源情报分析师一般不会与社群其他成员互动。但一些社群要求成员需要一定程度的互动才能保持成员身份，因此开源情报分析师在开展互动前应获得相关批准。

在2021年1月6日美国国会大厦发动暴乱后，有关部门开展的情报分析工作就是典型的持续监测网络社群示例。当时，美国国会大厦被袭击，许多人拍摄到了暴乱过程，还有一些人在国会大厦内拍到了暴乱者的行动。联邦调查局随后公布了一些进入国会大厦但尚未确认身份的暴乱者的照片。随即，业余网络调查人员和开源情报分析师立即投入这项工作中，总部位于荷兰的新闻调查集团Bellingcat开始通过开源情报和图像分析技术将照片进行关联。

为了查找该事件的相关线索，情报分析师潜入并分析了极右翼和美国民兵组织的社交媒体社群。捷克数据档案馆 Intelligence X 通过收集网络信息迅速将社交媒体资料归档，Bellingcat 则开发了一个 Excel 表格，链接和跟踪事发当天的照片和视频中看到的物品（如"拉链男"事件）。几天内，情报人员就查到了退伍空军女兵、国会暴乱者阿什利·巴比特（Ashli Babbit）的详细信息，她从支持奥巴马转变为支持特朗普，最终参与了暴乱行动并在其中丧生。

伯特伦·希尔（Bertram Hill）是英国广播电台（BBC）"非洲之眼"栏目的开源情报分析师，他曾向全球深度报道网（GIJN）透露，需要开展有效的社群监测，才能知道哪些是暴动期间的关键账户、哪些人会出现在暴动中、哪些人是坏人。他也采取了类似的分析方法，使用 TweetDeck 工具建立专栏来记录关键词、用户、标签等与暴动相关的信息。图 6.12 展示了基于 Telegram 网络社群的信息拓线图。

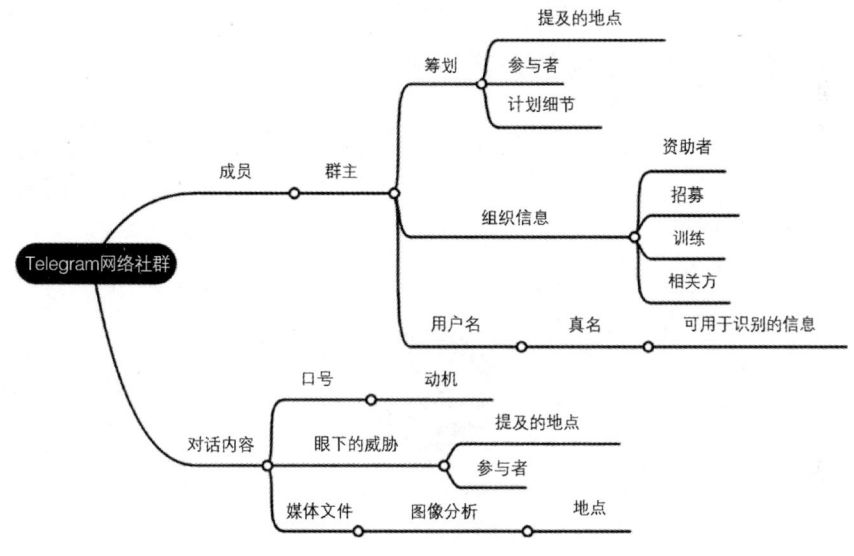

图 6.12 基于 Telegram 网络社群的信息拓线图

6.2.1 Facebook 群组

Facebook 群组是 Facebook 内部的网络社群，它可以是公开的或私人的。如果群组被设置为私有，则用户需要向群组创建者申请访问权限才能查看群内的成员信息或共享内容。一旦调查者获得了有关部门的批准，则可以量身定制一个"马甲"账户，使得该账户看起来与群组的目标受众一样，从而通过回答问题等方式成功加入群组并请求访问权限。一旦群主同意，则可以加入群组，获得群组成员信息和帖子等内容。

可以通过在 Facebook 上搜索来找到特定的群组，或在 Google 上通过人员或关键字进行网站搜索，比如：

"site:facebook.com/groups."

6.2.2 Telegram 频道

Telegram 是一款注重隐私的端到端加密即时通信应用程序。当用户以隐私模式发送消息时，信息在从用户 A 发送到用户 B 的过程中都是被加密的。由于 Telegram 的隐私性更强，许多非法行为者和仇恨团体倾向于采用该平台。Telegram 频道是管理员可以向其订阅者发送单向消息的群组。频道在创建时会自动设置为私密，管理员也可以在设置中将频道从公开更改为私密。公开频道的内容会被搜索引擎索引，它们无须账户即可查看。Telegram 频道支持发送大文件，包括照片、音频和视频（也包括直播）。

可以直接在 Telegram 中通过关键字来查找频道，也可以从各类在线频道库中获得频道链接。下面列举了一些 OSINT 分析师可能会重点关注的频道：
- 讨论网络攻击、共享泄露数据和计划未来攻击的黑客社区
- 讨论"网络行动"的白人至上主义社区
- 出售被盗金融账户的网络金融犯罪社区

我通常使用两种方法来查找有关特定兴趣群体的 Telegram 频道。

一是查找社群管理员的社交媒体账户，同时搜索群组目录。许多创建 Telegram 频道的组织，如黑客组织和极右翼组织，都希望他们的信息和行动受到关注。其管理者和成员将在他们的社交媒体简介和帖子中分享他们的频道链接（见图 6.13）。

图 6.13 Telegram 上的某投资频道

二是使用 TGStat 网站进行搜索，该网站提供多个国外频道的目录（见图 6.14）。每个目录页面都按类别列出了最热门的 Telegram 频道，TGStat 网站还提供了公开频道的统计数据和帖子源数据。

与 Facebook 群组一样，在加入私密 Telegram 频道前最好注册一个"马甲"账户。如果"量身定制"一个特定频道的"马甲"账户，那么被管理员通过申请的概率会更大。加

入频道可以在计算机或应用程序上完成，因此可以按需使用虚拟机或手机模拟器，进一步减少网络踪迹。

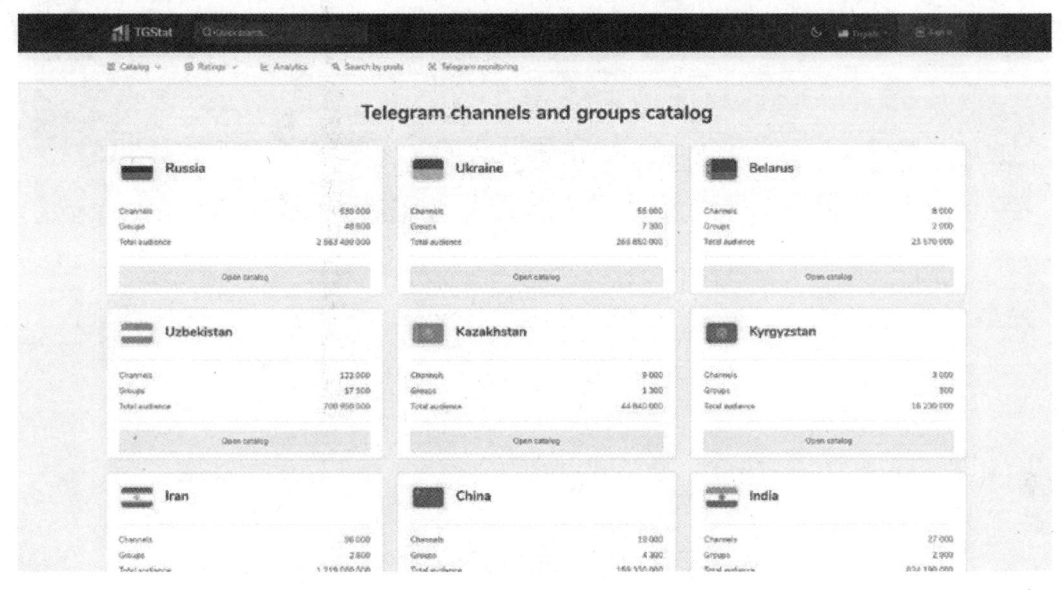

图 6.14 TGStat 网站截图

6.2.3 Reddit

Reddit 是一个论坛集合，其中的子论坛（Subreddits）涉及所有你能想到的话题。用户可以创建帖子来分享内容、链接、图片、视频或评论。Reddit 上的帖子排序取决于用户对单个帖子的投票升降情况。Reddit 有许多有意思的子论坛，如烘焙论坛（r/baking）、可爱论坛（r/aww）和贴纸交换论坛（r/stickerexhangeclub）等。但和其他大型论坛一样，该平台的部分内容也存在争议，一些被禁止的有害论坛如下：

- 殴打女性（r/beatingwomen）
- 欺凌、自杀倾向（r/braincels）
- 未成年色情（r/jailbait）
- 嘲笑肥胖人员（r/fatpeoplehate）
- 讨论 QAnon 阴谋（r/greatawakening）
- 名人被盗裸照（r/thefappening）

Reddit 在注册后可以免费使用，用户通常会新建一个匿名账户来发布个人信息或令人尴尬的信息。在对应的子论坛和原 Reddit 帖子仍然可用的情况下，有一些工具可以帮助分析 Reddit。如 OSINT Combine 的 Reddit 帖子分析工具 Post Analyzer，该工具可以根据 Reddit 中某个论坛的 URL，对论坛中帖子评论、评论情感及评论内容进行分析，分析结果可以多种文档格式下载（见图 6.15）。

Reditr 是一个用于持续监测论坛的好工具，它的工作原理类似于 TweetDeck，可以方便地根据分析需求整理信息源（见图 6.16）。

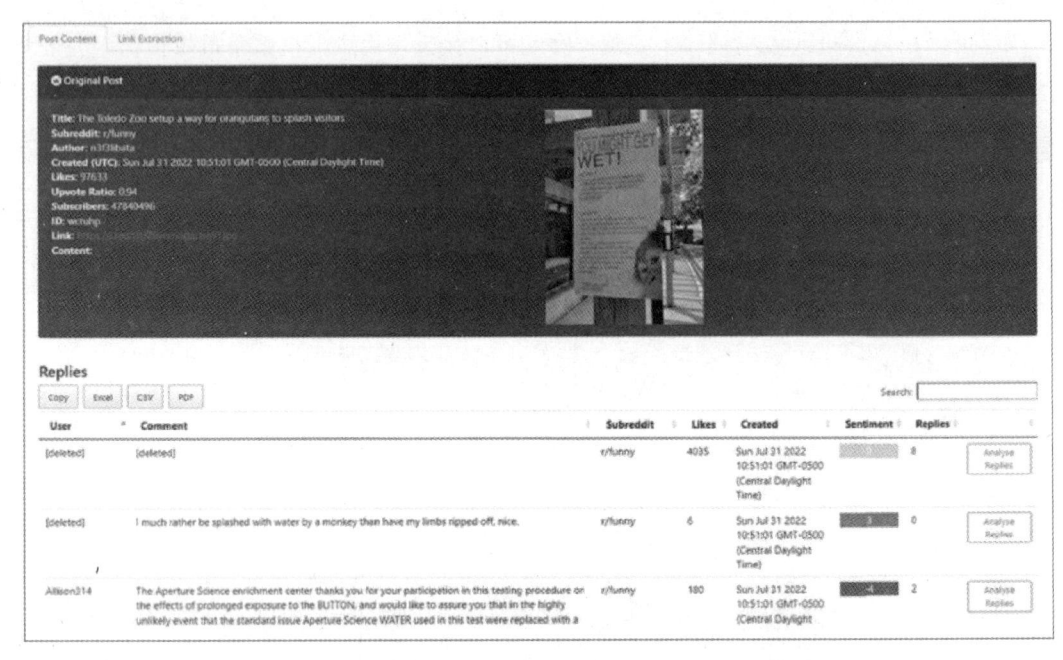

图 6.15　OSINT Combine 的 Reddit 帖子分析工具截图

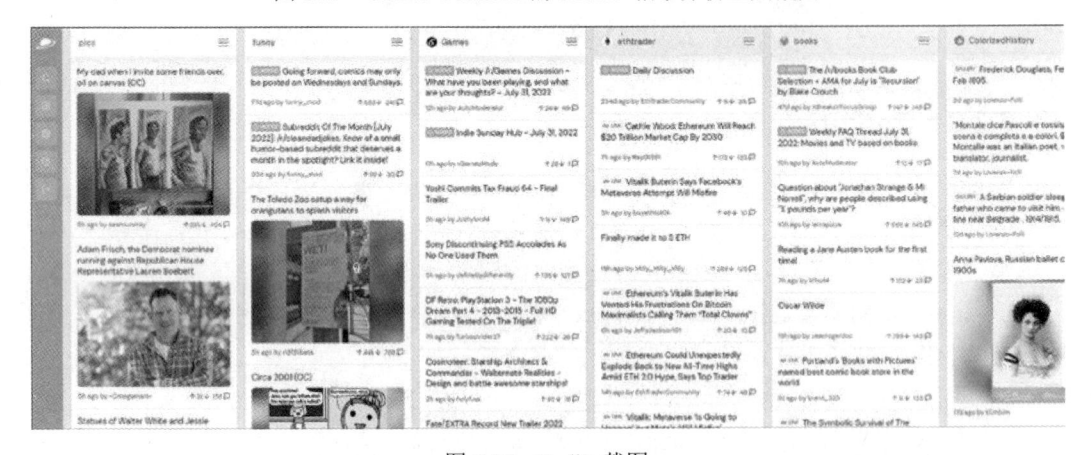

图 6.16　Reditr 截图

6.2.4　4chan 和 8kun

4chan 是一个基于图像的"边缘社群[1]"网站的匿名论坛，其主题多种多样，但目前已成为厌女症和另类右翼的代名词（见图 6.17）。由于该网站不允许留存超过 10 页的帖子，所以帖子在过期或被删除前通常只有几个小时或几天的存活时间。

4chan 不需要注册账户就可以匿名发布信息，网站也没有内容过滤器，这意味着其中可能会发布一些有害的内容。有趣的是，阿拉巴马大学的一项研究表明，Reddit 和 4chan

---

[1] 译者注：边缘社群（Fringe Community）通常是小型的、极端的或非传统的社群，由共享某些信仰、兴趣或意识形态的人组成，但这些不属于主流或广泛接受的观点。

等"边缘社群"对 Twitter 等主流网站的信息流有很大的影响,这意味着错误信息和虚假信息往往可以追溯到边缘社群的用户中(见图 6.18)。

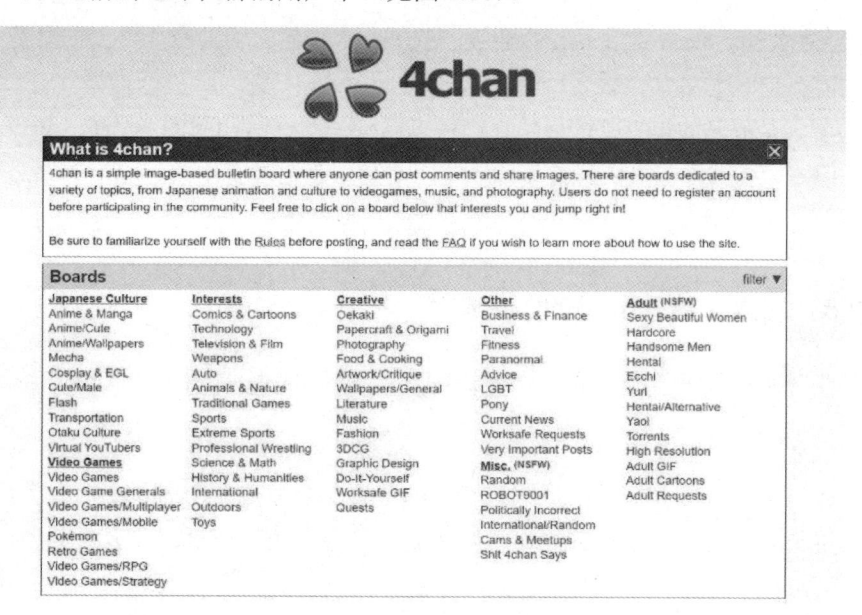

图 6.17　4chan 网站截图

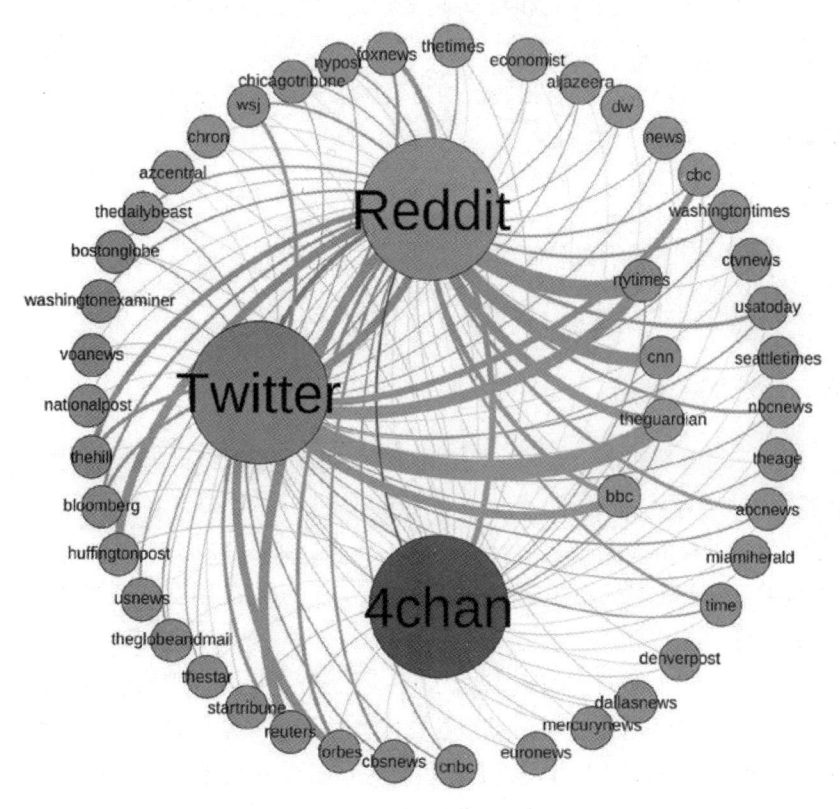

图 6.18　部分媒体资源与 3 个社交媒体平台的关联

8kun 的前身是 8chan，类似于 4chan，但其发布的内容更加偏激。2019 年，美国厄尔巴索（该市位于得克萨斯州）的一名枪手将自己的宣言上传到 8chan 后，枪杀了 22 人，8chan 也随之关闭。8kun 是 8chan 的翻版，该平台上仍然充斥着令人不安的暴力极端主义和非法内容。

由于聊天是匿名的，所以任何用户都可以创建一个不易归因的"马甲"账户来浏览线索信息。但是，线索可能很快就被删除了，因此必须在发现有用的信息后立即进行跟踪和记录。

6.2.5 加入在线社区后的工作重点

当情报分析师加入了某个在线社区并打算对其进行长期监测时，需要注意下面几点。

1. 行动安全（OPSEC）

在情报周期的规划和需求阶段制定专门的行动安全标准，遵守该标准十分重要。根据被分析社区的技术水平，不良的操作习惯可能会导致"人肉搜索"和人身安全问题。

2. 聚焦目标

监测在线社群的目标应在规划和需求阶段确定。收集"所有信息"并不是一种有效的方法，而且会导致大量不必要的信息被保留和存储，应该重点关注和收集社群中能够实现分析目标所需的数据。如果此次监测的目的是确定该社群的策划者，那么应将重点放在帖子、标签和用户上。

3. 收集策略

同样，应在规划和需求阶段确定数据收集的策略和方法，包括将工作重点放在哪些平台上、信息收集的时间及使用的工具和记录方法等。

6.2.6 无法加入社群，还能监测社群的信息吗

在某些情况下，由于涉及个人隐私的法律保护问题，情报分析师在社交网络群组内的工作会受到限制。但不要就此放弃，仍有一些免费的方法可以从外部收集有关群体的信息。可以使用搜索引擎对社群及其成员进行针对性的查询，或通过社群成员发布到其他网站的链接来获取数据。另一种在隐私群组之外查找信息的方法是使用互联网档案馆的"网页时光机（Wayback Machine）"。

互联网档案馆是一个非营利组织，它为互联网上的公共内容网站创建档案，并通过所谓的"网页时光机"提供免费访问网页、社交媒体帖子历史快照的服务。从图 6.19 中可以看到我的 Twitter 页面被网页时光机归档的日期。如果我在该网站归档后删除了一些推文，被删除的内容仍然会出现在互联网档案馆。

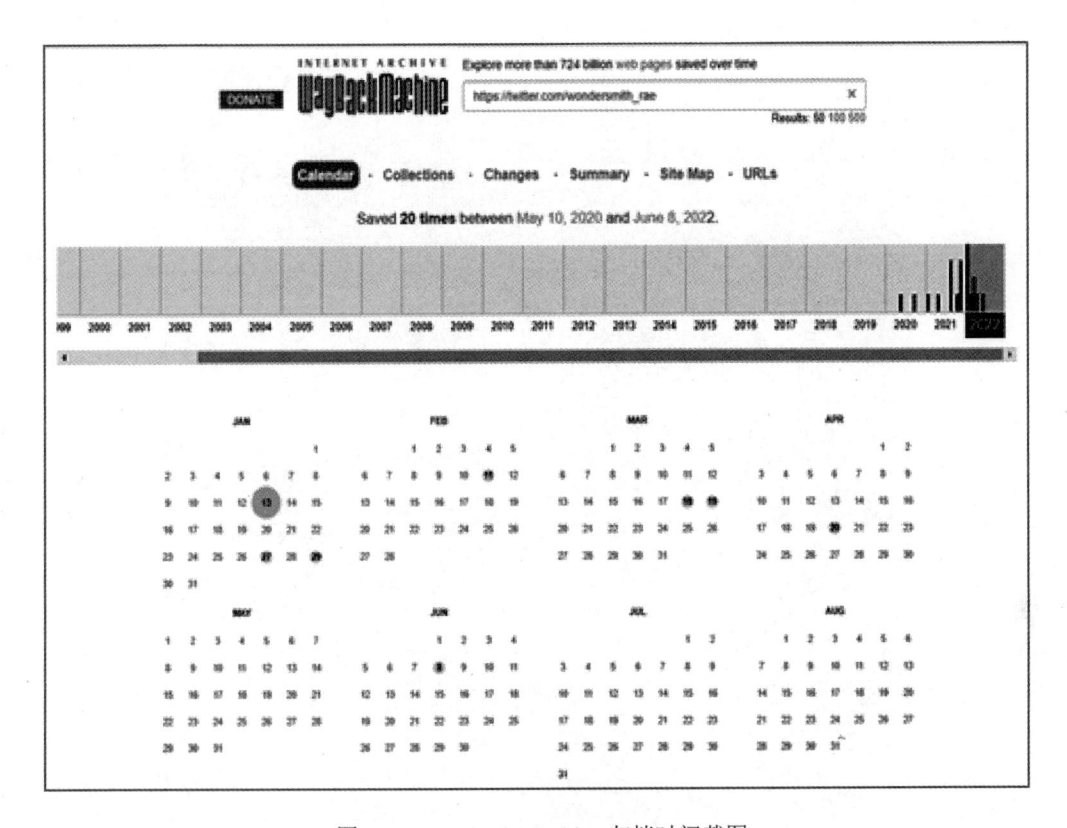

图 6.19　Wayback Machine 归档时间截图

6.3　图像和视频分析

图像分析是仔细检查图像并识别重要信息，然后根据其中的物体、地形、结构和情况对这些信息进行解释的过程。照片和视频可为情报分析提供大量有用信息。利用图像分析技术，可以确定图像的拍摄地点，并提供有关人员活动或财产的信息。图像也可以用于扩大拓线分析范围，从而更清晰地了解研究对象。本章将介绍一些用于将照片关联至其所有者、网络账户、地理位置及破译元数据的相关技术。首先，需要学会正确地分析图像或视频。

6.3.1　如何查看图像和视频

我的朋友本杰明·斯特里克（Benjamin Strick）是一位出色的开源情报和地理位置分析师，他教给我一些如何正确查看图像并收集信息的宝贵技巧，他重点关注 5 个方面（见图 6.20～图 6.23）：
- 上下文
- 前景
- 背景
- 地图标识
- 反复试错

图 6.20 图像分析示例 1

图 6.21 图像分析示例 2

图 6.22 图像分析示例 3

图 6.23 图像分析示例 4

1）上下文

我们是否理解图像背后的含义？照片是否包含了可以证明拍摄地点的上下文信息？

2）前景

前景是图像中最靠近镜头的景物。

3）背景

背景是图像中离镜头最远的景物。

4）地图标记

地图标记是图像中能直接反映所在位置的标记，或者在高空拍摄的卫星图像中可以用于确定方向的标记，包括：

- 广告牌
- 街道标志
- 独特的屋顶结构
- 水道等

"透视"图像而不仅是观察图像，可以让我们对可能发现的信息保持开放态度，防止因个人偏见或预期对分析形成干扰。在开源情报分析中，图像分析可以服务于很多领域。

以欧洲刑警组织的追踪目标计划为例，如图 6.24 所示，这些物品是从一张涉及未成年人色情内容的照片背景中提取的，该案件尚未侦破，欧洲刑警组织希望有人能够识别出照片中的某件衣服或物品。欧洲刑警组织已经采用其他分析途径检查过这些物品，现在他们请求公众帮助确定这些物品的来源。此类分析比较困难，因为为了保护受害者的身份信息，图片中任何可以识别身份的内容都被删除了，只留下了有问题的物品。根据网站统计，欧洲刑警组织已经收到了超过 2.7 万条线索，23 名儿童已经脱离了危险。由于该项目的成功，澳大利亚也建立了一个类似的物品追踪网站。

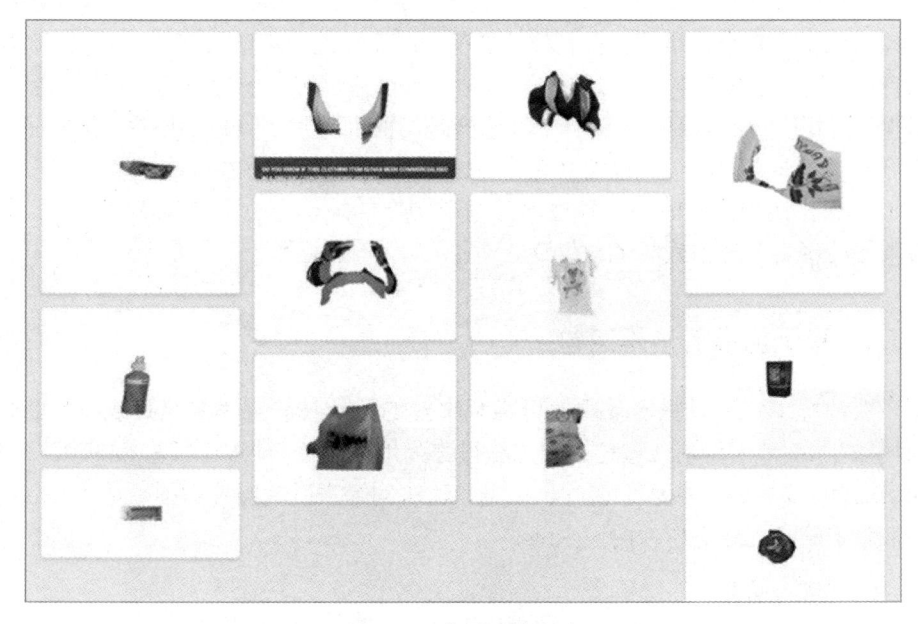

图 6.24 物品追踪网站

发现上下文线索并进行正确的分析是所有图像分析的基础。这个过程可能比较困难，但如果能够通过搜索引擎找到图像的来源，一切就会变得容易。

6.3.2 反向图像搜索

搜索引擎的反向图像搜索功能是图像分析过程中几乎总能派上用场的技巧之一。反向图像搜索使用图像本身作为输入，来检索所有类似的照片，其过程非常简单。首先打开搜索引擎（首选 Google、Bing 和 Yandex），然后点击图片页面。图片页面一般有一个输入框，可以复制/粘贴 URL 或直接从本地上传照片进行搜索，搜索引擎会返回所有与查询图像相似的图像。这是反向图像搜索的基本操作，它可以应用于各种场景，以深入了解目标和挖掘其注册的其他账户。

场景 1：我们发现了一个带有独特花纹的局部徽标，但无法辨认出完整的企业名称。我们对该徽标进行反向图像搜索，看看它是否在其他地方出现过。

情景 2：我们找到了一张社交媒体上的头像照片，照片中显示了部分文身。对图片进行反向图像搜索，可以找到没有裁剪过的完整图片。

我曾遇到过一个类似场景 1 的案例，当时我正试图确认一名罪犯的位置，但我所掌握的唯一信息是图像背景中一个相当普通且模糊的运动队徽标，只能推测出他们在哪个州。通过谷歌高级运算符搜索"运动项目名/州名"，加上反向图像搜索，我有条不紊地浏览了一页又一页的徽标，最终在一张筹款活动照片的背景中找到了相同的徽标，并立刻把新线索发给了与执法部门沟通的团队负责人。

需要注意的是，反向图像搜索也存在一些固有的问题。首先，反向图像搜索需要耐心，因为有时需要浏览数百张图片才能找到匹配的图片。另外，反向图像搜索并不支持在所有社交媒体网站上高效运作，在分析 Twitter、Instagram 和 Facebook 图片时可能需要反复尝试。

如果找到了看起来与研究目标相似的图像，在没有进一步背景信息的情况下，我们可能会问自己："这真的是同一个人吗？"这时，可以通过视觉图像对比，试图找到与发际线、痣和脸型相匹配的面部特征。另一种选择是用面部识别工具仔细核对。虽然面部识别的结果可能不尽如人意，但可以增强调查者的信心，将其用于更准确的人物归因。

用于图像和视频分析的另一种技术是基于图像的地理定位，该技术可以揭示某些细节，通常还能确定图片拍摄的地理位置。

6.3.3 基于图像的地理定位

在多数情况下，可以凭借批判性思维和掌握的分析技术来确定照片或视频的拍摄地点。这种从媒体细节中识别地理位置的方法被称为地理定位。地理定位依赖图像分析技术，通过观察地标、天际线、阴影、树叶、标志和建筑物等来确定照片的拍摄地点。这种地理定位通常用于确定犯罪等事件的发生地。

6.3.3.1 图像分析

本节将介绍如何利用地理定位技能来解决一些图像分析难题（见图 6.25）。

图 6.25 网页图片

上下文是什么？

这张图片没有上下文，也没有明显的位置提示。

前景是什么？

- 一座小桥，看起来就在公路旁边
- 人行道
- 金属栏杆
- 缓缓流动的小水域，可能是条小河
- 有瓦顶的砖砌式建筑
- 左边是一座大教堂
- 河流岸边的车辆
- 道路两旁古色古香的路灯

背景是什么？

- 连接河流两侧的另一座小桥
- 过桥后河流向右延伸
- 桥外搭起了帐篷
- 中间右侧是钟楼和大教堂

有地图标记吗？

- 左前方第一座建筑上有一面旗帜
- 模糊的路标
- 右前方的浅色建筑上似乎有一面意大利国旗
- 沿河的墙壁上的涂鸦看起来是反向的

6.3.3.2 定位步骤

有多种方法可以对图像进行地理定位，以下是我通常在图像分析研究中采取的步骤（见图 6.26）。

123

步骤 1：反向搜索整个图像。我找到了几张位于意大利比萨省的非常相似的图片（见图 6.26），但仍需要找到照片是在比萨省的哪个具体位置拍摄的。

图 6.26 利用反向图像搜索找到的相同地理位置的图片

步骤 2：聚焦背景桥、钟楼和大教堂，使用反向图像搜索。我对图片进行了裁剪，只搜索其中的地标部分，通过必应（Bing）视觉搜索，在查询结果中找到了钟楼，但它在桥的另一侧（见图 6.27）。在某个链接中有人说这座桥叫"Ponte di Mezzo"或"中间桥"。

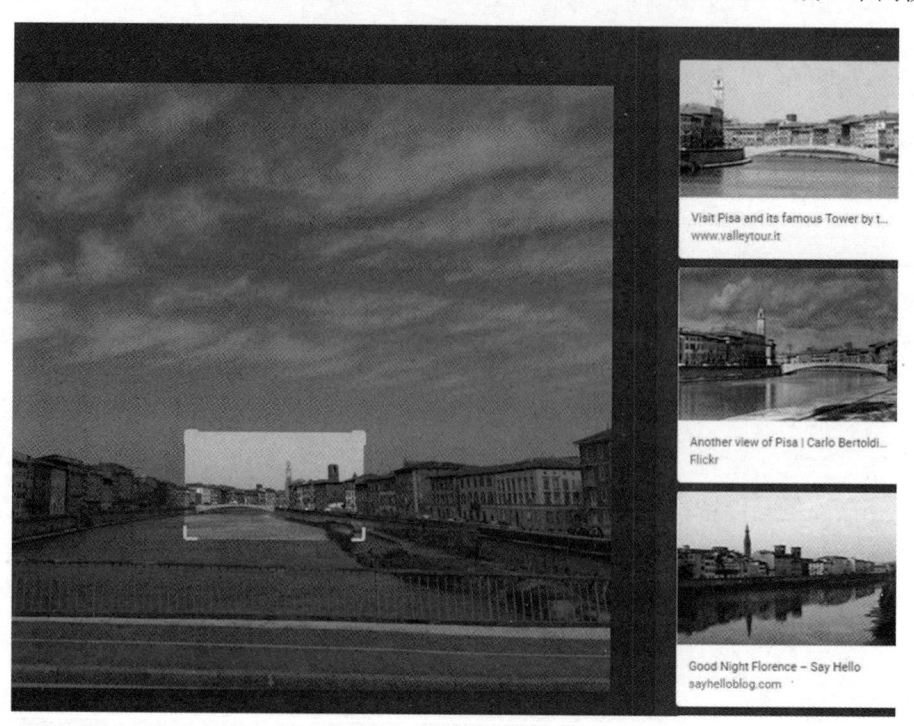

图 6.27 必应视觉搜索

步骤 3：使用谷歌地图和街景来查找位置。在谷歌地图中搜索"Ponti di Mezzo"，可以看到在河的两侧有两座桥，其中一座桥就是这张照片的正确位置。

步骤4：在谷歌街景上将定位点放到最右边的桥上，就会显示出正确的位置。正如我们所看到的，原始图像是左右翻转的（见图6.28），这就解释了为什么涂鸦是反向的。

图 6.28 谷歌街景

结果：托斯卡纳，比萨桥。

6.3.3.3 图像分析

上下文是什么？

有人在论坛上发布了一张与儿童剥削相关的照片。照片的背景中有一个十字路口，要求找到确切的位置（见图 6.29）。

图 6.29 谷歌街景

前景是什么？
- 一条铺好的路
- 泥土或混合材料的人行道
- 人行道两旁的混凝土砌块
- 停车标志前的路面上用英语写着"stop"
- 停车标志后面用英语写着"Start EWL"

- 棕榈树
- 金属栅栏内有大石块，后面有某种动物，可能是山羊
- 房屋建筑
- 彩色泥土

背景是什么？
- 右侧是沙漠，旁边有路牌
- 左侧为住宅区，住宅外漆是白色的

有地图标记吗？
- 电线杆上的绿色标牌写着"Staan op！Registreer en stem, vf plus"
- 标牌旁边有一个路标，上面写着"Plein st"或"Plan st"

6.3.3.4　定位步骤

有多种方法可以对图像进行地理定位，以下是我通常在图像分析研究中采取的步骤。

步骤 1：搜索电线杆上的大型标志上的文字。在我看来，这个标志上的文字像荷兰语，而且环境看起来像炎热的沙漠，因此我推断这里可能是南非。南非人讲基于荷兰语的南非荷兰语。我想证实我的推测，于是在谷歌中搜索了标牌上的文字（见图 6.30）。

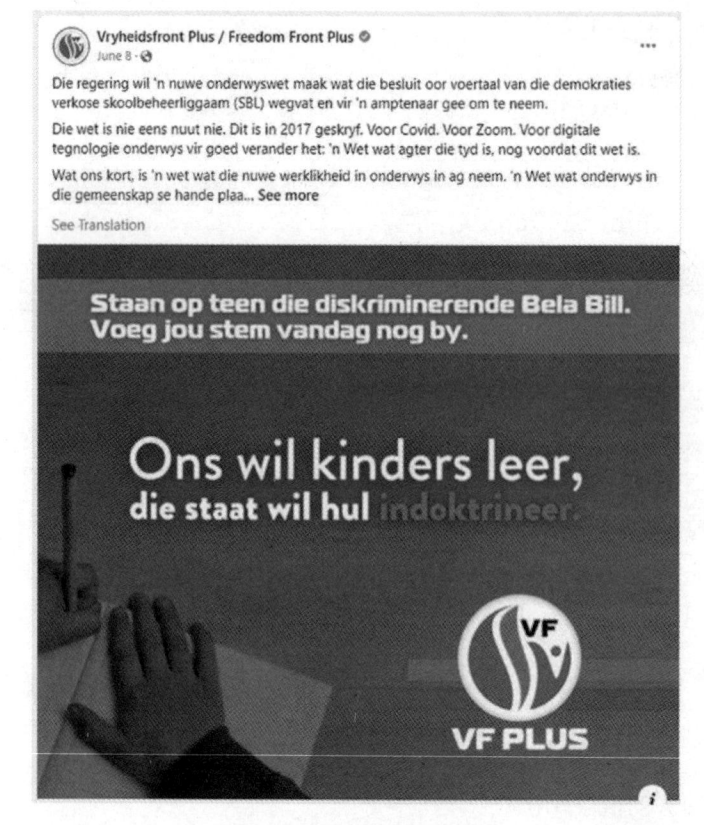

图 6.30　Facebook 页面

查询结果是一个 Facebook 上 VF Plus 组织的页面，内容是用南非荷兰语写的。标牌

上的标志与这则广告上的标志相吻合，广告的内容是关于反对一项名为《贝拉法案》的教育法的。在谷歌上快速搜索"贝拉法案"，就会发现这是一项提议修改《南非学校法》的法案。

步骤 2：搜索街道名称和南非。在谷歌搜索中，我甚至还没输完关键字，谷歌就提示我拍摄点位于南非开普敦的普林街（见图 6.31）。

图 6.31　谷歌搜索页面

步骤 3：在谷歌地图中验证位置。注意，普林街是图片中的十字路口，因此还需要找到街角。幸运的是，普林街并不长，沿着街道一直向前走，就找到准确的位置了。在这条路上转了一圈后，我发现开普敦有不止一条普林街。

北开普敦也有一条普林街。

我们正在寻找的位置就在普林街和 R403 道路的十字路口（见图 6.32）。

图 6.32　谷歌地图街景

结果：普林街和 R403 沃斯贝格路，南非北开普敦。

可以看到，即使是最微小的细节信息，也可以帮助我们在全球范围内精确定位。在高压状态下处理实时案件时，图像分析技术是不可或缺的。这类事件需要快速分析，并将结果转达给现场的调查团队或部门，以便他们立即采取行动。

6.3.3.5　实时图像分析和地理定位事件

在工作中可能会遇到一些情况，要求我们必须找出事件发生的确切位置，这些情况包括袭击或犯罪、战争或军事行动的地点等。与传统图像分析相比，实时分析的地理定位更加强调时间因素，这意味着必须能够快速识别和解释事物，从而为处于事件现场的人员提供持续支持。

图像分析技术不仅有助于地理定位，在信息核查方面也发挥着重要作用。随着虚假信息在社交媒体上的传播及向传统媒体的扩散，分析师需要具备对各类数据（包括摄影、数字图像、视频、音频和文本）进行验证的技能。

6.4　错误信息、虚假信息和恶意信息

我们在社交媒体上都有这样的亲戚，他们总是转发一些故事，比如"埃尔维斯·普雷斯利（Elvis Presley）的伴唱歌手在演唱会上说他们'闻起来像鲶鱼'后离开了演唱会"或"永远不要捡地上折起来的美元，它们含有毒品芬太尼"。遇到这种情况，我会立即给他们发一篇辟谣文章来证明他们是错的，希望他们下次在转发之前能够核实信息。然而，他们很少这样做。为了确认信息的准确性、可信性和可靠性而对信息进行事实核查的过程被称为"验证"。信息内容验证通常用于新闻研究，但由于互联网上虚假或不准确信息的传播越来越普遍，通常我们会将信息内容验证和开源情报分析融合使用。

正如我们在前文中了解到的那样，社交媒体平台上有大量可用的公共数据，这些数据向我们揭示了有关某个主题的互动、联系和个人的信息。遗憾的是，并非所有的用户都会核实其分享的数据，这就导致了错误信息被当作事实的"回声室效应"[1]。如果有足够多的用户转发相同的错误信息，就会造成可怕的危害，如同新冠疫情期间大量转发的虚假信息一样。互联网上的许多人相信他们分享的虚假信息，并且无意造成伤害；然而，一些用户故意传播不正确、不准确的信息，即便这些信息可能造成伤害。

社交媒体平台很容易传播和扩散信息，因此它们也是媒体操纵公众的主要方式。这类信息通常可以划分为错误信息（Misinformation，MIS）、虚假信息（Disinformation，DIS）和恶意信息（Malinformation，MAL）。以下是它们的定义，以及为什么对这类信息进行验证是如此重要（见图6.33）。

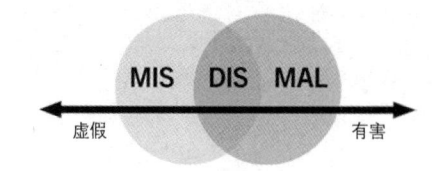

图6.33　错误信息、虚假信息和恶意信息范畴示意图

错误信息：具有误导性的信息或不正确的信息，但并非有意欺骗。
例如：你的祖母发布了一篇关于维生素可以治疗癌症的文章。
虚假信息：故意捏造的误导或不正确的信息。
例如：新泽西魔鬼曲棍球队的吉祥物"NJ Devil"发布了关于费城飞人队的吉祥物

---

[1] 译者注：回声室效应（Echo Chamber）指在一个相对封闭的环境里，一些意见相近的声音不断重复，甚至夸张扭曲，令身处其中的多数人认为这些声音就是事实的全部。

"Gritty"因猥亵行为而被捕的虚假信息，以引发球队间的不和。

恶意信息：以现实事件为蓝本，但经恶意改编的有害信息。

例如：一个政党为了煽动仇恨，发布了黑人袭击白人女性的虚假新闻。

利用虚假信息、错误信息故意误导人们并不是一个新鲜概念，这种手段在政治领域经常出现。我一直遵循20世纪90年代热播美剧《x档案》的主演福克斯·穆德的建议"不要相信任何人"。20世纪90年代，信息在全球传播的速度并没有那么快。但现在，错误信息会以令人难以置信的速度引发现实世界的恐慌，并造成破坏。验证信息困难的原因是网上流传的许多错误信息实际上包含了部分事实，或者之前已被揭穿过但再次流传的信息。

以下是一些被揭穿但再次被流传的例子：
o "披萨门"阴谋论
o 名人去世
o 疫苗相关帖子（新冠疫情、自闭症等）
o 5G相关帖子

6.4.1 如何验证内容是否为虚假或错误信息

要验证可能属于错误信息、虚假信息和恶意信息的内容，需要有条不紊地分析清楚"谁发布的""主要内容是什么""为什么要发布""如何发布的"等要素，首先应该问自己以下几个问题：
o 是谁发布的内容
o 内容背后的动机是什么
o 谁会从这些内容中受益
o 能确定内容的来源吗
o 发布者表现出了哪些行为

传统开源情报分析的许多概念也同样适用于信息验证。验证过程通常始于发布可疑内容的单个帖子、博客或用户，我们希望证明它的合法性和真实性。

内容是否合法？

追踪和验证内容的真实性是一件非常困难和耗时的事情。这种做法通常需要在网上搜索帖子、新闻或内容细节的最早版本。在此过程中，请务必将发现的所有重要信息截图，以备需要时回头再看。很多时候，虚假信息都利用了部分真实信息，同时以一种破坏性的方式呈现了视觉假象（见图6.34）。

克雷格·西尔弗曼（Craig Silverman）撰写了《验证手册》，并在其中建议使用相关网站对找到的信息进行数字化存档，并将网址记录在电子表格中。内容验证与开源情报分析一样，都是试图从找到的信息中发现某种模式和关联，电子表格可以通过可视化帮助我们建立这些联系。反向图像搜索是另一种追溯信息来源的好方法。在我们证实了帖子是错误的、虚假的、恶意的之后，就应当找出它最初被分享的原因。

为了确定内容发布者背后的动机，有必要围绕帖子和发布者进行更广泛的背景调查。内容发布者想通过误导他们的追随者来获得一些东西吗？这种收获可能是经济上的、地位上的、政治上的，甚至仅仅是获得认可。发布者是否会立即受益，还是他们只是推动故事发展的更大组织或运动的一部分？通常，我们看到的错误信息的传播者只是一场更大的虚假信息运动中的小小齿轮，有时发帖者甚至不是人类而是机器人账户。

图 6.34　路透社汉娜·麦凯拍摄的照片

6.4.2　识别机器人账户或僵尸网络

社交媒体机器人是利用人工智能和大数据分析技术创建并自动运行的账户，主要用于冒充真实用户。这些机器人账户是模仿人类行为设计的，因此很难被发现和识别出来。机器人账户可用于客户服务、销售互动等合法用途，但也经常被用于以规模化的方式传播信息和影响人群观点。机器人账户可以通过点赞、评论社交媒体帖子等行为来获得影响力或经济收益，还可以用来传播错误和虚假信息，就像在 2016 年美国大选和新冠疫情期间看到的那样。

在调查社交媒体时，由于机器人账户的存在，归因问题变得比正常情况下更加困难。对机器人账户进行关联、跟踪和监控可能很快就导致调查过程失去控制，因此必须通过网络分析图表、电子表格或跟踪记录等方法来整理数据。一些方法可用于在 Twitter 上快速发现机器人账户。其一是使用 Bot Sentinel 工具，该工具旨在打击虚假信息和定向骚扰。其二是通过 Chrome 浏览器扩展，采用机器学习方法推测账户是机器账户的概率（范围从 0%到 100%）。给出的概率越高，说明账户的可疑性越大。其三是采用网站 botsentinel 提供的工具和追踪器对 Twitter 账户开展进一步分析。如图 6.35 所示，"Bot Sentinel"根据该账户的行为，推测其是机器人账户的概率为 89%。

内容转发和传播类机器人账户价格低廉且易于创建，可用于引导公众舆论或增加用户粉丝数量。这类机器人账户的目的是转发内容、劫持话题和骚扰用户。劫持话题是指机器人账户通过在平台上反复发送话题标签，将话题推上热点。

在搜索机器人账户时，可能发现一些常见的机器人账户进行欺诈或自主运行的模式。僵尸网络由一群被编程执行特定操作或行为的机器人账户构成，它们的数量可能大得惊人。但为每个账户编造逼真的个人档案需要花费大量精力和时间，因此机器人账户创建者往往会"偷工减料"（见图 6.36）。

图 6.35 Twitter 网页截图

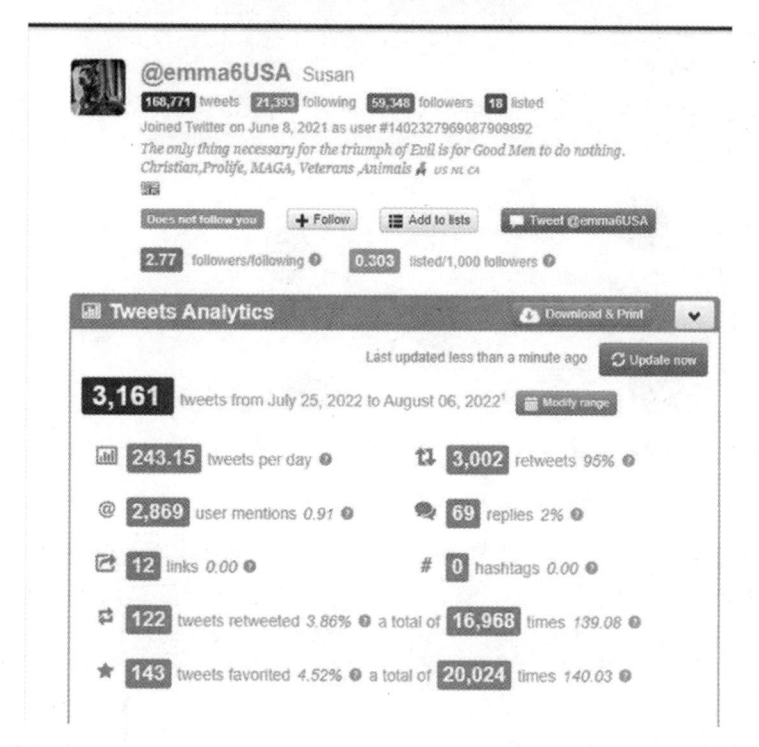

图 6.36 Twitonomy 分析显示这个机器人账户平均每天发布 243 条推文

许多机器人账户的头像都是卡通图片，以避免在向每个账户个人资料中随机上传照片时出现不一致的情况。账户名是自动创建的，通常与同时创建的其他机器人账户具有相同的字符数和一致的日期。推文的数量也可以作为一个鉴别指标，因为机器人账户通常只有几个粉丝，但往往在短时间内发布许多推文。此外，机器人账户会相互关注并转发彼此的信息。因此，可以通过分析推文模式和用户转发情况来更准确地识别出机器人账户。

机器人账户经常被用于更大规模的操纵活动以影响公众舆论，或在社区中快速、广泛地传播虚假信息。这些有针对性的虚假信息运动都是预先计划好的，即开始时在大量社交媒体平台上发布特定内容，然后概据网络的传播情况不断调整发布内容，以期在新的舆论环境中产生影响。通过社交媒体网络和链接分析，可以追踪这些活动并将其可视化。

6.4.3 可视化和社交网络分析

想要厘清数据之间的关联模式非常耗时。这时候,就需要利用可视化工具来辅助建立一些大脑可能会忽略掉的关联,从而填补分析能力的空白。在第一部分"开源情报基础"中,我们已经讨论了不同类型的数据可视化方法,并提到了链接分析图表。在社交媒体分析中,链接分析图表和社交网络分析(SNA)方法很有价值,它们有助于了解特定账户通过"#"标签与特定社交网络进行关联的常见模式。这类网络分析依赖图论,即节点、边及它们之间关系的集合。

节点是图的一个元素,每个节点代表一个 Twitter 账户(见图 6.37)。

边指的是节点之间的连接。图中显示的 Twitter 账户节点是相连的,因为这些账户都相互关注了(见图 6.38)。

权重会随着节点之间互动的增加而增加。如果一个账户转发了另一个账户的内容,那么它们之间的关系权重就会增加(见图 6.39)。

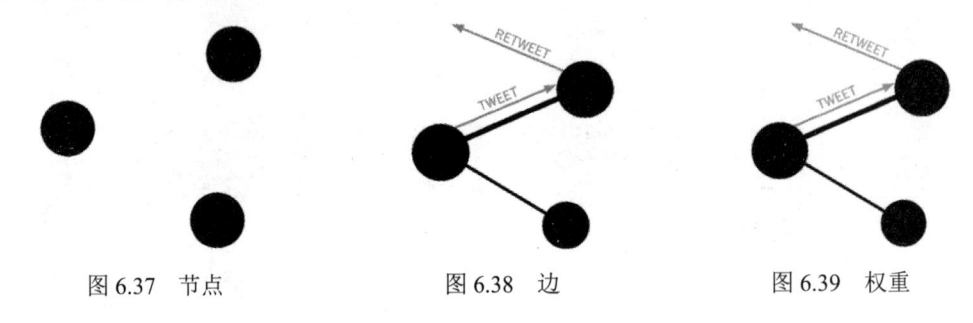

图 6.37 节点　　图 6.38 边　　图 6.39 权重

节点的度是指一个节点与其他节点的连接数。

节点的方向表示信息流,以及节点指向另一个节点的情况(见图 6.40、图 6.41)。

节点的中心性评估网络中每个节点的重要性,也是社交网络可视化的常见方式(见图 6.42)。

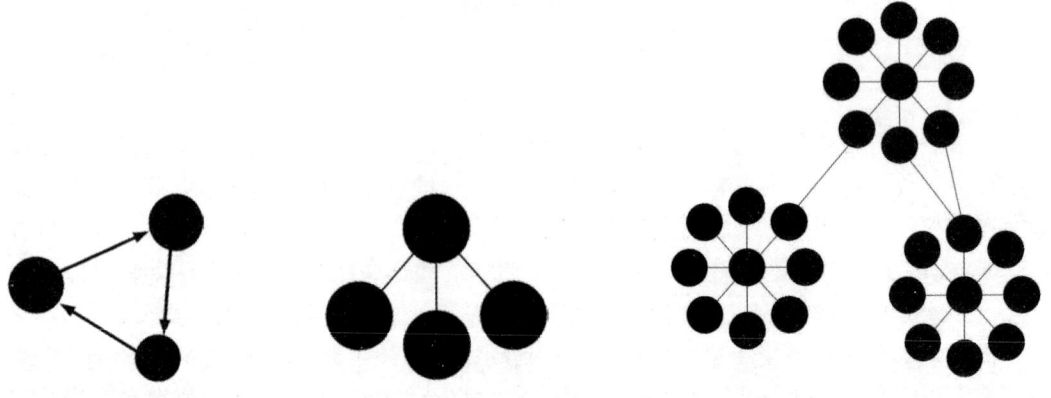

图 6.40 节点的方向　　图 6.41 节点指向另一个节点的情况　　图 6.42 节点的中心性示意

利用网络分析法来观察社交网络,就像从 3 万英尺的高空俯瞰整个网络一样,分析师注意到的不再是零散的关联。许多社交网络分析工具可用于进行复杂的图计算，以揭示社交网络的内在关联。其中较常用的 3 个工具是 Neo4j 社区版、Gephi 和 Maltego 社区版。Gephi 是一款免费的开源可视化软件，用于分析网络的中心性、密度、路径、模块性、集群等。

关于 Gephi 等其他社交网络分析工具在社交网络分析中建立联系的过程，可以回顾一下本杰明·斯特里克（Benjamin Strick）对 Twitter 上亲印尼机器人账户网络的研究。早在 2019 年，斯特里克就对"自由西巴布亚"和"西巴布亚"两个标签进行了为期 5 天的分析，当时他注意到了这些标签传播中的奇怪行为。随着印尼冲突的加剧，他发现对应帖子的数量也在增加，这表明有人在蓄意传播亲印尼政府信息。斯特里克建立了一个包括用户名、Twitter 标签、转发、点赞、时间戳和链接的数据集。通过 Gephi 辅助分析，他发现其中一个账户非常活跃，进而绘制了一组与此账户有关联的 Twitter 账户（见图 6.43）。

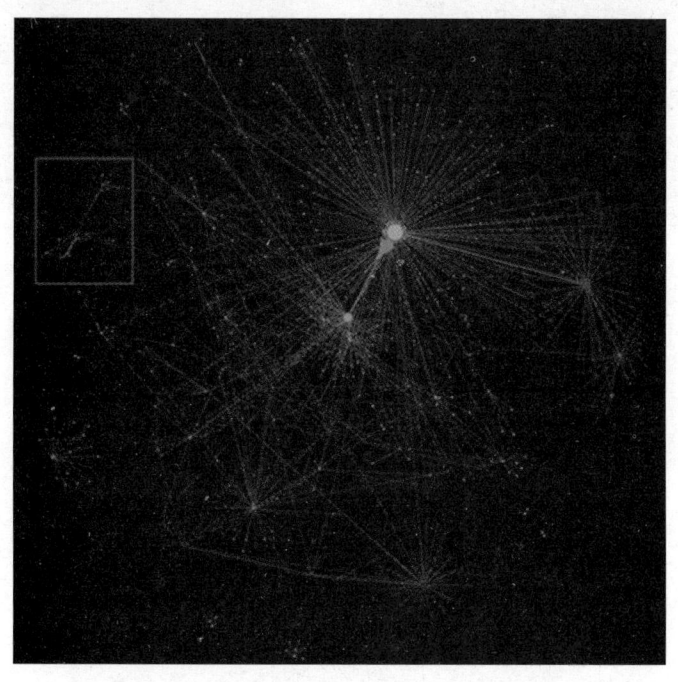

图 6.43 对亲印尼机器人账户的 Gephi 辅助分析图

6.4.4 发现数字篡改的内容

随着新的图像、音频和视频处理软件的不断出现和广泛使用，在进行开源情报分析时我们不能仅依靠肉眼所见。虽然反向图像搜索等传统方法有助于情报分析，但此类方法有时也难以检测出被篡改的内容。

我们对于数字图像处理技术并不陌生，它们可以使我们的照片看起来比真实的自己更瘦、更漂亮或更强壮。然而这些数字处理技术也被广泛用于政治利益或宣传鼓吹等目的。媒体在他们的报道中也逐渐加入了更多源自网友或互联网社区的内容，这就需要通过一些验证手段来识别出被处理过的图像。

图像识别面临的一个主要问题是许多图像在被编辑之前都是真实的合法内容，这就为它们带来了固有的可信度。例如，在 2015 年希拉里·克林顿（Hillary Clinton）竞选总统期间，克林顿夫妇被拍到带着女儿和外孙在曼哈顿散步（见图 6.44、图 6.45）。左边的照片是原始图像（尽管不太美观），而右边的照片是被 Chrome 浏览器的 Bot Sentinel 扩展标记为"有问题的账户"发布的推文。这两张照片最明显的区别在于比尔·克林顿的嘴部被剪辑过，对比度也被调整过，因此他显得虚弱而紧张。与之相关帖子的内容是宣传克林顿夫妇与爱泼斯坦有关的阴谋论。

图 6.44　克林顿夫妇的原始照片 　　　　图 6.45　Twitter 截图

出于兴趣，我在谷歌上搜索了这段文字，结果显示约翰·K. 斯塔尔（John K. Stahl）的 Twitter 账户也分享了同样的信息。有意思的是，这条推文并不是斯塔尔转发的，而是他用自己的账户以"原创"方式发布的（见图 6.46）。

图 6.46　该账户被冻结

好奇心是开源情报分析师的关键特质，我对约翰·K. 斯塔尔进行了更深入的研究。在必应图片搜索上反向搜索斯塔尔的头像（见图 6.47），找到了 2012 年在加利福尼亚州竞选国会议员落选的约翰·K. 斯塔尔，其个人资料图片与之相符（见图 6.48）。

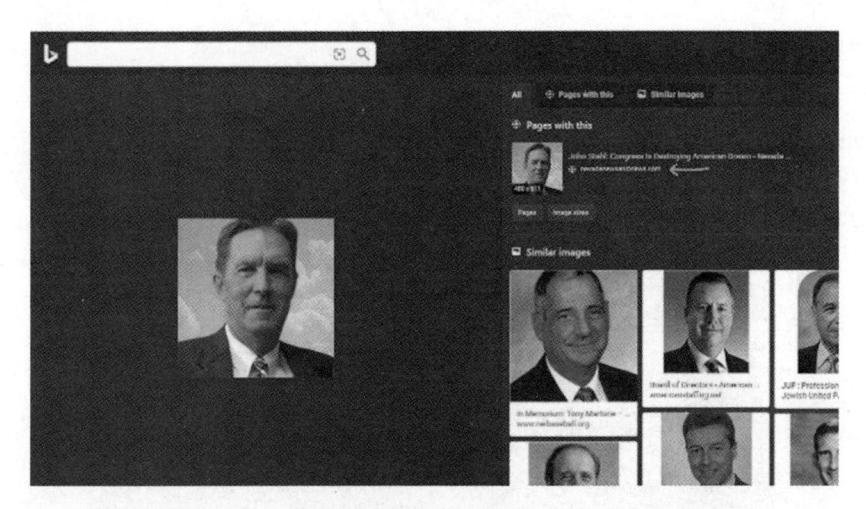

图 6.47　必应反向图像搜索约翰·K. 斯塔尔的照片

图 6.48　Ballotpedia, ballotpedia.org/John_Stahl

对照片进行数字化篡改的手段很多，但我们也有一些常用的检测方法。

6.4.5　照片处理

照片处理也称为"图片 PS"，是通过对图片的像素进行数字化处理来篡改图像的技术，通常用于隐藏某些内容、欺骗大众或改变某人的观点。就像比尔·克林顿的图片一样，照片处理技术在谣言传播中经常被使用。一些方法可以检测数字处理图像，如误差水平分析（ELA）、克隆检测等。

1. 误差水平分析

误差水平分析可用于识别图像中不同压缩级别的区域。对于 JPEG 格式的图像，保存次数越多压缩程度就越大，因此在对其进行分析时，图像中被编辑的部分就会变得不那么均匀，从而很容易被识别。许多人认为误差水平分析是主观的，但它的确可以帮助识别图像中原本不可见的编辑改动。图像中所有高对比度和低对比度的边缘应当看起来类似，如果其中存在巨大差异，那么可以怀疑图像被处理过。

可用于误差水平分析的工具较多，我倾向于使用两个工具：Forensically 和 FotoForensics。

Forensically 是一款免费的网络数字取证工具，可用于克隆检测、误差水平分析和图像元数据分析等。误差水平分析用于识别 JPEG 图像中不同级别的压缩部分。对于图 6.49，可以很容易识别出哪部分被编辑过。

图 6.49　误差水平分析之前的取证图像

通过点击右侧的误差水平分析按钮并调整滑块，可以很快发现海龟头部比身体、背景等其他部分更亮、更不均匀（见图 6.50）。使用误差水平分析时，所有高对比度和低对比度的边缘看起来应该相似。如果存在差异，则可以怀疑图像被修改过。

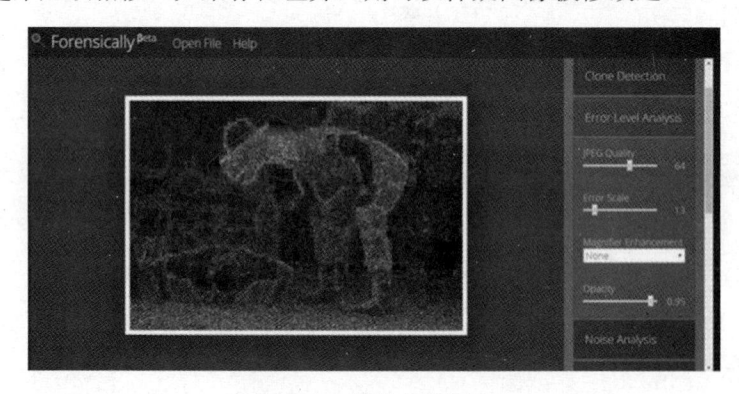

图 6.50　误差水平分析

2．克隆检测

Forensically 中的另一个工具是克隆检测工具，通过它可以识别出图像被克隆或被复制的位置。该工具的准确性在很大程度上取决于滑块的设置和原始图像的质量。

与图像合成类似，视频也可以被编辑和改变，使其看起来或表现得与实际不符。正如被处理过的图像存在"痕迹"一样，被处理过的视频也"有迹可循"。

6.4.6　视频处理

本节将介绍一些视频处理和识别的技巧。

1. 深度伪造

深度伪造是一种媒体合成技术，主要利用深度学习技术来模拟人的面部和动作，使他们看起来像在说一些虚构的内容，或者做一些本不存在的事情。人工智能技术可以从不同视角学习一个人的面部表情，再像数字面具一样运用到真人的伪造上。由于技术不断更新，用户能够以更低成本获取深度伪造技术，使它更容易被利用，同时对于调查者而言也更难检测。通常，深度伪造用于消遣娱乐，例如，TikTok 上臭名昭著的恶搞账户发布的有关汤姆·克鲁斯（Tom Cruise）的伪造内容。有时，深度伪造也会被用于更加邪恶的目的，如传播虚假信息。

事实上，制造非法色情内容一直是深度伪造的主要用途之一。暗网上存在很多人工智能生成的、未经当事人允许的报复性色情内容和"名人"色情内容。许多女性成为这些深度伪造内容的受害者，伪造者只需要使用她们的脸部图像就能生成视频。更糟糕的是，深度伪造还被用于一些政府的信息宣传活动中。

如今，一些政府宣传及部分政党积极采用深度伪造技术，并在其中使用其政治对手的照片。这一举动增加了他们在全世界引起恐慌和煽动仇恨的可能性。在深度造假变得难以察觉的局面中，如何才能检测和验证这些信息呢？有一些工具可以用于深度伪造检测，但在另一些情况中，可以利用图像中的信息来判断视频的真假。

2. 识别深度伪造

要识别深度伪造的图像，需要使用分析技巧来比对虚假图像的常见特征。

- 就像人无完人一样，深度伪造也有瑕疵。注意人像的面部变形，如光滑的皮肤和奇怪的阴影。
- 眼镜上的光线在深度伪造的图片中往往存在瑕疵，可能太亮、太暗或有奇怪的角度。
- 查看面部毛发和痣的周围是否有奇怪的边缘，因为深度伪造技术很难自然去除或添加这些毛发和痣。
- 面部和嘴唇的颜色是否匹配？
- 注意异常的闪烁点。
- 牙齿内部是否缺乏细节。
- 从侧面转向正面时看起来是否奇怪。

开源情报分析师的一项重要技能是能够在日常分析中，将所有不同的工具和方法结合起来。6.5 节将介绍在真实案例的分析工作中，他们是如何做的。

6.5 综合利用工具

综合利用所有社交媒体分析工具，看看会发现什么。

在过去的几年里，我处理过各种各样的案件，涵盖各种小案件和关乎国家安全的大案件，但有一个案件让我印象颇为深刻，它是如此困难但又让我执迷，就像蝙蝠侠中的小丑、索尼克中的蛋人博士、约翰·特拉沃尔塔的对手尼古拉斯·凯奇……或尼古拉斯·凯奇的对手约翰·特拉沃尔塔。总而言之，这个案件让我彻夜难眠，我思考的齿轮不停转动，试图找到新的角度去分析案件。那就是——"简·多伊（Jane Doe）"，小狗诈骗案。

这个案件事关大众利益，尽管看起来一点也不"福尔摩斯"，但我保证其中有一些不可思议的转折。案件发生的那天，我正在为自己撰写的一篇博客寻找一个例子，以说明狗场将被遗弃的小狗作为救援犬转售牟利的情况。我把这个想法告诉了另一位开源情报博主，他希望与我合作共同撰写一篇博客。在为博客做调查时，他偶然发现在许多消费者网站上都有一些负面评论，指责一家名为"小茶杯犬（Small Teacup Dogs）"的公司在开展"小狗诈骗案"。仔细一看，我们发现有大量的负面评论称买家被骗了数万美元。于是我们开始从评论中试图拼凑、还原整个故事，最终发现这个骗局是如此荒诞。

我们厘清了小狗诈骗案的运作方式，卖家通常采用"简·多伊"的用户名，但也用其他的几个名字。她在自己的网站上以数千美元的价格出售经过特殊培育的茶杯犬。买家在网上填写一份意向表，"简·多伊"就会回电话，承诺只要买家以 SWIFT 方式转账给卖家，她就会通过空运将小狗送到买家手中。到了交货日，买家去机场迎接他们的新小狗，但小狗一直没到。有时，买家会收到因机场原因或箱子太大导致运输延误的信息，因此他们需要额外支付运费才能将小狗送到家。由于钱是通过 SWIFT 交易转出的，买家没有真正的追索权，无法报警称自己的钱被骗了。这就是一类最常见的信任诈骗类型——预付款骗局。

幸运的是，"简·多伊"在诈骗过程中透露给了买家许多身份信息，包括全名、几个电话号码和网站域名。我和我的同事首先在谷歌上搜索了她的全名，查找互联网上还有什么与她有关的信息。

"Jane Doe" and "puppy" or "scam"

令我们惊讶的是，谷歌搜索反馈了大量"简·多伊"的信息，这些结果暗示了她长期从事诈骗，而不仅是小狗诈骗案。继续深入研究"简·多伊"，我们开始捕捉这些关联并将其制作成一个数据拓线图，其中包括一个网站"JaneDoe.com"。我通过虚拟机访问了在许多消费者投诉中列出的网站"smallteacupdogs"，这是一个专门出售茶杯犬的网站。作为一名平面设计师，我立刻注意到许多图片看起来像经过了处理，那些小狗看起来都很小。在谷歌上对这些照片进行反向图像搜索，我发现大部分图片都是从其他网站盗用的。在浏览网站时，我发现大部分文案翻译得很糟糕，不禁让我怀疑它们可能是外国人使用翻译器来完成的。网站的合约写明了购买一只幼犬需要支付 8 000 多美元，同时要求买家输入个人信息，如真实地址、电子邮件和家庭详情等，用于确定买家是否是幼犬的"合适人选"。在从消费者投诉中提取的电话号码中，有两个可以在网站的页脚中找到，因此可被用于证据归因，同时它们能关联到 Twitter、Facebook 和 YouTube 等社交媒体中的内容（见图 6.51）。

目前为止，我们在"简·多伊"和"小茶杯犬"网站之间找到的唯一关联信息就是消费者网站上的匿名举报。此时，我意识到需要尽快核实她是否真的与该网站有联系。针对该公司的 Twitter 账户，我使用了一种被称为"密码试探"（Password Knocking）的技术来确认她是否为账户的所有者。该技术在道德上存在争议，它的运作机制是假定用户忘记了当前的密码，需要向网站申请设置一个新密码。在这种情况下，网站将为用户显示一个不完整的电子邮件地址提示，询问是否发送新密码到这个地址中。我不经常使用这种方法，因为这种方法非常冒险，而且会让所有者知道有人试图重置他的密码。但这次这个方法很奏效，因为我看到的部分电子邮件地址是"J***D**@g****.***"。这封邮件当然不是确凿的证据，但我们可以做出的合理假设是，它是 JaneDoe@gmail.com。

```
                                            电话号码1
                                            电话号码2
                        域名1:                Twitter账户
                        smallteacupdogs
消费者投诉 ── Jane Doe ─┤                    Facebook账户
                                            YouTube账户
                        域名2:
                        JaneDoe.com
```

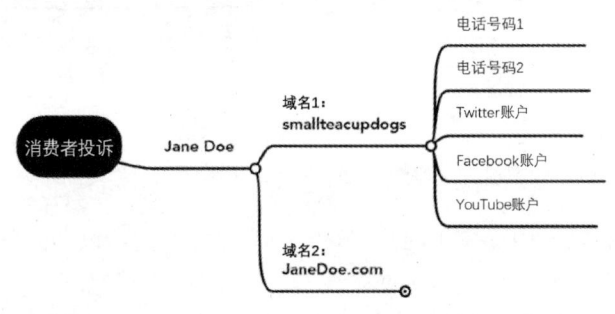

图 6.51　显示社交媒体关联的小狗诈骗案信息拓线图

我浏览了该 Twitter 账户的简介等信息，发现虽然这个网页的标题是"小茶杯犬"，但实际用户名却是@puppysale012。该页面标记的位置在加拿大多伦多，在我看来，这与网站上糟糕的翻译不符；也许她是雇人开发的这个页面，或者她有合作伙伴。

鉴于我已经基本确认了她与 Twitter 账户中发现的电子邮件地址存在关联，我决定转向研究域名注册信息，看看是否能挖掘出更多的材料。我研究了"简·多伊"和"小茶杯犬"网站的注册数据。结果发现，虽然这两个网站都启用了注册保护，但我通过溯源，发现这两个网站都是用"JaneDoe@gmail.com"这个电子邮件地址注册的。我针对这个地址查看了域名数据，看看她还注册了哪些网站。我发现的域名列表就像一张按时间线排列的诈骗记录表，包括的域名有：

- JaneLane
- Richtinydogs
- VIPpuppies
- PureBeautymakeup
- Handicappedlife

我开始访问每个与研究对象直接相关的域名，并尽可能从中获取更多信息。我了解到这些网站存在两个相似之处。一是每个网站都是使用相同的模板创建的，很可能是 WordPress，而且它们的风格和写作方式也相同。二是所有域名都使用了完全一致的社交媒体平台，每个网站都附有 Twitter、Facebook 和 YouTube 链接。JaneLane 是"简（Jane）"的仿冒宣传网站，该网站主要介绍了她的美容产品（Pure Beauty Makeup），她写了一本关于如何成为营销天才的书，以及她是如何克服因摔伤而瘫痪的困难的。书中提到的每个点都与另一个域名的内容呼应，表明这些网站都是她自己努力建立的。我还注意到，她的其他"合法"网站都没有提到小狗诈骗案。

我再次访问了这些域名的 Twitter 账户，收集了其中的账户名，并使用相同的密码试探技术确定了另外几个电子邮件地址的部分信息，并根据背景信息将其补充为完整的电子邮件账户。图 6.52 显示了相关信息的拓线点。

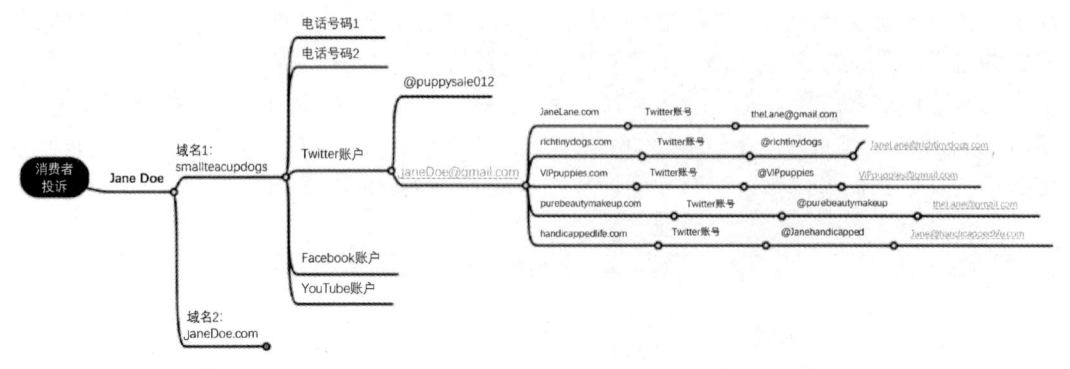

图 6.52　小狗诈骗案信息拓线图（显示了与电子邮件地址相关的 Twitter 账户）

　　我从她的简介和帖子中提取了用户名、电子邮件和其他可识别的信息，创建了一个链接表。她用个人电子邮件账户注册了许多域名，因此每个域名都提供了更多信息。

　　到此为止，我已经收集了她的姓名、电子邮件、用户名、域名和社交媒体等信息。在花了大量精力从她的 Twitter 账户中提取数据后，我转向了 YouTube。我很好奇，如果一个骗子没有真正的产品可以卖，她会在网站发布什么样的内容。YouTube 上的"小茶杯犬"页面上有很多记录小狗和镜头外的人的视频。这些视频似乎是在不同的地点和不同的人一起拍摄的。不过，有两个视频引起了我的注意：一个是名为"在该网页购买小狗的操作过程"的教学视频，另一个是满意客户的推荐视频。操作教学视频中有一位 20 多岁的年轻女性，正在一面空白的墙壁前填写购买幼犬的合同表格。第二段视频中也出现了一位女性，但年纪较大，可能 40 岁出头，她穿着西装外套坐在沙发上。在整个视频中，这位女士一直在谈论她有多爱她的小狗，以及购买过程有多棒，但她的小狗从来没有在镜头里出现过。我在每个视频中出现正面的、清晰的画面时按下暂停键，用剪切工具截图，并把它们通过 Yandex 上传以进行反向图像搜索。两次查询都返回了类似的结果，这些正在推荐或讨论产品的女性都是看过剧本的雇用演员，而不是公司的合法客户或员工！

　　这个案例涉及很多环节，并且我们已经收集了大量信息，因此需要进一步开展差距分析以明确该案例还缺少哪些数据，从而厘清下一步工作计划。

差距分析：
已经掌握了哪些信息？

- 全名
- 可能的地点
- 骗局是什么
- 简·多伊的个人简历
- 雇用的演员
- 关键电子邮件
- 电话号码
- 领域
- 用户名
- 社交媒体账户

已知信息意味着什么？
虽然简·多伊在进行诈骗，但她在不经意间泄露了自己和"商业活动"的相关信息：她每"卖"出一只小狗就能赚几千美元。从评论来看，她的收入相当可观。

还需要了解哪些信息？
- 用户名指向的信息
- 电话号码指向的信息
- 她有同谋吗
- 能找到她的位置吗
- "简·多伊"是真名还是网名
- 她怎么处理这笔钱

怎样才能获取更多信息？
- 用户名指向哪些信息
  - 可以在 WhatsMyName.app 中搜索用户名
- 电话号码指向哪些信息
  - 可以在谷歌和人员搜索网站上搜索电话号码
- 她有同谋吗
  - 可以查看她的社交媒体账户的粉丝情况
  - 可以查找其他名称的文件
  - 可以寻找重要的人或家庭成员
- 能找到她的位置吗
  - 可以查看她社交媒体照片中的背景，尝试确定她的地理位置
  - 可以从她的帖子中寻找背景信息
  - 可以在她的帖子/图片中查找元数据
- "简·多伊"是真名还是网名
  - 可以通过公共数据来查找
- 她怎么处理这笔钱
  - 可以查找交易信息
  - 可以分析她的 SWIFT 账户

最终，通过差距分析，我和我的同事找到了很多关于"简·多伊"的信息，它们足以写成一本书。在分析结束时，我们整理了 100 多页关于"简·多伊"、她的男友"约翰"和她的服务犬的数据和背景资料。我们定位了她的几个住址并进行了生活模式分析，结果显示她一直在加拿大和阿联酋之间旅行，主要居住地在多伦多。因为知道她男友的名字，我们通过他的社交媒体和数字足迹，将他们的住址与他工作的电子烟商店相关联。同时，我们通过她的狗和她的个人社交媒体账户，确定了她在阿联酋使用的宠物日托店。该研究从一个经营小狗诈骗案的女子的调查开始，我们顺便发现了她开展的无数其他骗局，这些都让客户和商业伙伴感到愤怒。

自从我在博客上发表了第一篇报道后不久，就有几个人匿名联系我，向我反映"简·多伊"的情况，我不得不专门设立一个电子邮件来收集她的信息。通常，作为一名开源情报分析师，我不会在分析过程中与任何人接触，但这个故事引发了一场持久的对话。有一天，我在 Twitter 上收到了一条"简·多伊"的同事直接发来的匿名信息。在整个对话过程中，为了进一步证明他和"简·多伊"的关系，我以一种不会透露我所掌握信息的方式提出了问题。这个人独立验证了我在博客中没有公布的许多发现，而且似乎与"简·多伊"关系密切。他知道"简·多伊"很多个人细节，而且觉得我那篇博客写得"还可以"。

之后，我收到了"简·多伊"诈骗案中的一位悲痛欲绝的受害者发来的信息。"简·多

伊"一直住在该受害者母亲的房子里，她对房子的内部进行了破坏，造成了数千美元的损失。然后，"简·多伊"和几个同伙开着一辆 U-Haul 公司的出租卡车逃离了现场并留下了一些东西，包括满屋子的药瓶和相机。受害者给我发了药瓶的照片，上面有"简·多伊"和她男友的名字。

　　几个月后，我收到了一位前护士发来的消息，她受雇照顾"简·多伊"的生活起居，但最终没有得到报酬。这位住家护士告诉我，她在那段时间对"简·多伊"从事的生意产生了怀疑，有一次她还发现自己的信用卡在"简·多伊"的手里。在谷歌上搜索"简·多伊"之后，她找到了我的博客并联系了我。请回想一下，我没有公开发表或谈论过"简·多伊"在逃离现场之前毁掉了一所房子。但在这位护士讲述的离奇故事中，她被要求开着一辆 U-Haul 车和"简·多伊"一起去她的旧公寓取她的东西。护士本来是去帮忙的，但警察出现后，情况很快就变得糟糕起来。护士很快意识到是"简·多伊"想不交房租就溜走。和她的对话完全独立地证实了我几个月前收集到的信息。我分析了所有给我发信息的账户，它们看起来都是完全合法的账户。我最近一次收到的消息来自多伦多警察局的一名侦探，他也一直在追踪"简·多伊"的骗局和行动。看来"简·多伊"也是别人的"执念"（见图 6.53）。

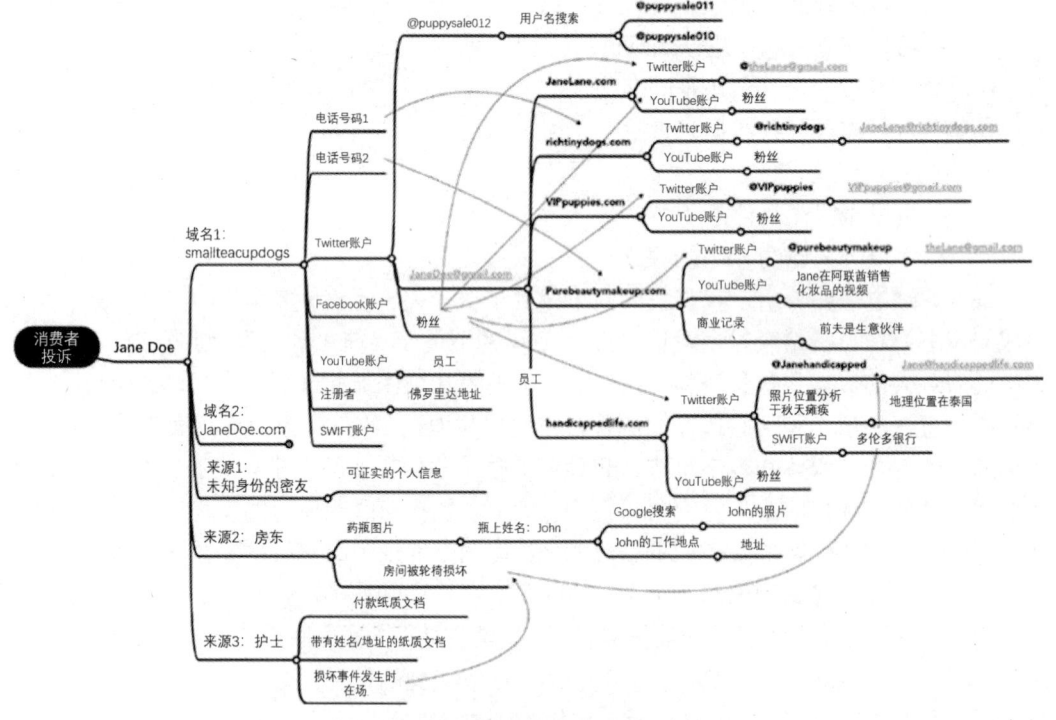

图 6.53　小狗诈骗案的完整数据拓线图

　　这个案例是综合运用前几章介绍的所有技巧的一个范例。本章介绍了如何通过筛选器和相关的社交媒体账户定位有关人员的信息；之后如何识别和验证信息的真实性，以及如何监控和可视化大型社交网络。第 7 章将重点介绍对企业和组织进行有效分析的策略和技术，用于了解一个人可能拥有的资产及他每天花费大量时间的地方。

第 7 章 商业与组织情报

7.1 什么是组织情报

2019 年，电子支付提供商、法兰克福证券交易所市值最高的 30 家公司之一 Wirecard 被指控涉及空壳公司、虚假收购、虚假客户和伪造等欺诈行为，这是德国历史上最大的欺诈丑闻之一。在《金融时报》发表调查报道之后，Wirecard 最终申请破产，其首席执行官马库斯·布劳恩（Markus Braun）被解职并随后被捕，据说"造成了 19 亿欧元的损失"。

丹·麦克鲁姆（Dan McCrum）是一名调查记者，他对 Wirecard 进行了 6 年多的调查，最终在《金融时报》的系列报道"Wirecard 之家"中揭露了该公司的欺诈行为。在接受全球新闻调查网络的采访时，他透露在调查中使用了许多与开源情报相关的技术。本章将重点介绍这类技术。

在麦克鲁姆这类记者从事的调查中，最基本的是了解组织如何运作，以及如何检查它们是否存在异常。这种对公司、非营利组织、伙伴关系、合作模式、附属机构、竞争对手、员工及其产品的调查，我称之为"组织情报"。

就像前几章中介绍的开源情报技术一样，组织情报可以单独作为一类专业研究方向，也可以与其他开源情报方法（如人员情报、社交媒体分析和网络分析）进行跨学科整合。尽管我们的职业目标或许不涉及商业调查工作，但了解、掌握组织情报分析的相关技能，可以让我们成为一个更全面、更受欢迎的情报分析师。

事实上，在开源情报工作中相当多的领域都需要组织情报经验。招聘网站上经常出现的一些岗位，包括尽职调查分析师、反洗钱分析师、反扩散分析师、竞争情报分析师、调查记者、欺诈调查人员和商业情报分析师等。虽然这些岗位大多针对企业和公司，但需要注意的是，组织情报的范畴也包括慈善机构和政治团体等任何有相同目标的、有组织的群体。一般意义上，组织包括以下类别：

- 公司/企业
- 非营利组织
- 慈善机构
- 政治团体
- 各国政府
- 合作伙伴

- 合作企业
- 教育机构

针对这些类别，组织情报的典型工作包括对企业收购的尽职调查分析、对非营利组织的贪污分析、对超级政治行动委员会[1]及其资金的分析，以及教育机构与其他国家的联系等。无论在哪个分析方向，在开展组织情报分析时，对数据类型和数据源具有基本的了解是非常重要的。以下是一些用于组织情报研究的可参考的数据要点：

- 公司/业务架构披露
  - 所属集团
  - 子公司
  - 控股公司
- 合同披露
- 财务记录/年度报告
- 关联关系和关系披露
- 采购/供应链披露
- 已公布的重要信息披露
- 创新/专有技术披露
- 商业裁量和诉讼
- 制裁/非法活动
- 公开

图 7.1 展示了从实体公司开始，对一系列拓线点实施的重要信息关联和分析。

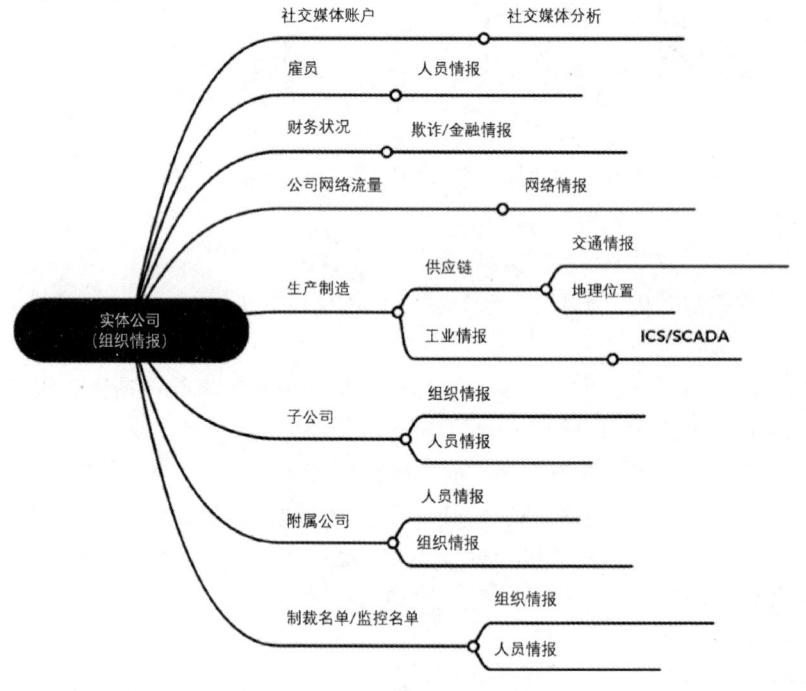

图 7.1　实体公司信息拓线图

从分析视角看，组织情报的重要性是显而易见的；但反面也同样重要，即从对手的角

---

[1] 译者注：超级政治行动委员会是一种美国政治行动的委员会，可以为候选人筹集和支出不受限制的资金，但不能直接与候选人或政党合作。

度来看待组织情报。据报道，许多大型的数据泄露事件都是从攻击者对目标公司进行信息收集开始的。

2013 年，一名外部攻击者利用组织情报入侵了零售连锁店 Target 的网络，找到了该公司的第三方供应商，其中包括一家暖通空调公司。攻击者窃取了该供应商的网络证书，进入了 Target 公司的系统。不幸的是，Target 公司的支付系统与外部网络并没有进行访问隔离，于是攻击者将恶意软件植入几乎所有连锁店的销售点设备中，收集了近 4 000 万个账户的会员卡信息。另一个例子是，2022 年 4 月，电子邮件营销服务商 Mailchimp 报告了一起数据泄露事件。攻击者使用组织情报技术找到了某个 Mailchimp 的员工，然后利用社会工程学攻击从该员工处收集到可用于登录其账户的信息。接下来，攻击者使用被劫持的员工账户访问了用户支持工具，从 300 多个 Mailchimp 账户中导出了邮件列表和 API 密钥，这些密钥能够用于识别和验证应用程序或用户，以便他们窃取并传递信息。

当攻击者能够将传统网络攻击和关于组织通信、财务、结构的情报进行有效结合，如同内部人员一样对组织的漏洞了如指掌时，随之而来的入侵就无法避免了。该类攻击除了能够破坏物理安全和网络安全，引发数据泄露并对组织声誉造成不可弥补的损害，还会导致供应链或制造流程中断，甚至引发国家安全问题。对许多组织来说，这样的混乱能使其彻底解体，甚至造成更糟糕的结果。

在企业调查部门工作时，我的工作经常是扮演"对手"的角色来收集目标组织的开源情报，并向客户展示网络攻击可能造成的严重影响，使其加强防范。从分析师的视角，我们侧重于收集可用于提升保护能力的信息；而从对手的视角，我们侧重于收集有利于他们达到"攻击目的"的信息，这两方面都是非常有价值的。基于公司记录、合同、公开披露和推断获取的信息，可以拼凑出足够的线索以发现组织内部的异常和漏洞。

7.2 了解基本的公司结构

了解企业的不同组织之间的关联进而分析其运作的基本原理，是识别、分析企业不可或缺的内容。

每个合法的公司都希望建立起理想的、能够帮助公司实现其目标和愿景的组织，这种组织被称为公司结构。依据通常的公司治理规则和结构，可将公司划分为由股东选举产生的董事会（负责监督公司活动）、高管（负责公司日常运营），还有以股票或股份方式拥有公司部分股权的股东。股东有多种类型，但股权股东通常对公司内部管理层的决策拥有否决权。随着公司的发展，进军新地区和新市场的需求也随之增加，一种通常的做法是设立新的实体和子公司。熟悉公司的典型结构及常用术语，将有助于在研究公司文件时发现其违规行为。

即使各地的市场性质存在差异，但合法经营的大型实体公司通常都是由控股公司、子公司、股东和支撑业务的中介机构组成的，这种错综复杂的关联往往让外部人员难以厘清。想象一下，如果这些公司有意通过令人混淆的企业结构来隐藏非法活动，将会使原本已经非常艰巨的分析任务变得几乎不可能完成。在实际中，可以从界定公司结构中的一些关键实体入手来解开谜团。

以下是公司结构中的一些实体类型：
- 控股公司：持有其他公司的控股权并监督管理决策的金融实体
- 集团公司：控制一家或多家公司（子公司）权益的公司
- 子公司：独立的合法公司，隶属于另一家控制其一半以上股份的公司
- 全资子公司：隶属于另一家控制着该公司 100% 股份的公司
- 有限责任公司：为在诉讼期间保护所有者个人资产而创建的组织
- 受益所有人：从属于他人的资产中获得收益或利益的人
- 中介公司：连接买卖双方的实体，通常称为中间商
- 外国注册实体：在某个国家、州或司法管辖区注册成立的实体，但在国家之外运营
- 非营利组织：以社会效益而非营利为目的建立的非商业实体

为进一步解释一般实体公司的结构，以麦当劳公司为例（见图 7.2）。麦当劳可以控制其旗下所有公司的利益，因此它是集团公司。它是一家全球性公司，在每个地方都需要有代表，因此它在许多国家拥有当地的私营子公司，如麦当劳美国有限责任公司、麦当劳韩国有限责任公司和麦当劳德国有限责任公司等。此外，在每个私营子公司内部通常还设有第二层私营子公司。在美国，第二层子公司位于各州内，如"麦当劳餐厅加州公司"。更复杂的是，该州内每个城市还有还有该子公司的分支机构。

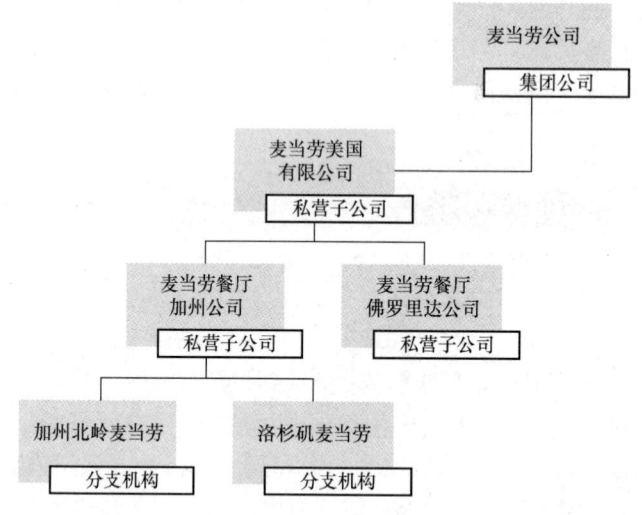

图 7.2 以麦当劳公司为例解释实体公司结构

麦当劳在全球共有 6 070 个公司实体，包括麦当劳房地产公司和一个名为"Opnad 基金"的非营利组织。试想一下，如果情报分析师要为一个正在进行的案件逐一分析这些实体，那将需要花费多大的精力。因此，使用开源情报技术快速发现公开文件和披露信息，有可能加快分析过程并找到有价值的信息。

掌握公司结构仅仅意味着找到了拼图的第一块。下一节介绍通过公司文件发现更深层信息的各种技巧，以及组织中普遍存在的犯罪类型。

7.3 组织分析方法

与其他开源情报领域一样，对组织的分析应从研究问题开始。在工作开始之前，或在持续运转的情报周期反馈环路内，我们都必须关注利益相关者提出的问题，即必须通过开源研究回答的问题（见图 7.3）。

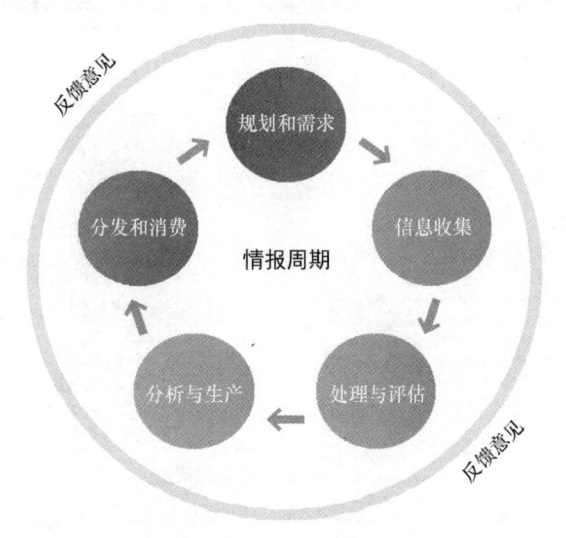

图 7.3 情报周期

取决于利益相关者的需求，组织的研究问题会有所不同，例如：
- "在与 X 公司合并之前，有什么需要注意的吗？"
- "能找出我们公司的任何数据泄露事件吗？"
- "能找到 X 公司内部欺诈或非法活动的证据吗？"

一旦完成了最初的规划和需求环节，并且确定了研究问题，就可以开始收集数据了。有关组织的信息收集可以是广泛而全面的，但我建议尽量将收集重点放在回答研究问题上，然后再逐步扩大数据范围。例如，如果研究问题是"能找到 X 公司内部欺诈或非法活动的证据吗？"那么在收集相关组织各个方面的数据过程中，可以首先关注其公司结构，然后根据需要有条不紊地进行扩展。通过有针对性地收集信息，可以避免在无用的地方浪费时间。在处理组织情报案例时，我喜欢从几个重要来源入手，如政府报告，或直接从合同数据库中提取可靠数据。还有一些可信度稍低但非常有效的信息来源，包括组织在其公共网页和社交媒体上公开披露的信息，以及员工披露或泄露的信息。

7.3.1 政府资料来源和官方记录

想要寻找权威的数据源，政府官方的报告、文件、出版物和预算记录是最好的选择。由政府直接发布的信息比其他次要来源的信息更可靠、更值得信赖。政府来源的信息在联邦、州和地方层面上，根据其日常业务活动和职责向公众发布相应的数据集。与其他国家一样，使用美国政府官方文件可以找到有关公司结构、股东和财务数据等法律细节。如果企业在美国设立，则必须在对应的州进行注册，有关信息可从各州的数据库中获取。在调查中逐个搜索美国各个州的数据库不太现实，好在我们有免费的综合数据库，能够通过简单的用户界面以可搜索的方式查询所有数据。OpenCorporates 是我最喜欢的公司信息汇总数据库之一，其数据来源于官方文件，是世界上最大的免费公司数据库（见图 7.4）。

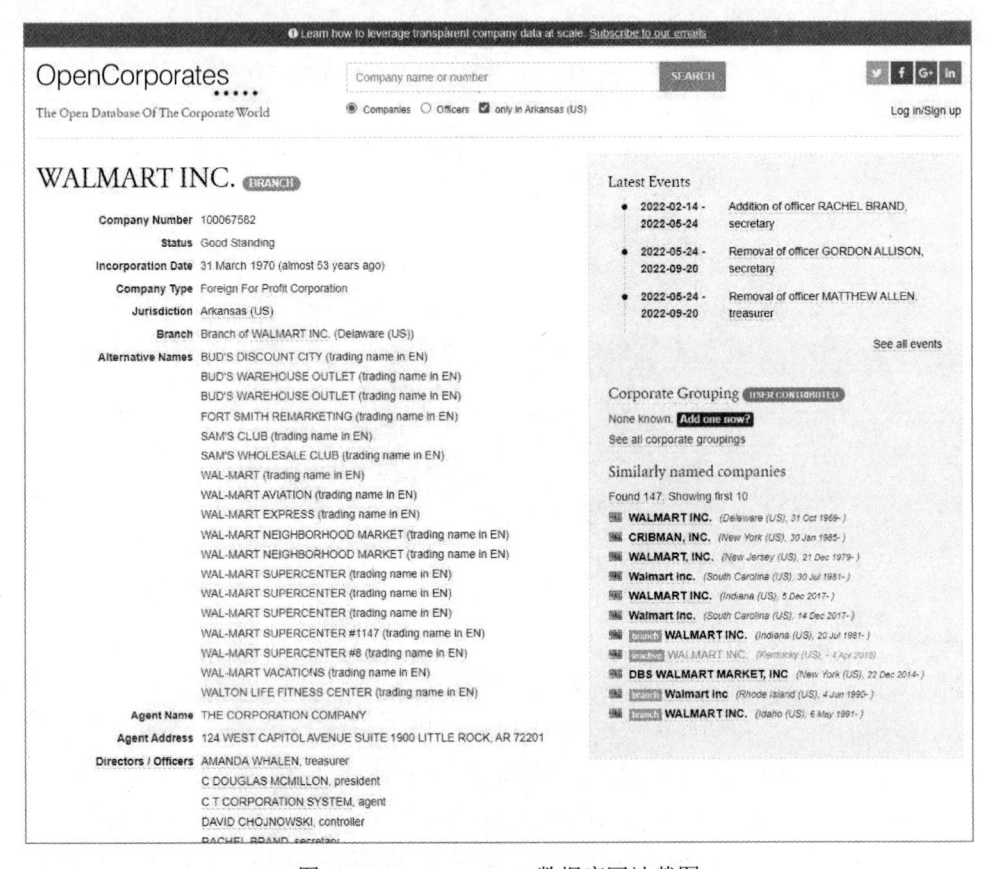

图 7.4　OpenCorporates 数据库网站截图

OpenCorporates 上可以找到以下企业数据类别：
o 公司成立日期
o 别名
o 管辖范围
o 分支机构/子公司
o 代理名称
o 地址
o 董事和高级职员
o 最新事件
o 同名公司

o. 商标/专利注册

《迈阿密先驱报》和反腐败数据组织对美国工资保护计划（PPP）贷款的滥用情况进行了调查。调查人员将各州的登记数据和公开的贷款者的数据进行关联，以确定 PPP 贷款的接收方并找出欺诈行为。调查人员发现，贷款被提供给了不符合标准资格的公司，甚至包括一些有欺诈前科的公司。他们还发现，其中一名男子获得了大约 350 万美元的贷款，分别用于以他的名义注册的 5 家独立法人公司。能够免费访问大量的可搜索原始数据，对于分析组织来说是非常宝贵的。通过这种快速查找和分析公司文件的能力，能够从看似"正常"的公司结构、资金和运营中识别出公司不当行为和非法行为。有时在搜索信息的过程中，免费的资源往往不足以支撑调查。在特定情况下，案例中的利益相关者可能会提出某些要求，而它们只能通过付费服务来满足。使用如 D&B hoover、8 Dow Jones Risk and Compliance 或 World Compliance Lexis Nexis 等付费数据来源的优势在于，调查者可以获得比公共资源更全面的信息。尤其是 D&B hoover 提供的功能可以让调查人员更容易发现子公司和其他公司在结构上的关联。付费数据通常包括私人控股公司的处罚、许可、制裁等详细信息，而这类信息更难从公共免费数据来源中找到。

美国证券交易委员会（SEC）是由富兰克林·D. 罗斯福在 1929 年华尔街股灾后成立的，目的是维护公平市场和保护投资者。根据 1933 年的《证券法》，美国所有的上市公司都受美国证券交易委员会的监管，并被要求向公众披露如财务记录等公司信息。美国公司向美国证券交易委员会披露的数据包括季度报表和年度报表，它们均由 EDGAR 收集、分析和维护。自 1993 年以来，EDGAR 已成为一个可公开搜索的在线数据库，包括数百万份公司文件（见图 7.5）。EDGAR 的缺点是有时搜索起来不太方便，而且很难将名称相似的公司数据区分开来。

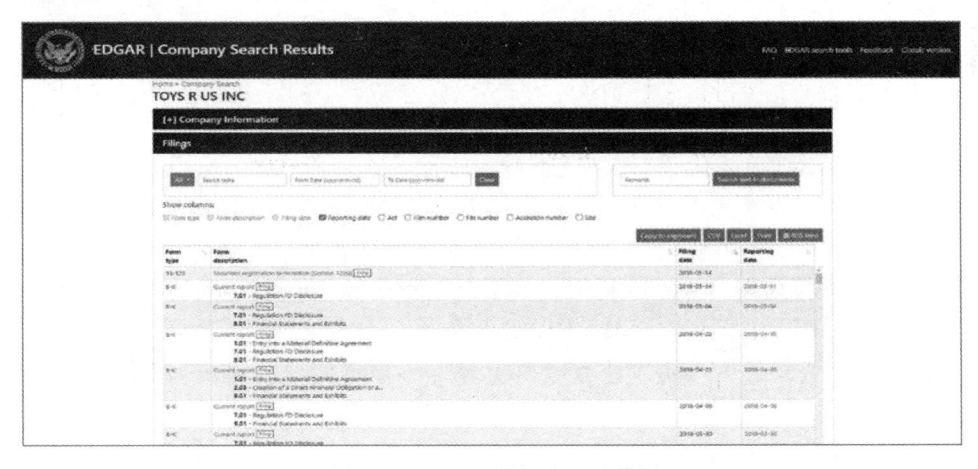

图 7.5　EDGAR 数据库网站截图

7.3.2　年报和申报文档

政府要求企业提供的文件是开展组织分析的一个绝佳起点和必备资源。就像 OpenCorporates 和 EDGAR 等来源记录的数据一样，上市公司必须向其注册州提交季度报表和年度报表。这些正式提交的报表提供了有关组织的全面数据，同时也为人员情报整合等其他数据收集行动提供了机遇。

公司的运作离不开董事会成员、董事、股东和员工的协同。从人员情报角度来看，所有这些个体都在分析范畴之中，有必要研究他们与其他实体、人员和外国利益集团的联系。如果一家公司的组织结构中包含股东，那么它就有责任让这些股东满意，从而使改革能够一致通过。如果某个个人或实体拥有一家公司的多数股份，那么他或他们对公司的运营就有很大的发言权。通过年度报表，可以确定谁拥有一家公司的多数股份；之后通过在 OpenCorporates 上深入调查，可以查看这些公司是否与受制裁实体或外国政府有直接联系。再进一步，通过深入了解相关股东的个人社交媒体，能够为其潜在动机提供更多背景信息。大型企业每年都会向股东提交一份被称为"年报"的文件，这份文件是公司运行的年度概述，包含大量信息。

7.3.2.1 股东年报

在美国，大多数有股东的大型公司都必须按照州政府的要求向其投资者发布年报。只有完成这份报告，公司才能在注册州内享受税收优惠和保留公司资质。一般来说，年报都是经过精心设计的，用于详细说明公司上一年的活动、财务和运营情况。它的主要目的是维持现有股东的信心，并吸引新的投资者。这份年报里对公司的广泛介绍能够给分析师带来众多价值：

- 官员、董事和整体员工情况
- 办公地点
- 财务状况和明细
- 团队、子公司、合作伙伴
- 主要竞争对手
- 业务洞察力和未来组织计划

7.3.2.2 10-K 表、10-Q 表和 8-K 表

10-K 表是由美国上市公司填写并提交给美国证券交易委员会的报告。它是年度报表的简化版，去掉了其中所有的"美化痕迹"。可以在 EDGAR 数据库的"公司搜索"中找到 10-K 表。与年度报表一样，10-K 表提供了有关公司上一年度的详细信息，便于投资者就购买、出售公司股权或投资公司时作出明智决定。

此外，这类公司还必须提交季度 10-Q 表。该报告允许公司按季度经营情况调整 10-K 表，并增加用于说明重大事件的 8-K 表，涉及合并、收购、管理层变动和/或法律诉讼等。

政府规定的各种报表是情报分析的权威数据来源。由于不同政府要求各异，许多报表中的信息可能会重复。不过，这也可以作为核对信息的有用证据。

7.3.3 数据披露和泄露

毫无疑问，分析师可以从权威的政府资源中获取最可靠的信息，但公司本身也是

一个极为有用的信息来源。情报人员可以通过公司披露和泄露的数据中获取信息。虽然可靠性较低，但公司的公开披露仍然有助于案件调查。开源情报分析多次验证了以下结论，即信息之所以被披露是因为这条信息本身看似无关紧要，但在有效的情报周期分析流程中，通过组合和丰富这些看似"无害"的数据，往往可以将零散的信息组合成情报。

类似三星、西门子这类大型制造公司会设立公司网站、社交媒体账户、供应商门户网站、客户门户网站等。公司需要通过这些方式进行新产品推广、产品销售、零件采购和服务支持，为股东和未来的投资者留下深刻印象，同时保障其产品的运输或交付。但社交媒体上的帖子可能会泄露公司新的合作伙伴关系或计划参加的会议，公司网站可能列出了公司所有的供应商，门户登录页面可能会暴露其网络中的脆弱性，网站中的不当配置可能会泄露产品专有的制造规格。上述例子都是开源情报分析师收集、拼凑和拓展信息的机会点。

7.3.3.1 组织网站

不管研究的是哪种类型的组织，它们大多都设有网站。当试图弄清楚公司发展的重要方向或其试图向世界展示的信息时，组织的网站是最容易入手的地方。

备注

如果调查任务是研究国外实体，可能会发现自己的 IP 地址被地理封锁。为了避免地域限制，可以使用 VPN 并将位置设置为感兴趣的国家、地区或友好的邻国。

由于各组织的基础信息大部分都类似，所以可以通过其网站并基于一定的格式模板来整理相关信息。应当密切关注公司历史、重要合作关系、合同授予、主打产品、重要人物和财务信息等。以下是在不同页面中可能推导出信息的关键点：

"关于我们"页面	
内容	拓线点
公司历史 -关键日期 -当前/过去所有权 -前公司名称/合作伙伴	■ 与日期对应的值得关注的事件 ■ 所有权归属 ■ 前合伙人经营业务 ■ 前合作伙伴相关新闻报道
当前产品	■ 产品的客户 ■ 产品用途 ■ 生产过程还是开发过程 ■ 产品的生产地点 ■ 能找到与产品相关的合同吗 ■ 这些产品是大型合同中不可或缺的一部分吗

地点	■ 总部在哪里
	■ 生产地点在哪里
	■ 是否有用于研发的地点
	■ 是否有位于外国的地点

"联系人"页面

内容	拓线点
姓名/职务	■ 是否拥有公司股份
	■ 所有权关系
	■ 前合伙人经营业务
	■ 公司内部的权力
电子邮件地址	■ 邮件是否用于注册了社交媒体
	■ 邮件是否在泄露数据之中
	■ 邮件是否透露了其他关联信息

"新闻"页面

内容	信息点
合并/收购	■ 了解公司的财务状况
	■ 了解公司新的所有者/董事
新项目	■ 产品客户
	■ 产品用途
	■ 制造或开发过程
	■ 产品制造地点
	■ 能否找到与产品相关的合同
	■ 这些产品是更大合同中不可或缺的一部分吗
资金/投资	■ 投资者的姓名和历史
	■ 是否为外国投资者
	■ 是指定的实体吗
	■ 拥有多少股份
所有权变更	■ 是否有任何未决诉讼
	■ 是否有关于公司的其他消息
	■ 新董事长是谁
	■ 新董事长/董事是股东吗
资产增减情况/地点	■ 新地点位于哪里
	■ 地点是否位于重要地区
	■ 地点是在国外吗
	■ 该地点是否在执行关键任务

"伙伴关系与合同"页面	
内容	拓线点
高校合作伙伴	■ 哪些高校与该公司合作 ■ 高校位于哪里 ■ 合作关系代表什么
签署的合同	■ 哪些公司与该公司合作或签订分包合同 ■ 合同内容是什么 ■ 能否找到合同了解更多细节 ■ 合同开始/结束的日期

从组织的网站上收集信息，然后对这些数据进行关联、分析和扩充，有助于更全面地了解组织的历史、现状和主要业务往来者。某些行业有时也存在相关法律要求，迫使这些组织在其公开的网站上向大众报告某些数据。

我工作中经常利用企业网站来收集关于重要高校合作伙伴关系的信息，同样，我也通过浏览高校网站的合作关系页面，来发现源于公司的科研项目资助。高校和普通学校的校园网经常成为攻击者收集个人身份信息和窃取机密研究成果的目标，也是勒索软件入侵大学资源节点的攻击跳板。

全球的高校常常与政府在国防相关研究上密切合作，因此它们更可能成为重要攻击目标。2019 年，报告称超过 26 所美国高校成为国外黑客的攻击目标，目的是窃取美国海军研究成果。了解与组织合作的高校，有助于挖掘国防研究项目和国家资助项目的更多信息。

为了识别与这类高校合作的风险，许多信息数据库如雨后春笋般涌现。澳大利亚战略政策研究所（ASPI）发布了"Unitracker"，它是一个针对中国国防背景高等院校的跟踪系统，提供有关国防研究和国防实验室的风险细节信息。调查者也可以通过 SBIR 网站上的小企业贷款和种子基金申请记录来密切跟踪美国大学的研究项目。从攻击者的角度看，对掌握话语权或拥有组织内部访问权限的政府或实体进行有效的识别，将有助于开发极具针对性的攻击手段。另一种可能的情况是根据从组织网站收集的信息攻击系统管理员账户以获取企业网络访问权限。

一般来说，在企业的网站上通常只会展示公司的管理层而不会出现系统管理员。不过通过收集相关产品、技术合作关系的详细信息，可能会在其中找到包含特定产品版本的合同文档。调查者可以使用人员情报的分析方法，在搜索引擎上输入以下内容，用于查找 LinkedIn 上该公司的系统管理员：

"系统管理员"和"公司名称"site:linkedin.com

在确定了公司的系统管理员后，就可以浏览他们的工作职责，查看其中是否有该组织使用的特定硬件和软件。将这些硬件和软件与网站上的合同和技术合作伙伴关系进行交叉比对后，攻击者就可以在 NIST 漏洞数据库中查询相关漏洞，找到对应的 CVE（Common Vulnerabilities and Exposures，通用漏洞披露）来进行攻击准备。通常企业会通过社交媒体账户，在页面上公开披露合作关系、新技术和扩展项目。所有这些信息都可用于情报收集，以进一步确定组织的关键信息。

7.3.3.2 公司的社交媒体账户

不单个人可以使用社交媒体向公众发布内容，公司也运用社交媒体来推销产品、传达观点、宣传工作环境，以及发布有关活动、合同和合作关系等方面的宣传、庆祝内容。对于公司尤其是大型公司而言，社交媒体是重要的营销平台。开源情报分析师可以从公司的社交媒体账户中提取感兴趣的信息，就像从个人账户中挖掘细节信息一样。利用人员情报技巧搜索公司的用户名，能够找到该公司的各种社交媒体账户。此外，调查者还可以在公司官方网站的页眉和页脚中找到公司官方社交媒体账户，在这类账户发布的信息中，寻找能够回答相关情报分析问题或可用于拓线分析的信息。以特斯拉的 Twitter 账户为例，让我们看看公司的社交媒体账户可以提供哪些信息（见图 7.6～图 7.8）。

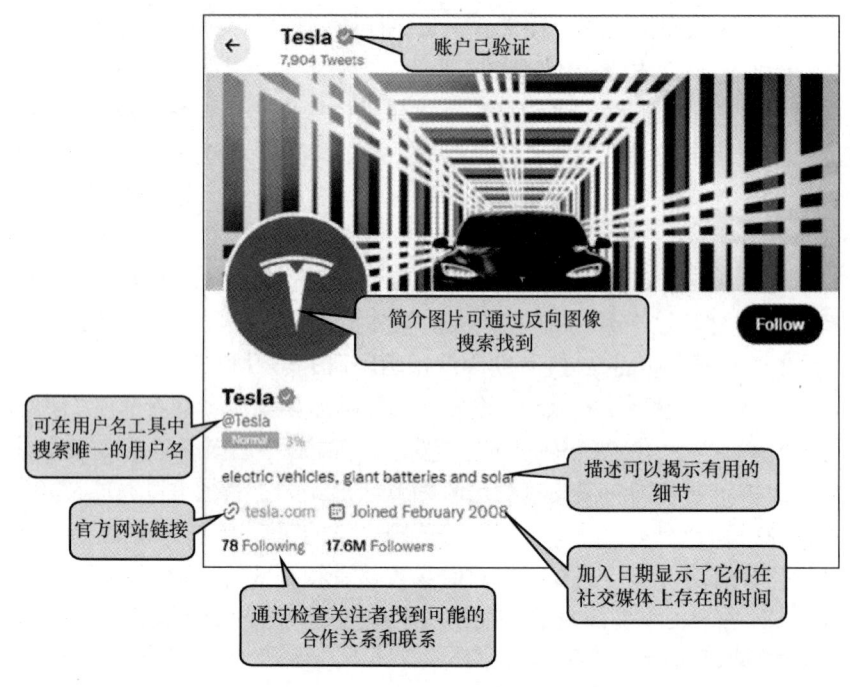

图 7.6　特斯拉 Twitter 账户中的拓线点

通过帖子可以看到，社交媒体有助于公众加深对组织的了解，同时可以通过图中列出的独特的拓线点扩大情报收集范围。

现在来看看一个组织如何通过社交媒体记录其行动和决定，以及调查者可以从这些文件中获得什么样的信息。

7.3.4　商业不当行为和诉讼

在调查组织时，令人感兴趣的是找到其公开记录中的不当行为。研究这些行为可以了解到公司整体运营和发展态势方面的背景信息。为了开展此类研究，一个较好的方法是将前面介绍过的查找可公开访问的法庭文件和免费的数据库工具整合在一起，如政府监督项目组织（POGO）的"联邦不当行为数据库"（FCMD）。

图 7.7　特斯拉的 Twitter 账户帖子（1）

图 7.8　特斯拉的 Twitter 账户帖子（2）

POGO 是一个无党派的独立监督组织，负责调查和揭露联邦政府及其承包商内部的权力滥用、腐败、浪费和不法行为。FCMD 非常有趣，它从几个不同的数据源获取数据，包括州政府的新闻稿和报告、联邦政府的新闻稿和报告（如证券交易委员会 SEC、司法部 DOJ、审计总署 GAO）、联邦和州法院文件、律师事务所新闻稿、信息自由法案（FOIA）申请，以及其他数据源。

备注

截至 2022 年 11 月，该数据库已不再维护，但仍可发送邮件到 contractor.misconduct@pogo.org 请求获取数据。

FCMD 中收录了以下组织不当行为：

- 商业歧视
- 不当开票
- 药品调换
- 欺骗性声明
- 回扣
- 污染
- 盗窃
- 非法解约
- 违反军备控制
- 集体诉讼
- 违反反垄断法
- 有毒物

显然，收集这些数据的价值在于揭露商业不当行为。但调查者也可以利用这些数据来说明不当行为的模式，包括掩盖不当行为的背景，潜在的回扣甚至索要封口费等。有时这些不当行为蓄意违反了联邦或州法规，一旦被确认就会被公开。

查找和分析商业不当行为的一个很好的工具是 Violation Tracker 系统（见图 7.9），该系统采用了与 FCMD 类似的数据来源，包括联邦、州和地方的官方民事和刑事案件资源，用于揭示违反法规的事件等不当行为。

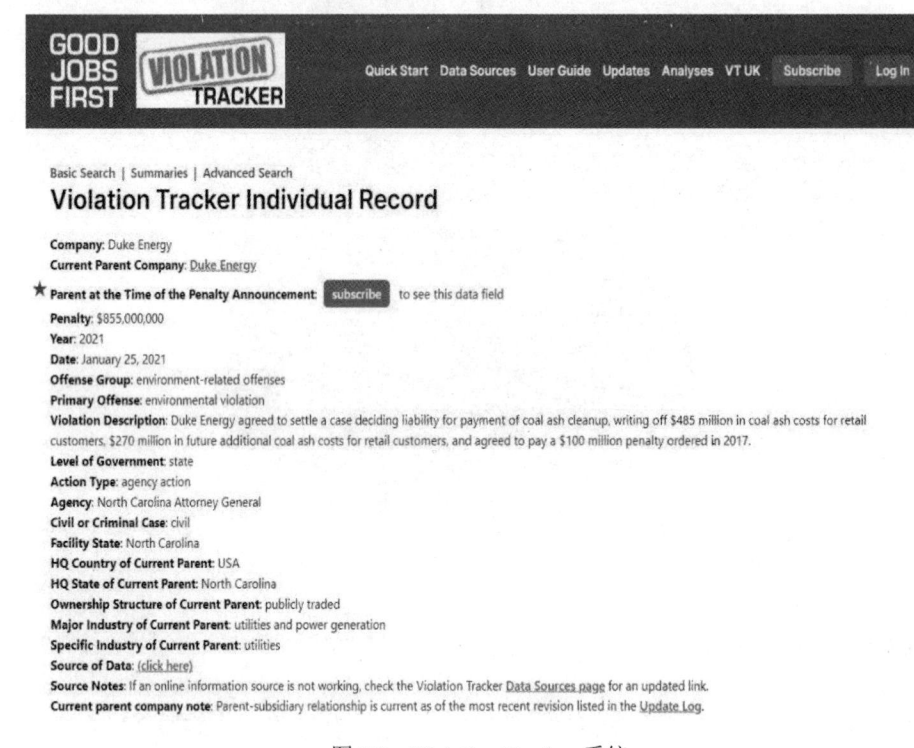

图 7.9 Violation Tracker 系统

众所周知，2015 年，杜克能源公司（Duke Energy）承认在北卡罗来纳州违反了联邦环境规定。2014 年，杜克能源公司发生了一次泄漏事件，将煤灰撒在与弗吉尼亚州接壤的丹河（Dan River）里。最后，杜克公司同意支付 1.02 亿美元的罚款和赔偿金并挖出 8 000 万吨煤灰。这一环境违规行为及处罚结果可在 Violation Tracker 系统中查到。

在开源情报分析或尽职调查中，违规数据库和原始文件中的法律诉讼和处罚记录非常珍贵。这让我回想起了 Theranos 案件，当时许多投资者在没有对 Theranos 和 Elizabeth

Homes 两家公司的财务报表进行独立审计,也没有对其历史法律诉讼和欺诈情况进行调查的情况下,就给它们投资了数百万美元。

大多数情况下,可以在政府合同中找到大量揭示企业历史经营情况的信息。

7.3.5 合同

"合同"是用于界定各方权利和义务的正式的、具有法律约束力的协议。合同根据用途划分为不同的类型,如一般商业合同、销售合同、雇用合同、许可协议和期票等。合同是调查分析中重要的数据来源,其中包含能够用于了解一个组织未来和过去的项目、重点研发的项目和是否扩建的大量信息。下面将重点介绍不同类型的合同及它们所能提供的信息。

7.3.5.1 政府合同

合同是具有法律约束力的文件,是调查信息的主要来源。为了提高透明度,许多国家的法律要求政府公开合同的详细信息。在美国,联邦、州和地方各级政府的合同都可以在公开的数据库中找到。以下是一些例子,可以带着这些问题开始分析合同文件。

- 组织把钱花在什么地方了?
- 组织使用哪些第三方供应商?
- 能否找到有关组织在 2019 年支付的具体建筑项目的信息?
- 能否找到该组织采用具体技术的证据?

分析政府合同只是组织研究的第一步,接下来需要理解合同的内容。合同是法律文件,用词介于法律术语和公司术语之间,因而可能不易理解。以下是合同和采购中常用的术语和定义,希望它们对于开展研究工作有帮助:

- 承包商:根据合同提供服务或产品的个人或团体
- 分包商:承包商雇用的个人或团体,根据其能力完成合同中的特定任务
- 采购订单:买方向承包商签发的授权采购并概述条款和条件的文件
- 征求建议书:用于向潜在承包商征求建议,并提供合同条款谈判机会
- 询价单:邀请供应商提交合同报价
- 投标:根据招标文件提交材料
- 工作范围:对标书中的产品和服务的书面描述
- 工作说明书:关于可交付成果、时间表和其他要求的书面说明
- 建议书:对服务请求的提议和回应,提供满足要求的解决方案
- TAS 代码:由财政部财务处分配的金融交易识别码,用于向财政部报告
- 任务订单:在已签订的合同内订购服务
- 团队合作:一种分包形式,小型企业与大公司达成协议,通过组成团队来履行合同
- NAICS 代码:北美工业分类系统中的一种分类,供联邦统计机构使用

- PSC 代码：产品和服务代码，是联邦政府用于描述产品、服务或研发活动的四位数代码
- IDIQ：不定期交付/不定量的缩写，意指在合同期内提供不定数量的服务

有些人一想到要花几个小时研究合同细节就会想要退缩，这种心情可以理解，但是请不要忽视合同这个重大的信息来源。这里，我要透露一个关于政府合同的小秘密：合同附件和说明中往往隐藏着令人难以置信的开源情报内容。虽然文件中可得到的信息会因合同要求和履行情况的不同而存在差异，但我发现，合同就像整栋建筑的蓝图和技术原理图一样，其完整程度足以让你从头开始了解组织。现在，继续看看还能在政府合同中获得哪些信息吧。

- 关于团队和合作关系的详情
  - 承包商
  - 分包商
- 服务日期
- 产品或服务的详细说明
  - 使用的具体技术
- 附件
  - 蓝图
  - 建筑规格
  - 流程和程序
- 联系方式
  - 名称
  - 电子邮件地址
  - 地址

在清楚了合同的专业术语，以及如何找到相关信息的基础上，下面将介绍如何阅读、查找和解释合同。

7.3.5.2 合同阅读指南

我们已经明白了为什么要分析政府合同，也知道了关键术语，以及在合同中可能找到的信息。但是哪里可以查到合同文件呢？在美国，根据《2006 年联邦资金与问责法案》（FFATA），联邦政府支出数据的官方发布源是 USASpending 网站。这些数据直接来源于联邦采购数据系统等政府系统，USASpending 网站也因此成为公众可搜索的官方合同来源的门户。图 7.10 所示为一个合同搜索示例，看看该网站是如何返回搜索结果的。

我在 USASpending 网站中搜索了关键词"化学（chemical）"，结果显示有 763 387 份合同。合同总金额最高的合同是默克夏普公司（Merck Sharp & Dohme Corp.），这意味着这么多钱将用于购买该公司的服务。依据需要研究的问题，还可以通过其他选项卡按贷款和赠款缩小搜索范围。每份合同在创建时都有一个 ID 代码，默克夏普公司此项目的 ID 是 HHSD200200720306C。这些代码可在搜索引擎查询中搜索到，进而可查询有关该项目的其他详细信息。

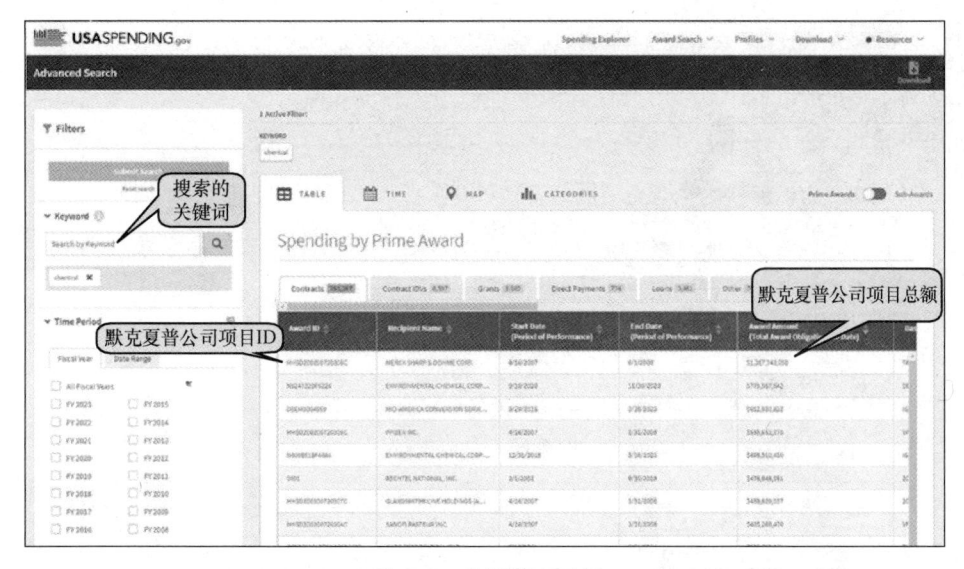

图 7.10　合同搜索示例

单击"合同 ID"可进入该合同的摘要（见图 7.11）。从合同来看，有几个数据点和相关信息值得注意。首先，合同的发布机构是"卫生与公众服务部"，而收款方则是默克夏普公司。这意味着卫生与公众服务部向默克夏普公司支付了一项服务费，根据合同金额来看，这是一笔不小的费用。合同上列出了收款方地址，这可以用于确定子公司或办事处，甚至总部的位置。合同摘要还列出了合同的起止日期，该合同于 2008 年 6 月 1 日完成，这个日期表明它并不是一份正在进行的项目。如果公司或恶意对手的研究重点是未结合同，那么该合同的重要性就会大大降低。

图 7.11　查看合同摘要

再往下看，会得到该合同的更多信息，包括合同当前授予金额和总计授予金额均为 24 亿美元（见图 7.12）。在右侧的"说明"下面，可以看到用于向财政部报告交易的 TAS 代码。TAS 代码说明了合同的用途，此处显示的是"购买儿童疫苗"。有了 TAS 代码，下一个重点是要弄清这份合同用于购买哪种疫苗。NAICS 代码也能够说明有关该合同的信息，它将该合同归于"生物产品制造"类，与该合同用于疫苗采购相吻合。最后，PSC 代码将合同归于"化学品"类。

在"潜在合同金额"下面有一个链接，可以查看整个合同的"交易历史"（见图 7.13）。"授予历史/交易历史"选项卡显示整个合同的交易情况，包括日期、金额、操作和说明。每次对合同修改都会生成一个编号，显示在这个图表的左侧。如果合同包含文档，则可使用该修改编号将其与文档历史记录联系起来。此外，如果该合同有子合同或获得了联邦资助，它们将在各自的标签下显示，但这份合同不存在此类情况。

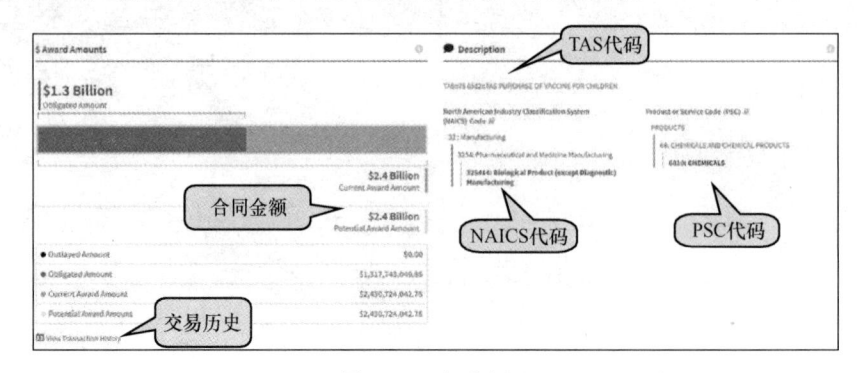

图 7.12　查看合同

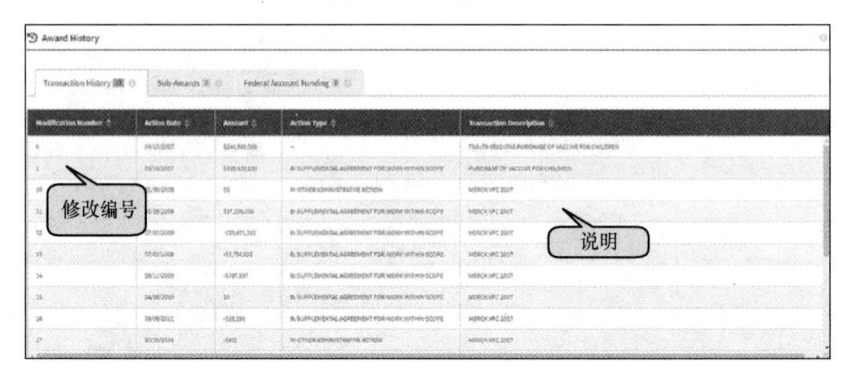

图 7.13　USASpending 网站的查询界面

在 USASpending 网站页面底部的"附加信息"中，可以找到关于该合同的补充信息，包括合同发布机构和办事处的分类、合同授予方的地址和标识符、合同履行地点，甚至相应的高管薪酬详情（见图 7.14）。

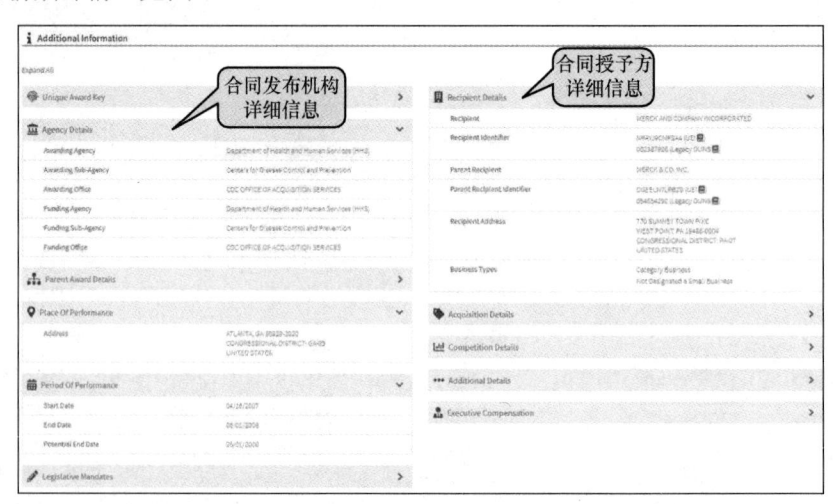

图 7.14　查看合同

我们已经收集了大量有关卫生与公众服务部和默克夏普公司之间疫苗合同的数据，可以通过筛选器来进一步分析这些机构授予的其他合同，研究以下问题：

- 位于这一地址的公司还干了些什么？
- 可以确定购买的是什么疫苗吗？
- 卫生与公众服务部还与哪些公司签订了合同？

一项搜索引擎查询显示，2007 年默克夏普公司主动召回了一批儿童流感疫苗，并预计在 2008 年年底恢复在美国市场的销售（见图 7.15）。这一细节信息可能是个潜在的线索：政府为什么购买疫苗，以及为什么成本如此之高？

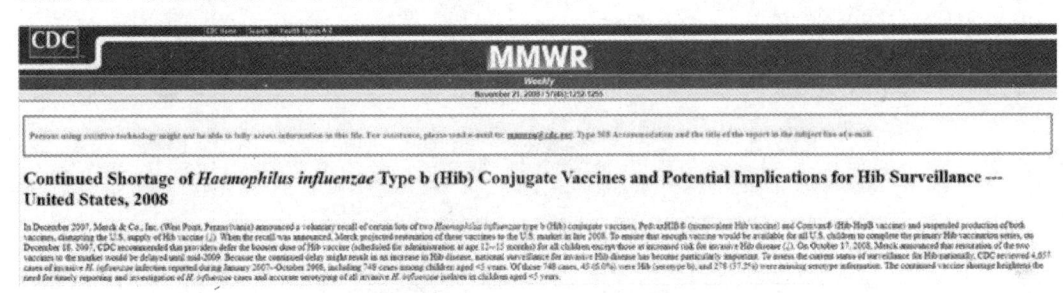

图 7.15　疾病预防控制中心网页

USASpending 网站并非搜索政府合同的唯一免费渠道。美国政府的一个官方网站"合同管理系统"，也允许访问和搜索公开的合同数据。在这里，我们不看合同授予情况，而是要看招标公告。招标公告是一个组织发布的采购通告，任何对该项目感兴趣的人都可以提交投标书。

图 7.16 是在合同管理系统上发布的"优胜美地公园土壤运输"的招标公告，由隶属于内政部的国家公园管理局内的 PWR SF/SEA MABO 办公室发布。在快速进行谷歌搜索后发现，PWR SF/SEA MABO 指的是太平洋西区旧金山主要采购办公室。显然，优胜美地公园想要清除一些土壤，但是为什么呢？

在网站列表的最顶部有一个绿点，表明在我截取这张图片时，该公告仍处于有效期内。招标公告的"一般信息"部分列举了有关合同的更多详细信息，如发布日期、更新时间、报价到期时间及截止日期。同样，有时已截止的招标公告不是调查者关注的重点，因此日期属性可以作为是否值得深入调查的有用指标。

页面左侧的下一个链接是"类别（Classification）"。"类别"通常用来说明合同资金的来源（见图 7.17）。在大型合同中，可能有许多分包商共同承担整个合同工作。例如，如果想要建造一颗卫星，可能需要将天线、内部技术部件、安装等工作外包出去。这些工作由分包商或团队各自完成，但项目整体上以某个大型政府基金的形式授予合同，这类政府基金称为伞型基金。很多大型项目的合同授予方式都是如此。

仔细查看土壤清除项目的招标公告，资金似乎来自"小型企业预留款"。根据谷歌搜索的结果，只有小企业才能获得该合同。与 USASpending 网站一样，每个合同都有 PSC 代码和 NAICS 代码。这些代码代表了政府采购详细信息和企业机构的类别，可以从中提取可供参考的背景信息。虽然项目在"类别"部分的描述内容很少，但也能够回答部分与项目未来执行相关的问题。假如需要在数据中心建造一座新的安全建筑，那么通过招标公告和合同授予细节，有可能确定该建筑的位置，使用什么技术来保护建筑，以及建筑结构中的薄弱环节。

图 7.16 招标公告

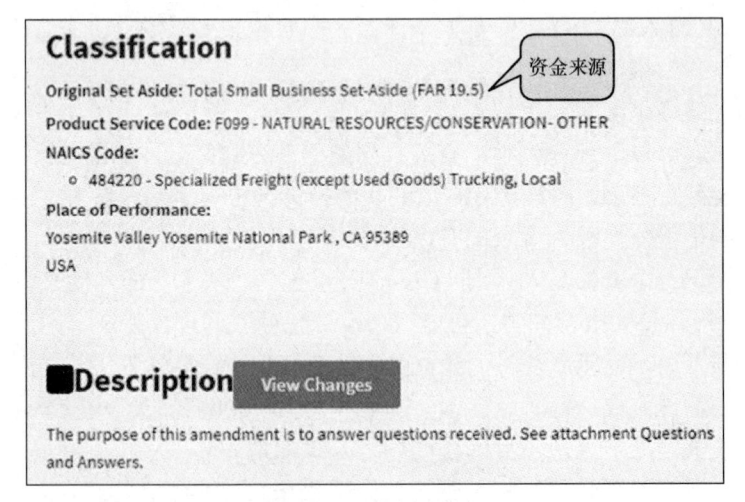

图 7.17 "类别"界面

本章前半部分提到过与合同相关的文件，但我最感兴趣的还是 RFI、RFP 和最终合同授予时的附件和文档。我曾找到过某个受保护建筑的完整施工蓝图、详细的保安轮班表，以及射频识别标识和门禁技术的示意图。但不得不说明的是，寻找这些信息的过程可谓一波三折。有时为了找到所需要的信息，我曾在数百页的合同中手动排查了好几个小时。要在 SAM 网站中访问这些文件，只需单击招标公告左侧的"附件（Attachments）"链接（见图 7.18）。

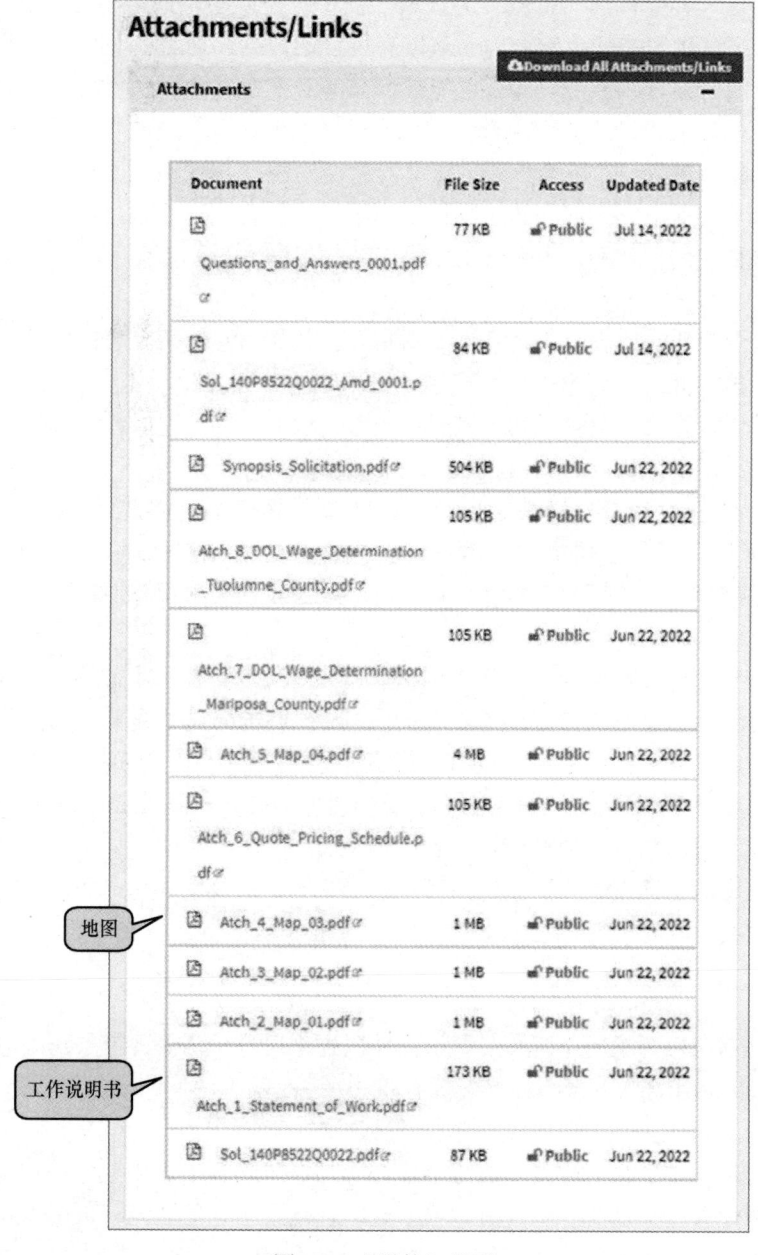

图 7.18 "附件"界面

SAM 网站中可以查询到项目采购和授予合同的过程中提供的文件清单。在项目附件中，我立即被其中的地图文件所吸引，但为了全面分析，我将所有文件下载了。在检查这些文件时，我发现工作说明书（Atch_1_Statement_of_Work.pdf）和地图（Atch_4_Map_

163

03.pdf）中提供了关于待开展项目的详细信息。此次招标公告是为开展优胜美地国家公园的"坑洞修复项目"。管理局的工作说明书概述了他们计划用于恢复和改善Pothole Dome附近的Tuolumme草地及约塞米蒂山谷西部Lower Pines露营地的方法。附带的地图文件是一幅卫星图像，其中标注了拟改善的区域，以及重型设备将进入和运输土壤的通道。

理想情况下，我们能从政府合同中获取有价值的数据和研究洞见。但如果这些合同信息很容易被分析师发现和获取，那么也能被潜在的对手发现和利用。以下3个例子展示了在某些情况下，攻击者可能会利用合同信息来破坏组织。

（1）对手想要进入一个安全大楼，破坏一台制造特殊部件的机器。首先，他们研究合同信息，发现了一个正在执行的建筑物保洁与维护服务合同。然后，他们在网上找到保洁公司并确定该公司的工作服，利用假工作服伪装成保洁人员，就有可能越过安保机制自由进出大楼。

（2）攻击者想要进入安全大楼窃取专有信息。首先，他们研究合同信息，在公司大楼增加建设新功能空间的合同附件中发现了一份详细的建筑蓝图。接着，他们又找到了安保公司的合同，合同的细节说明了武装警卫在门口出现的时间。攻击者注意到了换班的时间空隙，并利用蓝图潜入大楼，直接进入专有信息区域。

（3）一个竞争对手想要拦截目标公司货物并调换产品。首先，竞争对手公司研究合同信息，确定由哪家公司提供运输服务。利用该信息，对手确定了运输路线上的一个停靠点来拦截产品。对手付钱给运输公司，让运输公司的人员替换产品，然后继续运往目的地。

这些场景可能看起来很牵强，但美国国防部在2022年2月发布的一份报告中论述了对国防工业基地至关重要的供应链中存在的漏洞。该报告概述了收购行为评估和在授予合同前减少外国所有权、控制权和影响力的战略。报告详细介绍了供应链的网络安全战略，并特别提到需要"确保投资不会因为假冒/受损材料、知识产权盗窃、在芯片中植入影响国防部网络运行的恶意程序而遭受损失"。

组织在权力的支配下运行，无论是管理层的权力、市场的权力，还是股东的权力。绘制出组织中的权力分布情况，有助于预测组织行为。

7.3.5.3 权力映射

所有组织都在权力机制下运作，无论这种权力来自投资者、管理层还是高级董事会董事。这种了解谁在组织或更大的社群中拥有权力，进而获悉他们的动机的方法，被称为"权力映射"。

权力映射是一种工具，可用于确定谁掌握权力，在此基础上影响这些决策者，让他们按照你的意愿行事。权力映射通常用于政治选举以确定潜在的盟友，也用于识别可能反对竞选立场的人，以及如何影响他们改变立场（见图7.19）。

在开源情报领域，权力映射可以提供有关谁可能通过投资和捐款受到影响的线索。权力映射可以揭示政治派别、捐款及其与超级政治行动委员会等组织之间的联系。超级政治行动委员会是一种独立的政治行动委员会，与政治竞选不同，它在法律上被允许无限制地筹集资金。此外，调查者还可以识别智库、委员会和其他组织的联系，这些组织可能会迫使领导人做出有利于这些组织的决策。我最喜欢的权力映射图谱分析网站是大众监督网站 LittleSis（见图 7.20）。

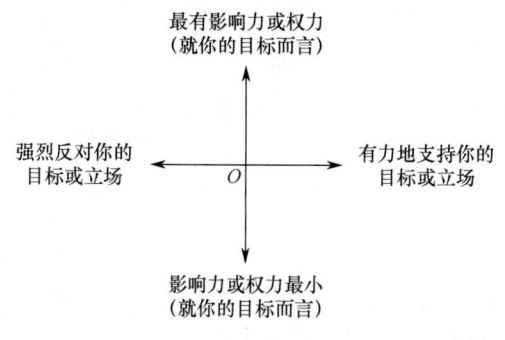

图 7.19　权力映射示例

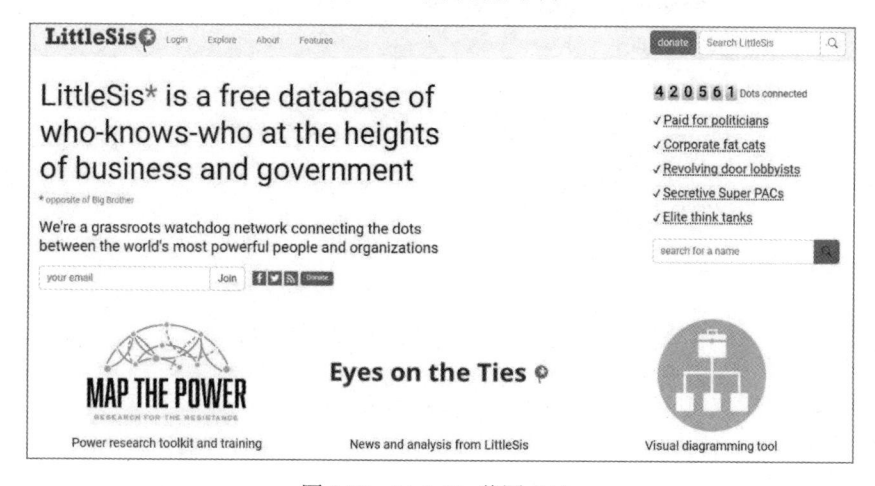

图 7.20　LittleSis 截图（1）

　　LittleSis 免费开源数据集详细介绍了金钱和权力用于决定政策、捐款和合同的方式。在该网站上，用户可以在搜索栏中输入组织或个人的名称来查询数据集，获取实体关联、利益绑定、捐赠和其他信息。例如，我在该网站搜索美国劳工部，"关系"选项卡列出了该组织的领导层和工作人员及他们的入职日期，而"利益绑定"选项卡则显示了劳工部内部人员与其他组织的联系，"捐赠"选项卡中给出了劳工部内进行政治捐赠的部分员工。可以看到出资者的姓名、接受捐赠的党派或候选人，以及每笔捐赠的金额。在每个页面上 LittleSis 都提供了数据的来源链接，以便必要时对每项进行单独研究（见图 7.21）。

　　如果暂时还没有明确研究问题，可以先浏览一下用户创建的列表。这些列表囊括了从特朗普集会发言人到佛罗里达州亿万富翁，以及介于两者之间实体的权力结构细节，也许从其中一些列表中能够找到研究工作的切入点。如果青睐可视化效果，那么可以看看用户创建的权力图谱（见图 7.22、图 7.23）。

　　厘清社群内部的权力结构有助于揭示"黑钱"支出和欺诈情况。权力和金钱能够造成巨大影响，近期的一个例子是 2019 年的大学入学丑闻，涉及女演员洛里·拉夫林（Lori Loughlin）和费利西蒂·霍夫曼（Felicity Huffman）。这两位富有的女演员和其他 32 位家长一起支付了巨额资金，用来规避大学入学的硬性要求。加利福尼亚州的一名男子威廉·里克.辛格（William Rick Singer）为这些家长提供学生的虚假考试成绩记录和伪造运动能力的摆拍照片，从家长那里赚取了 20 万至 650 万美元不等。此外，耶鲁大学、南加州大学、斯坦福大学、乔治城大学和维克森林大学的体育教练也牵涉其中，一些富豪家长利用权力进行贿赂，帮助他们的子女进入美国顶尖大学。

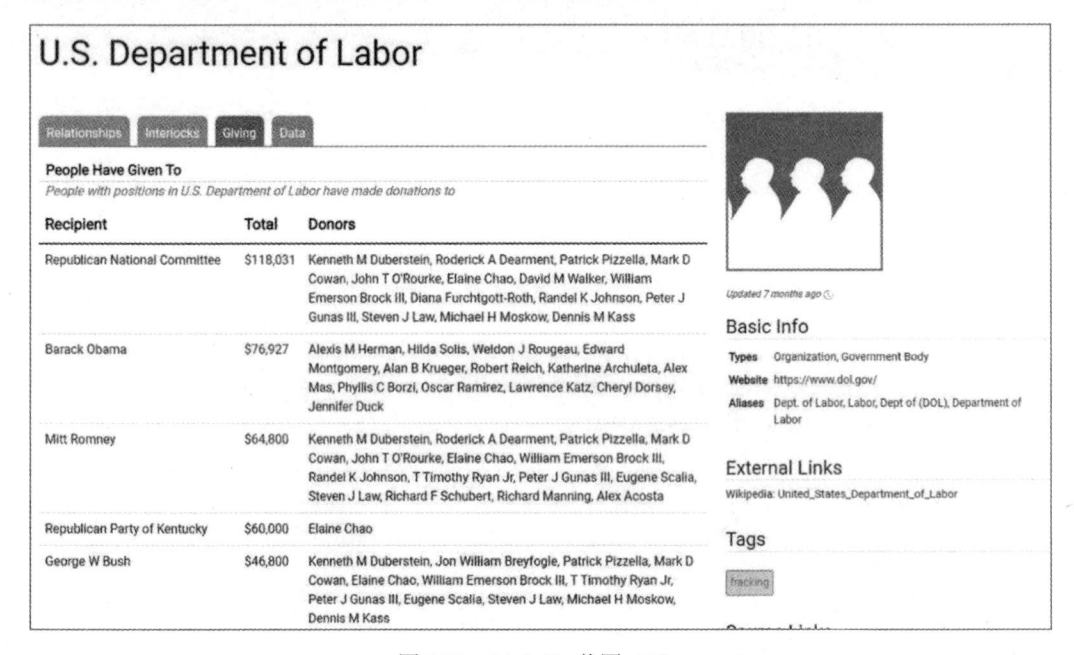

图 7.21　LittleSis 截图（2）

图 7.22　LittleSis 截图（3）

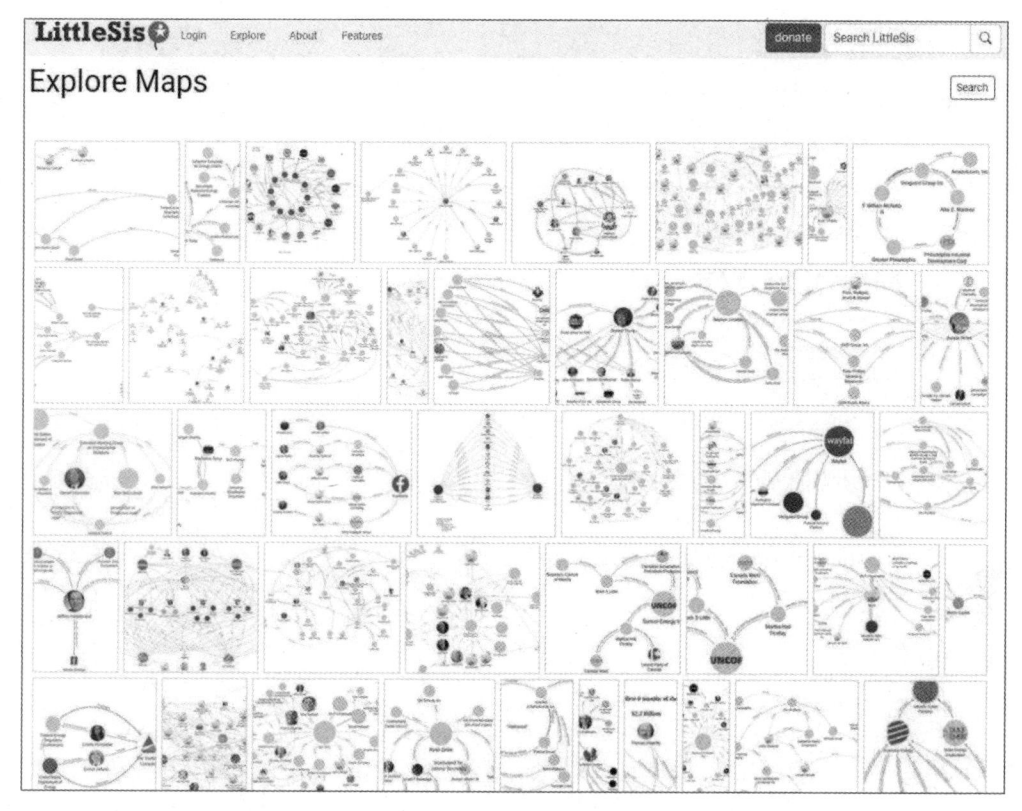

图 7.23　LittleSis 权力图谱

7.3.6　分析美国境外组织的技巧

虽然我在美国工作，但如果遗漏了用于分析美国以外的组织的优秀资源，那就太失职了。尽管许多开源情报技术是相通的，但掌握世界其他地区的资源列表很可能有助于分析工作。

7.3.6.1　加拿大

在加拿大，电子数据分析和检索系统（SEDAR）用于支撑公共商业申请程序，它类似于美国的 EDGAR 数据库。SEDAR 的数据库包含所有已发行证券的加拿大公司，因此该网站是权威的信息来源。

7.3.6.2　英国

以下为英国的公共数据来源。

1. 英国公司注册局

在英国，所有注册成立的公司都通过官方注册机构——公司注册局向公众开放。访问免费的原始数据库时，可以通过搜索公司名称查看公司概况，下载文档附件，了解高管、掌权者和诉讼情况（见图 7.24）。

图 7.24　英国公司注册局网站截图

2. 英国规划系统

另一个用于查找英国商业和主体信息的地方是英国规划系统。当个人或实体想要在英国土地上进行建造、改建或拆除时，必须向当局提交规划申请。我从一位伟大的开源情报分析师兼朋友史蒂文·哈里斯（Steven Harris，@Nixintel）那里学到了一种技巧，可以用一些简单的谷歌搜索来找到特定的地方当局：

> "城镇名称" + "planning portal" 或 "地方当局" + "planning portal"

规划门户（planning portal）网站中包含规划申请的详细信息，如名称、地址、建筑规划、变更及其他文件。下面我们利用史蒂文的方法进行案例研究，看看能从英国规划系统中收集到哪些信息。

7.3.7　案例研究

西布里奇福德电报上刊登了一篇关于反对林比市议会一项非常昂贵的建筑计划的新闻报道（见图 7.25）。我们从找出建筑平面图入手，看看是否有更多的细节。在谷歌上搜索英国林比市，我发现它位于诺丁汉郡，于是我搜索了"诺丁汉郡" + "planning portal"，跳转到了当地的规划页面。

通过规划页面的搜索功能可以缩小搜索范围。因为这是对规划的异议，所以我们从待决申请开始搜索（见图 7.26）。

图 7.25　西布里奇福德电报上刊登的报道

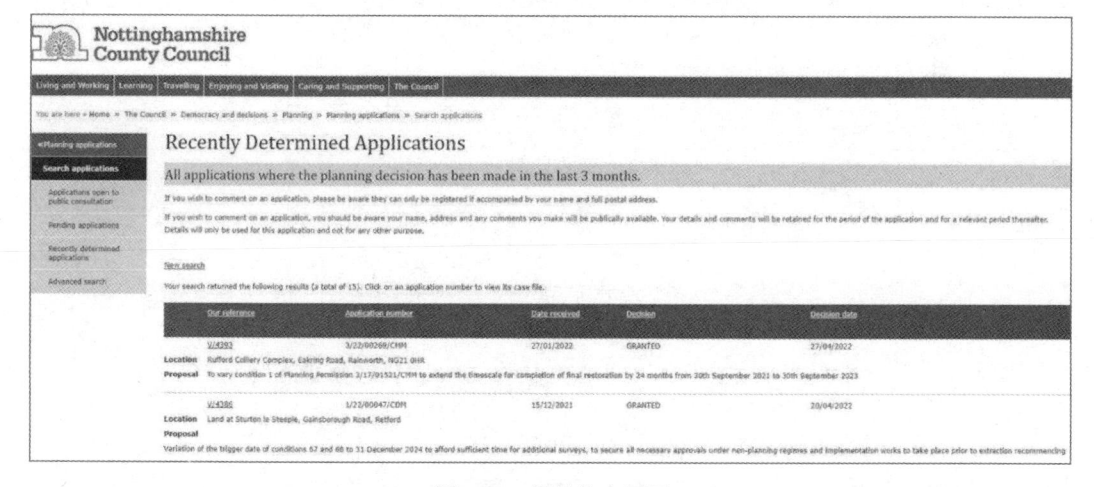

图 7.26　县级议会页面

该页面展示了一个待决申请的列表，其中一份申请表上包含地址和场地等详细信息。实际的规划申请中列出了经办人员的详细信息，包括姓名、电话和电子邮件地址。这些信息之后是一长串 PDF 文件，包括代理人评论、建筑规划图和蓝图等（见图 7.27、图 7.28）。

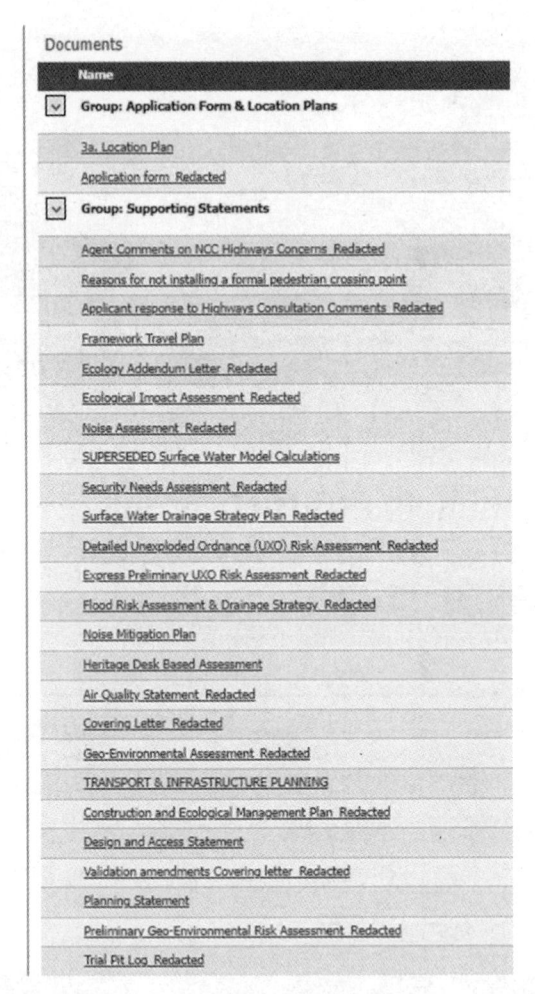

图 7.27　关于该提议的 PDF 文档

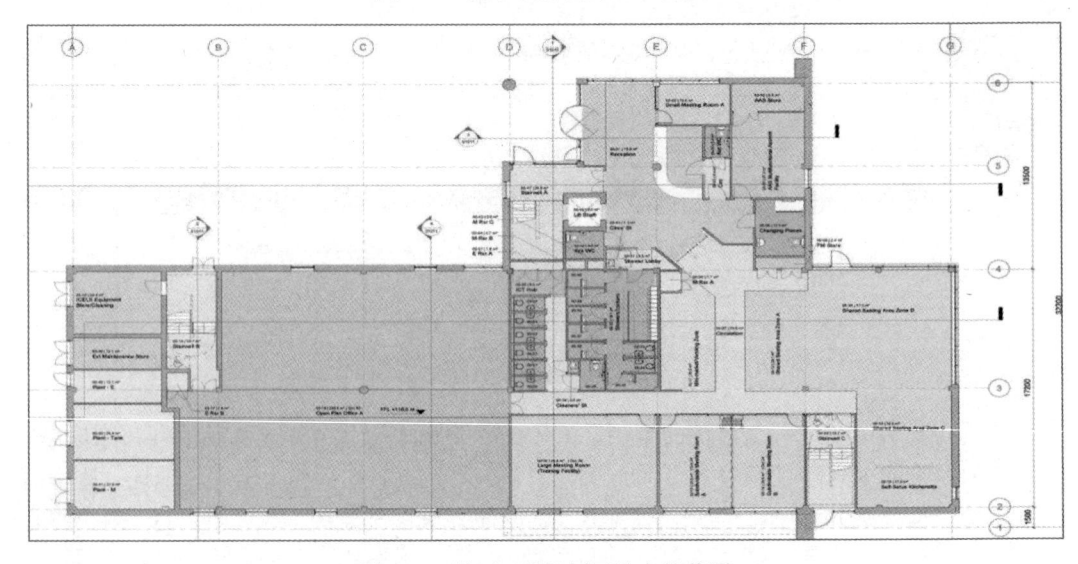

图 7.28　诺丁汉郡规划网站上的截图

7.3.7.1 中国

与美国和英国一样，中国公司也需要披露业务详细信息。在中国，通过国家市场监督管理总局的国家企业信用信息公示系统（NECIPS）对这些信息进行登记。该数据库包含所有在中国合法注册的实体、担任重要职务的人员，以及与上述人员相关的可识别信息。如果不懂中文，可以使用谷歌翻译等工具查看该网站的页面，并找到中国公司的统一社会信用代码（USCC）等重要信息。统一社会信用代码是中国公司对应的工商注册号码，它由 18 位数字构成（见图 7.29、图 7.30）。

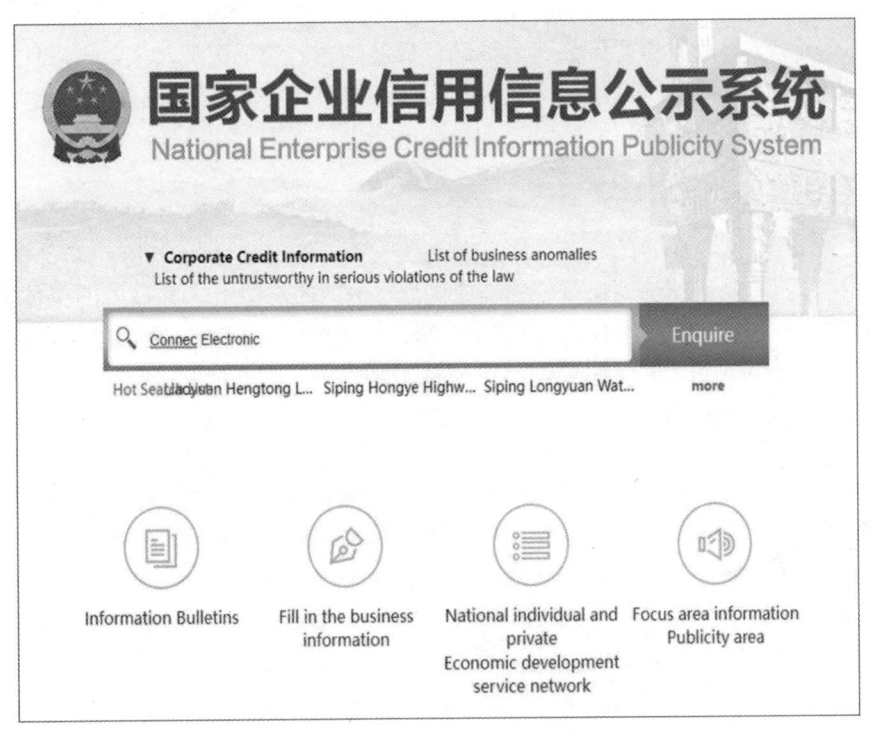

图 7.29 中国国家企业信用信息公示系统（1）

图 7.30 中国国家企业信用信息公示系统（2）

7.3.7.2 俄罗斯

俄罗斯的企业必须在俄罗斯联邦税务登记处系统（ERGUL）注册，该系统为国家（俄罗斯）赞助的法人实体数据库。俄罗斯的公司名有简称和全称，因此通过实体税号进行搜索更为方便。同样，在使用 egrul.nalog.ru 网站数据库时可以使用谷歌翻译。记住，连接外国政府网站时使用 VPN 是一个不错的做法。

7.3.7.3 中东

在查找伊朗公司的公共记录时，最困难的工作是翻译和理解其文件内容。如果用英语搜索没有返回结果，可能需要将公司名称翻译成波斯语。为了避免歧义，可以使用通用编号。伊朗境内法人的通用编号是身份证号和实体注册号。身份证号是分配给伊朗境内法律实体的唯一的 11 位数字编号。

1. 伊朗官方公报

伊朗发布商业实体公告的官方出版物称为官方公报（Rooznameh Rasmi）。在公报中，包括变更在内的商业活动都要进行报告。原则上，伊朗的法律要求其境内的实体发布财务报表和备案公告。在这些公告中，可以找到实体的身份代码。因为这些信息是自行上报的，所以必须注意其中可能会出现如数字移位等错误。

2. 德黑兰商会

在德黑兰商会可以找到公布的企业名单。但就像官方公报一样，信息是自行上报的。该出版物的优点是同时提供企业名称的波斯语和英语翻译。将英文名称翻译成波斯语可能会产生翻译错误，导致错误定向到其他公司，因此提供此类翻译服务对我们非常有用。

在找到关于确定组织工作方式、员工结构和财务状况的有用信息后，就可以着手分析可能表明存在不当行为的异常情况了。

7.4 识别组织犯罪

开源情报分析师都被某些类型的案件所吸引，这些案件会对他们产生潜移默化的影响；以我为例，我喜欢研究欺诈和非法活动。深入挖掘和揭露一些本应是秘密的东西然后将其公之于众，是一件令人兴奋的事情。我不确定这将说明我是一个怎样的人，但我知道我并非唯一对此类案件感兴趣的人。识别可能暗示着组织犯罪（包括非法商业行为、不当行为和欺诈）的异常情况，是一项值得拥有的技能。

组织犯罪是公民代表其组织实施的一种犯罪形式。高级组织犯罪很难被发现，因为这类犯罪通过跨越多个实体、金融机构和司法管辖区的复杂控制机制、所有权和个人来故意掩盖事实。想想那些在公开场合实施的犯罪吧，将挪用公款、洗钱、违反证券规定和敲诈勒索等非法活动隐藏在公众视线中，调查者很难将实施者与其犯罪事实联系起来。有时，在企业和组织的内部，数据被不经意间泄露给公众时，我们正好可以一窥其贪婪和阴暗的内部运作。

2016 年，德国《南德日报》披露了由匿名者提供的莫萨克·丰塞卡公司被称为"巴拿马文件"的 1 150 万份经过加密的机密文件。该公司位于巴拿马，是世界第四大律师事务所。这些文件揭露了全球 21.4 万个避税天堂，以及一个由世界各地的富人、实体和政府官员组成的社交圈。泄露的大多数文件中并无非法活动，但揭露了莫萨克·丰塞卡公司创建的几家空壳公司被用于逃税、逃避制裁和欺诈。

2017 年，《南德日报》又收到了 1 340 万份被泄露的机密电子文件，包含富豪、国家领导人和公司的海外活动。这些文件来自百慕大群岛一家名为 Appleby 的律师事务所，其中包括电子邮件、声明和协议等。虽然在海外设立实体并不违法，注册空壳公司也不违法，但一些组织确实利用它们来掩盖欺诈行为及其背后的身份。如果我们能够设计出一套用于发现潜在空壳公司的标准框架，那么就可以更快、更有效地揭露这类组织欺诈行为。下面是一些有助于我们了解潜在的犯罪活动计划的重要术语：

- 空壳公司：没有实际业务或资产的企业，通常用于向执法部门掩饰所有权，或在海外建立避税天堂；
- 幌子公司：功能齐全的实体，看似合法，但实际用于掩盖正在进行的非法金融活动；
- 黑洞管辖区：在这类管辖区中公司所有者没有信息披露义务，实际控制者往往被中介公司所掩盖；
- 稻草人：非正式提名的股东，如子女、配偶、家人和商业伙伴；
- 锅炉室骗局：采用高压销售策略向潜在投资者推销股票的骗子公司。

空壳公司是指只存在于纸上的公司，它没有真正的员工或办公地点。这些公司可以持有银行账户，并注册成为资产所有者。虽然有些空壳公司存在的目的是合法的，如作为受托人或在其他国家开展业务，但它们也被用作匿名洗钱、逃税和欺诈的工具。空壳公司可以在不同的国家注册成立，通常是一些税收法规宽松的"避税天堂"地区，如百慕大群岛、英属维尔京群岛、开曼群岛、巴哈马群岛、海峡群岛、瑞士和卢森堡等。如果钱是在公司注册所在地赚的，那么它是合法的。在美国，许多企业会选择在特拉华州、怀俄明州和内华达州等地注册空壳公司，因为在这些州注册公司很容易，而且有隐私法保护。

我想起了罗伯特·伦纳德.布斯（Robert Lenard Booth）的案例，他利用空壳公司进行投资欺诈和洗钱，并于 2022 年被捕，最终被判处 10 年徒刑，罪名是"锅炉室骗局"，即欺骗性证券经营。他用各种手段迫使人们投资证券，但从未交付。布斯和几个同谋者假装是持证经纪人，以高压策略通过电话向受害者推销打折股票。受害者被要求向纽约、新加坡等地的空壳公司汇款数十万美元，这一举动让一些人失去了毕生积蓄。据美国司法部称，布斯诈骗了"至少 17 名受害者，累计诈骗金额达 200.3 993 万美元"。因为这些空壳公司很难被发现，布斯才得以通过它们掩盖非法行为和洗钱活动。

以下是犯罪分子通常利用空壳公司的原因：
- 掩盖资金的来源和流向
- 隐藏所有者的身份
- 掩盖可能的动机

    o 掩盖利润/亏损

由于非法空壳公司很难被发现和揭露，我整理了一些技巧来帮助识别它们。当然，这些技巧并非识别非法空壳公司的万全指南，但其中一些可为区分真假提供帮助。了解和掌握以下信息将有益于未来的分析工作。

- 公司的成立是否有助于保持匿名性？
    - 公司在海外避税地区注册：塞浦路斯、巴拿马等
- 公司的名称是否毫无意义或毫无新意？
    - 模糊的公司名称可能意味着它是与其他公司一起批量注册的
- 互联网公布了公司所有者吗？
    - 公司没有网站，网站上也没有提及所有者
    - 公司没有社交媒体账户
- 没有可用的公司联系途径吗？
    - 通用或伪造的电子邮件地址
    - 地址为个人住房或公寓
- 部分公司或无实际注册地址。
- 注册代理地址与其他公司共享。

组织、员工和利益相关者可以通过多种方式篡改记录，利用工作之便掩盖罪行。在全球范围内，各国处理金融犯罪、侵犯人权和战争等问题的方法之一是实施制裁。

7.5 制裁、黑名单和指派

制裁是为了迫使某人遵守规则而施加的惩罚。从政治意义上讲，制裁用于防止冲突升级、恐怖主义、侵犯人权、毒品销售，以及阻止核扩散等。对于从事供应链调查、尽职调查、反扩散、反恐怖主义和地缘政治等领域的分析师来说，监控制裁活动对于回答通常属于国家安全层面的关键问题至关重要，这些问题无疑是利益相关者提出的。

政治制裁分为几类：

- 经济制裁：对一个国家实施金融和贸易惩罚，以阻止或遏制特定的政策和行动；
- 外交制裁：减少或完全取消国家间的外交关系；
- 个人制裁：通过冻结资产或禁止入境等手段，对个人行为进行惩罚。

观察和监测进行中的制裁，有助于开源情报分析师了解被制裁者的历史活动模式和非法活动本身的提示性信息。作为一名海事开源情报爱好者，我发现自己在监视受制裁的公司及其在世界各地航行的船只方面投入了大量精力。

就我的工作而言，了解制裁的背景、涉及的实体和过去的活动模式非常重要，这样我就可以将其与目前看到的情况进行比较。例如，非法转运石油就是一个了解如何通过制裁监测加强开源情报研究的很好的例子。通过商业情报研究，可以追踪向受制裁国家非法出售石油的情况，从而揭开相关的匿名公司结构。还可以利用运输情报技术来追踪运送、转运和交付石油的船只。社交媒体监控可以提供有关目标动向和图像的洞察，官方制裁报告

可以提醒我们需要关注的组织、个人和船只。

当前在全球范围实施制裁并发布官方报告的机构主要有联合国安全理事会（USNC）和外国资产管制处（OFAC）。

7.5.1 联合国安全理事会

联合国安全理事会的主要作用是维护国际和平与安全，这也意味着其会视情采用制裁手段。制裁措施各不相同，但包括对指定国家的经济和贸易进行限制、武器禁运、旅行禁令和金融限制等。每项制裁措施都由一个指定的制裁委员会负责监督和监测，制裁所采取的措施、背景信息、标准、新闻稿、文件、年度报告等详细文件可在联合国安全理事会网站上查看。

7.5.2 外国资产管制处

外国资产管制处隶属于美国财政部，负责执行美国对外国政权、恐怖分子和贩运者实施的贸易和经济制裁。外国资产管制处由律师和情报分析师组成，大多数案件都是在全球目标办公室（OGT）调查的基础上提出的。

外国资产管制处通过封锁特定资产和限制贸易以维护外交政策利益和保护人权。此外，外国资产管制处还公布了特别指定国民（SDN）名单，其中列出了禁止从事商业活动的特定人员、组织和船只。在外国资产管制处的网站上可以找到正在实施的制裁计划，也可以使用电子邮件在网站上注册以接收特别指定制裁、综合制裁和附加制裁的通报信息。

7.5.3 其他制裁名单

除了上述两个机构的制裁名单，还有一些"黑名单"会影响组织及其在全球开展业务的能力。

巴黎港口国管理谅解备忘录（Paris MoU）是一个由欧洲和北美27个海事管理机构组成的组织，旨在维护船舶的国际安全、安保、环境和人权标准。Paris MoU发布了白名单、灰名单和黑名单。名单排名的依据是3年内的检查和扣留情况，该名单可在Paris MoU网站下载。

金融行动特别工作组（FATF）的目标是打击洗钱和对恐怖主义行为的资助，该工作组发布了黑名单和灰名单。这些名单旨在鼓励所列国家改善监管和反洗钱（AML）标准，同时提醒组织和个人注意在一些国家开展业务的高风险。这两份名单在网站上定期更新。

本节广泛地讨论了营利性组织及其结构，以及如何从组织披露的信息和文件中获取情报。非营利组织的工作模式与此非常相似，下一节将聚焦如何使用主要和次要来源查找针对它们的信息。

7.6　501(c)(3)非营利组织

符合美国国内税收 501(c)(3)要求的组织是非营利组织，通常是私人基金会、教堂、宗教组织和慈善组织等，他们可免缴联邦所得税，所有向该组织的捐款都是免税的。分析非营利组织与研究其他组织一样，可以采用各种技术来揭示组织结构、主要参与者、数据泄露。非营利组织和典型营利组织的最大区别在于，为了保持 501(c)(3)的身份，这些组织不得为创建者或股东等任何私人利益服务。此外，法律禁止非营利组织参与政治竞选、游说和影响立法。然而，非营利组织的腐败是一个普遍存在的问题，可以利用开源情报分析进行研究、还原事实。

2021 年新冠疫情期间，联邦调查局报告称，在为贫困儿童提供流行病援助的项目中存在大量欺诈行为。一家名为"青年体育发展促进会"的非营利组织声称，他们每天能为明尼阿波利斯东北部地区的孩子们准备 5 000 顿晚餐。为此，明尼苏达州向该食品项目提供了 320 万美元的联邦援助，以帮助他们向儿童提供食物。2021 年 1 月，联邦调查局的 200 名调查人员对 15 个家庭和办公室进行了突击搜查，揭开了对大型非营利组织"养育我们的未来"大规模调查的冰山一角。该组织负责支出向"青年体育发展促进会"等小型非营利组织提供的适量资金。联邦调查局表示这些组织收到了 6 500 多万美元的资金。但文件显示，这些资金几乎没有用于给贫困儿童提供食物，而是被用于购买房地产和汽车等其他物品。最终，对"养育我们的未来"组织的国家援助停止，并于 2021 年 2 月底正式解散。

在该案中出现的这种财务欺诈行为并非个例。美国注册欺诈审查员协会（ACFE）发布的《2022 年美国欺诈研究报告》指出，非营利组织平均每年遭受的损失为 6 万美元。非营利组织内部的非法活动包括供应商回扣、资金挪用、支票欺诈、公款侵吞、金钱或财产盗窃等。非营利组织通常缺乏监督、内部控制和法规约束，因此特别容易受到欺诈的影响。尽管这些事实令人沮丧，但调查者可以使用开源情报技术从原始文件、消费者报告和公开披露的信息中，分析并发现非营利组织的资金滥用行为。

7.6.1　原始文件

以下将介绍主要的非营利组织原始文件的来源。

7.6.1.1　美国国税局 990 表

990 表是一份用于收集免税组织年度信息的税务表，这些信息可以在 ProPublica 和 Candid 等公共网站上搜索。每个年收入低于 20 万美元、资产低于 50 万美元的免税组织都需要提交 990 表。如果该组织的年收入低于 5 万美元则不需要申报，但必须向国税局更新其状况。

ProPublica 网站上的非营利组织查看器列出了从 990 表中提取的有价值的信息，包括公司成立日期、员工识别码、分类和年度报税情况（见图 7.31）。

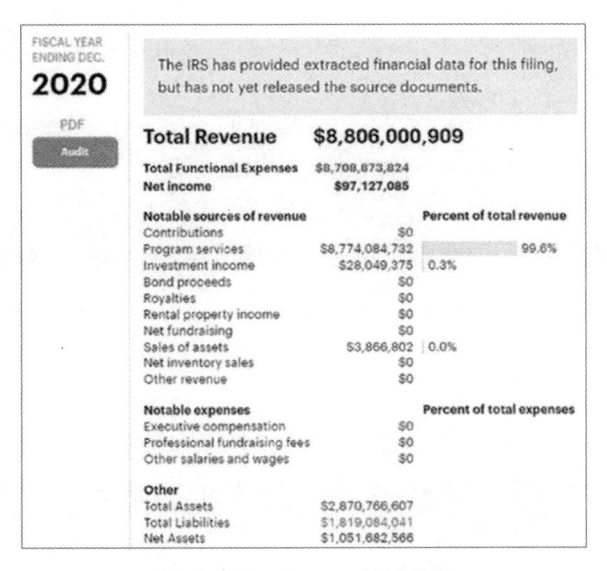

图 7.31　ProPublica 网站截图

7.6.1.2　美国国税局免税组织搜索

美国国税局在其网站上提供免税组织的公共数据库搜索。该搜索功能可从第 78 号出版物数据、自动撤销名单、决定书、申报表副本（990、990-EZ、990-PF、990-T）和表 990-N 中筛选信息（见图 7.32）。

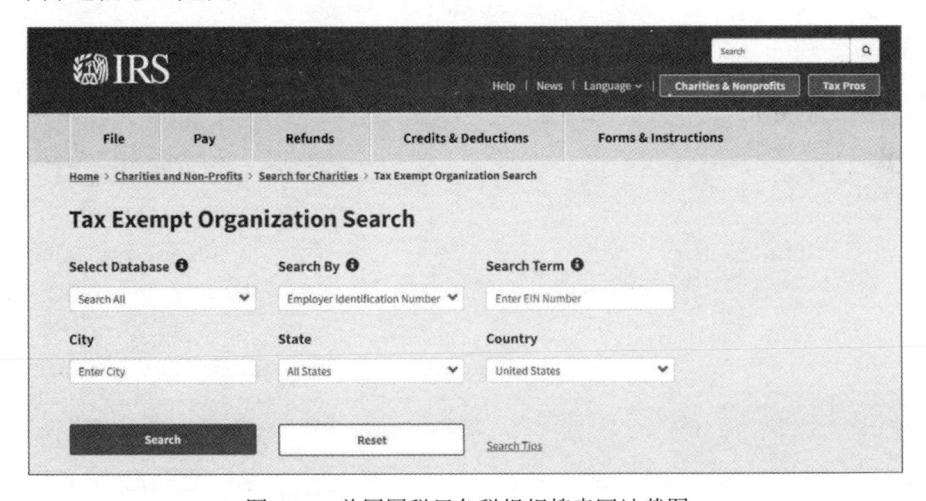

图 7.32　美国国税局免税组织搜索网站截图

7.6.1.3　联邦审计信息交换中心

联邦政府每年向包括非营利组织在内的多种类型的受援机构提供数十亿美元，政府为监督这些资金的合理使用制定了一项单独的审计制度。审计完成后，审计报告被送入联邦审计信息交换中心（FAC），该中心将数据存储在一个可公开访问的数据库中（见图 7.33～图 7.35）。例如，搜索非营利组织"养育我们的未来"的 EID，可以发现该组织的身份已被美国国税局撤销。搜索结果返回了两份 2021 年的审计报告，可以下载并查阅对应的 PDF 格式报告。

该报告包含对该组织的审计，包括审计说明、财务状况表、活动表、功能性支出表和现金流量表。

图 7.33　联邦审计信息交换中心截图（1）

图 7.34　联邦审计信息交换中心截图（2）

图 7.35　声明示例

7.6.1.4 年报

就像企业会编制一份报告向股东通报最新情况，并激发新投资者的兴趣一样，许多非营利组织也会编制一份年报让捐赠者信服以增加捐赠。通常情况下，非营利组织的年报会参照每年向美国国税局提交的 990 表，概述其使命、财务状况和上一年的成果。年报通常可在组织的网站上找到，并可从中找到最高额捐赠者、筹款方法和组织内主要参与者等详细信息。

7.6.2 消费者报告和评论

消费者报告和评论是通过独立研究、审查并向消费者公开的，用于保护消费者免受掠夺性组织侵害的数据来源，包括对网站进行审查、对特定领域进行报道，以及对慈善机构进行报告等。

Charity Navigator[1]在其网站上对符合 501(c)(3)的组织进行了 0~4 星的评级，该评级基于一种专有评分方法的加权分数，对组织的成果影响力、会计责任和财务状况、领导力和适应性，以及文化和社区方面的表现进行全面评估（见图 7.36）。在其官网对被指控欺诈的非营利组织"养育我们的未来"进行搜索，Charity Navigator 对该非营利组织给出了"高级咨询"评级。相关的咨询信息按日期列出了对应的新闻文章和法庭文件的详细清单，可以在这些文章和文件中发现"养育我们的未来"组织的不当行为，以及获得"高级咨询"评级的原因。

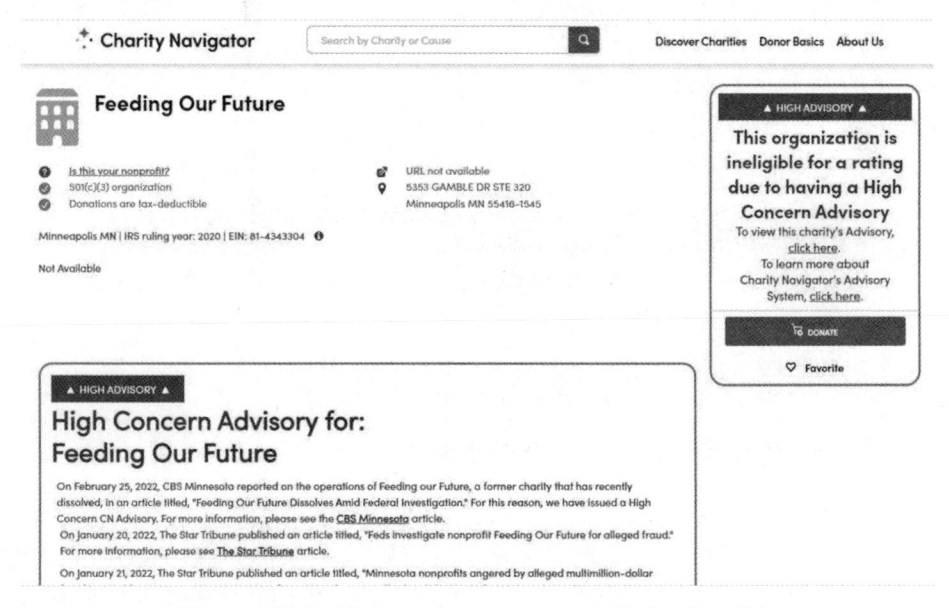

图 7.36 慈善评估机构 Charity Navigator 网站搜索情况截图

本节详细介绍了如何使用文档、披露和报告对组织进行有效分析。下一节将聚焦组织

---

1 译者注：Charity Navigator 是美国最大的独立的专业慈善评估机构。

的网络基础设施，看看可以揭示什么信息。

7.7 域名注册和 IP 地址分析

我们已经了解了情报主要来源和次要来源之间的区别，研究了如何识别组织欺诈，并深入挖掘了通过权力映射、制裁、外国来源和非营利组织获取信息的很酷的方法。现在，让我们深入幕后，转向研究网站、域名和 IP 地址，以及如何使用它们来回答情报问题并进一步推动调查工作。在讨论"如何做"之前，让我们先讨论一下"是什么"和"为什么"。

7.7.1 组织 IP 地址、域名和网站

7.7.1.1 什么是 IP 地址

互联网协议（IP）是一套用于指定数据在互联网或局域网（LAN）上传输格式的规则。IP 地址作为一种唯一标识符，可使互联网中的路由器、网站和计算机之间得到区分。IP 地址由互联网分配机构（IANA）分配，由四组以英文句号分隔的数字组成。这四组数字中每个数字的取值范围为 0~255，因此 IP 地址的整个范围为 0.0.0.0~255.255.255.255。IP 地址空间这一术语有时用于描述构成特定网络的一组 IP 地址范围。

7.7.1.2 什么是域名

域名是用户在浏览器中输入的文本，它指向一个 IP 地址。试想一下，要记住想访问的每个网页的 IP 地址是不现实的。相反，使用如"google.com"这种域名就有助于记住网站的地址。用户必须在规定时间内注册或续费域名才能拥有域名的使用权，同时可根据不同的性质申请不同的扩展名（.com、.org、.fr、.edu、.gov）（见图 7.37）。

图 7.37 域名 URL 的组成

7.7.1.3 什么是网站，以及为什么它很重要

网站由一组链接在一起的网页及相关资源构成，它通常拥有唯一的域名。组织为了建立一个易于公众搜索到的网站，首先必须购买一个域名。在购买和预订域名时，需要提供有关组织的详细信息，如注册人姓名、地址、电话号码、组织名称和组织地址等。

购买域名的行为称为域名注册，ICANN 认可的注册商会核实域名的可用性，并根据提供的注册人信息创建 WHOIS 记录。如果注册人没有支付额外的费用来保护这些信息，它们就会被公开，并可通过 whois.icann.org 进行搜索。通过分析 IP 地址空间、WHOIS 记录和用户网站前端显示的数据，可以推断出有关该组织的大量信息。

7.7.2　分析组织网站

网站的前端是用户可以与之交互的部分，如字体、颜色和图像；网站的后端是服务器、数据库、应用程序编程接口和操作系统等确保网站正常运行的系统。通过对网站前端和部分后端进行研究，可以获取有关该组织及其员工的信息。

7.7.2.1　robots.txt

在网站首页的顶部可以看到 URL，这是域名所在的位置。点击网站内的其他页面，会看到 URL 将变为网站内的相应页面，如 Tesla.com 将变为 shop.tesla.com。网站上的每个页面都会被 Google、Bing 和 Yandex 等搜索引擎反复抓取，从而使其可以在互联网上被搜索到。如果在 Google 中搜索 shop.tesla.com，会显示对应页面的结果，因为该网页已被索引。有一种方法可以防止网页被特定或所有搜索引擎索引，那就是使用 robots.txt 文件。

robots.txt 文件告诉搜索引擎爬虫允许访问网站上哪些 URL（见图 7.38）。将 robots.txt 文件添加到域名 URL 末尾，将显示允许搜索引擎抓取的目录、路径、用户代理和文件。查看 robots.txt 文件的价值在于它有时可能会披露网站上的隐藏页面，这些页面往往是组织不想让任何人发现的，这可能会为调查分析带来新的背景信息。

接下来，可以复制域名并直接在搜索引擎中查询，看看在互联网上还有哪些地方提到过该域名。在这种情况下，搜索 Tesla.com 可能会直接显示与特斯拉网站为合作伙伴组织的反向链接。

深入挖掘一个网站有时会很有价值，但在某些情况下，可能直接就能从网站设计、内容和布局上获取关键信息。

```
# Directories
Disallow: /includes/
Disallow: /misc/
Disallow: /modules/
Disallow: /profiles/
Disallow: /scripts/
Disallow: /themes/
# Files
Disallow: /CHANGELOG.txt
Disallow: /cron.php
Disallow: /INSTALL.mysql.txt
Disallow: /INSTALL.pgsql.txt
Disallow: /INSTALL.sqlite.txt
Disallow: /install.php
Disallow: /INSTALL.txt
Disallow: /LICENSE.txt
Disallow: /MAINTAINERS.txt
Disallow: /update.php
Disallow: /UPGRADE.txt
Disallow: /xmlrpc.php
# Paths (clean URLs)
Disallow: /admin/
Disallow: /comment/reply/
Disallow: /filter/tips/
Disallow: /node/add/
Disallow: /search/
Disallow: /user/register/
Disallow: /user/password/
Disallow: /user/login/
Disallow: /user/logout/
# Paths (no clean URLs)
Disallow: /?q=admin/
Disallow: /?q=comment/reply/
Disallow: /?q=filter/tips/
Disallow: /?q=node/add/
Disallow: /?q=search/
Disallow: /?q=user/password/
Disallow: /?q=user/register/
Disallow: /?q=user/login/
Disallow: /?q=user/logout/
Disallow: /?q=user/q=node/
```

图 7.38　robots.txt 文件截图

7.7.2.2　网站设计和内容

在开源情报分析中，网站的设计看似微不足道，有时却能说明问题。例如，如果一个组织的网站看起来制作仓促，一组网站都使用相同的模板，其中的文本也是模板中的默认文本，链接也没有指向任何地方，那么可能表明该组织是欺诈性的。验证网站文字是否是原创的一个小窍门是复制一些文字并粘贴到谷歌上，然后看看它在互联网上的其他地方是否出现过。

如果网站上使用的图片包含人物、地点或资产，也具备一定的信息量，也最好通过图像反向搜索看看它们在互联网上的其他地方是否出现过，同时使用 fotoforensics 等网站检查它们的元数据，看看是否提供了可用的其他数据。

网站上的链接、文本和页面等实际内容，都可以作为组织的背景细节保存下来。浏览网页时一定要记下感兴趣的所有名字、标题和链接。在浏览公司网站时，试着回答以下几个关键问题。

- 网站是否披露了组织的管理层？员工是进行 LinkedIn 研究和使用其他人员情报技术的重要切入点。确定个人所属的其他组织，可以在它们之间建立有用的联系。
- 网站是否提供有关子公司、总公司、关联公司/合作伙伴、合同方等详细信息？这些信息可用于公司的记录搜索和合同搜索，以查找更多细节。
- 网站的页眉或页脚是否有社交媒体链接？这些链接提供了组织的社交媒体账户及用户名，可以在用户名工具中进行搜索，找出其他账户。
- 网站是否列出了联系方式，且是否有效？在公司记录中搜索，看看还有哪些组织与该地址有联系，也可以在地图上查看大楼的位置。
- 是否有照片和视频形式的媒体可用？媒体可以为分析提供上下文、新的选项和拓线点。

7.7.2.3　网站元数据

在组织网站上除了可以看到的内容，往往还存在大量以元数据和隐藏文档的形式存在的看不到的内容，它们包括从财务电子表格到组织内的打印机名称等信息。我通常使用两种方法来发现这些数据：

○ Dorks
○ FOCA

在第一部分"基础开源情报"中，我们已经介绍了如何使用 Dorks 进行高级搜索引擎查询以返回特定数据。使用 Dorks，可以指定文件类型并针对组织网站域名查询公开披露的文档。再以特斯拉为例，如果目标是网站上的文件，可以根据感兴趣的扩展名创建 Dorks 来查找文件，输入如下：

site:tesla.com ext:doc | ext:docx | ext:odt | ext:rtf | ext:sxw | ext:psw |ext:ppt | ext:pptx | ext:pps | ext:csv

谷歌搜索会查询特斯拉网站，并返回网站中所有带有这些扩展名的公开文件，无论这些文件是否可以从网站前端查看。

另一种在网站中发现隐藏文件和数据的方法是使用 FOCA，FOCA 代表"收集档案的指纹识别组织"。

FOCA 使用 Google、Bing 和 DuckDuckGo 等对用户的关键词执行搜索，查找包括 DOC、PDF、XLS、PowerPoint，甚至 Adobe 公司的各种文件类型（见图 7.39）。从这些文件中提取的包含名称、日期、系统的元数据，以及用于创建这些文件的方法，可能都会为分析工作提供新的拓线点。

FOCA 是分析从网站中提取文件内隐藏信息的很好的工具。另一种查找特定域名信息的方法是查看 WHOIS 记录，这些记录是用户首次注册该域名时创建的。

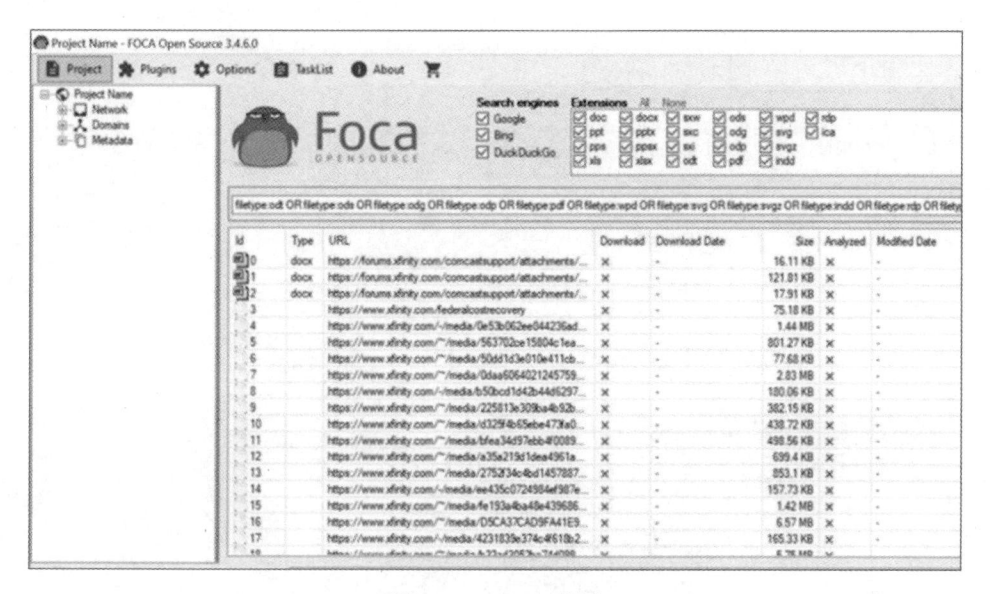

图 7.39　FOCA 截图

7.7.3　分析 WHOIS 记录

前文已经介绍过每个域名都必须在 ICANN 的中央数据库中注册和维护。域名信息包括支付域名注册费的个人或实体的信息，相关的 WHOIS 记录中包含姓名、地址和电话号码。

为了说明 WHOIS 记录对开源情报分析师的重要性，我们假设你是一名罪犯，计划建立一个欺诈性的非营利组织来接受捐赠。你要做的第一件事就是购买并注册域名，并为该组织开发一个接受捐款的网站。之后，你可能通过欺诈性非营利网站每月赚取数千美元，直到遭到联邦调查局的查处。你心里可能会想，"他们怎么知道是我？"事实上，也许你注册域名时填写的表格中录入了真实姓名和地址，它们随即在 WHOIS 数据库中成为公共记录。联邦调查局只需要对域名进行搜索，看看到底是谁花钱注册的，就能锁定目标了。

WHOIS 记录可以通过许多免费工具访问，可以根据个人偏好选择采用哪个。一些工具提供历史 WHOIS 记录，它可以显示一段时间内域名的历任所有者情况，这对于在 WHOIS 数据受到隐私保护时开展调查非常方便。在注册域名时，添加额外的隐私保护服务并不困难，随后 WHOIS 记录中会显示 "Perfect Privacy LLC" 或 "WHOIS Guard" 用来取代真正的信息。但是，如果能够访问 WHOIS 历史记录，有时就可以回溯到添加隐私服务之前的域名历史记录，从而绕开这种保护。

我用于查询 WHOIS 记录的网站之一是 Whoxy（见图 7.40）。这是一个免费网站，用户输入一个域名就会返回该域名的可用 WHOIS 记录，例如，输入域名 oscarmayer.com，结果显示如下：

- 谁注册了该域名
- 何时注册的
- 域名服务器
- 注册人、管理人和技术联系人信息

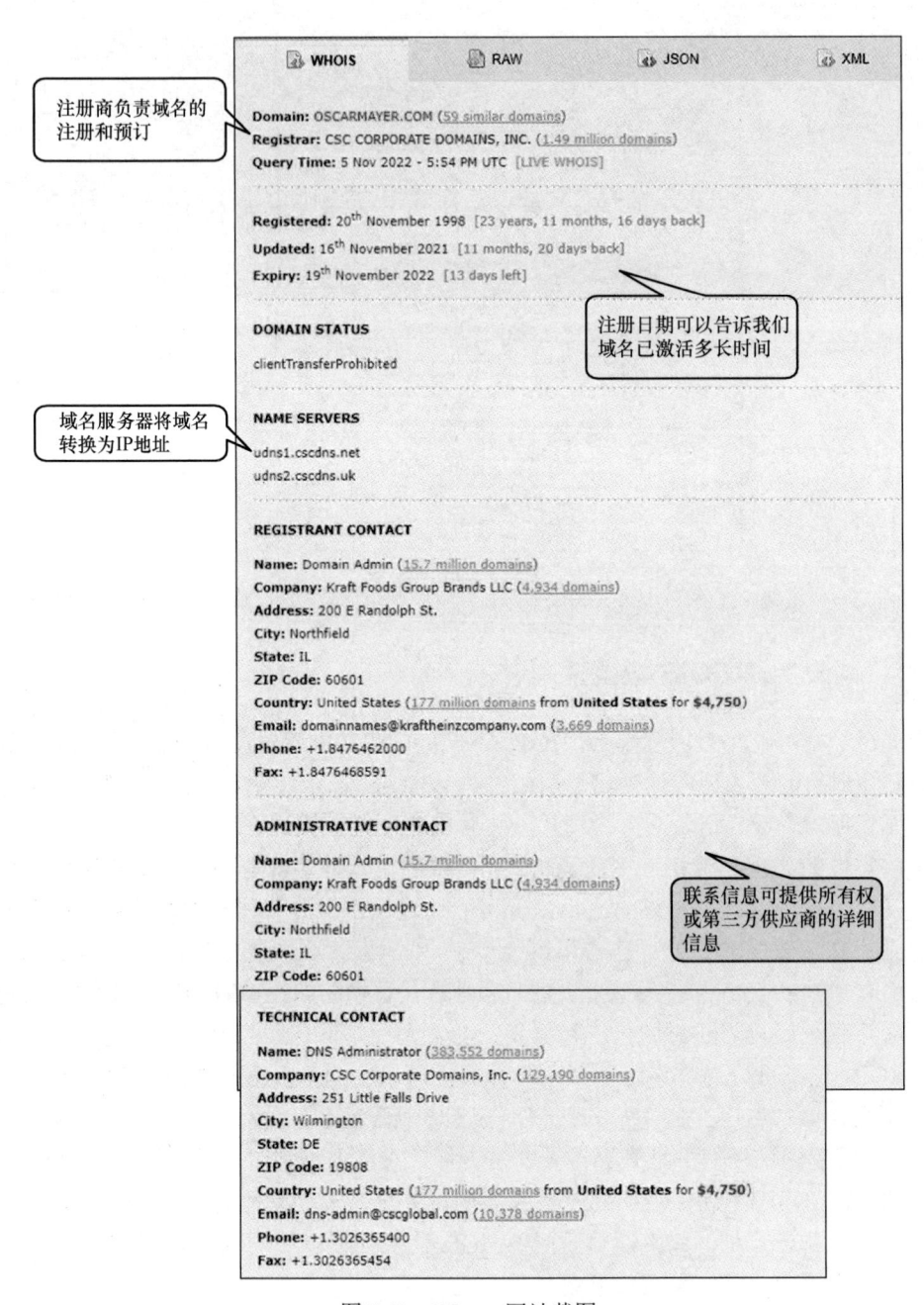

图 7.40　Whoxy 网站截图

7.7.4　分析 IP 地址

IP 地址是一个唯一标识符，可以让互联网区分不同的路由器、网站和计算机。由于 IP 地址是唯一的，所以可以利用 IP 地址追溯到特定的设备和所有者。我经常听到对开源情报感兴趣的人说，他们认为自己的技术水平不高，担心自己不适合从事开源情报工作。

然而我坚信，如果分析师能够掌握一些关于互联网如何运作的基本概念，就能识别潜在的信息拓线点，并利用搜索引擎查询到大多数技术问题的答案。因此，请抛开对开源情报的恐惧。本节将深入介绍 IP 地址。

7.7.4.1 IP 地址入门

IP 地址有两种类型。

- IPv4：IPv4 用 4 个字节表示一个地址，每个字节按照十进制表示为 0～255，如 123.1.23.123。可用的 IPv4 地址数量有限（43 亿），而且现在已经全部被占用，因此 IPv6 地址应运而生，它可以支持大约 340 万亿亿亿亿个地址，可以满足未来互联网的需求。
- IPv6：IPv6 地址更长，通常分为 8 组，每组 4 个数字，中间用冒号分隔，如 2001:0db8:85a3:0000:0000:8a2e:0370:7334。

1. 不同类别的 IP 地址

IP 地址有几种不同的类别，它们用于不同的目的。了解一些关于 IP 地址的知识对分析工作是有益的，当看到一个 IP 地址时就会得到更多的背景信息。

- 静态 IP 地址：始终保持不变，通常分配给服务器、大型设备和打印机。
- 动态 IP 地址：可以更改，是最常见的 IP 地址类型，它们由互联网服务提供商（ISP）动态指定，用于电话、台式计算机和便捷式计算机等设备。
- 公共 IP 地址：由互联网服务提供商分配的 IP 地址。
- 专用 IP 地址：由路由器自动分配给设备的 IP 地址。

2. 确定 IP 地址

有许多免费的在线工具可以根据已知域名来确定主体或实体的 IP 地址。以 nslookup.io 为例，这是一个用于查询域名 DNS 记录的工具。我通过搜索引擎找到了 oscarmayer.com 这个网站，并对该网站使用域名查询。nslookup.io 的结果显示，oscarmayer.com 的 IP 地址为 75.2.4.93，用于与其他系统交换路由信息的自治系统号（AS 号）为 AS16509。这两项信息都可以用作继续搜索关于 oscarmayer.com 网络基础设施的更多信息，如注册人的联系方式。

3. 查找 IP 地址的所有者

可以通过注册表搜索找到 IP 地址所有者的来源国。地区互联网注册机构负责管理各地区互联网地址资源的注册和分配。全球有 5 个 IP 地区互联网注册机构：ARIN、APNIC、RIPE NCC、LACNIC 和 AFRINIC。

以美国互联网注册机构 ARIN 为例，我们在其中搜索 IPv4 地址 8.8.8.8，返回的数据显示该 IP 地址属于 Google。使用这种方法，可以对所有 IP 地址进行搜索，并获得相关的注册信息，包括该 IP 地址的 WHOIS 记录。记录中可能包括注册名称、地址、电话号码和电子邮件地址等（见图 7.41）。

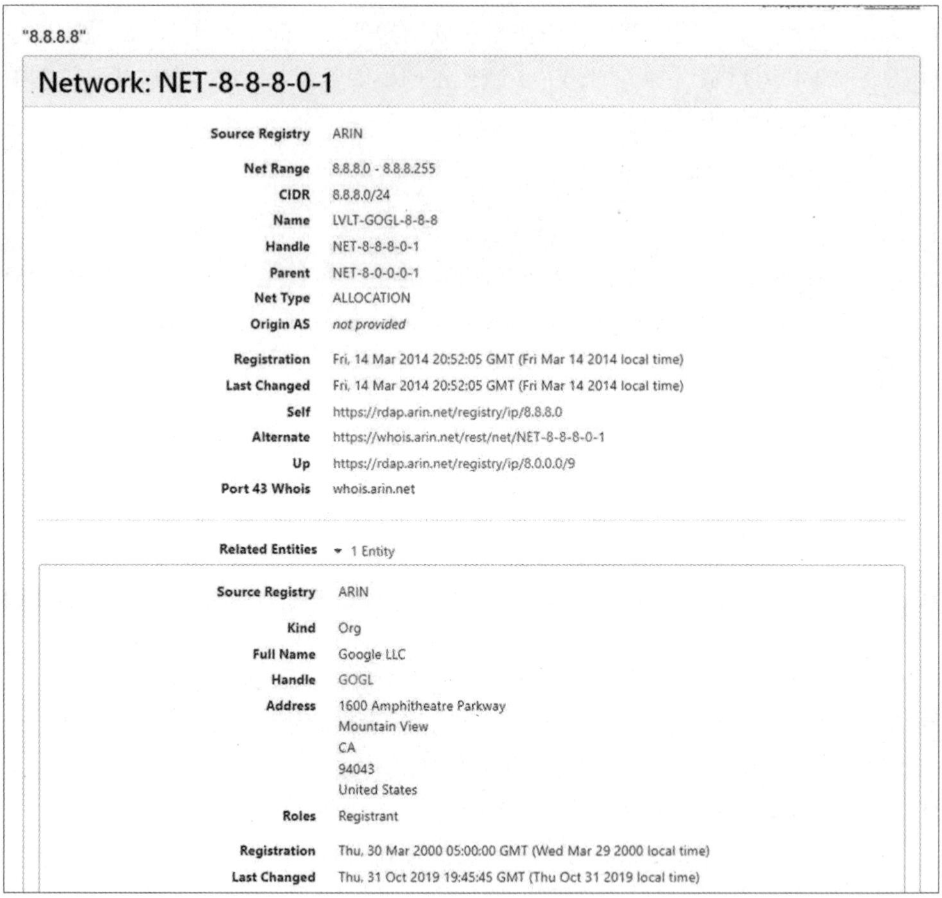

```
"8.8.8.8"
Network: NET-8-8-8-0-1
    Source Registry   ARIN
         Net Range    8.8.8.0 - 8.8.8.255
              CIDR    8.8.8.0/24
              Name    LVLT-GOGL-8-8-8
            Handle    NET-8-8-8-0-1
            Parent    NET-8-0-0-0-1
          Net Type    ALLOCATION
         Origin AS    not provided
      Registration    Fri, 14 Mar 2014 20:52:05 GMT (Fri Mar 14 2014 local time)
      Last Changed    Fri, 14 Mar 2014 20:52:05 GMT (Fri Mar 14 2014 local time)
              Self    https://rdap.arin.net/registry/ip/8.8.8.0
         Alternate    https://whois.arin.net/rest/net/NET-8-8-8-0-1
                Up    https://rdap.arin.net/registry/ip/8.0.0.0/9
     Port 43 Whois    whois.arin.net

  Related Entities  ▼  1 Entity
    Source Registry   ARIN
              Kind    Org
         Full Name    Google LLC
            Handle    GOGL
           Address    1600 Amphitheatre Parkway
                      Mountain View
                      CA
                      94043
                      United States
             Roles    Registrant
      Registration    Thu, 30 Mar 2000 05:00:00 GMT (Wed Mar 29 2000 local time)
      Last Changed    Thu, 31 Oct 2019 19:45:45 GMT (Thu Oct 31 2019 local time)
```

图 7.41　ARIN 网站搜索截图

7.7.4.2　IP 地址能做什么

了解一个组织的 IP 地址和完整的 IP 地址空间，对于理解该组织网站的完整技术环境、确定其可能隐藏的内容或发现该组织可能在不知情的情况下遭受攻击的方式都是非常有用的。有时，检查 IP 地址空间可以揭示与其共享网络基础设施的组织之间的联系。如果这些基础设施是由第三方供应商提供的，那么其中可能存在如错误配置或开放端口等漏洞，使攻击者可以利用它们进入系统。例如，如果一所大学与一家大型科技公司有合作关系，他们可能会共享存储空间。使用像 dnslytics 这类技术发现工具，可以直观地了解域名、IP 地址、提供商及它们之间的关联信息。即使是不懂技术的人，也能使用免费的技术发现工具帮助他们的调查工作，获取组织的基本信息。在查看网站基础结构时，有几个注意事项，这将节省大量时间，并防止调查者过于偏离研究目标。

7.7.4.3　注意事项

在分析具有技术性的开源情报数据点（如 IP 地址）时，很容易陷入在网站之间建立联系的误区，并依据不正确的假设得出错误结论。一家托管公司在一台服务器上托管了许多不同的网站，可能会导致人们认为这些组织是相互关联的，而实际上它们只是共用一个托管服务提供商。

  如果调查者发现同一台服务器上存在着数百个网站，或者 WHOIS 记录上出现了 Cloudflare 或 CloudFront 等组织，这对于调查者而言是一个危险信号，因为它表明该网站已被置于内容分发网络（CDN）之后。CDN 通过缓存将内容分发到世界各地的每个用户，而 CDN 的 IP 地址与网站的 IP 地址不直接对应，它们会频繁变化。在分析 IP 地址时，一个很好的经验法则是留心位于同一台服务器上托管的网站数量。一般来说，服务器上的网站数量越少，通过网站所有权确认拥有者的可能性就越大。此外，可以通过 WHOIS 记录数据（包括联系信息）来帮助确定域名之间的共通性。

  本书的每章都是建立在前一章的技能之上，以一种全面和可实现的方式对情报分析技术进行拓展的。本章提供了组织分析和网络基础结构分析的信息，以帮助调查者进入更高级的开源情报分析，诸如交通情报、Wi-Fi 扫描和金融情报等（包括加密货币和 NFT 探索）。

第 8 章　交通情报

8.1　概述

8.1.1　什么是交通情报

自古以来，贸易推动了人类交通的发展。从公元前 4 世纪的马车到石器时代的船只，从工业革命时期的铁路和高速公路再到现代的航空航天，人类几乎已经破解了所有从一处迁移至另一处的方法。在现代化技术的帮助下，人类的旅行和贸易更加频繁，公众也可以获得更多信息。通过查阅铁路网站上公布的列车时刻表，我们顺利地乘坐火车；利用与互联网连接的 GPS 作为指引，我们便捷地驾驶或乘坐汽车。当分析师收集到这些与交通相关的信息，并与其他数据融合时，就产生了所谓的交通情报。

要收集有关交通的信息，就必须先研究人和物是如何从一个地方迁移到另一个地方的，人们在互联网上会披露哪些与迁移相关的信息，在人们知情或不知情的情况下，各种交通工具又会暴露哪些信息。在我们开展深入研究之前，先来看看 5 种主要的交通方式：

- 公路运输：采用汽车、卡车、公共汽车、自行车或摩托车等交通工具在公路上运输人员或货物；
- 铁路运输：采用蒸汽、柴油或电力驱动的车辆在专用轨道上运输乘客或货物。高速铁路需要建造并使用特殊设计的轨道；
- 水路运输：利用船只在水域上进行人员和货物运输；
- 空中运输：使用经过专门设计的产生升力，并能够飞行的交通工具运输人员和货物；
- 联合运输（多种运输方式共同使用）：通过多种不同的运输方式来实现货物的转移。

花点时间回想一下你上个月在网上买了多少东西，其中有多少海外商品，以及上下班或度假的通勤次数是多少。据估计，全球大约 80% 的货物是通过海运运输的，假设所有运输方式都失灵了，那场景有多可怕！2021 年，超大型集装箱船（ULCV）在苏伊士运河搁浅并滞留了 6 天，造成的交通堵塞使供应链延误数月，这一发生在运河港口的瓶颈问题严重波及了整个美国的联运业务。铁路货运和卡车货运的延误导致货源滞留时间比平均水平增长 20%。全球范围内供应链的中断可能是灾难性的，它将导致食品和电子产品短缺，使整体劳动力成本上升。

在讨论运输模式和供应链的时候，还应考虑地缘政治方面的因素。2022 年几乎所有国家都拥有武装力量，包括军舰、两栖攻击舰、潜艇、航空母舰、直升机、无人机（空中和水下）、轰炸机、战斗机、攻击机、军用铁路、坦克、导弹运输和发射车辆等。政治形势瞬息万变，而且往往不稳定、不可预测。调查者遇到的任务可能是研究战乱中冲突地区的社会动荡情况，这通常涉及分析武器装备、物资供给、军队部署、难民流向等方面。

你也许会说："我又不在供应链部门工作，地缘政治也不在我的业务范围内，不明白为什么要关心这个！"实际上，大多数人日常生活中都会使用交通工具，如乘坐游轮、飞机、汽车或火车去度假。但假如你的任务是调查某目标人物的行踪，那毫无疑问该人的交通轨迹就很重要。如果该人是一名罪犯，那就必定会选择某种交通方式往返于犯罪现场。将交通情报与目标的其他情报相结合，可以让我们获得更多信息，能够更高效地追踪目标。

正如我们提到的，每种交通方式都有自己的特性和要点。跟踪、预测或收集其中的信息，可以为供应链、政府、人员提供更有价值的数据。

在分析过程中我们可能会遇到以下问题：
○ "你能追踪目标在边境检查站的行踪吗？"
○ "你能根据目标过去的行踪，预测未来的动向吗？"
○ "你能确定是否有非法活动发生吗？"
○ "你能追踪从 A 点到 B 点的货物吗？"
○ "这条特定的运输线是否存在漏洞？"

本节将深入研究交通方式，阐述"我们会发现什么、为什么它很重要、如何才能找到它"，之后将进行案例分析。

人们或货物的运输轨迹可以通过若干种方法跟踪。首先是视觉跟踪，这意味着我们可以亲自观察、通过照片或视频，以及基于卫星图像来收集关于汽车、火车、飞机或轮船的信息。

8.1.2 视觉情报

以下是几种可集成到 OSINT 分析中的视觉情报。

8.1.2.1 观测者

信不信由你，世界上有一群执迷于观察事物的人，他们被称为"观测者"。这些人跟踪目标的动向、照片和视频，对目标使用的交通工具进行详细记录，然后发布在观测网站上。海事、铁路和航空领域都有狂热的观测者群体。全球数以千计的飞机观测者利用空闲时间在机场盯梢，试图拍到飞机的最佳照片。这些观测者按日期上传和记录的照片与视频数据对于分析师而言具有重大价值，它们不仅可以帮助分析师追踪交通工具的轨迹，还可以用于核实目标身份。

当我在搜索一艘故意掩盖身份的船只时，我会查看 Shipspotting 等网站，这是一个供业余爱好者发布带有时间戳照片及船只信息的网站。通过查看其中的帖子，有时可以对某些船只曾在特定日期出现在特定地点的情况进行核实，还可以核查船只颜色和标识。

8.1.2.2 社交媒体曝光

正如我们之前提到的，社交媒体是一个收集信息的好地方。就交通情报而言，通常有三类人可能泄露与视觉相关的信息：

- 员工（机长、驾驶员、飞行员、工人）
- 乘客
- 交通协调员（岸上服务、地面站、枢纽站）

员工往往会用照片、视频记录工作历程。例如，在轮船上工作的员工有时会通过视频介绍整个轮船的下层甲板，概述船上所有的工业控制系统，展示其软件名称和版本，之后在船长的甲板上无意中透露船上全球导航系统的细节。在 TikTok 和 YouTube 上，类似"我生活中的一天"的帖子越来越多，用户大量日常工作和生活中的细节在帖子中披露。即使其中一些人并不直接在交通工具上工作，他们也可能担任交通协调员的职位，从而获得有关交通路线和技术的详细信息，如果这些信息被发布到网上，就会产生安全问题。同样，交通工具上的乘客喜欢记录他们的旅行，时常会在沿途的地点发布带有时间戳的照片和视频，这些照片和视频可以用来绘制反映其行踪和生活模式的时间线。

8.1.2.3 网络摄像头

网络摄像头是用来录制视频并存储到计算机或发布到网络上的小型摄像机。在新冠病毒流行时期，人们已经习惯通过与计算机连接的网络摄像头来召开会议或是与家人和朋友交谈。容易发现，除了典型的计算机摄像头，公共场所的监控摄像头的数量也在增加。监控摄像头大多安装在电线杆、交通灯和建筑物上，以闭路电视方式运作。当然也有非闭路摄像头，它们在世界各地直播视频，用于观测交通状况和天气。在分析师感兴趣的过境点、码头、港口、火车站及轨道、机场和高速公路处，也可能安装了网络摄像头。

网络摄像头是一种可以直观地确定火车、轮船、卡车或汽车是否在既定位置，核实交通工具外观，以及识别可能的乘车人的绝佳方式。我们可以通过网络摄像头网站或 Dorks 免费访问它们。其中之一是 Windy 网站，它是一个以记录天气为重点的私有网站，同时也提供卫星覆盖、路线规划功能，还可以访问到遍布世界各地的网络摄像头。

要在合适的时间、合适的地点找到合适的网络摄像头还是很困难的。如果无法从地面获得视觉图像，另一种用于跟踪和验证的好方法就是卫星图像。

8.1.2.4 卫星图像

卫星图像是通过地球轨道上的成像卫星收集的地球图像，其历史可以追溯到 1959 年，当时美国的探索者 6 号卫星在北太平洋上空拍摄了第一批卫星照片。1972 年，为了拍摄地球图像并存档记录地球表面的信息，美国国家航空航天局和美国地质调查局制订了陆地遥感卫星计划。美国国家航空航天局收集的所有图像都向公众开放，在 Earthobservatory.

nasa 网站上发布。

卫星图像用于制图学、气象学、海洋学、区域规划、教育和情报等许多不同场景。用于成像的卫星主要有两种类型，第一种是地球同步卫星，它在同一位置沿地球自转轨道运行，其时间分辨率高，但空间分辨率有限；第二种是极地轨道卫星，它以较低的高度环绕南极和北极，每天仅通过同一地点两次。根据卫星图像类型，可以确定特定地点的通过次数、分辨率及其他信息。随着卫星图像技术越来越普及，许多国家都制订了自己的卫星成像计划。以下是一些比较受欢迎的公开项目：

- MODIS：搭载于美国宇航局 Terra 和 Aqua 卫星上
- Sentinel：欧洲航天局
- Meteostat：地球静止气象卫星
- ASTER：泰拉号上的成像仪器，美国国家航空航天局和日本经济产业省的联合项目
- CORONA：美国中央情报局侦察卫星

Sentinel Hub 的 EO 浏览器是一款出色的网络工具，它将 Sentinel、Landsat、Meris、MODIS 和许多其他卫星的图像整合到一个数据库中。除了公共卫星，Planet、Maxar 和 GeoEye 等私营公司同样拥有并运营许多卫星，这些公司会出售图像或授权用户使用图像。有一些平台将公共和私人卫星图像融合在一起供用户使用，如 Soar.earth 和 Google Earth。卫星图像对于获取俯视图极其重要，而通常情况下普通分析师是无法看到这些俯视图的。当前，卫星图像已被用于识别人权侵犯、非法捕鱼、军事集结、基础建设等方面。此外，卫星图像也是发现、追踪和分析以下问题的有效方法：

- 水上船只
- 在港船只
- 港口或海上变化
- 铁路
- 火车站
- 公路
- 车辆

Landsat 卫星和遥感卫星以被动型光学成像方式工作，还有一种主动采集方式称为合成孔径雷达（SAR）。合成孔径雷达卫星通过传感器发射能量并记录从地球上反射回来的能量来生成图像，这种工作模式更加灵敏，能够有效感知地面细节。由于不依赖太阳能，SAR 传感器在夜晚和白天都可以运行，其使用的微波能够穿越极端天气、云层、灰烬，因而在其他光学卫星无法成像的条件下也能顺利工作。

确定了哪种类型的卫星图像更适合调查分析后，在着手工作之前还有几件事需要考虑。我们需要利用关于位置和目标的先验知识，来确定我们看到的正是我们需要的。在分析过程中调查者很容易形成不成熟的假设，因此在做出决定前要先了解事实。当我通过卫星分析船只时，特别是在繁忙的港口附近，哪艘船是目标船只往往很难分辨。由于我只能从卫星图像中看到船的上方，这样就无法辨别其侧面的标识和颜色等特征，同时我也很难

数清楚甲板上的烟囱或起重机的数量。然而，我们可以依赖这艘船的一些已知的知识，比如它的长和宽、甲板的颜色和形状等（见图 8.1）线索来帮助我们更好地集中分析，避免错误假设。在查看卫星图像时，需要牢记以下几点信息：

- 大小/规模
- 地点
- 图案、形状、纹理
- 时间
- 深度和高度
- 颜色
- 阴影/光线
- 有关实体/地点的任何其他知识

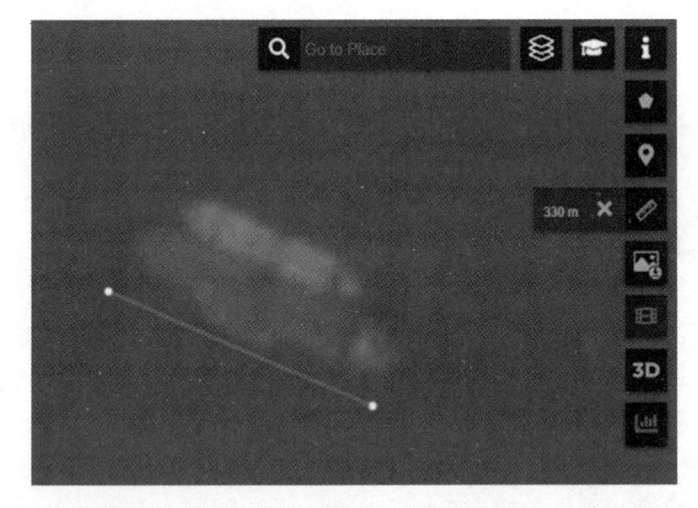

图 8.1　EO 浏览器显示的新加坡海峡图像（船间货物传输，一船只长 300 米）

使用卫星图像进行分析时遇到的最大问题是，能否成功完全取决于该地区在特定日期和时间的天气和卫星覆盖情况。假设你知道一支军事车队于 2022 年 1 月 1 日上午 9 点抵达过一个特定地点，并且想通过卫星图像捕捉到它，那么你肯定希望在所有的轨道卫星中，有一颗卫星恰好在那一天的那个特定时间经过那里。此外，你还得祈祷没有恶劣的天气，因为一旦存在无法穿透的云层，你就无法从图像中看到任何东西。卫星图像分析过程可能会给我们带来难以置信的收益，但也充满了挑战和意外。

8.1.3　信号检测

信号情报（SIGINT），是对电子信号的获取和解析，主要通过截获人们基于电子设备的信号通信来完成。信号情报自 20 世纪初以来一直是情报收集的重要组成部分。随着现代技术和交通运输的发展，信号情报随之扩展到全球导航系统的数据收集，如 GPS、GNSS、ADS-B、MLAT 和 AIS 等，当前这些信号在公共和私人交通工具中已经很常见，同时货运服务和供应链对跟踪交通工具运输轨迹的需求也在持续增长。正因如此，公众现在有更多机会使用低成本或免费的信号跟踪平台，分析师也可以通过它们来跟踪船只、火车和飞机等交通工具，了解其上人员的活动情况。在学习跟踪交通轨迹方法之前，我们应该首先了解它们各自发出什么信号，它们是如何工作的，以及我们可以用它们做什么。

8.1.3.1 导航系统

全球导航卫星系统（GNSS）是一组接收和传输地理空间位置数据的卫星。GNSS 和 GPS 的区别在于 GNSS 是通用术语，而 GPS 是 GNSS 系统的一种。船只自动识别系统和飞机广播式自动相关监视（ADS-B）依赖 GNSS 进行定位。GNSS 信息嵌入自动识别系统（AIS）和 ADS-B 的信号传输中，以确保其准确性。

AIS 开发于 20 世纪 90 年代，用于帮助避免海上船只在密集区域发生碰撞，同时也作为 VHF 海上波段的应答器使用。国际海事组织（IMO）要求所有超过 300 吨的国际船只和所有客轮上都必须使用 AIS。岸上地面站及带有 AIS 接收器的商业卫星可以检测到 AIS 信号（见图 8.2）。

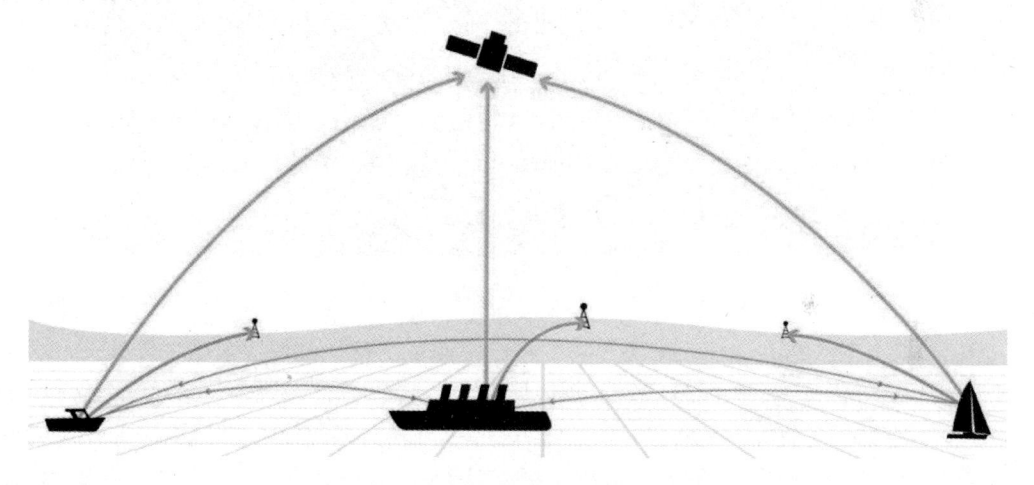

图 8.2 船只上的 AIS 传输信号示意图

在海事领域，有一些商业产品利用 AIS 和 GNSS 信号提供免费船只追踪服务，如 Marinetraffic 和 Vesselfinder。它们都可以根据船上 AIS（类似于 IP 网络的"ping"功能）获取船只的如下信息：

- 身份
- 重量
- 目的地
- 位置

所有这些信息都可以在 OSINT 分析中得到利用，因为其中每个细节都能够推断出船只的活动。AIS 的主要缺点是它位于船上因而很容易被操纵，所以不值得完全信任。如果船员想掩盖身份，可以更改信号以显示不同的名称、重量、目的地、位置等。操纵或伪造 AIS 信号的动机可能是为攻击创造条件、转移人们注意力，或者仅想制造舆论混乱。我们后面将介绍，有几种形式的 AIS 和 GNSS 操纵会影响目标分析。

与船只的 AIS 类似，广播式自动相关监视（ADS-B）是航空器使用的一种结合了 GNSS、飞行和地面站技术的识别系统。ADS-B 分为两种服务：ADS-B In 为机组人员提供天气和交通信息，ADS-B Out 则公布飞机的精确位置、高度、速度等信息（见图 8.3）。

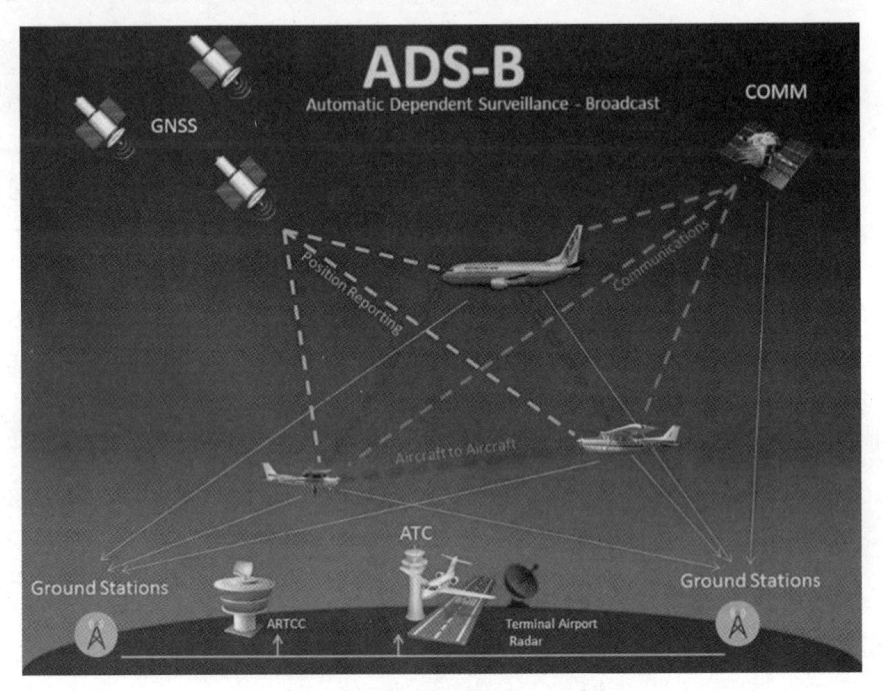

图 8.3　ADS-B 传输信号示意图

Mode-S 是飞机的可选传输模式，其中不包含位置信息。在使用雷达的情况下，空中交通管制部门可以确定飞机的位置，公众可以使用多点测距（MLAT）计算来确定飞机的位置，这需要综合至少 4 个不同接收器的数据来进行估计。由于接收器需要分布在不同的地理位置，MLAT 在城市或建筑密集区效果更好，因为那里更有可能布设了多个接收器（见图 8.4）。

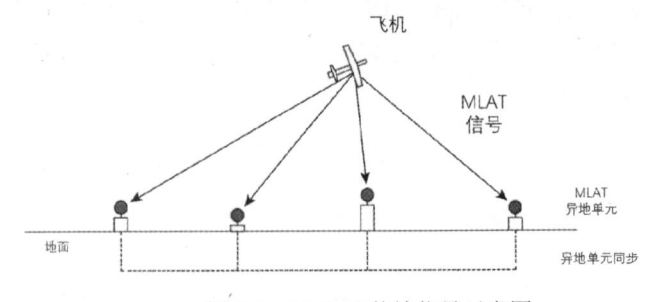

图 8.4　Mode-S 传输信号示意图

8.1.3.2　消失的信号

让我们来探讨一下传输信号突然"消失"的原因，以及意味着什么。

当船只的 AIS 信号突然中止时，我们认为它"消失"了。这并不一定是犯罪或非法活动的迹象，而有可能是 AIS 出现了故障，或者是超出了当地 AIS 接收器的接收范围。不过，有时这可能是值得进一步观察的线索。下面是一些船只"消失"的例子。

- 一艘船正在向一个受制裁的国家非法运输货物。当船只接近卸货港时，它关闭了 AIS，这样公众就无法追踪它将前往哪个港口。卸下非法货物后，船只驶回大海，重新打开 AIS，不留下任何前往港口的航行记录。
- 一艘渔船出海，到受管制水域非法捕鱼。他们在捕鱼期间关闭了 AIS，回港后又重新打开，这样监管者就无法通过信号追踪到他们。
- 一艘运载石油的油轮计划将石油转运至另一艘船，然后由后者将石油运送到一个受制裁的国家。在航行中途，两艘油轮都关闭了 AIS 并进行船对船的石油转运。之后当两艘船相距足够远时，再打开 AIS。
- 一艘游艇的主人因诈骗罪被通缉。为了躲避追捕，他在夜间关闭了 AIS，偷偷驾驶游艇逃走。
- 海军正在进行包括实弹射击测试在内的演习。在整个演习期间，所有舰艇都关闭了 AIS，直到返回港口。

跟踪非法的"黑"信号通常依赖于付费的 AIS 数据服务，调查者可以从信息的蛛丝马迹里发现各种端倪。假如我们跟踪某个从 A 点到 B 点航行的船只，当它的应答器关闭时航迹会中断，看起来就像其经历了一段"黑洞"时间，然后突然再次出现应答器的信号（见图 8.5）。

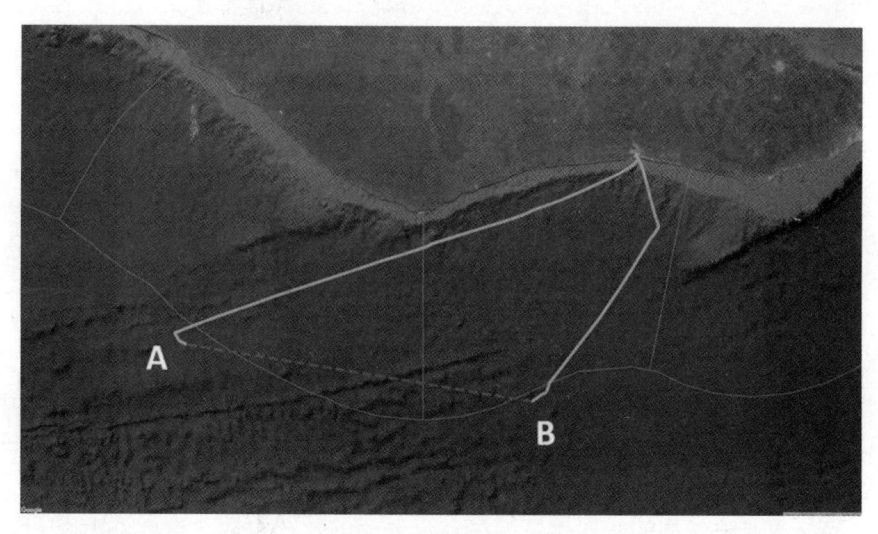

图 8.5 "黑"信号示意图

8.1.3.3 信号欺骗

下面是一些信号欺骗的方式。

1. AIS 仿冒

AIS 仿冒是指使用 AIS 信号来伪造不存在的船只，或通过隐藏或传输虚假的位置数据混淆船只身份，使船只看起来行为合法。AIS 仿冒比"黑信号"更具欺骗性，因为它是有意混淆船只位置的。信号仿冒可能是 HMS Defender 号例子的一种合理解释，它可以说明这艘船为何在一个位置发出信号，而同时被网络摄像头发现位于另一个完全不同的位置。

当我们查看船只的历史路径时，可以发现 AIS 仿冒呈现出独特的模式，其路径大多是生硬的直线，并且会不可思议地在一段时间内跨越陆地或水域。正常的船只路径则大多沿着海洋中的航线行进，路径参差不齐且移动缓慢（见图 8.6）。

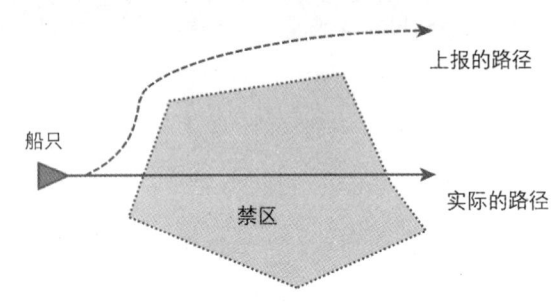

图 8.6　AIS 仿冒信号路径示例

以下是一些可能存在 AIS 仿冒的例子。

- 一艘海军舰艇正在执行一项绝密任务，它通过伪造 AIS 数据，使其看起来出现在了大洋彼岸的另一个港口。
- 一艘正在从事非法活动的船只，利用 AIS 仿冒使其显示在另一个地点。
- 在输油管遭到破坏的区域，岸上的收发报机正在广播一艘虚假船只信号，欺骗公众使他们相信事件是另一艘船所为。

全球导航卫星系统可以像 AIS 一样被欺骗。

2. 身份伪造

有时，对船只来说最好的混淆方法就是利用 AIS 进行简单的身份伪造。可以在 AIS 中篡改并广播详细信息，包括重量、目的地、名称、IMO 编号和 MMSI 等。如果我们只想将船名改为另一艘船，那就没有必要伪造船只路径。但 IMO 编号是赋予船只的唯一合法编号，因而伪造船只身份是非法的。

下面举例说明如何使用身份伪造。

- 船只 1 正在进行非法活动，它在活动期间伪装为船只 2 的身份，然后再切换回来。
- 海军舰艇会共享 IMO 编号，并经常在它们之间来回切换。这看起来像在仿冒舰艇路径，但其实是在伪造身份。
- 一艘装载非法谷物的货船改变船型并以渔船的模样出现，这样就没有人知道它在附近。
- 一个国家正在进行导弹发射，并希望混淆用于将导弹运到海上进行发射的平台及拖船的 IMO 编号。这些编号和名称随即被更改。

3. GNSS 干扰

GNSS 可能会被干扰，从而影响其运行。针对 GNSS 的干扰一般通过阻塞或掩盖卫星信号来降低或屏蔽其服务能力。对于所有接收 GNSS 广播数据的交通工具来说，干扰确实是一个特别困扰的问题。如果船只的导航系统受到干扰，可能会导致碰撞、搁浅，甚至驶入错误的专属经济区（EEZ）并引发地缘政治问题。如果飞机的导航系统受到 GPS 干扰，可能会导致偏离航线、造成事故或引起恐慌，因为它看起来像设备故障（见图 8.7）。

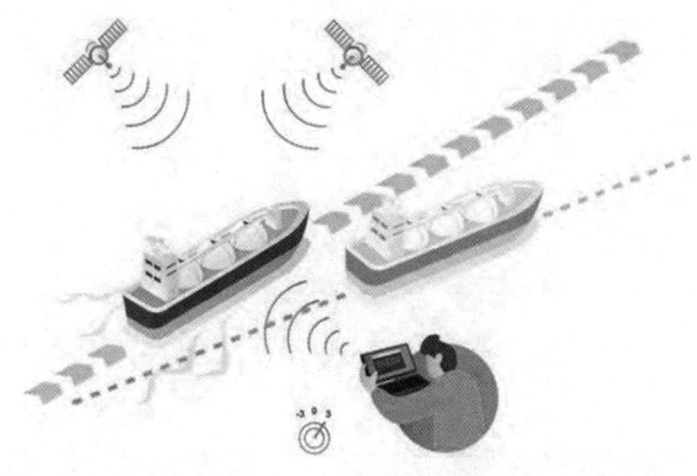

图 8.7　攻击者仿冒 AIS 信号

4. GNSS 劫持

GNSS 劫持是指对 GNSS 信号的截获和重放。攻击者在劫持 GNSS 信号之后，会在原有的接收频率上广播出去，由于其功率通常高于原始信号，所以会混淆船只的导航系统（见图 8.8）。GNSS 劫持可能会被视为一种仿冒行为，因为它们都传输了错误的船只位置，但不同点在于 GNSS 劫持对敌手来说相当容易完成。

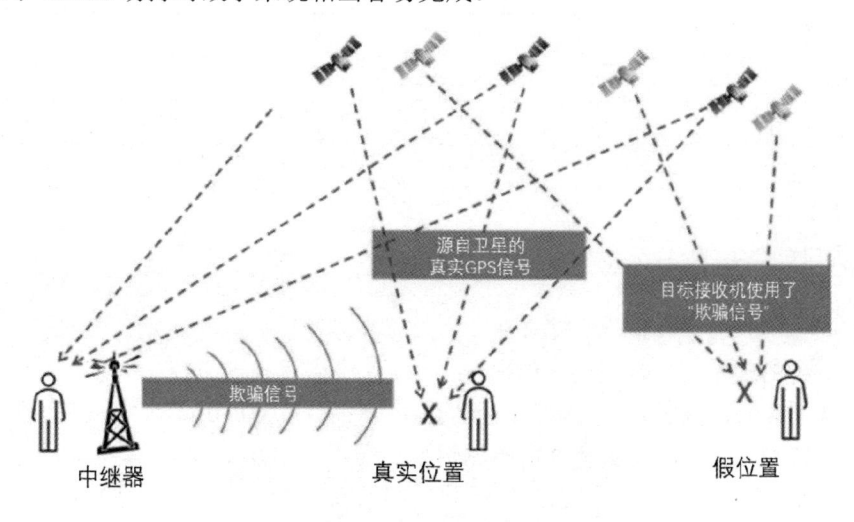

图 8.8　攻击者劫持信号

如果你想自己动手用树莓派制作 AIS 和 ADS-B 接收器，可以查阅 Raebaker 网站。

8.2 船舶

现在，我们将重点转到有关船舶本身的信息。

8.2.1 海事情报介绍

海上贸易是全球供应链中不可或缺的一环，它同时也为世界各地人们的出行作出了重大贡献，因而在地缘政治上具有重要意义。作为 OSINT 分析师，你一定想知道如何利用海事情报回答你所关心的问题。下面将展示如何识别和收集海上船舶、人员和乘客动向的信息。在开始之前，我们需要简单介绍海事方面的相关术语，以便让后面的工作更容易一些。

8.2.1.1 海事实体类型

以下是海事实体的类型：

船舶类型	其他类型
集装箱船	水下无人机
散货船	浮动驳船
油轮	海上平台
客船	防御墙/水闸
军舰/潜艇	浮标
近海船只	海底电缆
特殊用途船只	渔具/设施
渔船	近海风力发电
游艇	限制区（珊瑚礁、水库）
挖泥船	无人火箭回收平台（ASDS）
高速船	
滚装船	

8.2.2.2 术语

海事分析的工作之一是阅读历史报告、分析、合同和技术文件。如果缺乏对船舶构成的知识（见图 8.9），就很难跟上研究的步伐，更别提情报分析了。此外，只有在撰写报告时使用了正确的术语，才能更有效地影响情报的需求方。

- **A.** 船首：船舶的前部，用于在船行驶时切割水流。
- **B.** 船尾：船舶的尾部。
- **C.** 船员舱：船员住的地方。
- **D.** 船体：水线上下的船体部分。
- **E.** 干舷：水线以上的船体部分。

F. 吃水深度：船体浸入水中的部分。船舶装载的货物越多，吃水就越深，干舷就越少。

G. 舰桥：导航和掌舵的地方，导航设备监视器就在这里。

H. 前甲板：从前桅到船员舱的甲板部分。

I. 前桅：位于桅杆前的部分。

J. 龙骨：船底。

K. 螺旋桨：类似风扇的装置，通过旋转产生推力，推动船只前进。

L. 方向舵：由转向系统控制，通过左右转动使船舶转向。

M. 主桅杆：安装夜间导航灯，有时还安装雷达扫描器和电气设备。

N. 雷达扫描器：安装在主桅杆上，转动时会发出脉冲信号，被舰桥内的雷达接收器捕捉。

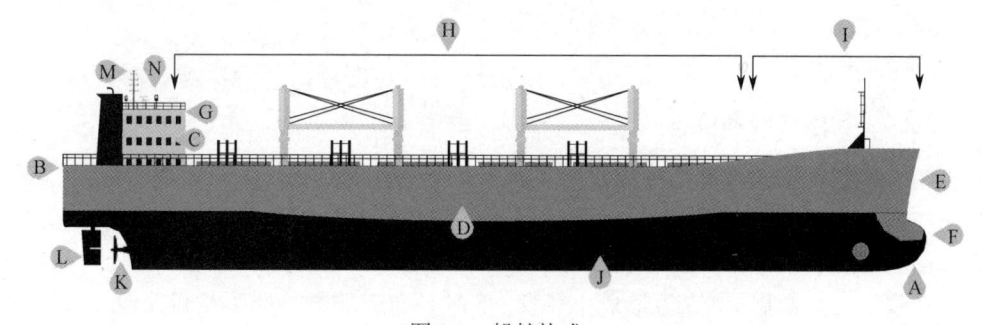

图 8.9　船舶构成

8.2.2　海事发现与分析

让我们从头开始。要理解当前的海事法规、活动和模式，我们首先必须审视它们背后的历史。在海事分析中了解历史背景非常重要，因为许多历史上发生的事件都是关键政治动机事件的结果。

传统上，船舶遵循一种被称为经济行为的操作模式，意味着它们的存在是为了执行一项工作，并因这项工作获得报酬。当一艘船舶偏离其航线，从而延长了行程，进而导致船东的利润损失，这是不正常的行为。这类异常行为对分析师来说是一个警示，值得深入挖掘。然而，当我们将背景因素考虑在内时，看似异常的现象也可能实际上是该地区的正常现象。在考虑了背景因素后我们可能会发现，船舶在某一区域或许为了避开海盗袭击而被迫选择绕行经济区的航线。虽然我很希望每个人都能去了解航海史，但我知道这通常是不现实的。我的建议是，在开始收集信息之前，花点时间去回顾一下某个区域的历史，并问自己一些问题：

- 该地区的主要冲突是什么？
- 这些冲突如何改变了该地区的贸易状况？
- 如何利用港口向该地区运送物资？
- 该地区船舶和港口的主要非法活动是什么？
- 该地区是海上活动的咽喉吗？

当然，进行海事信息收集的方法并不单一，应根据相关方的需求来确定从哪里开始。我整理了一份清单，列出了我在调查海事实体及其所有权时重点关注的事项：
- 船舶航道（当前/历史）
- 船舶交会
- AIS "黑信号"、丢失或异常活动
- 不经济的活动模式
- 改变身份和信息
- 所有权信息缺失或不存在
- 所有权信息（可用于拓线至商业情报）
- 中介信息（货运代理、代理商）
- 技术薄弱点
- 机组人员（可用于拓线至人员情报）
- 靠港/卸货

8.2.2.1　船舶航线和位置

船舶航线是指船舶或其他海洋实体在海上从一处移动到另一处时采取的路线。可以通过船舶广播的 AIS 和 GNSS 信号来跟踪船舶，这些信号将数据传输到卫星或海岸基站，其中详细描述了船舶的位置、重量和身份。如 Marinetraffic 和 Vesselfinder 等基于 Web 的分析工具会收集这些数据，并在互联网上免费、实时公布船舶的移动路线和其他细节。其"实时地图"功能允许你浏览全球范围内所有发出广播信号的船只，同时绘制它们的航线。船舶并不是唯一能够广播信号的海上实体，我们可以在分析工具中看到浮标和石油平台等导航辅助设备也会发送信号。实际上，分析船舶航线的最大障碍是历史信息。

在海事分析中，历史背景很重要。同样，船舶的历史轨迹也很重要。要找出哪些地方存在异常，首先必须获取船舶的历史航线，以便将其与目前看到的航线进行对比。但是目前还没有可供公众免费使用的船舶历史航线信息平台。

针对没有免费使用的船舶历史航线这一问题，弥补的办法之一是转向其他信息来源。以下是我在无法获得船舶历史航线情况下经常使用的一些方法。

- 利用新闻报道网站的公开信息确定航线：这种方法需要使用搜索引擎查找目标信息，包括船舶行驶的地点、终点、同行者等。此外，查看船舶所有者和经营者的网站也可以增加背景信息，其中的新闻栏目是重要的资源。
- 利用社交媒体寻找掌握航线详细信息的其他人员：就像通过搜索引擎查询人员一样，我们也可以通过社交媒体查询有关航线的线索。许多像我们一样的分析师通过免费或付费的工具进行着同样的工作，并在社交媒体上分享分析结果。虽然有必要对这些信息进行核查，但显然它们可以作为我们进一步分析的基础。
- 使用港口摄像头和船舶观测点：照片或视频可以提供可验证的证据，证明船舶或某个海上实体在某个地点。全球许多港口都有 Wi-Fi 摄像头，可用于查看来往船舶或装卸货物的情况。

8.2.2.2 船舶会遇

在船舶的日常行动中，经常需要与另一艘船舶会遇，以进行拖拽、维持治安、更换船员或转运补给品，即所谓的船对船（STS）转运。STS 转运本身并不表明存在非法活动；但是在某些情况下为规避制裁和混淆视听，STS 转运可以被用来运输非法货物。通过观察和分析 STS 转运情况，我们可以了解这类活动的模式，以及哪些组织为这些船舶提供补给、燃料或其他支持。

STS 转运主要是指两艘船舶在行驶或静止时并排停靠，以便将货物从一艘船舶转运到另一艘船舶。以这种方式转运的货物类型通常是原油、天然气、石油和鱼类等散装产品。STS 转运的原因之一可能是船舶太大而无法进入港口，因此需要将货物转运到能够快速穿越港口的较小船舶上。另一个原因可能是船舶遇到紧急情况，需要卸载货物，或者货物的所有者在航行途中发生变化，因此将货物转运到另一艘船舶上。

非法 STS 转运的动机可能是通过伪造文件，将货物（通常是石油）的原产地记录在另一个不受制裁的国家，从而规避制裁活动。要搞清楚这些行为背后的底层逻辑，一种方法是分析交易中的各方及他们的所有权结构。

识别 STS 转运有几种方法。首先，如果我们根据航线和时间长度（至少一小时）来判定两艘船舶存在会遇，可以尝试使用 EO 浏览器通过卫星图像进行验证（见图 8.10）。我们可以在地图上选择与对应航线相匹配的位置，并查看在该日期和时间是否存在卫星图像。其次，我们尝试在卫星图像上识别 STS 转运，并将当时处于该位置的特定船舶和航线进行关联。需要提醒的是，AIS 并非 100%准确，并且可以被仿冒，因此在得到证实之前，每个发现都只是一个假设。

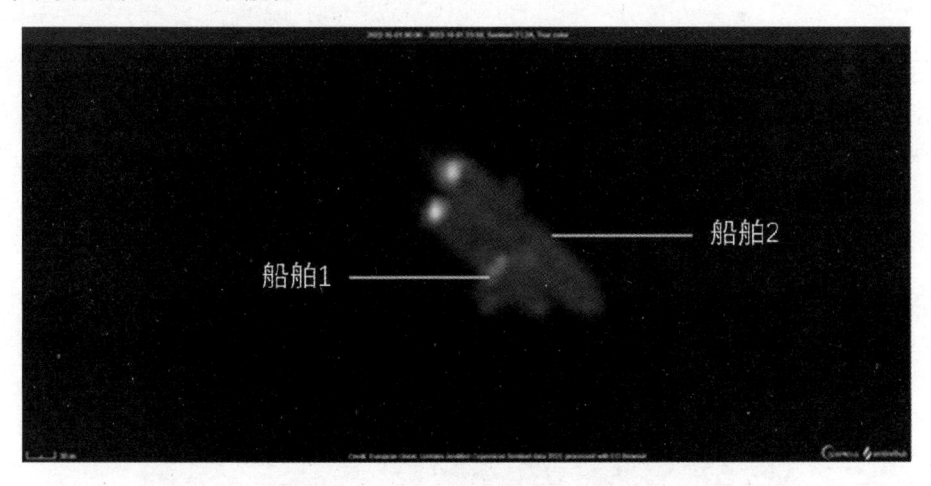

图 8.10　使用 EO 浏览器验证 STS 转运

从船舶航线和 AIS 信号来识别 STS 转运存在误差。例如，下面的几艘油轮看起来像在会遇，它们不仅距离很近而且位置精确得不可思议。但如果我们从卫星图像上看，可以发现这里实际上是伊拉克的石油装载点 Al Basrah 石油码头（ABOT）（见图 8.11、图 8.12）。

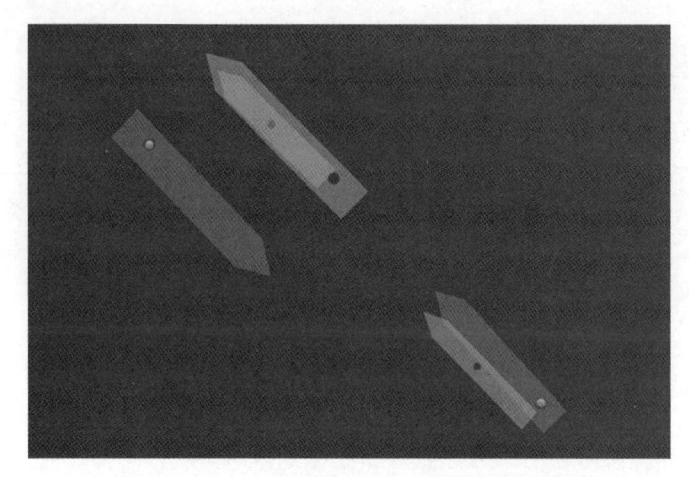

图 8.11　停靠在巴士拉石油码头外的油轮

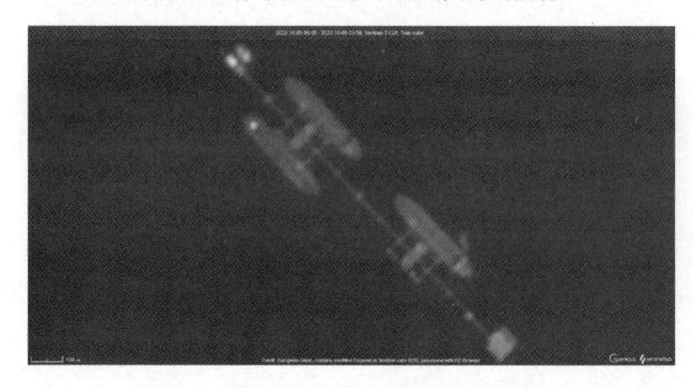

图 8.12　使用 EO 浏览器验证发现的油轮

另一种船舶会遇的情况是，海军辅助舰艇将燃料和干货等补给品转移到另一艘海军舰艇。在美国这种转移被称为海上补给（RAS）或航行中补给（UNREP）（见图 8.13）。还有一种补给方式是空中补给，我们将在本章有关飞机的部分讨论。

图 8.13　海上补给

我们很难跟踪到任何国家海军的舰船，为了安全起见，他们在执行关键和危险任务时会关闭自动识别系统。在遵循海事规则披露军舰行踪和保护美国军舰安全航行方面，没有两全其美的方法。作为一个经验法则，如果我们在某个公开事件中看到一艘船舶持续广播信号但另一艘船舶保持静默，那么大概率可以推断它们会遇在一起，我们可以使用卫星图像来确认。

船舶会遇也会出现在当一艘船舶拖拽另一艘船舶、对另一艘船舶进行维修或与船员互动时。例如，当海岸警卫队的船舶拦截另一艘船舶，当拖船推或拉较大的船舶进行维修，或者当它们拉着驳船进行火箭发射时，我们就会看到会遇，类似图 8.14 中所示的 NASA 飞马号驳船。

图 8.14　拖拽 NASA 驳船的船舶

8.2.2.3　靠港

大多数商船的正常经济行为是将货物从一个地点运送到另一个地点。船舶装卸货物和接送乘客的海上设施称为港口。美国网络安全和基础设施安全局（CISA）认为港口是关键基础设施（CII），因为它们"对美国至关重要，其能力丧失或被破坏将对国家安全、经济安全、公共安全或它们中的多项产生破坏性影响"。

现代港口通常是公路、铁路和航空多模式联合运输的集散中心，在经济中发挥着重要作用。港口内有码头或检查站，船舶在此进行记录和检查。企业可以租赁港口内的码头并成为码头运营商，开展如仓储、制革、干洗和汽油配给等其他业务。人们容易认为港口只是一个装卸货物的地方，但大型港口更像一个小城镇，其中许多公司为船员和船上的货物提供支持。每艘船舶都在一个合法的港口注册，因此也就有了相应的国籍和船旗。

当船舶驶向并停靠一个港口时，我们称之为靠港。我们通过分析，可以查出船舶的靠港港口、目的港、靠港之前/之后的重量、在港口内的时长，以及它遇到的任何其他船舶。因为港口情况复杂，船舶进入港口后必须靠泊或停泊。为了节省时间、防止延误，船舶会提前拟定靠港报告以便港口为其分配资源和空间。

航运船舶并不是港口中唯一的交通工具。海关和边防部门在入境口岸开展工作，对外国游客、回国公民和进口货物进行检查。海岸警卫队则积极巡逻、检查港口和水道，对其安全状况进行分析并开展执法。

尽管船舶通常提前数月编写靠港报告，但一般只有本周的靠港报告才会公开。分析师可以使用搜索引擎或港口官方网站搜索当前的靠港报告以收集关于进出港船舶的信息。如果幸运的话，还可以找到有关货物的信息。图 8.15 是 Mundra 国际集装箱码头的靠泊报告示例。可以看到它显示了日期、过去 24 小时内离港的船舶、即将抵达的船舶（包括名称、预计到达时间、服务和代理商），以及 ICD Pendency（印度海关等待清单）。但并非所有港口都公布靠港报告。

图 8.15　靠泊报告示例

港口也是练习图像和卫星分析技能的好地方。用卫星和港口摄像头捕捉船舶再合适不过了，因为船舶一旦靠泊，通常几个小时都不会移动。如果免费航线跟踪工具中显示有一艘船当前正在停泊或最近停靠过某个港口，我们就可以使用 EO 浏览器或搜索引擎找到网络摄像头来获取照片或视频（见图 8.16）。

图 8.16　来自鹿特丹亚马逊港西部的网络摄像头视频

情报分析技术对于观察港口、船舶的管理和业务情况也是非常有用的。

8.2.2.4 海事实体所有权和运营

在每批货物、每艘船舶的背后都有组织，它们拥有、运营并承包整个航运过程中的不同部分，其中每个环节都是调查者进一步了解目标的机会。正如在第 7 章"商业与组织情报"中介绍的，我们可以搜索合同、董事、所有者、组织结构等信息，有时还能找到非法活动的痕迹。以货物运输为例，下面是国际航运流程和相关的主要参与者。

步骤 1	进口商发出货物采购订单
步骤 2	货运代理，或进口商的代理人，负责安排货物的出口，船务代理人负责处理和运输货物。货运经纪人负责联系托运人和承运人
步骤 3	装卸工将货物装载到船用集装箱中，装卸工雇用码头工，并由港口码头运营商监督
步骤 4	托运人测量经核实的总重量（VGM），集装箱由海关清关
步骤 5	装卸工将集装箱装船，货运代理向收货人或在目的地管理货物的公司签发提单，提单是托运人和运输公司之间的合同和收据
步骤 6	在船舶载货清单申报上登记
步骤 7	货运代理向收货人发出到货通知，告知货物何时到达
步骤 8	进口商支付到货通知和提单涉及的资金
步骤 9	货物抵达港口，由收货人指定的报关行办理清关手续
步骤 10	货物由装卸工运走，收货人用卡车或铁路取走集装箱

这些信息看似与 OSINT 无关，但了解航运过程中的主要利益相关方，以及谁有可能为非法活动提供便利，对于分析此类活动非常重要。

分析海事实体所有权和业务的流程与传统领域的 OSINT 类似。这项工作在开始时可能是混乱无序的，因此一个好的做法是使用你喜欢的制图软件（如 Maltego CE）绘制逻辑关系图，首先确定你感兴趣的船舶或组织，然后利用合同信息确定合作关系、可能的货物运输、船运代理或港口运营商的名称及相关主体的身份。公开披露的文件是识别资金、合作关系和航线的好地方。船东网站通常会列出整个船队及装载能力、过往运输的大量详细信息，有时还会跟踪集装箱或船舶的路线。

一旦我们找到了相关组织，就可以利用 Open Corporates 等网站对其组织结构进行更深入的研究，以确定子公司、总部、代理商、联系信息及组织之间可能存在的联系。对这些方面逐一分析，应该可以发现一些有趣的、不正常的或非法的行为。对每个实体进行谷歌搜索以查找新闻报道、关联实体和相关船舶。我们还可以检查在 OFAC 制裁名单上找到的每项信息，并在谷歌上搜索"selector""sanctions"或"designation"以获取任何州和联邦级别的违规行为。

以下是一些潜在非法活动的例子：
o 逃避制裁
o 走私/贩运
  ➢ 武器
  ➢ 人

- 药物
  - 外来或濒危植物/动物
- 恐怖主义
- 核材料扩散
- 非法捕鱼
- 拆船
- 盗版
- 劫持
- 非法倾倒

8.2.3　海事关键基础设施及其脆弱性

在分析海事关键基础设施时，有若干系统及其对应的脆弱性需要留意。

海事领域的工业控制系统（ICS）是一个统称，包括监控和数据采集（SCADA）系统、分布式控制系统（DCS）和可编程逻辑控制器（PLC）等。以下是一些关键系统：
- 船舶
  - 发动机控制室
  - 进水检测
  - 舵
  - 舰桥控制台
  - 船舶安全系统
- 港口
  - 货物追踪系统
  - 岸基导航
  - 起重机
  - 港口安全
  - 自动化智能港口系统

海事 ICS 与世界各地的岸上系统没有什么不同（典型的船舶 ICS 见图 8.17），它们中也存在过时的操作系统、缺少防病毒软件、错误配置、不可控的第三方承包商等漏洞。攻击者可以通过现有技术以各种方式利用这些漏洞。如果 ICS 失效或被入侵，可能会导致灾难性的后果，包括船舶相撞、进水过多、导航或安全机制失效、港口和货物系统不堪重负等。如果港口规模很大，安全事件可能会扰乱全球供应链。

许多船上系统都与岸上系统相联并交互信息，使其面临被渗透利用的风险。如果船上的导航系统出现故障，船员可能会转而采用纸质海图和雷达等备份手段进行导航，导致发生碰撞或失去态势感知能力。

作为 OSINT 分析师，我们的任务不是利用这些关键基础设施的漏洞，而是为安全评估、红队或情报工作识别这些漏洞。我们可以通过合同、公开披露的信息，甚至机组人员在社交媒体上发布的演练视频来识别船上系统。在确定了系统名称、软件和版本号之后，我们就可以使用 NIST 国家漏洞数据库来查找特定系统中可能被对手利用的漏洞，并将其报告给相关方。

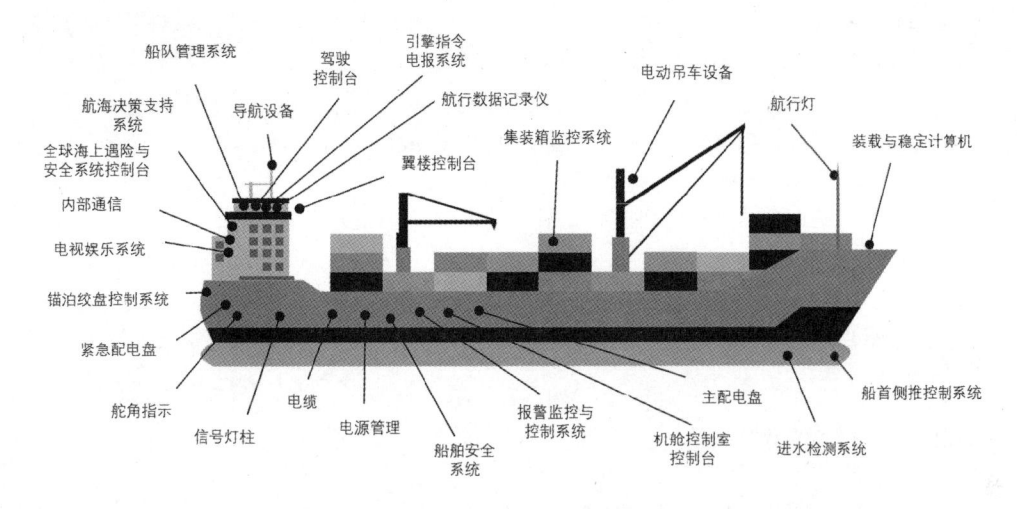

图 8.17　典型的船舶 ICS

还可以在 Shodan 或 Censys 等物联网搜索引擎上通过名称搜索相应系统。在下面的示例中，我使用了船舶上常用的甚小口径终端（VSAT）系统的型号作为关键字，它是一种双向卫星地面站，可收发数据、语音和视频。搜索"title:sailor900"，会返回所有连接互联网的 Sailor900 设备的结果，包括可用的开放端口和可能存在的其他漏洞。

现在开始讨论海中的系统。在过去的十年中，海底电缆和管道变得非常重要并成为破坏和爆炸的重点目标。海底电缆是铺设在海底的电缆，它承载着 95% 以上的国际通信数据。

战略与国际研究中心（CSIS）的一份报告中称，海底电缆很容易受到物理和数字攻击，其目的是隐蔽地切断军事通信，实施有针对性的互联网接入干扰，以及进行经济破坏。从数字技术角度上讲，这些电缆很容易被接线窃听或干扰，或者利用网络系统的漏洞实现流量分析。

我们分析海底电缆和管道的一种方法是借助公开可用的基础设施地图。Subtelforum 网站上的海底电缆地图是我的首选地图，它显示了海底电缆的位置、名称、长度、所有者、容量、着陆点和光纤对，并提供了海底电缆所有者网站的 URL。我喜欢这个网站胜过其他网站的原因是，它允许你根据实际在海洋中铺设电缆的相关船舶进行筛选。船舶过滤器显示了船舶的位置和其他自动识别系统（AIS）传输的详细信息。这使我能够轻松地转到船舶追踪网站，深入研究船舶航线，在制裁名单中检索船舶名称，从组织情报的角度对它们进行分析，或者对船员进行人员分析。

对于海上输油管道而言，哪张地图更适合分析取决于调查者感兴趣的区域。ArcGIS 提供管道尺寸、运输产品、所有者和管道状态，但其交互式地图需要订阅服务或开发人员账户才能访问。石油平台本身也存在与岸基系统类似的漏洞，我们可以通过搜索以下关键词在地图上搜索。

offshore platform map

船上的人员也是我们必须审视的薄弱环节。对船员和乘客的调查属于人员情报领域，我们可以对他们的背景、动机，以及有意或无意对海事活动造成危害的可能性进行评估。船员面临的最大风险是缺乏技术和安全实践方面的培训，以及在与其他开源数据结合下可能发生的信息泄露，这两种情况都使他们易于遭受攻击，而 OSINT 分析师可能更经常遇到后者。在船员上传的视频中，有可能公开了轮机舱和导航区域使用的技术和设备，载有敏感信息的纸张，甚至用便签纸记录的计算机系统密码。

8.3 铁路

铁路是另一种重要的运输方式，其中也隐藏着许多 OSINT 线索。

8.3.1 铁路情报介绍

铁路是一种全球通用的高效货运和客运方式。2020 年，美国 28%的货物通过火车运输。美国的铁路线路里程接近 14 万英里，其中包括 7 条一级铁路、22 条地区铁路和 584 条短线铁路。

- BNSF 铁路公司
- 加拿大国家铁路公司
- 加拿大太平洋铁路公司
- CSX 运输公司
- 堪萨斯城南方铁路公司
- 诺福克南方联合铁路附属公司
- 联合太平洋铁路公司

此外，货运铁路还加入了"国防铁路计划"（Railroads for National Defense Program），即超过 3 万英里的商业铁路线被列入战略铁路网，可用于人员和弹药运输。在特定情形下，这些铁路将被限定为军事运输用途。虽然美国拥有很多铁路轨道，但中国和印度每年通过铁路运送的乘客更多，据报道这两个国家 2019 年的火车乘客达到了 1.55 万亿人次。欧洲的火车公司利润丰厚，其中德国铁路股份公司不仅是欧洲，更是全球最重要的火车公司之一。欧洲主要的火车公司如下：

- Eurostar
- SNCF
- Deutsche Bahn
- Flix Train
- Trenitalia
- Italo
- Renfe

虽然随着时间推移，铁路业务在持续衰退，但它们在通勤交通和全球货物混合联运方面仍然发挥着重要作用，成为收集 OSINT 的理想来源。我们可以将人员情报、社交媒体分析、图像分析和地理空间情报、组织情报和海事方面已经学到的技能应用到铁路上，为情报问题找出答案。

8.3.1.1 铁路实体类型

以下是铁路实体的类型:

列车	铁路	其他
客运列车	重型铁路	火车站
机车	高速铁路	火车月台
公路铁路车辆	城际铁路	开关齿轮
火车轮渡	单轨列车	桥梁
高速列车	山区铁路	隧道
地区列车	传统铁路	多式联运设施
城际列车	多式联运铁路	
短途列车	机架导轨	
通勤列车	旅游铁路	
有轨电车	矿山铁路	
快速交通	军事铁路	
轻轨		
单轨列车		
气动车		
自动客运系统(APM)		
地铁		

8.3.1.2 术语

以下是需要了解的术语:

- 驾驶室:火车的控制室,里面有发动机控制器和乘务员;
- 牵引单元:带驾驶室和操作控制器的火车头;
- 放弃:货物遭受严重受损变得毫无价值,因而无法被接受;
- 承诺:将货物从一个承运人切换到另一个承运人,而不增加费率;
- 摘要:铁路货运用于收入分配的会计表格;
- 收费摘要:车站出具的货运账单报告,用于合计记录;
- 提单摘要:从装运提单中得出的报告;
- 收货:收货人收到货物的货运收据;
- 自动设备识别(AEI):在轨道旁用于扫描和记录货车(包括轨道车)侧面编码信息的系统;
- 代理:为托运人和承运人牵线搭桥的个人或组织;
- 自动区块信号系统(ABS):用于铁路与公路通信的一系列信号,将铁路线划分为不同的区块;
- 自动铁路道口:通过轨道上的继电器进行电子控制的铁路道口;

- 列车自动控制系统：列车内的自动速度控制或减速系统，在工程师未能对外界危险作出反应时进行紧急制动；
- 编组场：通过道岔将铁路货车按照它们的目的地进行分类整理，并将其送至正确轨道上的场地；
- 调车或牵车：将车辆编入完整列车或从完整列车上解编。

8.3.2 铁路情报的获取与分析

OSINT 调查者分析火车、铁路和火车站的原因有很多，铁路货运、员工、乘客、调度员和组织架构都值得关注。可以根据需求相关方提出的初步要求来界定工作范围，聚焦对案件更为重要的方面。分析铁路情报时，我们会关注以下信息：

- 列车路线
- 多式联运连接（船舶、卡车）
- 货运跟踪
- 隐蔽货运（走私、武器运输）
- 所有权信息（商业情报拓线）
- 传统图像（照片、网络摄像头、视频）
- 卫星图像

此外，不同类型的铁路场站也是深入了解铁路网络的切入点。列车使用称为编组场的枢纽来将车辆引导到正确的轨道上。编组场有不同的类型，包括平面编组场、重力编组场和驼峰编组场：

- 平面编组场：建在平坦或轻微倾斜的地面上，由机车将车辆推向轨道目的地；
- 重力编组场：建在倾斜的地面上，让车辆自行滚动到轨道目的地；
- 驼峰编组场：绝大部分建在平坦的地面上，有一小部分为略高的斜坡（称为"驼峰"），机车将车厢推到驼峰顶部，车辆随后自行滚动到轨道目的地。

8.3.2.1 铁路线路的视觉化识别

最早的火车爱好者是 14 岁的范妮·约翰逊（Fanny Johnson），1861 年她在伦敦韦斯特伯恩公园（Westbourne Park）旁的家中记录了经过这里的火车。火车爱好者也被称为铁路迷，他们以拍摄火车照片、录像和记录火车信息为业余爱好。多亏了这些铁路迷尽他们所能地对途经火车拍摄高质量照片，当我们尝试识别火车、铁路公司或特定位置时，这些照片成为我们分析工作的很好补充。

通过列车的标识、使用的配色方案及形状等视觉特征识别列车是最快的方法。即使是黑白照片，也很容易看出这两列火车的区别（见图 8.18）。

图 8.18 火车品牌示例

图 8.19 是一些铁路公司的标识。

铁路公司	标识	品牌颜色
美国得克萨斯州沃斯堡，BNSF 铁路公司	BNSF RAILWAY	黑色、橙色、黄色
加拿大蒙特利尔，加拿大国家铁路公司	CN	红、白、黑
佛罗里达州杰克逊维尔，CSX 运输公司	[CSX]	蓝色、黄色
德国柏林，德国铁路公司	DB	红色、白色
意大利罗马，意大利铁路公司	TRENITALIA GRUPPO FERROVIE DELLO STATO ITALIANE	红、灰、黑和红、白、绿

图 8.19　一些铁路公司的标识

发起 QuizTime 图片定位挑战的马克·克鲁格（Marc Krueger）在 2020 年 3 月发布了图 8.20 所示的列车图片，让大家回答它是在哪里拍到的。由于车身侧面没有明确的标识或名称，我们需要进一步挖掘才能知道这是什么列车，以及这可能是哪个站台。

图 8.20　QuizTime 的图片定位挑战

通过对这张照片的反向图片搜索，我们可以看到澳大利亚墨尔本卡内基车站有类似特征的列车车厢。在搜索引擎上搜索墨尔本卡内基车站的列车线路，可以找到一段视频，视频中有科盟和西门子两种型号的通勤列车。将这两种型号的列车并排比较，由于原图中车厢为圆形，所以我们可以明确指出问题中的列车是科盟公司的（见图 8.21）。

图 8.21　西门子和科盟列车

但墨尔本的车站有 218 个，数量太多。除非有必要，否则我们不可能逐个搜索。让我们尝试用图像分析来缩小范围，回答下面几个问题：

- 前景是什么？
- 背景是什么？
- 有地图标记吗？

前景：有趣的是，3 张照片中有两张前景里都有一条带图案的人行道。其外侧是单一颜色，内侧是橙黄相间的条纹。查阅图片后发现墨尔本的大多数火车站都有这种图案。

背景：背景中有一个弧形玻璃结构，可能是火车站的屋顶，还有一栋多层玻璃墙办公楼，顶部有一个卫星收发装置。

地图标记：无。

我并不打算一张张查看墨尔本火车站的图片，所以我在搜索引擎中查找：

Live rail maps Australia

我找到了提供列车实时信息的网站 Anytrip。放大墨尔本地区，只剩下两个车站，南十字车站（Southern Cross Station）和 Broadmeadows。

我在搜索引擎中查找车站的名字，在使用 Broadmeadows 关键词后，获得了一张带有橙色条纹人行道、弧形玻璃屋顶和带有玻璃墙的多层建筑的图片。我们仅仅使用了一张经裁剪的火车图片，并根据其品牌和颜色就准确定位出了照片的拍摄地点（见图 8.22）。

图 8.22　照片的拍摄地点

可以使用谷歌街景和 Mapillary 的快照功能定位某个位置或事物。在没有快照的地方，可以尝试使用其他信息来帮助分析。从列车内部拍摄的视频或图像可以帮助我们确定铁路沿线特定地点的朝向。由于列车路线很少更改，这种方法就成为缩小调查分析范围的可靠手段。在 Railcabrides 网站中有大量乘坐交通工具的视频，其中涵盖了关于地图、司机室正面视图和整个线路周边情况的影像，并可以根据地点、线路、车辆甚至天气来进行搜索。

另一种直观识别铁路车辆和车厢的方法是利用涂装编号（见图 8.23）。火车一般都有便于识别的名称和编号，名称可以通过对应国家的在线数据库查询，编号一般位于火车前部的车窗上方。我们可以在网上数据库中搜索这两项标识，进而了解相关火车的历史、使用地点和所有权变更等更多信息。

图 8.23 列车前部的涂装编号

火车车厢上的编号有多种名称。在英国，它被称为"列车报告编号"（Train Reporting Number）；在美国，它被称为"机车车辆识别编号"（Rolling Stock Identification Number）或"报告标记"（Reporting Mark）。目前这些编号还没有全球统一的标准，它们在历史上也存在差异，因此难以一概而论。下面的讨论以美国为例，但其他地方也有类似情况。在北美，报告标记表示列车的所有权，由美国铁路协会（Association of American Railroads，AAR）颁发，它由 125 个字母组成，其首字母与铁路名称的首字母一致。字母后面最多有 6 位数字，表示列车在编组中的位置。如果报告标记以"X"结尾，则表示该车为私营公司所有，"U"表示多式联运集装箱，"Z"表示拖挂式平板车。在网上很容易找到不同国家的列车序列号。

图 8.24 显示了编号为 SHPX462477 的车厢。使用搜索引擎搜索 SHPX，能够确定其所有者是 American Railcar Leasing，其旧名称是 Shippers CarLine（因此序列号的第一个字母是 S）。

8.3.2.2 铁路线路和时刻表

现在，我们已经能够通过标识和品牌来识别列车了。下面我们讨论轨道、线路和时刻表的识别方法。

图 8.24　列车车厢侧面的编号

8.3.2.2.1　分析铁路和线路的技巧

在很多免费访问且具有用户交互能力的地图中都包含了全球铁路系统，如 Open Railway Map，其中显示了铁路基础设施、每条线路的最高限速、信号类型、电气化和轨距等详细信息。我们还可以利用国家、城市、铁路线路和铁路历史地图来回答"从北到南向这个特定地区运送货物的是哪条铁路""目标人物最可能用于通勤的火车站是哪里"和"走私者最可能使用的线路是哪条"等问题。

使用铁路地图的好处是它们之中很多是交互式的，并能够跟踪列车实时情况。Geops 网站提供了一个实时列车跟踪器，它集成了公共交通和出行服务，以及换乘地图、车辆位置和其他信息。虽然一些国家的列车不在它的追踪范围内，但与其他地图相比，能在一个网站上找到几个国家的列车就很不错了。用户还可以实时观看列车在地图上的移动轨迹。

铁路地图和列车追踪可用于拓线并获取更多信息，下面举例说明：
- 利用街景图、Mapillary 地图或卫星图像可直观地看到列车或部分轨道；
- 利用社交媒体查找精确位置。比如，利用列车追踪、TikTok 或 Snapchat 查找沿途的某个地点。

8.3.2.2.2　分析列车时刻表、乘客和货物的技巧

与铁路路线密切相关的是列车的运行时刻表。时刻表并不难找，它们在火车站或铁路网站上很容易发现，但历史列车时刻表就有点难找了。这似乎取决于铁路公司，我知道德国联邦铁路公司允许搜索几个月前的历史列车时刻表。列车时刻表是公共数据，那么它们对分析师有什么价值呢？下面是一个时刻表在其中发挥重要作用的场景，调查者也可以采用人员情报等其他形式的 OSINT 方法。

在一起犯罪中，我们知道犯罪嫌疑人在犯罪当天乘坐了火车。通过列车时刻表，我们可以确定犯罪嫌疑人是否有完成犯罪的可能性。在 TravelTime 这样的网站中输入地点、时

间范围和交通方式,并结合更多信息来富化数据,我们就可以确定犯罪嫌疑人在既定时间内可以到达的区域。

大多数火车不是全自动的,需要有人操作设备才能使乘客或货物到达目的地。即使在全自动列车上,为了安全行驶起见也有一些员工留在列车上,但他们不负责操控列车。货运列车可配备一名负责驾驶列车的注册工程师、一名负责列车运行和安全的列车长(负责记录、维修、售票、连挂/摘解)和一名作为列车长助理的制动操作员。通勤列车上除了工作人员,还有乘客。

8.3.2.2.3 货运

铁路货运是供应链的一部分。基于车厢类型识别货物的内容,可以帮助我们预测货物的来源和去向。不同的货物内容可由 8 种类型的车厢承载:

- 箱式车:最常见的轨道车,有顶棚和滑动门,用于托盘装运和散装货物;
- 料斗车厢:从顶部装载,有侧门,用于转运盐、沙和煤等散装货物;
- 平板车:木制或钢制的开放式平板车,用于运载木材、机械、多式联运集装箱等大型货物;
- 油罐车:顶部装有阀门的管状车厢,可运输石油、化学品等液体;
- 敞车:两侧较低,顶部开放,用于装载砾石、废金属和废弃物等高密度散装货物;
- 卷材车:用于运输金属卷材和管材的圆柱形敞车;
- 冷藏车:专门用于将牛奶或冻肉等货物保持在所需温度;
- 特种车:为特定货物而设计的车厢,包括轨道石料车、侧翻式敞车和汽车运输车等。

追踪列车本身要比追踪车厢和货物容易得多。要追踪货物,需要知道集装箱编号及提单号、订单编号和运输公司。我们通常无法获得完整的信息,因此难以通过货物编号在线跟踪一列火车的装运情况。不过,我们可以将列车时刻表、公开信息、社交媒体和照片等数据源结合起来,对货物进行可视化追踪。

8.3.2.3 铁路实体所有权和运营

现在,让我们了解一下如何将铁路所有权和运营所提供的信息整合到我们的 OSINT 分析中。

铁路的所有权和运营可分为两大类:货运列车运输(一般为多式联运)和客运。在多式联运中,列车在运输、所有权和操作者之间有一些关联点,我们可以利用商业情报方法对铁路物流公司、短途运输和托运人进行分析。

步骤 1	如果货物通过国际运输方式抵达,则首先要通过转运、中转装卸或配送中心将货物从船上的集装箱转移到铁路车辆上
步骤 2	铁路公司会将集装箱从起运铁路货场运输到目的地铁路货场,或者运到最近的多式联运铁路场
步骤 3	然后将集装箱装载到卡车上,再由多式联运司机继续运输

- 多式联运营销公司(IMC):保持与一级铁路公司的合同关系,以获得大量设备和短途运输司机资源;

- **资产型多式联运公司**：拥有自己的车队和短途运输业务；
- **轻资产多式联运承运商**：既可使用铁路设备，也可使用部分自有设备；
- **经销商**：依赖资产承运商和 IMC 运输货物。

为了获得更多关于铁路和运营的背景信息，我们可以利用合同和企业业务数据库来确定铁路公司的所有权结构、合作伙伴关系、子公司情况及相关的决策权限。通过分析社交媒体和公开披露信息，我们可以获得相关的情况。

8.3.3 铁路关键基础设施和实体漏洞

正如海事系统一样，铁路系统也是由工业控制系统、SCADA 和 PLC 组成的，这些系统允许列车受人操控或自动运行。火车及其系统成为攻击目标的原因有很多，而且其现代化和数字化程度越高，就越容易受到攻击。为保障铁路系统的顺利运行，火车上、火车站内甚至铁轨旁都有许多铁路控制系统（火车上的 SCADA 和 ICS 系统见图 8.25）。铁路被视为关键基础设施，因为如果它受到干扰或破坏，就会对经济产生连锁反应。

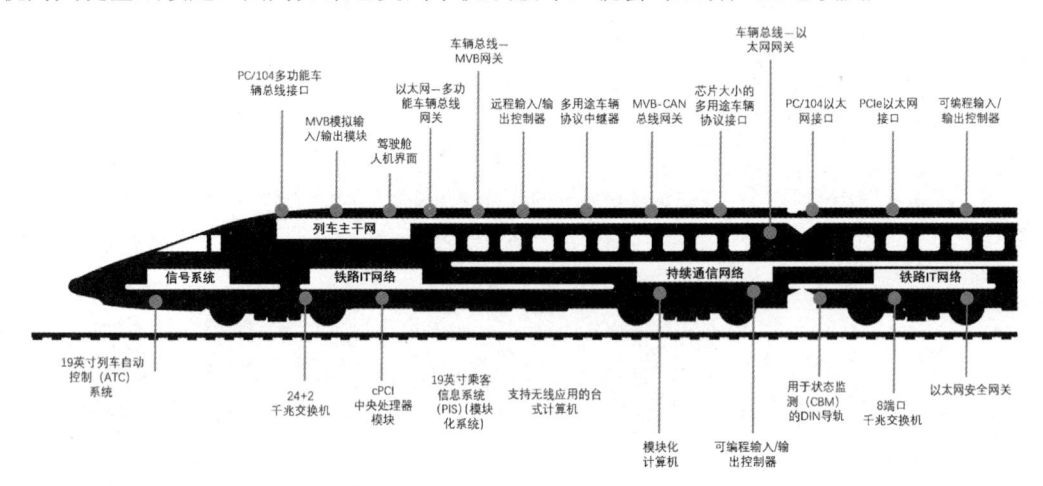

图 8.25 火车上的 SCADA 与 ICS 系统

在分析铁路系统时，我们必须考虑列车本身、轨道系统及车站内的系统。以下是一些重要系统：

火车：
- 联锁信号系统
- 列车安全系统
- 列车控制（PTC）系统
- 连续式列车控制（CBTC）系统
- 驾驶室信号灯系统
- 列车自动控制（ATC）系统

轨道交通：
- RFID 轨道侧 AEI 读卡器系统
- 物联网传感器（温度、振动、压力）系统

- 轨道控制和切换系统
- 路边设备系统

车站：
- 轨道车监控系统
- 轨道控制系统（站台、轨道、线路）
- 多式联运连接系统（货运监控）

根据 CISA 的说法，公共交通和客运铁路的关键基础设施包括"各类终端设施、运营系统及支持性基础设施，包括公交巴士、无轨电车、单轨铁路、重载铁路（也称为地铁）、轻轨、客运铁路和拼车/共享出行等客运服务"。美国有超过 138 000 英里的货运铁路线（包括为美国军方保留的）、133 万多辆货车和大约 2 万台机车。

列车上存在许多可能受到攻击的系统，其控制系统用于优化列车的速度、燃料消耗和各种转换操作。这些系统的组件执行多项重要功能，包括：
- 集中交通控制
- 与火车和路边单元之间的通信
- 列车控制技术（信号、编码电路、收发器）
- 位置监测或定位
- 用于调度的重要机载计算机系统
- 用于架空三轨供电的 SCADA 系统

列车中的安全系统可以将轨道状况和状态信息传达给工程师。遥控机车和高速列车这类无人驾驶的列车通过设备发射的无线电或红外信号进行远程操作。一些列车甚至配备了可以看到轨道上的汽车或人的传感器，可根据安全情况相应地调整速度。

调度中心 7×24 小时不间断运行以指挥和组织列车交通。中心内使用的集中交通控制系统各不相同，但都基于甚高频/超高频进行通信。调度中心还拥有一些自动化系统，如交通控制和智能列车调度系统，旨在保护工人安全，并对铁路交通进行导控。

就像控制系统一样，轨旁技术（见图 8.26）和桥隧技术是铁路安全畅通运营不可或缺的一部分。货运车辆通常都有 RFID 自动设备识别（AEI）标签，它们可以由轨道旁的读

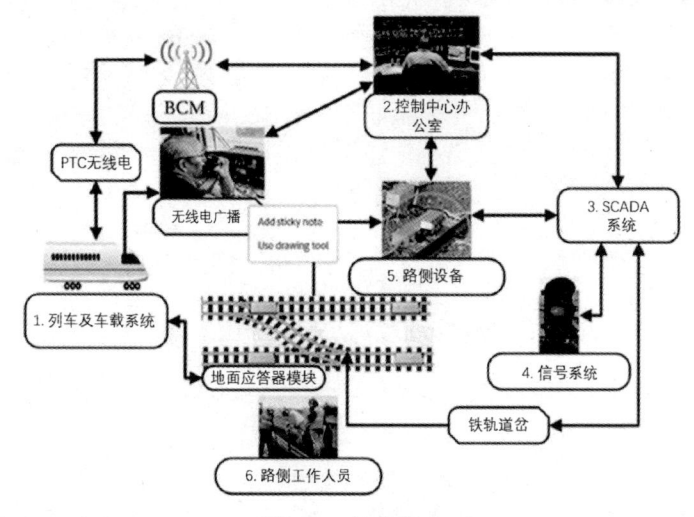

图 8.26　轨旁技术

卡器读取。合同生命周期管理（CLM）系统收集和共享这些数据以实现对货物的实时跟踪。桥梁使用无线电控制技术移动组件，以便列车进入。

通过 OSINT 视角对这些技术进行研究，并不是要对系统进行物理攻击，而是从中发现可能被攻击者利用的漏洞、收集有关信息，并将其报告给相关方。与其他系统一样，铁路系统也会受到默认口令、外部连接和错误配置的影响。对这些系统的潜在攻击实例如下：

系统	攻击	可能的结果
列车控制系统	远程控制列车，操纵传感器	延误、滞留、碰撞
自动停止系统	数据泄露	火车停错站，滞留
通信系统	信号操纵	碰撞，故障
公交系统	SCADA 系统被破坏	无法与设备通信，运行中断

有时还可以通过 Shodan 等工具在互联网上找到这些漏洞（见图 8.27）。

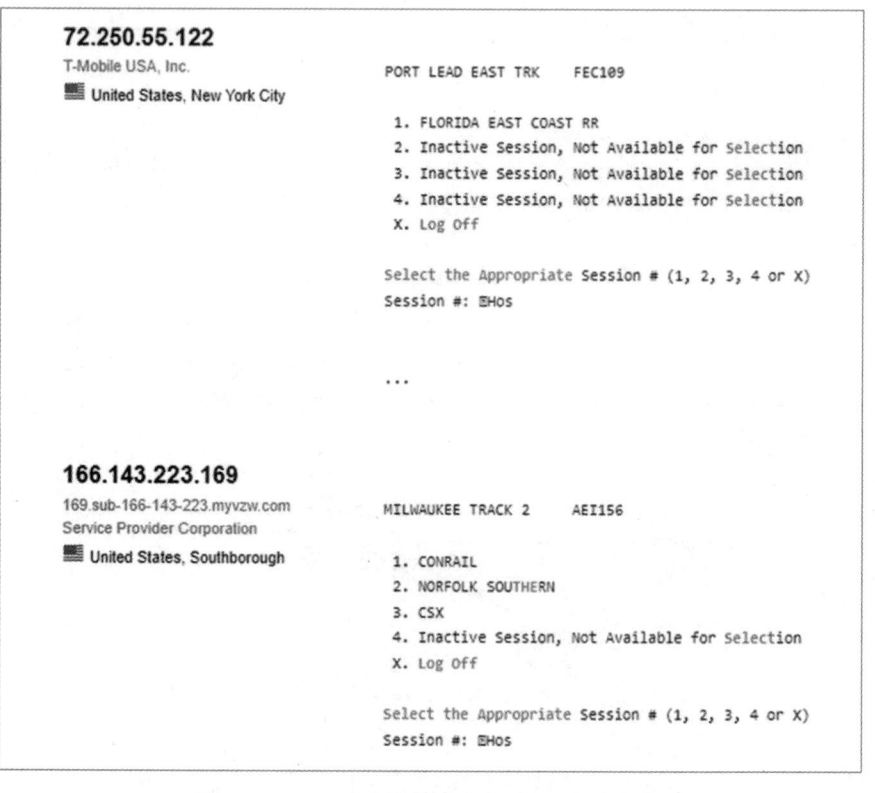

图 8.27　Shodan 对铁路系统脆弱性的搜索结果

历史上曾经出现过利用客运列车和火车站进行的恐怖袭击，如 1995 年造成 6 252 人受伤的东京沙林袭击事件、2004 年造成 2 050 人受伤的 10 起马德里阿托恰铁路同时爆炸事件、2016 年造成 200 人受伤的布鲁塞尔 Maalbeek 地铁站自杀式爆炸事件等。列车及其系统的安全是一项严峻的挑战，因为管理者难以不间断地检查和监控火车轨道的每个部分，许多国家要求铁路爱好者通过报告他们看到的异常行为来帮助维护铁路安全。一些铁路公司甚至专门设立了铁路安全计划，鼓励公众参与。

8.4 航空

与船舶和铁路类似，航空旅行和运输对全球经济至关重要。让我们来看看航空 OSINT 分析方法。

8.4.1 航空情报介绍

自 20 世纪古斯塔夫·怀特海德和莱特兄弟首次成功实现动力飞行以来，飞机出行已发展成为我们社会中不可或缺的交通方式。目前，美国每天发出 45 000 架次航班，其中许多是商用喷气式飞机。这些喷气式飞机以每小时 500～600 英里（804～966 公里）的速度在世界各地飞行，运送数百名乘客或者货物。全球很大一部分货运依赖于航空运输，如果按价值计算，航空货物运输占世界贸易的近 35%。我们看到飞机在机场上空往来穿梭；记者的直升机在交通事故上空盘旋，为电视台提供画面；商业飞机运送我们的邮件和我们从世界各地购买的产品；军用飞机为部队运送急需物资。航空运输与我们的社会紧密融合，这意味着有大量机会收集到飞机本身和飞机周围的信息。如果航空运输被敌对方有意中断、削弱或操纵，可能会产生毁灭性的后果。

从公开来源收集信息，往往是恶意利用的第一个步骤。了解在现实中可以找到哪些关于飞机、人员、乘客、航线和货物的信息，可以帮助我们更好地保护这一关键基础设施。以情报视角观察飞机和机场，我们可以识别人员和实体，建立活动关联模式，摸清商业结构和资产的直接或受益所有权，并跟踪飞机航线。我们收集的数据有助于回答各种研究问题和案例。首先，让我们来看看本书将讨论的三大类飞机：

- 商用飞机：主要指用于有偿工作的民用飞机。例如，观光旅游直升机、由摄影师操纵的在婚礼场地上空盘旋的无人机，以及运送数百名乘客的商用喷气式飞机；
- 私人飞机：此类飞机不适合于包机，是可以用于个人用途的，如客运和货运。这类飞机有私人喷气机、医疗直升机和个人轻型飞机；
- 政府飞机：这些飞机包括固定翼和旋翼飞机，供政府各部门使用，如武装部队、执法部门，以及联邦、州和地方政府办公室。这类飞机包括政要运输机、军用无人机、搜救飞机和战斗机等。

了解飞机的类别有助于我们更有效地开展针对性分析。在前面关于海事和铁路情报的章节中，我们看到这些领域收集和分析的很多信息最终印证了我们发现的线索。

军用飞机对于跟踪和分析全球地缘政治事件和动向而言不可或缺，它们能近乎实时地识别并发回数据。尽管严格说来与军事无关，在过去两年中，飞行员、公民和执法人员向美国联邦航空管理局报告的无人驾驶飞行器目击事件显著增加，每月都有 100 多起报告。

了解飞机的类别可以帮助我们快速识别其潜在用途，是用于商业、政府还是私人目的。

掌握现有特定类型的飞机及它们的部件和系统的名称，有利于提出关键字，进一步缩小分析范围。

8.4.1.1 飞机类型

飞机	其他
无发动机（滑翔机） 例如： ■ Air100 Arsenal	无人机 例如： ■ 固定翼无人机 ■ 单旋翼无人机 ■ 多旋翼无人机 ■ 固定翼混合动力 VTOL ■ 业余无人机
单引擎飞机 例如： ■ Cessna Skylane ■ Beechcraft Bonanza ■ Piper Cherokee	太空飞机 例如： ■ X-37B
多引擎飞机 例如： ■ Piper Seminole（双引擎） ■ Dassault Falcon（三引擎） ■ 波音 747（四引擎） ■ Antanov AN-225 Mriya（六引擎）	旋翼飞机 例如： ■ 直升机（单旋翼） ■ 直升机（双旋翼） ■ 自转旋翼机 ■ 旋翼式复合型飞机 ■ 转旋翼滑翔机
单引擎水上飞机 例如： ■ DeHavilland Turbo Beaver	动力升力飞机 例如： ■ 波音 V-22 鱼鹰
多引擎水上飞机： 例如： ■ 两栖浮筒式航摄机	

8.4.1.2 典型喷气机的部件

图 8.28 显示了典型喷气机的部件。

需要了解的术语包括：

- 副翼：飞机机翼后缘外侧的铰接部分，可进行调整以方便倾斜和转弯；
- 驾驶舱：驾驶员和机组人员所坐的靠近前部的区域，内有控制飞机的仪器；
- 升降舵：靠近飞机尾部的铰接部分，用于控制飞机的俯仰或横轴运动；
- 喷气发动机：用于推动飞机前进并使其获得足够的速度升空。飞机最多可安装 6 个发动机；
- 襟翼：飞机机翼后缘内侧的铰接部分，活动时可增大或减小表面积，以获得更大的升力；
- 机身：中空的飞机主体，用于容纳机组人员、乘客或货物；
- 起落架：在起飞、着陆、滑行和停放时为飞机提供支撑。可以是轮子、浮筒和滑板等各种设备；
- 机鼻（雷达罩）：飞机前部的锥形罩，其形状可最大限度地减少阻力，并保护气象雷达等敏感设备；
- 方向舵：位于垂直尾翼后缘的可活动飞行控制面，用于控制垂直轴的偏转；
- 前缘襟翼：机翼前缘的可伸展升力装置，可在低速时增加升力；
- 扰流板：机翼顶面的铰链式飞行控制面，展开时可减慢飞机速度或帮助下降；
- 稳定器：垂直尾翼和水平尾翼上的可移动控制面，用于保持飞机直线飞行并防止俯仰；
- 机翼：一种流线型的鳍片，在空中快速移动时可产生升力。

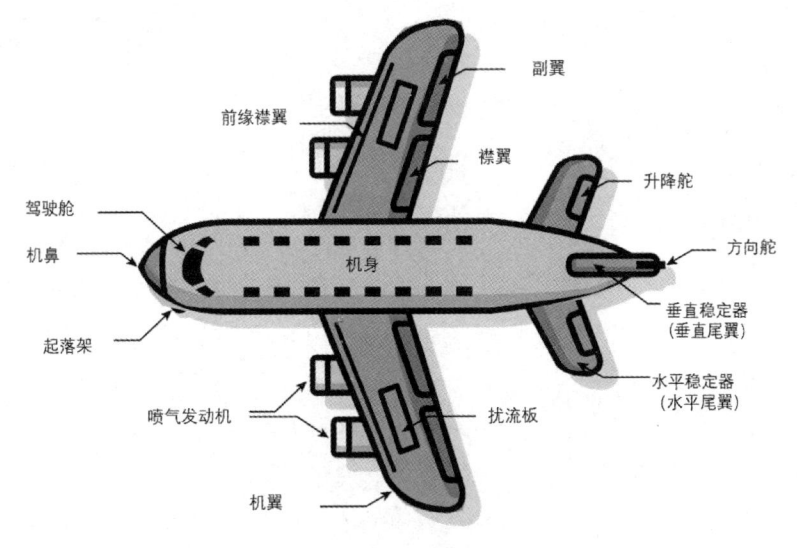

图 8.28 典型喷气机的部件

8.4.1.3 飞机和航空旅行术语

- 空中交通管制（ATC）：在控制塔内通过雷达和应答机对飞机进行监控的专家系统，通过组织空中交通为飞行员提供支持，确保飞机位于指定空域内并防止碰撞；
- 候机厅（航站楼）：机场内旅客购票、托运行李和登机前安检的区域；
- 联邦航空管理局（FAA）：美国交通部下属负责管理和执行航空器制造、运营和维护标准的组织；
- 飞行记录器（黑匣子）：飞机内鞋盒大小的电子记录装置，用于对事件或事故进行分析；
- 登机口：机场航站楼内乘客登机的区域；

- 国际民用航空组织（ICAO）：根据《国际民用航空公约》成立的联合国机构，主要负责空中交通协调、空域管理、飞机注册、安全和可持续发展；
- ICAO ID：分配给飞机的唯一的 24 位地址（"十六进制代码"），用于识别使用 Mode-S 应答机的飞机。地址可以用十六进制、八进制或十进制表示。数字范围由国际民用航空组织管理并分配给各国，通过适当的国家途径（如美国运输部）进一步在国内分发。通过识别相邻数值范围的特征，有助于确定哪些人拥有未在公开资料中列出的飞机。例如，美国空军的代码通常以"AE"开头。因此，以 AE 开头的代码地址可能由美国空军、海军、海军陆战队、海岸警卫队或陆军运营；
- 机长（PIC）：飞行过程中，航空器安全和操作的最终负责人；
- 跑道：一个明确的供飞机起飞和降落的位置，通常是由泥土、草地、沥青或混凝土建成的条状区域；
- 跑道编号：根据跑道的罗盘方位，在跑道上标注 1 至 36 的编号；
- Squawk 代码：用于识别不同飞机的从 0000 到 7777 的四位数代码，与模式 A、C 和 S 应答器配合使用。有些 Squawk 代码被保留，用于紧急情况和其他重要通信；
- 停机坪：为维修人员、登机和下机的旅客及机组人员预留的区域；
- 应答机：通常是飞机驾驶舱内的一对冗余电子设备，用于传输静态识别信息和动态飞行数据，为其他飞行员和空中交通管制员提供态势感知；
- 甚高频全向测距仪（VOR）：一类短程导航系统，当飞机接收到无线电信号时，可帮助飞机确定其位置。战术空中导航系统（TACAN）是一种类似的信标系统，主要用于军用飞机。

8.4.2 飞机的识别和分析方法

现在我们已经牢牢掌握了飞机部件和术语知识，这些知识对于从公开来源收集信息非常有用，接下来，让我们学习如何识别和分析飞机实体。

观察飞机的飞行轨迹，可以发现一些线索、规律。所有飞机都必须遵守空管局的飞行模式规定。除此之外，个人飞机的轨迹可以揭示某个人居住的地点，商用飞机的轨迹可以透露哪些客户频繁进行货物运输，而私人飞机则可能暴露政治家和名人的秘密度假地点。同样，这种推理也可以应用于乘客和机组人员，他们会在固定的工作时间飞去开会，在晚上和周末回家与家人团聚。当我们将这些模式识别和地理定位技术结合起来时，就可以开始讲述有关一架飞机的故事了。下面是我在研究飞机时查找的典型信息：

  ○ 飞机标识
  ○ 机队记录
  ○ 航空登记
  ○ 飞机呼号
  ○ 应答器信号丢失或异常
  ○ FAA 登记通告、飞行限制区域通知
  ○ 中介信息（货运代理、代理商）

- 飞行模式或异常飞行路径
- 国际民航组织十六进制编号
- Modex 编号
- 所有权信息
- 乘客和机组人员
- 非经济活动模式
- 座椅布局
- 序列号（MSN）
- 尾号
- 视觉确认（社交媒体、飞机观测器）
- 系统脆弱性

8.4.2.1 飞机识别

世界各地对飞行器的监管机构各不相同，在美国，飞机由 FAA 监管。FAA 管理航空旅行，为飞机和人员授权，制定机场标准，并在商业航天器发射或重返大气层期间保护美国的资产。与 FAA 职能相同的类似机构还有欧盟航空安全局（EASA）、德国联邦航空局（LBA）和日本民航局。这些监管机构要求飞机必须有特定的标识和注册信息才能在其空域内合法飞行。我们可以使用这些注册信息及其他视觉和物理标识来识别相关飞机。

8.4.2.1.1 飞机注册代码（N 编号）

根据国际公约规定，注册代码是包含在飞机注册证书中的唯一代码。在飞机运行期间，必须始终将注册代码保存在飞机内，同时张贴在所有民用飞机的外部。尽管这个代码在飞机的使用寿命内可能会改变，但它一次只能在一个司法管辖区注册。许多国家还要求将注册代码印在永久性防火板上，并将其安装在机身，以便在火灾或坠毁后识别飞机。

在美国，注册代码被称为 N 编号，因为它以 N 开头并跟着 1～2 位数字和 1～2 个字母，总共最多 5 个字符。在图 8.29 中，飞机的注册代码为 F-BCNL，我们立即知道这不是一架美国飞机，因为它不是以 N 开头的。通过搜索引擎快速查询，我们得知该飞机在法国注册。有关全球国家飞行器注册的前缀列表，可查阅美国 FAA 网站上的第 1 部分：国籍标志，7340.2L。

军用飞机通常不使用注册代码，而是使用机尾代码和序列号。但政府拥有的非军用飞机除外。

8.4.2.1.2 呼号（Call Sign）

飞机呼号的来源各不相同，一般飞机的呼号是从注册代码（N 编号）或机尾代码中衍生出来的唯一标识符。在美国，呼号使用国际民用航空组织（ICAO）的音标字母表，以避免因字母发音相似而出错。虽然大多数飞机有单独的呼号，但美国每个商用飞机公司也为飞机注册了呼号，通常是由指定的公司名称加上航班号组成的。不过，有些公司使用与品牌相关的独特呼号。例如，印第安纳波利斯的共和航空公司（Republic Airlines）借鉴了"印第 500 英里大赛"中的赛道名"Brickyard"来表示其呼号，而全美航空公司（US Airways）在与美国航空公司（American Airlines）合并之前被称为"Cactus"，因为他们的总部位于亚利桑那州的凤凰城。有关航空公司呼号的数据库可在 123atc 网站中找到。

图 8.29　飞机注册代码（照片由 Daniel Eledut 在 Unsplash 上拍摄）

我们可以将呼号作为关键词，并用它来搜索数据库和查询搜索引擎，进而找到有关飞机的更多详细信息。此外，在收听空管通信时呼号也很有用，有助于快速识别他们所指代的飞机。

8.4.2.1.3　品牌/型号

就像汽车可以通过品牌和型号（具体车型）来识别一样，飞机也可以通过制造商的名称和型号来识别。例如，赛斯纳 172 Skyhawk 由赛斯纳飞机公司制造，型号为 172 Skyhawk。利用徽标、型号名称、涂装方案和外形等标识，我们就能够在图像中识别出飞机的品牌和型号。在军事领域，由于各国都使用自己的指代系统（如美国的 Modex），因此识别方法也不尽相同。

8.4.2.1.4　制造商序列号

制造商序列号（MSN）是在制造开始前就赋予飞机的一个独特代码。该序列号用于识别飞机上的特定制造部件（如机身），并指定其适航性。每个制造商都有不同的 MSN 格式，但一般都是递增式编号。军方使用 MSN 来唯一地标识其飞机，它印在飞机的垂尾或方向舵上，可以在 FAA 网站上进行序列号查询（见图 8.30）。MSN 对于质量控制非常重要，在发生事件或事故时可用于追溯飞机部件，因为部件缺陷可能是灾难发生的原因。

8.4.2.1.5　非注册标记

识别飞机的一个直观方法是通过机身、机头或机尾外部的商业标识。飞机的品牌颜色和徽标通常很大，在处于低空时从地面也能看到。品牌标识远比注册代码更容易识别，因此了解一些较大航空公司的颜色和品牌标识对于分析很有帮助。幸运的是我们不必死记硬背品牌标识，通过搜索"红、蓝、黄""品牌"和"飞机"等关键词，我们就可以找到这些品牌标识，并在搜索引擎的"图像"选项卡上核对找到的结果。

图 8.30　Stephanie Klepacki 在 Unsplash 上拍摄的照片

徽标是飞机的另一种标记形式，主要用于军用飞机，用于识别飞机所属的国家、军种和部队。与品牌标识一样，徽标通常位于机身两侧、机翼顶部和底部、尾翼和方向舵上，但位置和外观可能有所不同（见图 8.31、图 8.32）。有关当前和历史上军用飞机徽标的详细列表，可通过搜索引擎查询或在 Military-history.fandom 网站上找到。

图 8.31　美国西南航空公司的飞机品牌
（LukasSouza 在 Unsplash 上拍摄的照片）

军用徽标外圈为深色，中间为白色，内圈为深色，代表法国。OH 机场代码表示 1957—1958 年，驻扎在科伦坡–比哈尔基地的 5/72 轻型支援飞机中队

图 8.32　Daniel Eledut 在 Unsplash 上拍摄的照片

8.4.2.1.6　Modex

Modex 由 2～3 位数字组成，它是美国海军和海军陆战队的飞机编号，用于标识中队任务和中队内具体飞机的身份。它通常涂在机头、尾翼和襟翼上。如图 8.33 所示，尾码

是 FF，下方是 192d FW。FF 指第一飞行队或第一战斗机联队，192d 代表 192D（第 192）联队，该联队是美国空军弗吉尼亚航空国民警卫队的一个作战单元。

尾码 FF Modex 编码 192d FW

图 8.33　Todd Macdonald 在 Unsplash 上拍摄的照片

8.4.2.1.7　飞机名称

飞机名称可以由个人指定，如果是客机则按照公司惯例来命名。商用飞机的名称和非正式昵称通常是地标、城市或地区标识，如"飞行袋鼠"。个人和私人飞机通常以机主的兴趣爱好命名，而军用飞机则因其可识别特征而被冠以绰号，如"疣猪"和"毒蛇"。现代飞机的名称通常印在机头位置，而"二战"中老飞机的昵称则醒目地印在机身上。如果飞机已注册，那么其名称是一个可搜索的关键词，反之则可使用反向图像搜索，借助飞机观测员记录或公开披露的信息进行分析。

8.4.2.1.8　形状和特征

可以利用飞机的形状及其部件来识别它们。美国军方飞机视觉识别方法的首字母缩写是 WEFT，分别代表机翼、发动机、机身和尾翼各自使用的部件配置情况。合理使用这些符号能帮助我们缩小查找范围，进而正确地识别飞机（见图 8.34～图 8.48）。

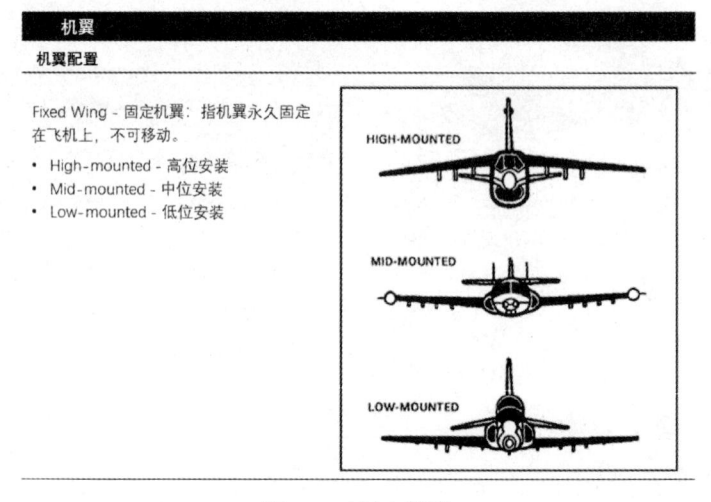

图 8.34　固定机翼

可变机翼：指机翼可以从高到低角度进行转换。

- High-mounted - 高位安装
- Mid-to-low-mounted - 中低位安装
- Low-mounted - 低位安装

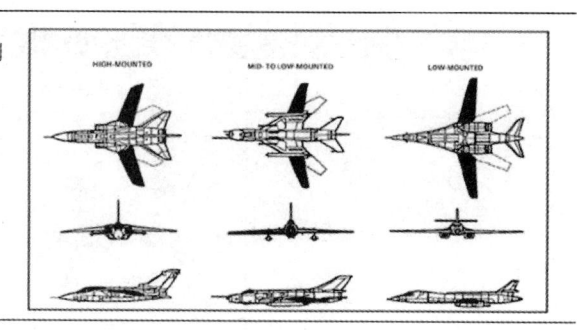

图 8.35　可变机翼

旋翼

- Single – 单旋翼
- Dual – 双旋翼
- Coaxial – 同轴双旋翼

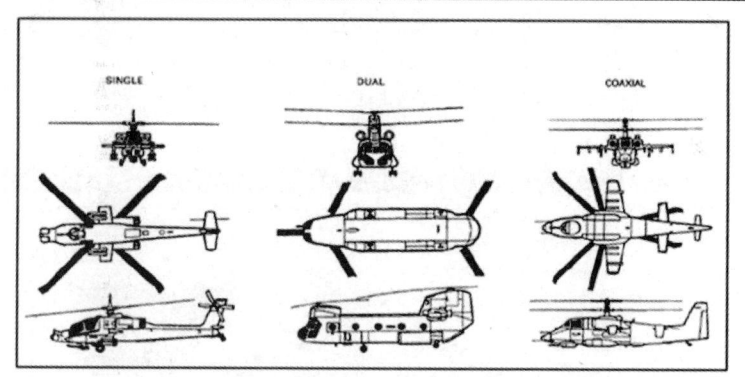

图 8.36　旋翼

机翼收缩

机翼宽度逐渐向翼尖收缩的不同形式：

- Untapered - 无收缩
- Forward Tapered - 前收缩
- Swept-back - 后掠
- Backward Tapered - 后收缩
- Diamond Shaped - 菱形
- Swept-back and Tapered - 后掠且收缩

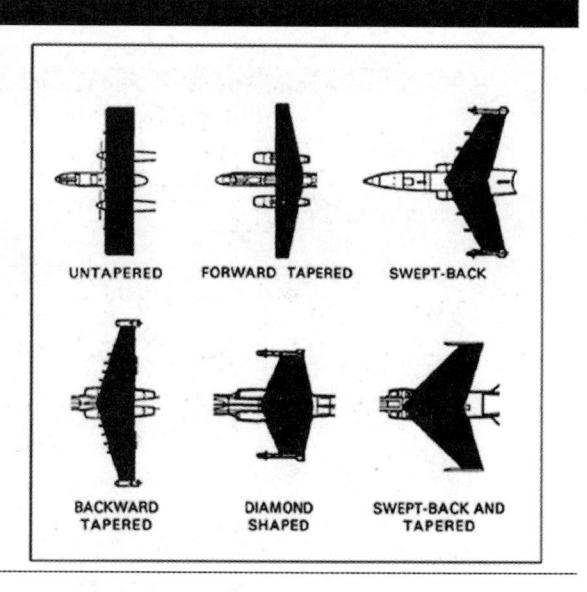

图 8.37　机翼收缩

翼形

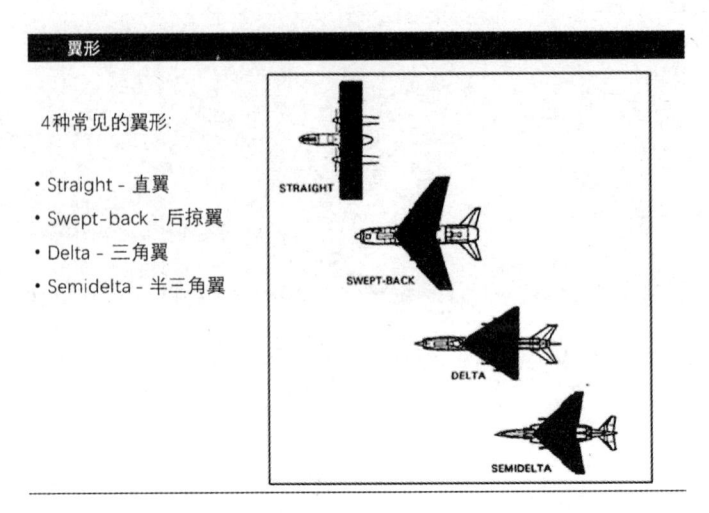

4种常见的翼形:

- Straight - 直翼
- Swept-back - 后掠翼
- Delta - 三角翼
- Semidelta - 半三角翼

图 8.38　翼形

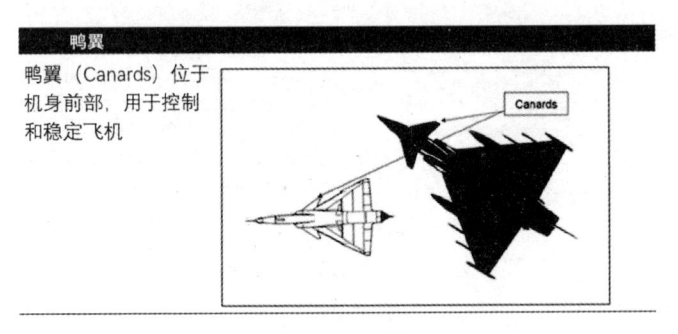

鸭翼

鸭翼（Canards）位于机身前部，用于控制和稳定飞机

图 8.39　鸭翼

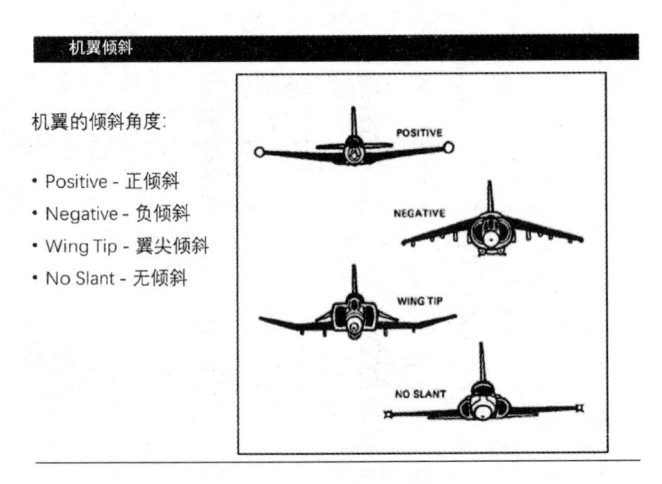

机翼倾斜

机翼的倾斜角度：

- Positive - 正倾斜
- Negative - 负倾斜
- Wing Tip - 翼尖倾斜
- No Slant - 无倾斜

图 8.40　机翼倾斜

发动机

喷气发动机

发动机安装在机身内部或与机身一体化：

- Single-engine - 单发动机
- Twin-engine - 双发动机
- Three-engine - 三发动机
- Four-engine - 四发动机

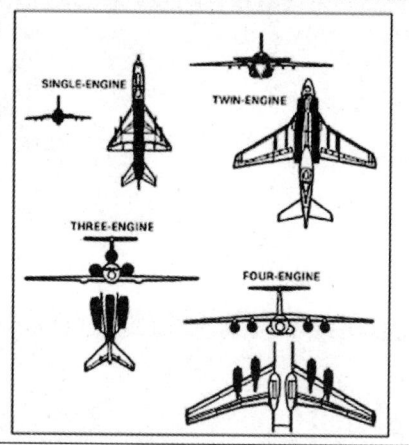

图 8.41　喷气发动机

螺旋桨驱动

发动机安装在机头（单发动机）或机翼前缘（多发动机）：

- Single-engine - 单发动机
- Twin-engine - 双发动机
- Four-engine - 四发动机

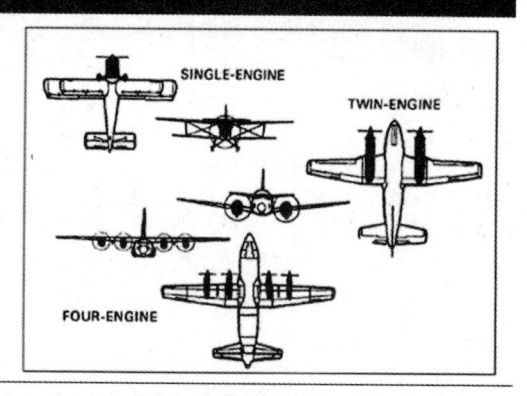

图 8.42　螺旋桨驱动

机身形状

机身的3个主要部分包括：机头、中段、尾部和尾翼。4种主要的机身形状：

- Thick (Wide) - 厚型（宽体）
- Rectangular (Boxed) - 矩形（盒型）
- Tubular (Round) - 圆柱型（圆形）
- Slender (Tapered) - 纤细型（锥形）

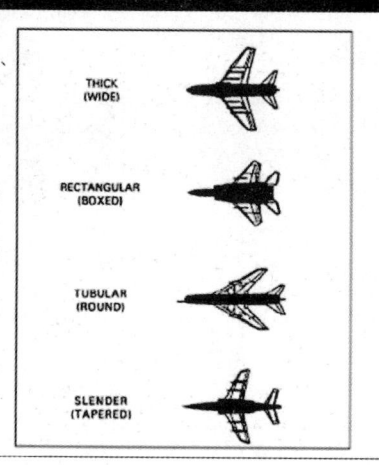

图 8.43　机身形状

座舱罩形状

3种驾驶舱座舱罩的形状示例:

- Stepped - 分级型
- Flush - 平滑型
- Bubble - 泡泡型

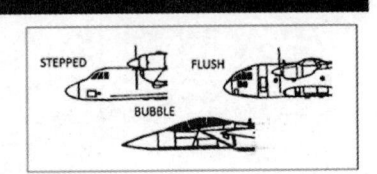

图 8.44 座舱罩形状

尾翼数量

单尾翼和多尾翼的4种示例:

- Single - 单尾翼
- Double - 双尾翼
- Triple - 三尾翼
- Quadruple with Radar - 四尾翼带雷达

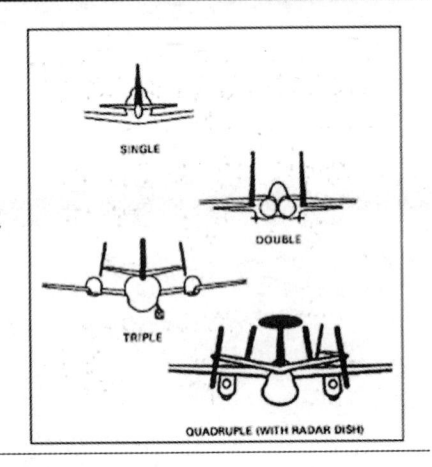

图 8.45 尾翼数量

尾翼形状

尾翼位于机身的尾部,以下是尾翼形状的几种示例:

- Round tip - 圆形尾端
- Blunt tip - 平钝尾端
- Curved tip - 弧形尾端
- Equal taper with square tip - 等比例收缩带方形尾端
- Back taper with square tip - 后收缩带方形尾端
- Swept-back with blunt tip - 后掠带平钝尾端
- Round - 圆形
- Oval - 椭圆形

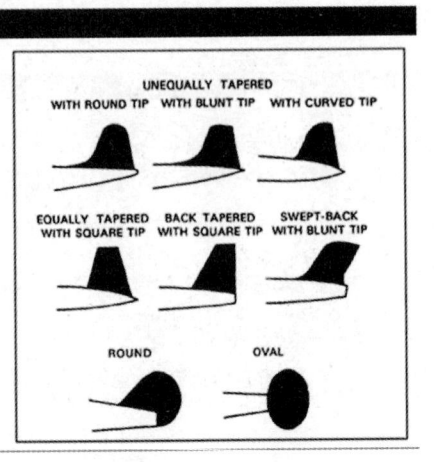

图 8.46 尾翼形状

水平尾翼设计

水平尾翼位于机身尾部，以下是尾翼设计的几种示例：

- Back tapered with square tips - 后收缩带方形尾端
- Back tapered with round tips - 后收缩带圆形尾端
- Equally tapered with blunt tips - 等比例收缩带平钝尾端
- Unequally tapered and swept-back with square tips - 不等比例收缩且后掠带方形尾端
- Equally tapered with square tips - 等比例收缩带方形尾端
- Delta-shaped with blunt tips - 三角形带平钝尾端
- Rectangular - 矩形

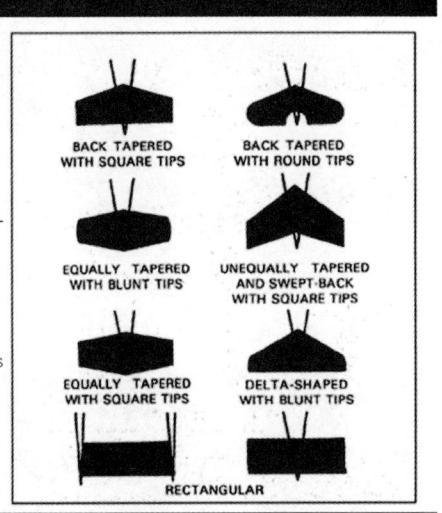

图 8.47　水平尾翼设计

水平尾翼位置

水平尾翼的位置与机身的位置有关，以下是不同位置的示例：

- Low-mounted on tail - 尾部低位安装
- Mid-mounted on tail - 尾部中位安装
- High-mounted on tail (T-tail) - 尾部高位安装（T型尾翼）
- Low-mounted on fuselage - 机身低位安装
- Mid-mounted on fuselage - 机身中位安装
- High-mounted on fuselage - 机身高位安装

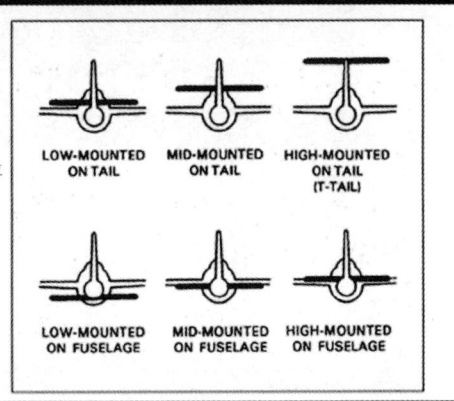

图 8.48　水平尾翼位置

现在让我们以 3 张飞机照片为例，基于它们的视觉特征为识别分析提供背景信息。如图 8.49 所示，该机中置机翼且无倾斜，有 4 个喷气发动机，机头似乎是分层的。

图 8.49　Kevin Hackert 在 Unsplash 上拍摄的照片

如图 8.50 所示，该机高置机翼，无倾斜，双螺旋桨发动机，单个高置尾翼且尾翼是平的。

图 8.50　照片由 Gerhard Crous 在 Unsplash 上拍摄

如图 8.51 所示，该机中低置机翼，后置且呈锥形，半三角翼，带有鸭翼和气泡式座舱。

图 8.51　照片由 Jatin Singh 在 Unsplash 上拍摄

无人机（UAV）根据机翼和旋翼分为 6 类：固定翼、三旋翼、六旋翼、单旋翼、固定翼混合 VTOL 和四旋翼。可以利用它们的轮廓来尝试识别（见图 8.52）。

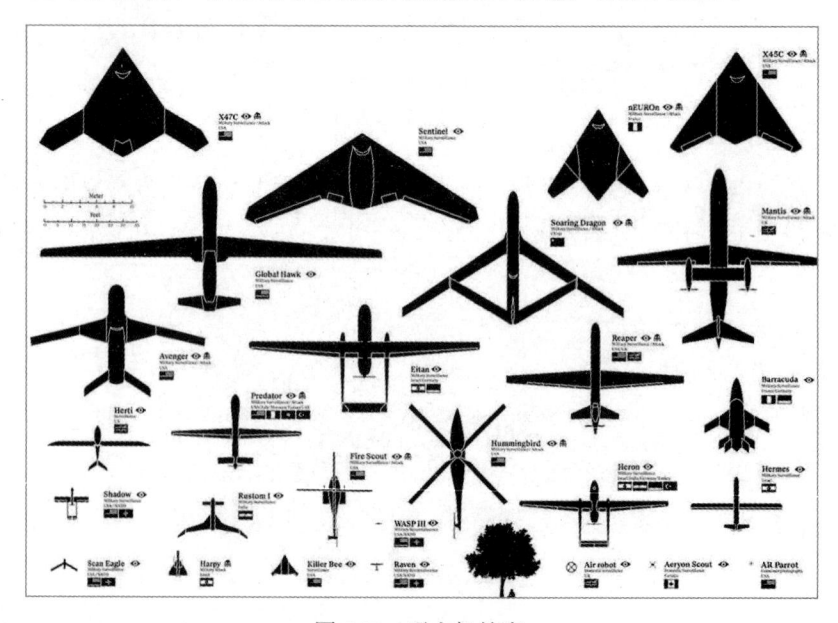

图 8.52　无人机轮廓

下面是 3 种无人机的示例，它们的外形特征和轮廓各不相同（见图 8.53～图 8.55）：

图 8.53　DJMavic2 四旋翼飞行器

图 8.54　MQ1 掠食者无人机

图 8.55　哨兵无人机

8.4.2.1.9　其他关键视觉标识

飞机的整体形状是典型的识别特征，同时飞机部件的形状和配置也可用于识别飞机的品牌和型号。例如，机身上出入口的数量和位置、发动机外壳的设计及驾驶舱窗户的形状等（见图 8.56～图 8.58）。

图 8.56　波音 747 驾驶舱

图 8.57　土耳其航空公司发动机

我经常使用航空爱好者贡献的数据库来匹配飞机图像，并收集额外的细节和背景信息。航空爱好者喜欢提供他们钟情的飞机的详细信息，包括照片、视频、新闻和当地目击情况等。一些爱好者甚至会关注飞机的特定细节，比如，记录他们发现的所有飞机或仅是他们喜欢品牌的飞机的注册号。Planespoting 是知名的飞机发现数据库之一，由于其粉丝众多，可以在社交媒体上关注他们的标签"#planespotters"以获得更多信息。

图 8.58　全日空–波音 747-8 型梦想飞机

航空爱好者通常在机场及周边拍摄照片和视频，因此他们可以获得高分辨率的飞机特写图像，有时这些图像还是从多个角度拍摄的。在无法利用飞机应答器数据对飞行路线进行追踪时，航空爱好者数据库也是有用的资源。如果我们能在飞机主动"消失"的时候拍到它的照片，我们就能在应答机无法定位的情况下核实它的位置。

8.4.2.2　飞行路线和位置

飞行路线是通过飞机或地面站 VOR（甚高频全向信标）发出的位置识别信号绘制而成的路线，这些信号在飞机起飞、飞行和降落期间对其进行追踪。与海事和铁路运输实体的通信方式类似，飞机也需要向地面站传输定位和高度信号，以确保安全和避免碰撞。

FlightRadar、ADSBExchange 和 FlightAware 等工具会收集并分析飞机发射的信号，并通过交互式平台以近乎实时的方式显示飞机路线的细节信息。ADSBExchange 与其他站点不同，它是一个由航空爱好者运营的平台，因此我们可以免费访问其大部分功能。该平台通过 ADS-B 和 MLAT 数据来获取飞机位置，其使用的地图基于 Open Street Map，用户可以在全球范围内定位和缩放，查看当前区域正在发射信号的飞机。使用 ADSBExchange 的另一个好处是，它不会像其他平台一样屏蔽军用飞机（尽管军用飞机可能会使用假 ID），也不会对飞机应该在哪里做出预测。

许多飞行跟踪平台都出售 USB 接口的软件定义无线电接收器，业余爱好者可以将其安装在树莓派计算机上，在连接天线后就能跟踪附近的航班了。平台网站使用这些"馈源站点"收集飞机的位置信息，并使用多点定位技术（称为"MLAT"）对飞机进行地理定位。需要 4 个时间同步的"馈源站点"才能在三维空间对飞机位置进行多点定位（实施三角测量必须有 4 个站点）。我制作了一个 FlightAware 树莓派接收器，用于跟踪往返于附近机场的航班。拥有一个接收器的最大好处是只要你的转发器处于活跃状态（能实时传递数据），许多平台都会为你的账户免费开通所有权限。

不幸的是，虽然使用这些平台能够实时跟踪航班，但获取历史跟踪数据仍然需要付费，而这对于单个研究人员来说可能太昂贵。作为一名调查者，拥有历史飞行数据的主要好处是能够分析一段时间内的飞行路径，对其进行比较并寻找异常。加拿大研究顾问和飞行跟踪爱好者 Steffan Watkins 建议，只在需要时才付费获取历史数据，并以最低成本直接从数据所有者那里购买。无论你是购买历史数据还是使用免费的实时数据，都需要注意一些异常活动的迹象，这些迹象会影响你的分析。

Watkins 认为，在监控飞机航线时，应注意以下一些异常情况：

- 在某州注册的飞机突然进行国际飞行；
- 应答器信号消失，然后在不同的位置重新出现；
- 进行身份操作（错误编号 ABCD1234）；
- 从精确定位传输（ADS-B）降级为不提供经纬度数据的传输（Mode-S）。

值得注意的是，与大多数卫星和无线电传输跟踪一样，我们看到的异常情况并不总是等同于非法活动或有意混淆视听。应答器信号的消失可能只是设备故障，奇怪的路径可能表明有紧急情况需要快速改变方向。

8.4.2.2.1 监控和分析飞机航线的技巧

在实时地图上找到飞机似乎相对容易，但要理解它们的动向、所受限制和行为还是有一些技巧的。首先了解一下可以从飞行跟踪平台获取的基本信息：

- 名称
- 呼号
- 十六进制代码
- 类型
- Squawk 代码
- 对地速度
- 海拔
- 位置
- 信号源
- 照片
- 航空公司标志
- 出发/到达城市

8.4.2.2.2 检查不同的飞行跟踪平台

我们知道，飞行跟踪平台一般从世界各地不同的馈源位置获取数据。但如果一个地区只有一个平台的馈源，那么该地区的飞机将只出现在该平台上。请注意，低空飞行的飞机往往不会被接收器发现，这可以用于隐蔽位置。

8.4.2.2.3 利用社交媒体查找研究类似信息的其他同行

Twitter 上到处都是做航空 OSINT 分析的优秀分析师。你可以借此提升自己的分析能力，找到新的线索。关注一些在你感兴趣的航空情报领域从事 OSINT 研究的分析师，你可能会找到窍门，获取本来需要付费才能获得的卫星图像和飞行路径。可以试着搜索特定的飞机名称、编号或制造商/型号，建立一个按地区或项目分类的 TweetDeck 来组织研究工作，创建信息板以快速查询新加入的数据。

8.4.2.2.4 利用机场摄像头和飞机拍摄点一睹飞机风采

许多机场和高速公路都安装了联网摄像头，用于交通报告、天气预报和常态感知。取决于它们距离机场的远近，我们可以使用这些摄像头捕捉飞机接送乘客、在跑道上滑行、着陆或起飞的图像。网络摄像头记录的图像能够帮助我们核实世界各地飞机的位置。要查找网络摄像头，我们可以使用谷歌搜索"机场名称"和"网络摄像头"，或者使用 Windy 等网络摄像头网站。

8.4.2.2.5 利用新闻报道和网站中的公开信息确定航线

我们可以利用从航空公司、各类网站、文件，甚至消息中披露的信息来还原可疑的飞机航线细节。

8.4.2.2.6 按机场搜索航班

我们还可以通过传统的机场追踪方式，获取飞行跟踪平台以外的更多信息。Airportia 是一个按航空公司、航班号或热门航线搜索航班的网站（见图 8.59）。按机场查询可为我们跟踪的航线提供更多信息，包括预计到达/出发时间、航班是否延误或取消、出发和到达登机口等。

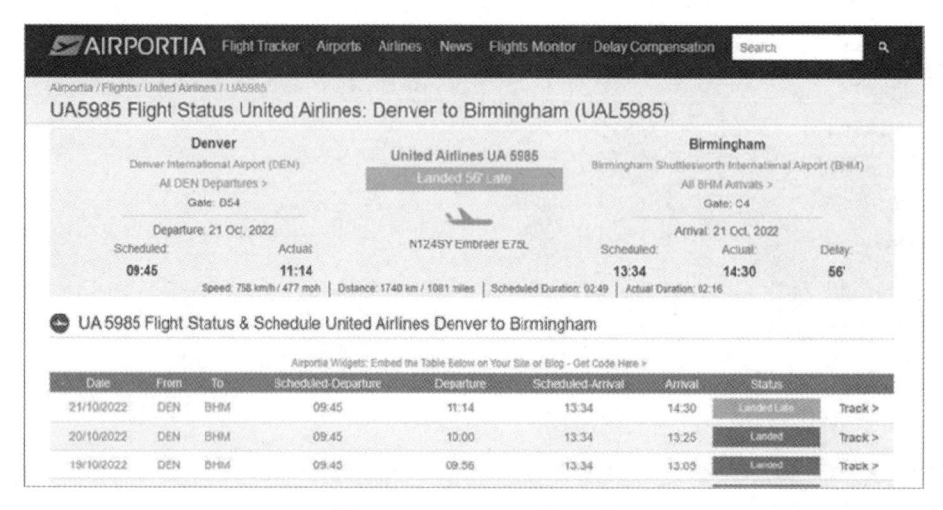

图 8.59　Airportia 网站界面

8.4.2.3　限制显示的飞机数据和私有国际民航组织地址列表

如果飞机在限制飞机数据显示（LADD）列表中，则意味着飞机数据仅供 FAA 使用，不向第三方（包括飞行跟踪服务提供商）开放。FAA 有一个专门用于 LADD 的网站。在此，飞机可以注册并进入 LADD 列表中。但除非添加了 FAA 的来源屏蔽功能，LADD 将只对经由 FAA 获取的航班信息进行屏蔽，第三方仍然可以访问飞机的 ICAO 地址。在另外一种情况下，飞机可以注册私人 ICAO 地址（PIA），以便在 ADS-B 信号传输中广播，而它不是真实的 ICAO 地址。换句话说，LADD 可以避免飞机数据被看到，而 PIA（仅限美国）为飞机提供了一个假身份，但不能阻止接收器获取飞机数据。要搜索 LADD 列表，我们可以使用 Laddlist 网站，输入尾号或呼号查看它是否已被屏蔽（见图 8.60）。

飞机被列入 LADD 或 PIA 名单有多种原因，其中一些是不合法的。许多政客、教会等有影响力的人物或团体所拥有的飞机都被列入 LADD 名单以掩盖位置，让公众无法跟踪飞行去向。

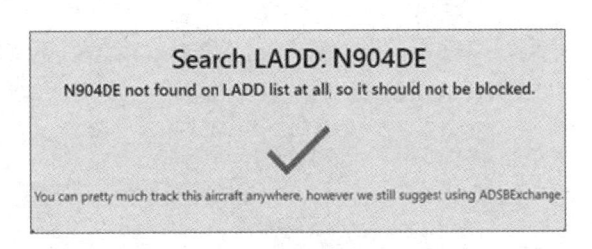

图 8.60　LADD

8.4.2.4　货物追踪

空运是世界范围内邮件、军事和紧急物资、商业货物，甚至包括毒品和武器等非法货物的主要运输方式之一。货物可以直接从一个机场运到另一个机场，也可以将飞机用于多式联运中的其中一段。在大多数情况下，除非拥有空运提单（AWB）号码即货物追踪号码，否则很难追踪到具体的货物。在办理货运时，AWB 号码会出现在货运标签和账户中，但这一信息不容易通过开源情报获取。如果得到了 AWB 号码，则可以使用 Utopiax 网站进行搜索，否则只能试试从铁路和海运等多式联运的部门获得的其他 OSINT 数据，看看能否从中得到有关买家和收货人的信息。对于已公开报告的货运活动，调查者可以在公司网站、合同、新闻和社交媒体上找到有关实际货运和计划运输的信息。

8.4.2.5　飞行任务通告（NOTAM）

根据 FAA 的说法，NOTAM 是"为参与飞行活动的人员提供必要信息"的通告。换句话说，它们用于提醒飞行员和机场注意航线和地点存在的潜在危险。通告内容包括关闭的跑道、成群的鸟类、军事演习及有重要人物乘坐的航班。在美国，我们可以通过 FAA 网站上的 FAA NOTAM 来搜索和查看当前的商业和私人 NOTAM。该搜索功能可以按航线、地理位置和地点进行查询，允许按日期排序，甚至还提供搜索结果的存档。事件和事故引发的临时飞行限制（TFR）也被列在 NOTAM 和 FAAA 的 TFR 名单上。

不幸的是，除非调查者熟悉关于天气、云层和其他限制的所有缩略语，否则很难读懂航行通告。幸运的是，FAA NOTAM 提供了飞行任务通告的基本翻译功能（见图 8.61）。

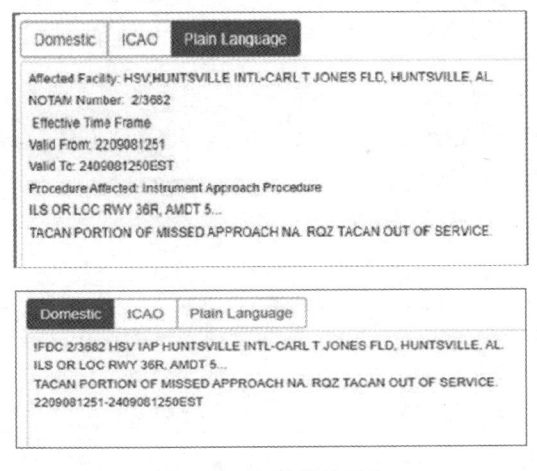

图 8.61　飞行任务通告

在 FAA 网站上，我们可以使用国防互联网通告服务（DINS）查询空军、陆军、海军、海军陆战队等发出的国防通告。DINS 提供北大西洋航迹、太平洋航迹和特别通告等高级通告功能（见图 8.62）。

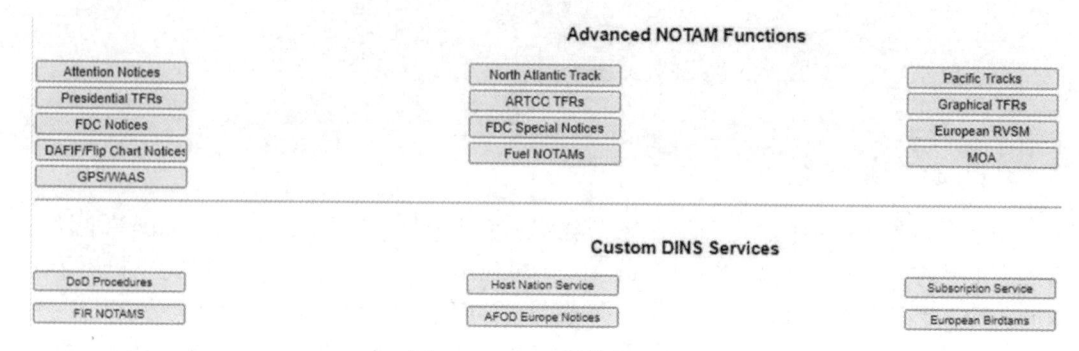

图 8.62　DINS 提供的通告

全球各地都在使用飞行任务通告以确保飞行员、乘客和地面人员的安全。绝大多数飞行任务通告也发布在网上，可以通过相关国家的官方来源找到它们。挪威 UAS 与 Safetofly 网站合作开发了一张交互式地图，其中显示了航行通告、空域和限制区域。

8.4.2.6　空中交通管制通信

通过甚高频（VHF）和超高频（UHF）航空波段收音机、扫描器，或者像 LiveATC 这样的网络或 App 播放器，可以收听飞行员和空中交通管制之间的通信。LiveATC 允许用户按机场或空中交通管制中心（ARTCC）代码，或按照频率（如 124.400Mhz）搜索空中交通管制信号。与航班跟踪类似，这类平台服务使用馈源站点接收覆盖范围以内的数据，因此如果没有人在相关区域提供数据，就可能无法收听到通信信号。对于 OSINT 分析师而言，实时播报的价值在于可以提供无法以其他方式获知的公开信息和背景情况，名称、航线、位置、关注点、货物和目的信息都可能在通信中被提及。使用在本节中学到的飞机术语对于理解空中交通管制通信有很大帮助。

8.4.2.7　空港（Aerodrome）

在没有铺装跑道和机场的时代，飞机的着陆区通常是一片草地，起飞和着陆方向受限。空港的面积更大，飞机可以在所有方向起飞和降落。随着时间的推移，大多数草地被机场、空军基地、起落场和简易机场取代，"空港（Aerodrome）"成为它们的统称。虽然现在这一称呼很少使用，但在世界许多地方它仍然是专业术语。

8.4.2.7.1　机场

机场是飞机起飞和降落的地方，一般有跑道、建筑物，以及供乘客和机组人员使用的设施。机场可分为地区机场、国家机场和国际机场。

机场可以申请全球唯一的国际航空运输协会（IATA）代码，这是特定机场的规范名称，也可以拥有国际民航组织（ICAO）机场代码、FAA 位置标识符（LID）及世界气象组织（WMO）气象站代码。

机场是 OSINT 收集的好地方，机场的建筑物及其与世界旅行的相关性都带来了充沛的信息。以乘客和机组人员为重点的人员技术可用于检查社交媒体账户并建立目标的生活模式。我们可以从乘客的社交媒体帖子中，了解到他们旅行的具体细节，如出发城市、目的地和停留时间等。每时每刻连接到机场 Wi-Fi 的手机数量也很多，我们可以从捕获的 SSID 和 MAC 地址中收集大量信息。如果需要调查航线，我们可以使用商业情报技术来研究谁拥有这家航空公司，谁从中获利，以及哪些子公司从属于其企业结构。我们甚至还可以使用交通情报技术，因为机场通常依赖高速铁路或有轨电车等交通方式运送乘客，我们可以通过铁路情报收集相关信息。

8.4.2.7.2 空军基地

空军基地是飞机起飞、降落和接受维护的地点，其代码与国际航空运输协会、国际民航组织、美国 FAA 位置标识符和世界气象组织给予的机场编号类似。通常，空军基地也被用作军用和民用的水上飞机基地。通过互联网搜索，我们可以找到特定空军基地的历史，以及过去和当前驻扎在那里的部队的详细信息。通过合同和商业情报技术能够找到为基地提供服务的公司的有用信息，而利用公司服务人员在社交媒体上泄露的信息，可以进一步获知基地的内部运作情况。

8.4.2.7.3 起落场

起落场通常供小型飞机起飞、降落和维修使用。与大型机场相比，起落场更加隐蔽和私密，但缺乏许多便利设施。与空军基地类似，起落场既可用于民用飞机，也可用于军用飞机，并拥有类似的代码。加利福尼亚州的 Moffett Field 就是起落场的一个例子，它是毗邻国民警卫队空军基地的军民合用机场。

8.4.2.7.4 简易机场

简易机场是一片清理过的土地，可作为小型飞机在偏远地区起降的跑道。简易机场没有机场那么舒适，通常只有加油设施。简易机场通常不是 OSINT 重点关注的对象，但由于它们时常被用于非法和秘密活动，如毒贩通过简易机场从墨西哥南部、亚马孙和危地马拉等地用小型商用飞机运输可卡因等毒品。我们可以使用 OSINT 方法对其进行分析。2020年 USNI 新闻的作者和分析师 H. I. 萨顿在其网站 Covert Shores 上撰写了一篇关于缉毒飞机的文章，说明了在简易机场上起飞和降落的可能性，并指出商务喷气式飞机可以从这里轻松起飞。

利用已知线索、新闻报道或地区历史活动等原始数据，再加上卫星图像，就能够找到并追踪简易机场的非法活动。还有一种被证明可用的方法是，通过卫星拍摄的火灾照片来识别当地利用小型飞机贩毒的情况。2020 年，据《华盛顿邮报》报道，危地马拉的毒贩在取走毒品后放火焚烧飞机以隐藏证据，还有一些贩毒飞机在迫降后起火燃烧。要识别这些偏远地区的火灾，我们可以使用美国国家航空航天局（NASA）的"火灾信息资源管理系统"（FIRMS）。FIRMS 免费提供当前和历史火灾的搜索功能。让我们通过 FIRMS 来分析一个可能用于毒品运输的简易机场的位置。

起因是《华盛顿邮报》的文章对危地马拉 Laguna del Tigre 国家公园附近火灾的持续增加情况进行了报道。使用 FIRMS 并将时间设定为 2020 年 5 月，我们看到在这一地区似乎有不少大火在燃烧。FIRMS 不允许我们放大地图并获得该地区的清晰图像，因此我们可以切换到谷歌地球并定位到火灾位置。谷歌地球的卫星图像显示，Laguna del Tigre 国家公园的主干道旁似乎有一个简易机场。这块土地的大小、形状和位置与使用飞机跑道进行贩毒的报告相符。

8.4.2.8 飞机的地理定位和图像分析

检查上下文、前景、背景、地图标记及实验验证等图像分析技术，以及飞机视觉识别技术（如 WEFT），我们可以探索机场和飞机的照片、视频和卫星图像。让我们来看一个场景，我们可以在其中综合练习用于识别飞机的技术。

对于所有 OSINT 任务，我们都应当按照情报周期来进行步骤规划（见图 8.63）。

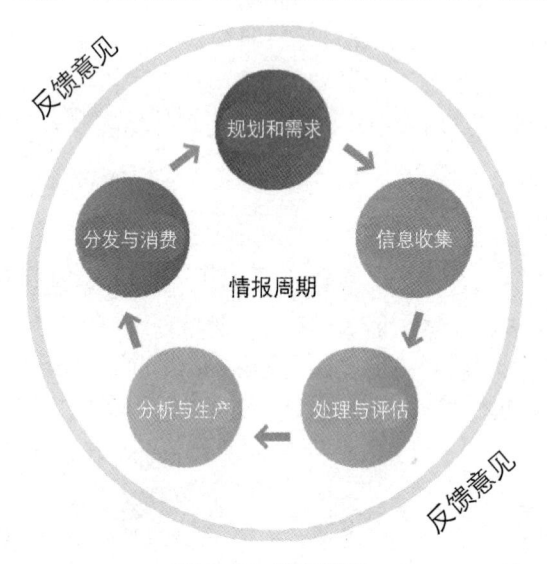

图 8.63　情报周期

8.4.2.9 航空实体所有权和运营者

目前我们对分析飞机时需要掌握的知识有了一定的了解，下面来看看飞机的所有者和运营者是谁。

无论是客机、军用直升机、家用无人机还是亚轨道航天飞机，每架飞机都由特定的个人或组织拥有和运营。查找如名称、公司、子公司和合作伙伴关系等组织信息，可以了解与飞机有关的人员、流程和利润情况。

在美国，所有飞机都必须在 FAA 注册，因此通过名称、编号和品牌/型号等信息搜索 FAA 注册数据库是一个很好的开始。另一种方法是从航班跟踪器中获取十六进制编号或注册代码，然后将其输入搜索引擎查找。

在下面的例子中，我随机抽取了一架直升机的注册代码 "N308ME"。经过对 FAA 记录的搜索，我发现这是一架欧洲直升机 EC-635 型，归 Wintrust Asset Finance 公司所有。

通过飞行跟踪平台,我可以看到这架飞机过去的一些飞行记录,表明这可能是一架医疗飞行直升机。为了验证这一点,让我们通过搜索引擎查询以进一步了解这家公司:

"Wintrust Asset Finance and helicopter"

搜索结果显示,2021 年,Wintrust Asset Finance 公司成立了一个航空金融集团。之后我继续搜索"N308ME"和"helicopter",在 Jetphotos 网站上找到了该直升机的图片(见图 8.64)。图片上标注的地点是宾夕法尼亚州约克医院,这与我们已获悉的上下文信息相符,因为在飞行跟踪平台上直升机就是从宾夕法尼亚州约克市起飞的。

图 8.64　Jetphotos 网站上的直升机图片

在图片中,我注意到直升机的侧面写着"Wellspan",因此快速查询了以下信息:

Wellspan and helicopter

Wellspan 公司主要在宾夕法尼亚州包括约克市在内的 3 个市开展业务。

继续搜索,我在 Opencorporates 网站上查询 Wellspan,记录显示该公司在宾夕法尼亚州约克市注册,曾经使用过"约克卫生系统"这个名字。虽然这只是个简单的例子,但不难看出,在调查者试图了解异常飞行模式的来龙去脉或揭露潜在的非法活动时,这类搜索具有多么大的价值。

另一类重要的飞机业务是货运。我们之前对商业货运的追踪略有涉及,但如果想进一步提升针对这类场景的分析能力,我们就必须了解货运流程中人们相互作用或产生干扰的环节。

以下是一个典型的商业航空货运流程,其中标明了可能对货物产生影响的因素:

步骤 1	客户订购货物
步骤 2	货运代理安排和规划路线,确认运力并安排接货

步骤 3	货运卡车将货物送到承运人的货物装卸代理处,需要提前提供运单信息、安检需求和预计到达时间
步骤 4	机场货运和地勤人员核实货物的安全许可,并进行待运检查
步骤 5	机场货运和地勤人员再次通过安检(X光、爆炸物痕量检测[ETD])、计件和完整性检查,准备好货物
步骤 6	仓库操作员将已装载的单元载荷设备(ULD)移至安全区域,装载完毕后将其移交给坡道处理人员
步骤 7	按照装载计划装载ULD,在飞机起飞前更新电子航班舱单并邮寄装载和运输信息
步骤 8	飞机着陆后,机场货运和地勤人员将货物卸到仓库,办理托运手续,然后交给货运代理
步骤 9	货运代理从承运人处提取货物,并将其转移到货运代理枢纽进行卸货和检查,准备移交给收货人
步骤 10	货运代理在货运代理枢纽将货物装上卡车,创建运行单并将货物交付给收货人

8.4.2.10 航空关键基础设施和实体漏洞

航空航天领域的工业控制系统通常用于组装、制造和维修极其庞大和复杂的部件,并将其吊装到位。除此以外,许多现代化机场都有SCADA系统控制的传感器和控制器,用于进行停车场控制、建筑物控制、行李图像重量识别(BIWIS)等多类用途。另一个采用工业OT系统的领域是飞机的除冰系统,这极其重要,因为它可以防止结冰导致危险。这一过程通过OT传感器进行调节,如果被中断,可能会导致飞机坠毁。

飞机和机场OT系统的其他例子包括:
o 坡道和廊桥系统
o 行李运输
o 电子标牌
o 飞机燃油泵调节(混合异常/爆炸)

与陆地上的关键基础设施和OT系统一样,飞机和机场中的OT系统也存在同样的漏洞。其中许多系统已经过时,要么使用的是缺省口令,要么存在漏洞且没有更新补丁。这些OT系统的漏洞都可以在NIST漏洞数据库中搜索到,存在被恶意利用的风险。在飞机和机场内拍照、录像并发布到社交媒体上的乘客人数众多,要从中找到相关系统的面板或制造商名称并非难事。

8.5 汽车

我们已经介绍了船舶、铁路、航空等主要运输方式,现在让我们来看看最重要的运输和装运方式——汽车。

8.5.1 汽车情报介绍

20世纪初以来，汽车为人们外出旅行、购物和工作提供了诸多自由和便利。2022年，全球约有14.46亿辆汽车，其中美国约有2.84亿辆汽车。美国的大多数城镇都是围绕汽车发展起来的，许多停车场、高速公路和桥梁都为汽车通行设计。与丹麦哥本哈根等注重行人和自行车交通的城市截然相反，美国91.5%的家庭至少拥有一辆汽车。美国卡车运输协会2021年发布的报告称，仅美国就有349万名卡车司机。这意味着，汽车情报在监控目标的生活模式、跟踪供应链运输及收集组织和技术信息领域具有巨大潜力。

由于汽车的种类和用途繁多，让我们花一点时间来了解一下重要的汽车类型，以及我们在收集信息时可能会遇到的关键词。

8.5.1.1 汽车类型

个人车辆	商业车辆	特殊车辆	军事车辆
摩托车	巴士	救护车	压载拖拉机
汽车	半挂车	消防车	战斗车辆
卡车	出租车	重型运输车	战术车辆
SUV	平板车	执法车辆	侦察车
吉普车	自卸卡车	农业设备	防空武器
拖车	水泥车	豪华轿车	防空火炮
露营车	箱式卡车		坦克
房车	原木运输车		履带式车辆
货车	垃圾车		后勤/支持车辆
五轮拖车	救援拖车		
电动汽车			

8.5.1.2 汽车术语

- 品牌：汽车的制造商，或称为品牌。例如，日产、福特和雪佛兰都是汽车品牌；
- 车型：车型是指品牌中的车辆的具体型号（日产 Alitma、福特探险者、雪佛兰 Trax）；
- 车辆登记：美国和欧盟等一些国家要求车辆必须在政府正式登记，用于证明车辆适合在公路上行驶，同时将车主与车辆绑定；
- 车辆识别码（VIN）：VIN是车辆的唯一代码，不能更改。VIN印在大多数车辆的驾驶员侧车门的内侧或挡风玻璃与仪表板的交接处。两辆车不会有相同的VIN；
- 车辆登记牌：也称为牌照或号牌，它是一种金属标签，贴在车辆的前面或后面，也可能同时贴在前面和后面。车牌上印有与车辆或车主相关的注册代码。不同国家/地区的车牌具有各自独特的设计和地点标识，有助于我们识别它们的来源；
- 驾驶执照：这是授权个人驾驶车辆的正式文件。每个国家或州可能都有特定的获取驾照的法律规定，驾照的外观也会不同，其上载明的内容包括准驾车辆类别（摩托车、公共汽车、半挂车等）。在美国，驾照是一种官方认可的身份证件，带有 Real-ID 的驾照可用于国内旅行。用户的驾照上有一个独一无二的身份编码，并且驾照本身需要定期更新；
- 车辆所有权证：政府颁发的证明车辆所有权的文件，包含车辆和车主的相关信息。

8.5.2 汽车识别和分析方法

开展与汽车相关的案件分析，通常需要从照片、视频和卫星图像中准确识别汽车，以及通过原始文件和特征标识来找出汽车所有权信息。下面是一个需要识别车辆信息的例子，利益相关方提供了一张谷歌街景照片中的局部车牌号码信息，要求仅通过 OSINT 分析找到车主。我们可以采用本章即将学到的几种识别汽车技术，并将它们与图像分析、人员情报和官方来源文件中的信息相结合来回答问题。下面是我们在研究汽车时要注意的一些关键信息：

- 品牌/型号
- VIN 码
- 车牌号码/设计
- 车主/驾驶员姓名
- 标识/定制
- 车辆历史
- 生活模式
- 设备损坏、丢失、被盗
- 特殊用途

8.5.2.1 识别汽车

汽车识别在很大程度上依赖于其视觉特征。让我们来看看一些主要的方法。

1. 品牌/车型

汽车品牌指的是汽车的具体制造商，而车型指的是该品牌中的型号。例如，雪佛兰是汽车品牌，而 Tahoe 则是车型。通过搜索引擎查询汽车的特征，可以找到汽车的品牌和车型。如果有照片或视频，那么可以截取出静态图像，使用搜索引擎进行反向图像搜索以匹配相似外观的车辆。你还可以将车辆照片上传到 Carnet 网站，该网站将利用人工智能技术识别汽车的品牌和车型。

2. 车牌

车牌是机动车前部和/或后部张贴的法定注册标志，它将车主与车辆联系在一起。当然，车牌可以从一辆车上取下来并换到另一辆车上，但如果在官方数据库中查询车牌号码，得到的是它注册时对应的制造商和型号信息。执法部门可以查验车牌号码以核实车辆所有权，确定车辆是否失窃，但公众却无法在官方数据库中搜索车牌号码。幸运的是，利用

OSINT 技术，有几种方法可以通过公开来源从车牌号码中获取信息。

公众可以使用搜索引擎查询车牌号码，获得与其相关的详细信息。有时我们会很幸运，目标车牌号码直接被张贴在论坛或网站上，并附有一些说明。诸如 Platesmania 等网站允许用户提交车牌照片，它们的数据库可按国家和车牌号码进行查询。Faxvin 是一个帮助用户在购车前了解汽车历史记录的网站，如果用户知道车牌号码和注册州，就可以进行查询。我们可以把在 Platesmania 上找到的车牌号码输入 Faxvin，获得车辆识别码、品牌、型号、年份、装饰、款式/车身、发动机、生产地和车龄等信息。有时，我们甚至可以利用社交媒体搜索找到车牌号码，即使帖子的文字中未曾提到过它。通过光学字符识别（OCR）和图像元数据，社交媒体平台能够识别出照片中的车牌，并返回车辆图像的搜索结果。

3. 世界各地的车牌

世界各地的车牌都有独特的设计、颜色和形状，可用于通过图像分析和地理定位确定车辆的位置。在美国，各州的车牌各不相同，通常包含本州的标语和代表本州的图像（见图 8.65）。一个州的车牌可能不止一种，例如，田纳西州（Tennessee）的标语是"志愿之州"（THE VOLUNTEER STATE），2022 年的车牌上除了有田纳西州惯用的颜色、州的形状和网站地址，还包括一个可选装的"我们相信上帝"的小标识。截至 2022 年，蒙大拿州提供了 14 种车牌设计选项，包括农业、林业、青年团体等类型。其标准车牌有 5 种风格，领事馆、农场、老爷车及其他类型的车辆都能够拥有略为不同的车牌。

图 8.65　美国车牌示例

除了车牌设计上的变化,美国还有个性化车牌可供选择。车主可以付费指定车牌上的数字和字母。除了短语、首字母缩写,还可以是对主人有意义的内容。

欧洲车牌的外观与美国车牌不同,它们的尺寸更小,图案也没有那么丰富。许多国家要求车牌必须挂在车辆的前面和后面,这两块车牌的外观也会略有不同(见图 8.66)。在法国,车牌左侧是欧盟的圆圈、星星及法国的国际代码 "F",右侧蓝色条纹内是法国大区的区徽和一个大区部门的数字组合。菲律宾的车牌设计则较为简单,只有白底黑字的编号。

图 8.66　欧洲车牌示例

世界各地的车牌千变万化,图像数据库是搜索这些车牌的最佳途径,可以快速有效地比较和验证我们所查询的车牌。使用 Worldlicenseplates 这样的数据库,我们不仅可以按地点搜索当前车牌,还可以搜索历史车牌。

4. 车辆识别码(VIN)

VIN 是分配给每辆汽车的唯一 17 位数代码,它印在驾驶员一侧的车门上和挡风玻璃旁的仪表板上,无法被更改。我们在调查中可以通过多种方式获得 VIN,它可能直接由利益相关方给出,也可能出现在车辆的近距离照片或视频中,或者在我们搜索车牌时顺便获取到。

无论遇到的是什么车辆识别码,由于号码的唯一性,如果不支付车辆历史报告的费用就很难再获取更多信息。有一个不花钱的方法是通过数字分析来解码 VIN(见图 8.67)。也可以使用美国国家公路交通安全管理局(NHTSA)的 VIN 解码器对其进行自动解码。

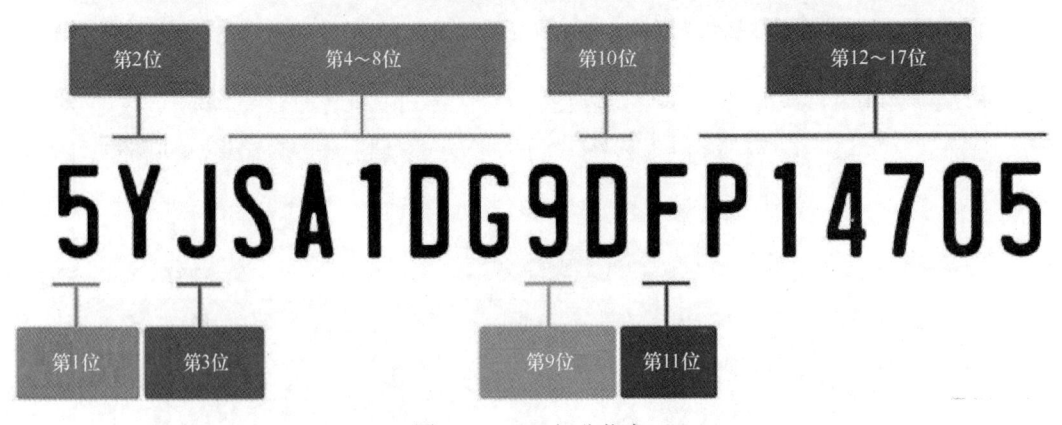

图 8.67　VIN 细分信息

第 1 位:表示制造商国籍。
第 2 位:表示制造商名称,通常是制造商名称的第一个字母。
第 3 位:与前两位字母相结合,共同表示车辆类型或世界制造商标识符(WMI)。维基百科上有 WMI 代码列表，也可以在 NHTSA 制造商信息数据库中进行检索。

第 4~8 位：描述车型、变速器、约束系统、发动机代码和车身类型。

第 9 位：检测无效 VIN 的校验位。

第 10 位：表示车型年份，1981—2000 年使用 B、C、D 直到 Y 的字母（不含 I、O、Q、U 这几个容易与数字混淆的字母）；2001—2009 年使用数字 1 到 9 来代替字母；从 2010 年开始，重新使用从 A 开始的字母顺序，并将持续到 2030 年。

第 11 位：表示制造工厂的代码。

第 12~17 位：表示装配时分配的生产编号。

5. 车主/驾驶员姓名

车主是正式登记并合法拥有车辆的人，驾驶员是使用车辆从事任务的人。有时我们可能会需要通过 OSINT 数据收集和分析，将车辆与特定的车主或驾驶员联系起来。例如，车辆中的人员可能目睹了一起重大犯罪，需要以视觉识别信息为起点找到该人员。另一个例子是，在不同国家政治冲突期间，有人发现重型车辆设备正在建造可疑的东西，该设备的视频被发布到了社交媒体上，我们需要识别设备的所有者。

6. 标识

在个人、商业和政府用车中，车辆标识有多种含义和目的。许多标识只是为了表明其正确的用途和名称，但对于个人车辆来说更多的是为了美观和个性化。不同的车辆标识可以为我们提供有关个人或组织的重要信息。通过分析车辆标识，我们有可能确定车辆的所有权、制造地点、提供的服务类型，甚至其所属的军事单位等信息。我将标识分为个人车辆标识、商业车辆标识和军事车辆标识。

个人车辆标识：个人用车的标识。可包括品牌徽标、定制的喷绘图像、前车牌、车牌框、车窗装饰、外卖贴花/磁吸和贴纸等。世界各地都使用贴纸，用于证明车辆已通过排放测试和检验，或是用作区域停车和普通停车的许可证和付款证明。这些贴纸反映的线索将引导调查者转向特定地区。

商用车辆标识：商用车辆（如牵引拖车）上的标识包括汽车品牌、组织品牌、拥有或控制车辆的企业实体的法定名称或商号、美国运输部编号、危险品标牌、定制图案（包括喷漆或覆盖车辆）、电话号码、标语及序号（如果公司拥有不止一辆车）等。

军用车辆标识：美国的军用车辆必须具有醒目的部队名称和保险杠编号，即在车辆前后都有一组数字和字母用于唯一标识车辆。该标识分为 4 部分：

- 主要司令部、组织或活动（如装甲师）
- 中间级组织或活动（如团和营）
- 车辆的使用单位（如连）
- 车辆编号

军用车辆上通常有国家标识，表示车辆所属的国家，其中美国陆军用的是白星。军用车辆上有时会带有用于在任务中识别部队的行动标识，它们可以是条纹、简单的图案、名称和几何图形等，有时甚至会在冲突中紧急喷涂行动标识。不同国家的迷彩图案各不相同，因此车辆使用的迷彩也能够作为搜索引擎查询的选项，可以通过照片或视频将军用车辆与国家相关联；安全标识用于危险品运输，通常为可燃、禁烟等并带有明显的反光条纹图案；技术标识描述轮胎气压、最大速度和重量分类等信息；载重标牌贴在车辆前部，用于显示过桥时的最大重量，它们通常是上面标有重量数字的黄色圆圈；救护车标识，如红十字，通常位于车辆左右两侧、车尾、车顶及挡风玻璃上方；军用车辆上的注册标识显示了车辆类别（如坦克或拖拉机）及车辆的生产编号，至少在美国是如此。

此处还有特种车辆，特种车辆这一术语涵盖了从重型设备、公共交通工具到警用车辆的广阔范围。每种车型都遵循其行业专用的标识规定。这些车辆上常见的标识是危险通知、组织标识、带有广告的定制覆盖物，以及类似警车和救护车上喷涂的单位编号等。

7. 形状和特征

在识别车辆时，我们可能注意到一些可以帮助我们确定车型的独有特征。在我们分析图像、视频、卫星图像甚至热力图时，可能需要对其进行识别。了解一些快速识别方法可以加快这一过程。

尺寸：对于那些不符合目标尺寸描述的车辆，我们很容易识别和排除它们。将目标与同级别类似尺寸的车辆进行视觉匹配，有助于缩小关注范围。

外形：汽车的外形一般与车型和用途相关。例如，乘用车大致有 7 种主要车身类型（轿车、掀背车、越野车、多用途车、双门跑车、敞篷车、皮卡）。汽车为了保持现代感，每年都要更新型号和外观。重型设备制造商也会时常推出不同的型号，这些型号根据设备的整体外形和功能来确定，但变化的频率相对较低。一个非常有用的方法是根据形状快速识别车辆，并通过查询历史车型来进行验证。包括军用和商用在内的各种类型的车辆都可以采用类似的策略。

颜色：尝试确定汽车的颜色。你预期的车辆类型中是否有该种颜色的款式？车辆是否喷涂或包裹了可用于识别的特定公司品牌？如果是军用车辆，你能确定使用的迷彩类型吗？

对称性：检查汽车的左右和前后是否对称。特别是在军用车辆中，利用对称性可以推断出发动机的位置，帮助我们更好地识别其类型。

车顶形状：在分析卫星俯视图时尤其有用，可以根据车顶或车体形状辨别特定的车辆类型。车顶是否有行李架？军用车辆的车顶是否有开口、软顶或设备？是否有安装武器的炮塔，其形状和位置如何？

发动机和排气管位置：在车辆的特定部位能否看到排气管冒出的蒸汽，表明排气管可能位于该处？能否从车身形状或热力图上判断出发动机的位置？

牵引力：车辆是否有轮子？有多少个轮子？轮子间距是否均匀？小轮还是大轮，车辆是否有履带？有无转向架轮？

定制：是否看到车辆上有任何附加的定制装置，如车身套件、定制油漆或包装、排气管等？这些信息能够帮助我们推断出车辆所有人的线索。

8. 车辆历史记录

车辆过去发生的事情可以从历史报告中查到。这些报告旨在保护消费者免受欺诈，例如，买到不安全的或被盗的车辆。报告中包含有关前车主、产权状态、里程数、召回情况、历史事故、损坏和车辆维修的数据。还可以通过车辆历史报告中的 VIN 查找更多信息。

9. 生活模式

对车辆来说，"生活模式"似乎是一个奇怪的用语，但事实上车辆行驶路线所代表的"模式"有助于我们确定其用途。如果我们看到一辆车每天都从某个住宅驶出，到达一家餐馆，最后再驶往另一住宅并如此反复，我们就可以推测车主可能是一名送餐员。同样，一辆深色越野车可疑地停在隐蔽处监视交通，这可能是一辆不带标识的警车。

10. 车轮损坏、丢失、被盗

车轮的损坏、丢失和被盗信息记录，对于掌握其他相似车辆的情况及人员生活模式很有帮助。

8.5.2.2 监控和分析汽车路线的技巧

调查者想要追踪汽车行驶路线的原因有很多。车辆的"生活模式"涉及对驾驶车辆人员的追踪；多式联运卡车等商用车辆可以告诉我们从一个地点到另一个地点的货物运输方式；运输建筑设备等特种车辆可以揭示土地开发项目背后隐藏的组织。

1. 视觉追踪

如果不在个人车辆上安装物理追踪器（这超过了 OSINT 的范畴），也无法获取到货运车辆途经的收费站点信息，就很难对它们进行精确跟踪。这种情况下我们可以通过视觉技术追踪汽车，利用网络摄像头、卫星、社交媒体和视频/图像，有可能追踪到车辆一段时间内的位置。

世界各地可公开访问的实时网络摄像头是一种不需要亲临现场就能捕捉汽车视觉图像的绝佳方式。摄像头通常安装在高速公路附近、立交桥和建筑物旁的电线杆上，对交通情况进行流媒体视频采集，供新闻电视台和当地政府使用。这些摄像头往往聚焦于十字路口、交通繁忙地区及事故频发的地段。有时公众也会安装自己的交通摄像头。我最喜欢的网络摄像头位于"11 英尺 8 英寸桥"，它也被称为"开罐器桥"[1]。这个摄像头是 2008 年由 Jurgen Henn 安装在他在北卡罗来纳州达勒姆市 Brightleaf Square 的办公室内的，正对着一条铁路栈桥（见图 8.68）。使用网络摄像头的实时和历史镜头，不仅可以让我们看到与"开罐器桥"类似的搞笑视频，还可以帮助我们在特定地点带有时间戳的视频中识别出车辆。

2. 使用社交媒体

在社交媒体中，用户发布的帖子和地理标签可用于识别和跟踪车辆。很多车主都为自己的汽车感到自豪，他们会在车前或车内拍照、录制视频并发布到自己的社交媒体上。浏览车主的社交媒体可以了解到汽车的品牌和型号，有时甚至可以发现完整的或部分车牌信息。

---

[1] 译者注：该桥下方的道路限高 11 英尺 8 英寸（3.56 米），经常有车辆对自己的高度过于自信，贸然从下方通过而惨遭"开罐"，因此得名。

图 8.68　网络摄像头拍摄的画面（版权所有 JürgenHenn-11，来自 Foot8 网站）

　　TikTok 是了解视频拍摄者的驾驶路线、旅行计划和新车购买情况的绝佳资源。通过将社交媒体搜索范围扩大到目标人物的朋友、家人和同事，我们可能会发现目标人物的汽车的更多照片（比如，从其他角度拍摄的）。针对商用汽车，我们可以使用所有权人或运营组织的社交媒体账户来搜索其车队的图像。虽然可能无法得到车牌号码，但可以了解该组织在工作中使用的车辆品牌和型号。

　　同样，武装部队及其分支机构也会在社交媒体上发布关于开展的演习或公众宣传的信息。有时在官方账户及非官方个人账户的帖子中我们可以找到车辆的详细信息，如代表车辆所属具体单位的明确标识或标记。商用车辆通常都有私人或公共 GPS 跟踪器，司机们通过 locatoweb 等网站分享位置和路线，从而与家人和朋友保持联系，但这种方式允许任何人都能对他们进行实时跟踪。驾驶员与家人分享旅行和日常生活的另一种方式是通过个人博客平台。我们有时会幸运地在司机的个人博客中找到详细的路线和旅行计划。

　　3. 通过汽车爱好者和专业网站了解更多详情

　　如同船舶和铁路爱好者一样，汽车爱好者也喜欢拍摄和讨论汽车。一些汽车爱好者拥有公共网站、论坛和汽车信息数据库。我们可以利用这些公共资源来收集汽车的具体信息，如车身、油漆颜色及品牌/型号划分方法。大部分爱好者可能会通过图片、带有车标和牌照的视频来记录他们日常接触过的所有车辆。而某些汽车爱好者只关注老爷车、重型设备或历史上的军用车辆等。

　　4. 利用新闻报道和网站上的公开信息确定路线

　　通过新闻报道和公司网站上公开披露的信息，我们可以找到有关企业车队、路线、客户、司机等方面的详细信息。

8.5.2.3　汽车的所有权和运营者

　　了解商用车和特殊用途汽车的所有权和运营情况是供应链分析、跟踪和验证等调查工作的第一步。货物运输和供应链是许多商用车辆进行日常活动的目的。分析货物运输需要了解汽车行业的关键点，以及关于货物订单、货物交付的步骤和沿途与货物交互的组织等背景知识。以下是开始分析之前需要了解的重要术语：

- 整车运输：需要整台车辆来装载货物；
- 零担运输：只需要整台车辆的一部分，因此货物可能会与另一位托运人的货物一起运输；
- 多式联运（Intermodal）：在不接触货物的情况下使用一种以上运输方式的货运（例如，从轮船到火车再到卡车）；
- 集装箱底盘：在多式联运中，通过公路运输海运集装箱的车辆；
- 联合运输（Multimodal）：使用一种以上运输方式的货运，货物被打开并转移到第二种运输方式。

车辆货物运输基本步骤：

步骤 1	买方或代理商下达货物购买订单
步骤 2	货运代理与运输公司协调，安排提货，并为货物运输出具提货单
步骤 3	运输公司提取货物，将其运送至中央分拨点
步骤 4	检查货物是否有损坏，如果属于国际出口，则需要通关经纪人办理通关手续
步骤 5	货运代理收到所有单据和账单，并与买方和托运人协调，确保付款
步骤 6	运输公司从分拨点提取货物，通过多式联运或联合运输方式，将货物运送至目的地或下一个中转站

在车辆运输货物的过程中，有许多不同的个人和组织掌握着资金、货物和车辆。可以对过程中的每个关键点进行调查，以了解实体间的关联性和可能的腐败行为。使用公开的公司记录数据库、制裁信息和特定报告，结合人员情报技术，可以揭示人员和组织之间的联系，从而推测其动机。另一种分析方法是利用各组织公开的信息，来寻找与实体关联、诉讼或自由裁量权有关的内容。我们还可以查看如 Truckingdatabase 这类与货运相关的数据库网站，该网站包含在美国联邦汽车安全管理局（FCMA）注册的州际卡车、非州际卡车和公共汽车公司的联系方式、驾驶员和商品数据等。FCMA 还提供了一个安全研究数据库，可用于检查历史违规驾驶行为。

8.5.2.4 汽车安全技术

现代汽车是带有车轮的复杂计算机，它由许多重要系统组成。它们之所以重要，是因为一旦出现故障，车辆就会停止运行或产生危险。关键的汽车系统包括安全气囊、传感器、防抱死制动器、发动机、主动安全系统和加速器等，它们也是 OSINT 分析师对研究汽车技术感兴趣的主要原因（见图 8.69）。

如果汽车内任何系统的漏洞被发现，都会导致关键技术的细节暴露，从而使攻击者能够追踪甚至完全控制汽车。当然，我们是分析师，不是黑客，所以我们永远不会主动入侵汽车上的计算机系统，但我们能做的是通过开源情报分析来确定漏洞，并将其提交给相关方，以便他们采取行动。

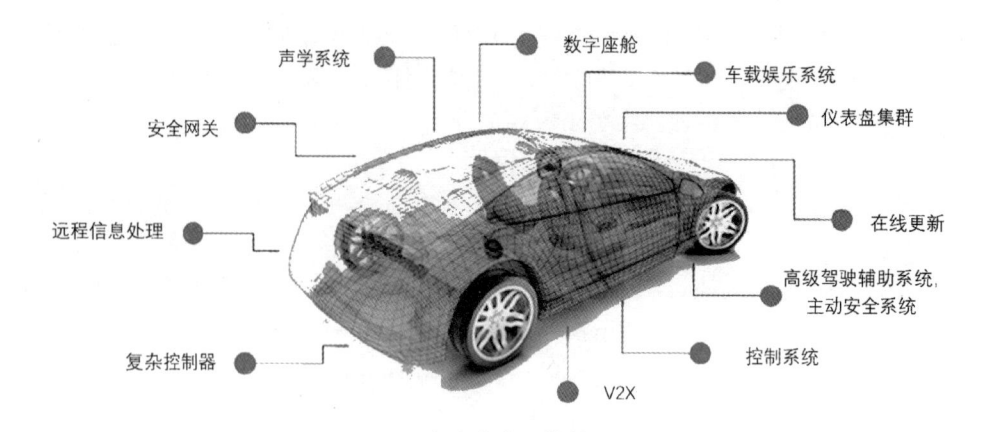

图 8.69　与汽车安全相关的技术

在车辆内部，控制器区域网络（CAN）总线是一种通信协议，可实现与电子控制单元（ECU）或节点的通信。CAN 总线上的各个节点都是互连的，它们可以通过发送含有消息优先级 ID 的 CAN 消息来相互通信。最先发送的是优先级较高的信息，如微控制器和设备进行通信的报文。同理，来自防抱死制动器或转向系统的信息也会先于来自娱乐中心的信息进入总线发送流程。遗憾的是，CAN 总线内置的安全功能主要为了确保可靠的通信，在网络安全方面考虑较少，因此无法有效保护汽车免受网络攻击。

汽车与我们在其他各类控制系统中遇到的网络安全问题类似。CAN 是一个基于广播的信息交换网络，但其数据没有加密。恶意截获这些数据可能会导致驾驶员个人隐私泄露，并使他们失去对制造商的信任。以下是一些可能的攻击方法：

- 多媒体攻击
- 恶意节点
- 蓝牙攻击
- 无线网络攻击
- 无钥匙进入系统
- 防盗锁止系统
- 胎压监测系统（TPMS）
- 车载自组织网络（VANET）
- 全球定位系统

了解对手的攻击手法和汽车上配备的各类关键系统，有助于我们针对性地查找信息，因为了解可能发生的情况能够帮助我们弄清对手将如何利用这些数据。可以使用搜索引擎查询系统名称，找到这些产品的一级制造商。例如，可以用 canbus、automotive 和 telematics 等关键词查询汽车专用电子产品制造商。

在某个案例中，我找到了 Cellco、vodapone 和 kpn national 这几个制造商关键词。在 Censys 网站上使用"telematics"进行信息拓线，我得到了很多结果，但实际上我要找的是某个特定的制造商关键字（见图 8.70）。这一制造商生产的运输卡车中大量使用了遥测网关单元（TGUs），用于跟踪车队中的车辆。

图 8.70　在 Censys 网站上搜索 telematics

我找到了几个名称为 CELLCOM Ltd.的结果。我随意单击了一条以 CELLCOM 为标题的记录，接着查看详细信息。我发现在 HTML 标题中出现了"Trimble Telematics"（见图 8.71）。通过搜索引擎快速查询该公司名称，我发现了他们生产车队的管理软件。

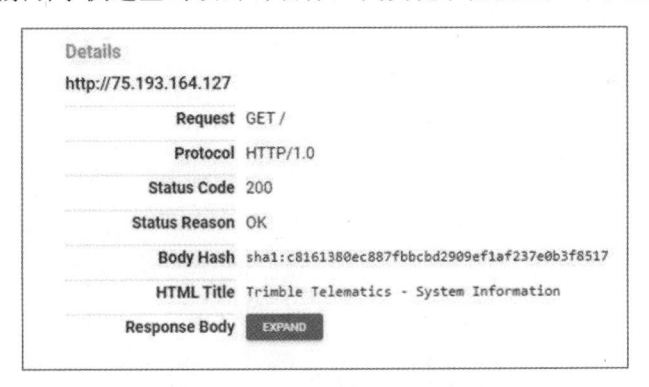

图 8.71　Censys 网站中的标题为 CELLCOM 的详细信息

使用类似的方法，我们可以构建一个关键字列表并在 Censys 网站上查询，将结果与已知的汽车系统进行匹配。接下来，我们可以记录系统的开放端口，以及条目详细信息中提到的任何软件和硬件，同时与 NIST 漏洞数据库进行比对。例如，对手有可能通过 TCP 23 端口访问 GPS 系统并连接到 TGU，进而开始执行收集有关车主和车辆位置信息的指令。

这个例子说明，事先对制造商和系统进行一些研究，编制一份可靠的关键字清单，可以加快研究速度、提高研究效率。由于大型和小型汽车之间系统的关联性、通用性越来越强，从个人汽车、拖拉机拖车到重型机械等所有类别的汽车都可能存在类似的漏洞。

第9章 关键基础设施和工业情报

9.1 概述

下面是2022年美国的一组数据，这只是全美乃至全球重要制造业和基础设施中的一小部分：

- 140 000多英里的货运铁路轨道
- 1 689家化学产品制造企业
- 987家能源工厂
- 19 622个机场
- 3 000 000英里以上的天然气管道
- 4 000 000英里以上的公路
- 100 000多家国防工业基地制造商
- 360个船运港口
- 3 616.17亿移动通信用户[1]
- 2 721个数据中心

关键基础设施的破坏会对民生造成灾难性影响。1996年比尔·克林顿总统签署的行政命令首次在政策层面定义了关键基础设施一词，指出这些系统"非常重要，其丧失能力或遭到破坏将对美国的国防和经济安全造成破坏性影响"。2018年成立的美国网络安全和基础设施安全局（CISA）对关键基础设施和关键资源（CIKR）定义如下：

- 化学
- 商业
- 通信
- 核心制造业
- 水坝
- 国防工业基地
- 应急服务
- 能源
- 金融服务
- 食品与农业
- 政府设施
- 医疗保健和公共卫生
- 信息技术
- 核反应堆、材料和废料
- 交通运输
- 水和废水

---

[1] 译者注：这一数据不仅包括人类用户，还包括物联网节点。

在各行各业遭受勒索软件攻击导致瘫痪之前，针对关键基础设施的威胁就已经存在。飓风、火灾、洪水和地震是大自然对基础设施的原始威胁。我们很可能都经历过大自然对电网的雷击。2018 年的严冬，我在宾夕法尼亚州山区的家里挨冻了一个星期，原因就是冰层压断了电线，中断了整个小镇的电力供应。

然而，大自然并不是我们面临的唯一威胁，许多关键基础设施和工业制造系统都存在软硬件过期、未打补丁、缺省证书和第三方技术脆弱性等问题。随着技术日益深入，我们的日常生活和关键基础设施逐渐成为攻击者眼中的理想目标。这一事实在 2001 年 9 月 11 日得到了印证，恐怖分子对美国交通系统的攻击将关键基础设施安全话题推上了联邦优先事项列表的"榜首"。然而这个问题并不局限于美国，许多国家都依赖于其他国家提供的基础设施和制造业。2020 年，新冠疫情的暴发让我们看到了供应链的降级，港口停工数周。人们认为将来卫生纸供应短缺，因此出现了抢购潮，导致商店里的卫生纸全部断货，坐便器的购买量相应激增。

虽说在防范风险使人民免受生命威胁方面，制造业和工业公司可能没有核电站那么重要，但我认为应该以同样的方式保护它们。试想下面这种情况：整个国家的所有弹道导弹防御系统都是使用相同的技术制造的，该技术需要在某工厂生产的特定电子芯片。如果该工厂被黑客攻击，产品原理图被盗，系统被勒索软件锁定，甚至机器被人为破坏，这类芯片就无法生产，从而造成巨大的交付延误，并可能引发国家安全问题。

当前，对关键基础设施的攻击日益增加。作为 OSINT 分析师，我们可以通过收集这类信息并将其转化为情报，为防范此类攻击和系统故障做出贡献。关键基础设施和工业情报这一术语指收集和分析有关工业、制造业和关键基础设施系统的信息。在进行此类分析时必须考虑到，从历史上看许多针对该类系统的数字攻击，都是从使用开源情报进行侦察开始的，这一点与我们的工作类似。Michael J.Assante 和 Robert M.Lee 基于洛克希德·马丁公司的网络杀伤链（Cyber Kill Chain）开发了 ICS 网络杀伤链，旨在借助有关 ICS 系统的 OSINT 方法来制定决策，从而更好地检测和应对对手入侵。在 ICS 网络杀伤链的规划阶段（见图 9.1），侦察是攻击者入侵过程的第一步。了解对手如何及为何收集关键基础设施和工业系统的信息，有助于我们为相关方提供更好的保护方案。

为了保护我们自己的基础设施免受攻击，OSINT 分析师需要通过公开信息发现攻击线索、追踪行为者，并站在攻击者视角模拟可能的攻击过程。

通常情况下，敌方针对关键基础设施和工业制造系统的信息收集主要集中在以下两个方面：

- 发现专有数据和流程，用于开展：
  - 企业间谍活动
  - 物理攻击
  - 数字攻击
- 发现泵、调节器、管道、生产机器人等易受攻击的系统，用于开展：
  - 物理攻击
  - 数字攻击

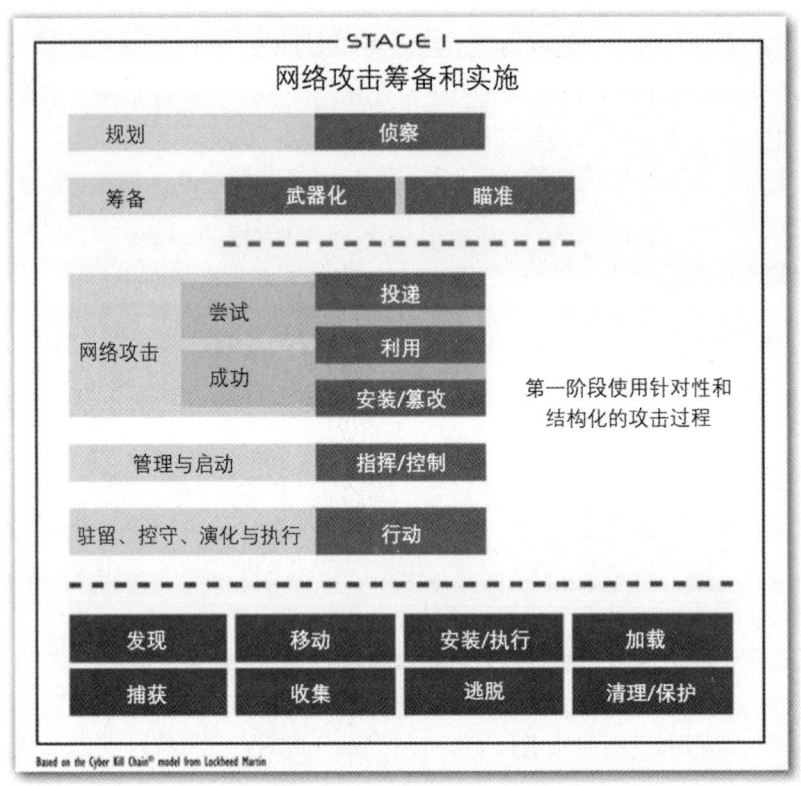

图 9.1 ICS 网络杀伤链

对于从事关键基础设施和工业情报的 OSINT 分析师来说，基于攻击者视角的典型分析方法是对目标进行攻击模拟分析。这类分析将从攻击者角度审视该公司的物理空间和数字足迹，并提供一份有关结构和流程中潜在脆弱性、OPSEC 错误和漏洞的概述报告。另一种类型的分析涉及查看整个地区、区域或基础设施部门，并确定其弱点和脆弱性，回答"是否只有一家公司为整个城市提供能源？""如果有人盯上这家公司会怎么样？"等问题。

2022 年 12 月的寒冬，北卡罗来纳州摩尔县的两个变电站遭到蓄意攻击，导致 38 000 多户停电。然而，这并不是数字攻击，而是通过枪击实施的物理攻击。这个例子说明，如果攻击者通过有效的侦察确定了对攻击目标能够产生最大影响的方式，那么他们并不总是需要使用复杂的数字攻击，而仅仅花费几颗子弹就可以达到目的。截至撰写本书时，尚未有人因变电站袭击事件被捕。

9.1.1 运营技术

运营技术（Operational Technology，OT）是指通过软硬件直接监控和/或控制工业设备、设施、过程和事件，来实现生产状态的感知和生产过程的调控。OT 是一个包罗万象的术语，也是使我们的关键基础设施得以正常工作的系统。OT 一词可以指代的系统包括：

- **工业控制系统（ICS）**：用于控制制造和生产等流程。这些系统包括 SCADA、DCS 和 PLC。ICS 与其外围设备相互关联，因此成为攻击者的首要目标；
- **分布式控制系统（DCS）**：是用于过程或工厂控制的计算机系统，通常有许多回路，整个系统采用分布式自动控制，不需要中央操作员监督；
- **监控与数据采集（SCADA）**：一种实现计算机、通信和接口控制的系统架构，用于机器及流程监控。SCADA 的外围设备众多，包括 PLC 这类与其他机器或系统通信的设备。PIPEDREAM 攻击工具包以 ICS 和 SCADA 设备为目标，可操控电机速度、识别网络组件、暴力破解 PLC 密码、启动或停止进程、限制 ICS 系统访问、绕过防火墙及使 PLC 瘫痪等；
- **可编程逻辑控制器（PLC）**：控制设备、机器人和装配线等需要确保高可靠性的制造过程。恶意的 PLC 攻击可以进入工作站，控制网络上的所有其他 PLC 来启动或停止生产流程，或者非法访问敏感系统；
- **远程终端单元（RTU）**：一种电子设备，用于将硬件连接到工业控制系统中的 DCS 和 SCADA 系统。

9.1.2 物联网和工业物联网

物联网（IoT）是一个由软件、传感器等构成的网络，能够与其他连接到互联网的设备交换数据。物联网设备可以是冰箱和电视这类日常家用物品，也可以是在许多工业环境中大量集成的、用于监控和管理关键生产部件的各类传感器及设备，这就是所谓的工业物联网（IIoT）。

物联网技术已经成为最受欢迎的技术之一，它已经与我们生活的方方面面融为一体。在将技术与关键基础设施、制造业和供应链中使用的 OT 系统集成方面，它也发挥着重大作用。物联网设备可对生产过程进行管理和监控，包括感知事件、做出调整，以及监控工业系统内的其他设备等。例如，在制造业中为了优化产品制造过程，IIoT 智能传感器可以自主调节机器温度；物联网设备可让船只自动停靠在智能港口；在全国各地，使用轨道旁边的设备跟踪火车，在机场、航班上和旅行目的地持续跟踪乘客行李；在能源领域用于智能电网、维修警报和灾害预测等。

物联网和 OT 系统的融合非常重要。如果没有这些系统的正常运作，我们就很难拥有充足的淡水、能源、安全和安保资源。OT 系统都由多个子系统组成，各系统在运行中互相依赖以维持社会的正常运转。举例来说，电网运转需要物联网传感器正常工作，供应链依赖电网在全球范围内运送货物，企业和家庭需要供应链带来生产所需的零件和生存所需的物资等，不一而足。世界的互联互通在赋予社会便利的同时，信息系统也会因缺少安全域隔离、缺省证书或擅自连接互联网引入网络安全问题。

2017 年，伦敦网络安全公司 Darktrace 的首席执行官 Nicole Eagan 讲述了一起攻击事件，攻击者通过酒店大堂中连接互联网的水族箱温度计，非法入侵了北美一家赌场的网络系统。攻击者通过温度计的漏洞进入网络，找到了高净值赌客数据库，从中偷窃了 10GB 的数据并将其发送到芬兰的一台计算机上。虽然赌场肯定没有输油管道那么关键，但可以说明攻击者是如何通过看似无害的物联网技术渗透到更关键系统中去的。基于 OT 攻击对社会的影响及 OT 和 IoT 设备之间的密切联系，它们都已成为攻击者重点针对的目标，这些攻击甚至会影响政治、经济和外交议程。攻击者使用的一些战术和技术如下：

- **工业间谍活动**：攻击者以特定组织为目标，以获取商业优势或将信息传递给外国政府为目的，非法获取有关生产工艺、配方或规格的内部信息。其形式包括黑客攻击、信息外泄、内部威胁或攻击者物理访问等；
- **勒索软件**：是一种利用恶意软件使系统瘫痪，除非受害者支付赎金的数字攻击方式。勒索软件会严重影响供应链，如果货物无法按时到达，生产可能会受阻，并导致关键基础设施出现安全问题。2021 年，56%的勒索软件受害公司支付了赎金，以恢复他们的系统；
- **降级或破坏**：以造成伤害或破坏为目的，对系统进行数字或物理攻击。例如，可以将温度、水泵和电机速度设置为特定参数，从而造成物理破坏；还可以关闭或打开某些设备，使机器在异常状态下运行。

过去 5 年中，与关键基础设施和物联网安全相关的最严重的安全事件是，2021 年 5 月，美国 Colonial Pipeline 公司遭受的勒索软件攻击。Colonial Pipeline 公司拥有的基础设施由 3 条管道组成，它是美国最大的成品油管道系统，从美国墨西哥湾沿岸通往美国东海岸，每天输送超过 250 万桶航空燃油、柴油和汽油。2021 年 5 月 6 日，DarkSide 组织利用公开信息，找到了一个未设置多因子身份验证的老旧 VPN 系统。该组织使用一个口令进入了 Colonial Pipeline 公司系统，窃取了 100GB 的数据，并用勒索软件感染了网络。最终，Colonial Pipeline 公司向 DarkSide 组织支付了 440 万美元赎金以获取解密密钥，但其财务系统瘫痪了 5 天，导致美国东海岸燃料短缺。Crypto wallet 数据显示，2021 年 DarkSide 组织及其关联公司共收到了 9 000 万美元等值的比特币赎金。在这个例子中，攻击者使用了 OSINT 密码枚举技术来攻击系统并安装勒索软件。想象一下，作为情报分析师，你能够为像 Colonial Pipeline 这样的公司提供多大的安全价值。为防止被黑客组织攻击，我们会对公司的公开信息进行安全性评估。了解这些系统的工作方式、连接方式和攻击风险，将使我们在 CI、OT 和 IoT 分析领域受益匪浅。

下面举例说明利益相关方可能会提出的问题。

- 你能找到攻击系统的黑客组织的任何身份信息吗？
- 你能否提供一份报告，说明你在 OSINT 信息中发现的系统漏洞？
- 是否有内部信息或代码泄露？
- 是否有员工构成潜在的内部威胁？

9.2　分析关键基础设施、OT 和 IoT 系统的方法

我们可以采用特定的方法来识别、跟踪并了解关键基础设施及相关系统。下面是一个示例，展示了我们分析关键基础设施信息的几种方法（见图 9.2）。

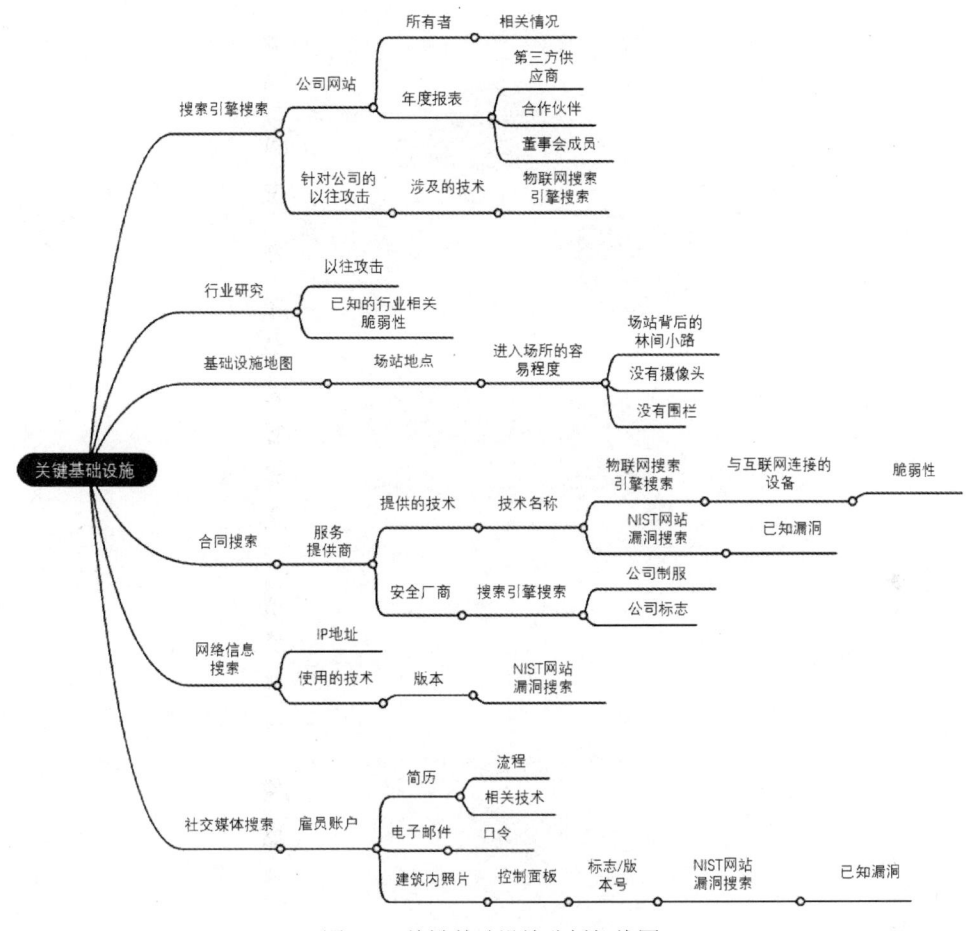

图 9.2　关键基础设施分析拓线图

9.2.1　规划分析

让我们再次回到情报周期中，根据规划和需求阶段收集的信息，来确定分析的重点。根据相关方需求，分析方向可能包括一个或多个途径（见图 9.3）。

5 种可能的信息收集途径：
- 查看特定区域（国家、城市、城镇等）
- 查看特定公司（Colonial Pipeline、宾夕法尼亚州电力和照明公司）
- 关注特定领域（能源、制造、供应链）
- 研究特定技术（石油管道、罗克韦尔系统）
- 研究 APT 组织及其对关键基础设施、OT 或 IoT 系统的攻击

使用与执法审讯类似的漏斗法，我们可以与相关方一起缩小查询范围（见图 9.4）。漏斗法从确定信息收集的途径开始，在本例中我们使用"查看特定区域"选项。在基线环节我们利用历史数据确定一个基线（Baselining），然后提出开放性问题来拓展信息边界（Wide），之后进一步聚焦重点（Narrow），最后以分层方式提出问题（Layering），填补信息空白，这样就能系统地引导我们的研究过程。

259

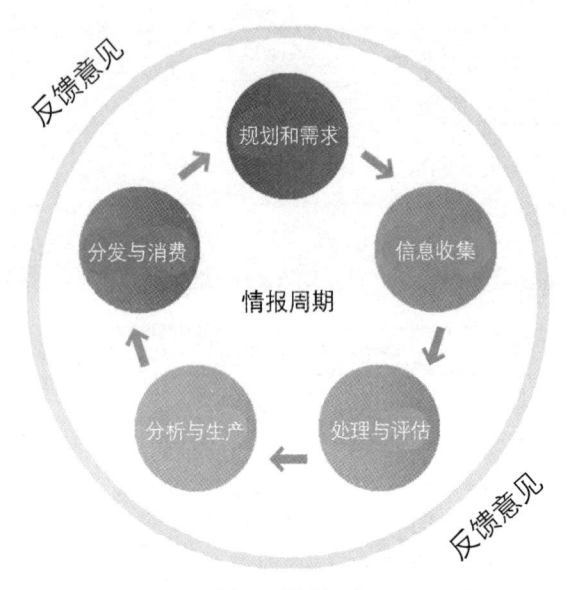

图 9.3　情报周期

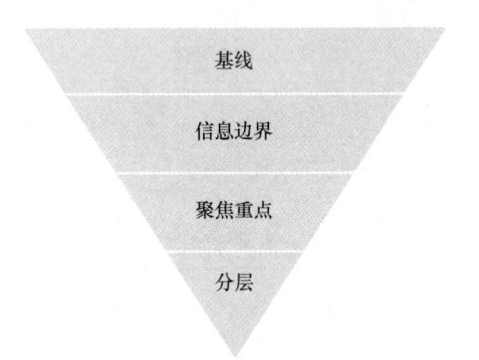

图 9.4　缩小查询范围的漏斗法

问：我们能否找到比利时布鲁塞尔能源部门的薄弱环节？

基线问题：

- 我们能否确定该地区的主要能源公司？它们有什么特别之处吗？
- 该地区是否依赖于特定的电网、技术或公司？

信息边界问题：

- 关键公司的基础设施位于何处？
- 谁有权进入系统？
- 如果这些系统瘫痪，会发生什么问题？

聚焦重点问题：

- 具备系统访问权限人员的关键词是什么？
- 系统或基础设施的物理接入点有哪些？
- 有哪些网络接入点？

分层问题：
- 是否在泄露数据中发现了任何用户名、密码或其他身份信息？
- 是否有任何系统存在开放端口或已知漏洞？

9.2.2 可视化

地图和追踪器等可视化工具可以帮助我们了解世界各地重要基础设施的地理信息，包括其结构布局，附近的地形地貌，以及如何到达那里的路径。我们也可以用可视化工具来丰富我们的分析报告，为其添加直观的图形和图表，从而使利益相关者在不用亲临现场的情况下加深对某一地区的了解。

在一次调查中，我发现了某个城市中 100 多台物联网设备的 GPS 坐标，我希望能够在地图上对它们进行可视化处理，以便于发现其中的模式和群落。在第 2 章中已经介绍了几种用于记录的工具，如 Maltego 和谷歌地球，我们可以利用它们根据收集到的数据创建自己的可视化图表。将本例中的物联网设备数据上传到谷歌地球后，就会呈现出一幅包含大多数设备位置的直观地图，这有助于我快速查看，并在书面报告中提供良好的可视化效果。

此外，我们还可以利用各类社区贡献的可视化工具和地图来帮助分析。专注于特定地区或行业的分析师和组织会开发专业的可视化工具，用于辅助分析、发布警报。有时公司也会为客户提供服务地点的地图，我们可以利用它们进行分析。

9.2.2.1 使用谷歌地球绘制位置

谷歌地球允许用户上传电子表格数据，将其进行可视化操作并自动在地图上绘制数据点。这一功能在调查者有一个 GPS 坐标列表并想绘制图形以查找模式或异常时特别有用。

第 1 步：下载 Google Earth Pro。

第 2 步：编制数据电子表格。

谷歌地球要求每个点都有经纬度坐标，因此我们需要将现有数据填充到一个新的电子表格中去，并在其中加入经纬度坐标。下面是一个如何设置电子表格的示例。谷歌地球将使用电子表格的列标题来解析数据，因此要确保表格中至少有地图 ID、名称和经纬度坐标等条目（见图 9.5）。

Map_ID	Name	y_gcs	x_gcs
1	Energy Plant 1	-7.279469	-53.956103
2	Energy Plant 2	-8.237682	-51.855319
3	Energy Plant 3	-5.736692	-53.555721

图 9.5 电子表格列表

有些电子表格中的位置信息可能是街道地址而不是 GPS 地址。在这种情况下，地址必须用相同的格式表示。

第 3 步：将电子表格保存为以制表符（Tab）分隔的文本文件（见图 9.6）。

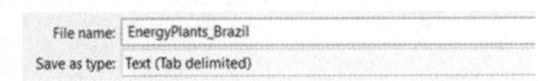

图 9.6　保存为文本文件

第 4 步：打开谷歌地球并导入该文件。

选择文件➪导入➪打开，选中我们在上一步中保存的文件并确认（见图 9.7）。

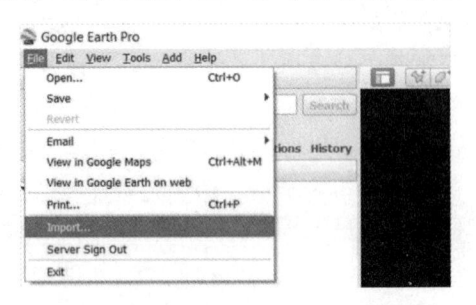

图 9.7　导入文件

第 5 步：使用导入向导完成导入工作。

在窗口底部会看到文件预览，确保匹配后单击"下一步（Next）"（见图 9.8）。

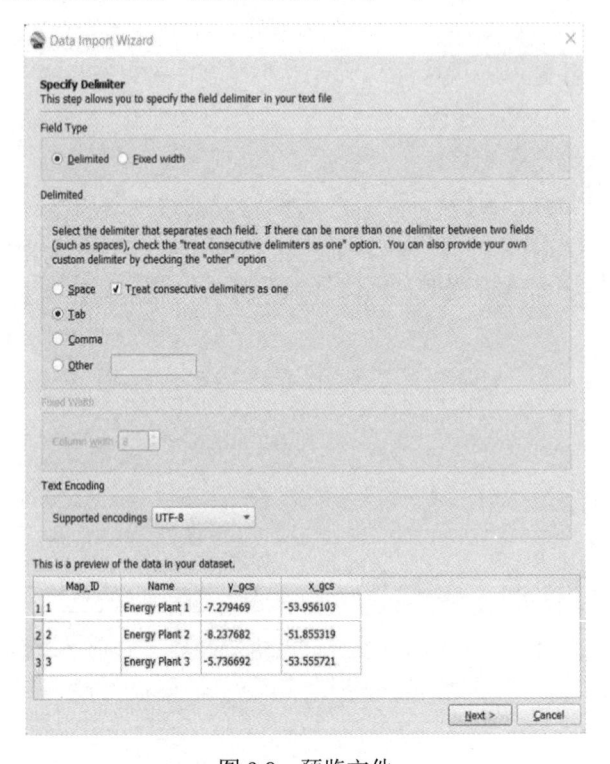

图 9.8　预览文件

第 6 步：告诉谷歌地球如何读取数据。

我们必须告诉谷歌地球从哪些列中提取纬度和经度数据。在窗口中还可以指定我们使用的是街道地址还是 GPS 坐标。单击"下一步（Next）"（见图 9.9）。

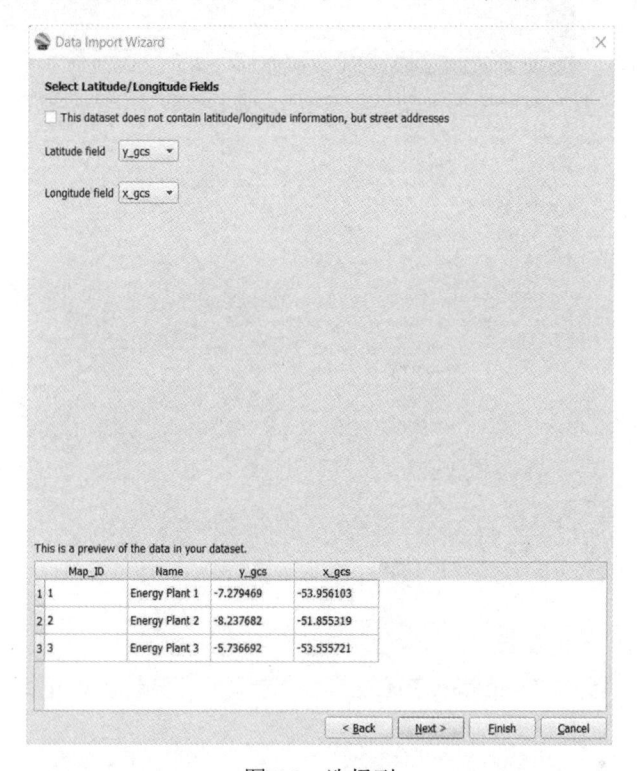

图 9.9　选择列

第 7 步：指定字段类型（可选）。

如果需要为每列指定字段类型，可在此界面操作，再单击"完成（Finish）"（见图 9.10）。

图 9.10　指定字段类型

第 8 步：指定样式模板。

谷歌地球会要求我们指定一个样式模板，单击"是"。这里可以选择绘制点的图标、颜色和高度。我选择了大头针图标，然后单击"确定（OK）"（见图 9.11、图 9.12）。

263

图 9.11　应用样式模板

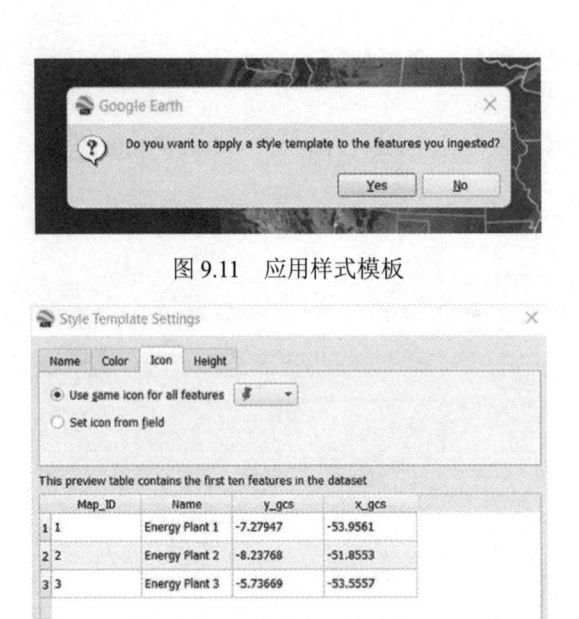

图 9.12　选择图标

第 9 步：显示导入的文件。

在左侧面板中找到"Temporary Places"，勾选即可打开位置标记（见图 9.13）。

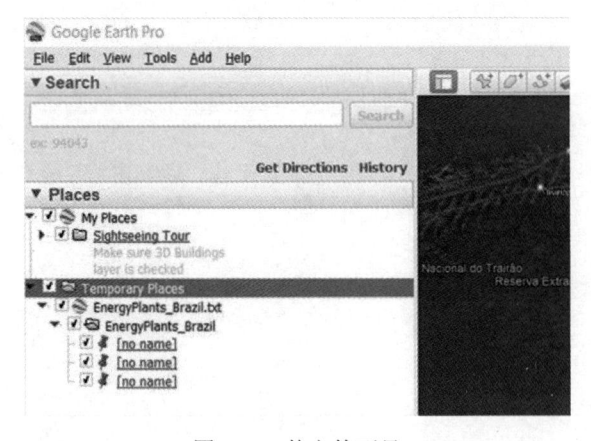

图 9.13　使文件可见

步骤 10：查看并保存。

现在，地图上应该会出现我们提供的 GPS 位置。我们可以右键单击"Temporary Places"，将它保存为 KMZ 文件，以便日后重复使用、发送给其他分析师或集成到其他工具中。

9.2.2.2　使用预置可视化工具

预置可视化工具对分析师来说非常方便，因为节省了重新开发的时间。出于提高公众意识的目的，许多优秀的地图和跟踪器甚至是由基础设施运营商或政府组织开发和托管的。我们可以将这些地图作为查找关键基础设施、工业制造领域的活动和供应商的"基线"，或将其作为信息资源集成到我们自己的系统上。

在使用他人开发的地图和跟踪器时必须小心谨慎，因为我们永远不知道他们的动机或偏见，所以必须持续地验证我们看到的数据，而不是全部将其视为真相。在下文中我提供了一些工具和可视化的例子，用于说明通过搜索引擎的简单定向搜索可以找到的数据类型。调查者可根据任务情况适当调整关键词（如"石油管道"和"地图"，以及"墨西哥"或"国防工业"和"地图"等）。

政府：

互联网上有很多公开的政府地图资源，我们需要做的只是找到它们。在政府的关键部门可以找到诸如交通、电力线路、管道等可视化资源。许多政府地图使用 ArcGIS 作为平台，如国土基础设施基础级数据（HIFLD）。美国能源和信息管理局（United States Energy and Information Administration）的能源地图集也是基于 ArcGIS 生成的，可以根据用户需求进行切换和调整（环境影响评估地图见图 9.14）。

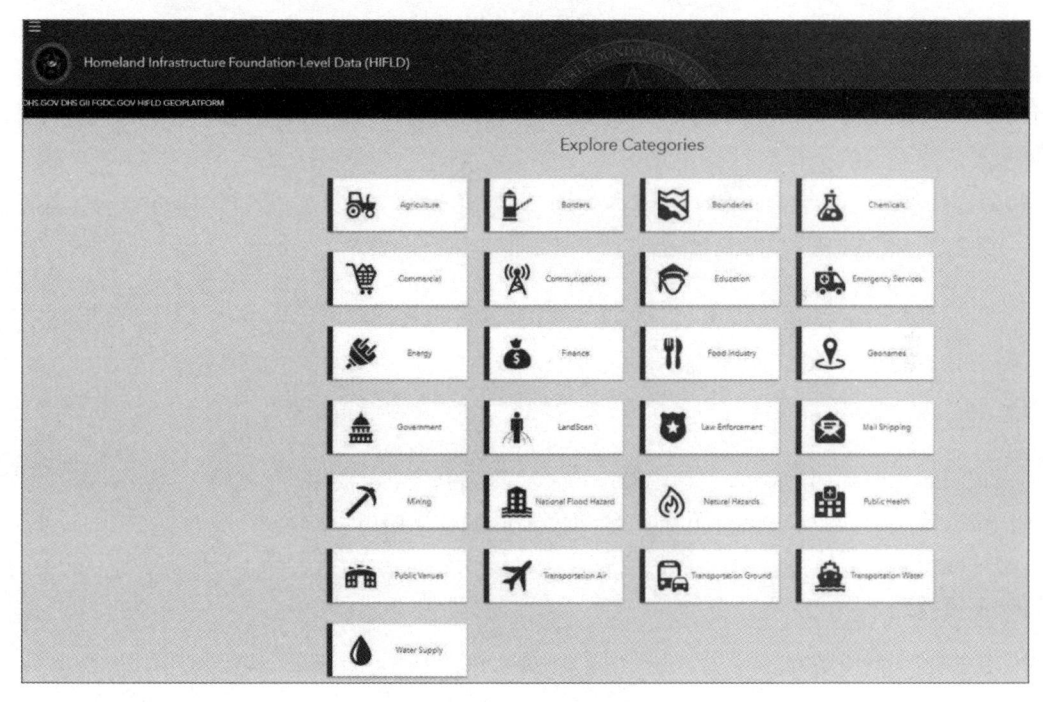

图 9.14 环境影响评估地图

运营商：

诸如能源公司或制造工厂等关键基础设施运营商也制作数据地图，在其中标示一些重要地点和区域。这些地图可以在公司网站上找到，也可以通过搜索引擎的关键字搜索，如"公司"和"地图"，或"公司"和"位置"，以及"管道"和"地图"等组合。这些可视化信息有助于确定公司基础设施的位置，以及在哪些地区拥有多数股东权益。一个例子是挪威的 Norsk Petroleum 公司在其网站上提供了交互式地图，显示油田名称、运营商、所有者和储量等信息。

我们还可以在日本 JERA 公司的网站上看到其火力发电厂的位置图。虽然没有 Norsk Petroleum 地图那么详细，但它确实将所有地点都进行了标注，让我们可以集中精力进行更深入的分析。

监督者和分析师：

除了政府机构和特定运营商，对地图感兴趣的还有智库、研究机构、监督团体，以及像我们这样对基础设施和存在的问题充满好奇的分析师。不少组织和分析师开发了用于监控关键基础设施或制造业特定领域的专用地图和跟踪器。需要再次重申的是，我们不可能总是清楚他们的研究动机和偏见，因此必须独立核实任何对我们的分析工作至关重要的信息。例如，oilmap.xyz 是由分析师搭建的世界石油地图平台，目的是辅助学术研究并向公众提供相关信息。

另一个组织是世界核运营者协会（WANO），这是一个致力于核电安全和可靠性的非营利组织。WANO 网站上有一张世界地图，其中显示了 WANO 所有成员、核电厂的位置和一些相关信息，可用于进一步研究。

现在转到工业领域。ARMSCOM 提供了国防工业基地系列地图，作为航空航天和国防工业的国际媒体平台，其数据库包含"3 400 个国防领域的 4 000 多家公司"。该地图显示了世界各地的防务公司及其详细信息。虽然地图本身有点复杂，但它很好地诠释了不同的搜索条件可以找到什么样的信息。

9.2.3 公开披露的信息

以下是一些关键基础设施公开披露信息的示例，调查者可以将其纳入日常分析之中，以深入对其的了解。

9.2.3.1 合同

合同是查找公司信息的一种很好的方式，因为其中包含了团队、伙伴关系和服务等内容。通过使用像 usaspending.gov 这样的免费资源，我们可以找到公司内部使用的特定技术的详细信息、版本号，有时甚至是原理图。图 9.15 所示为我分析 CI 关键基础设施合同的一个拓线图。

9.2.3.2 社交媒体

社交媒体是收集特定系统照片的重要来源。可以找到的信息通常包括面板、交换机和具有品牌名称和版本信息的工作站等，我们随后可在 NIST 中查找漏洞。

TikTok 是获得技术演示视频的绝佳工具。使用 SCADA、ICS 和控制室等关键字，可以获得有关石油平台和工业制造等关键基础设施系统的极其详细的内部信息。

LinkedIn 可以用来查找拥有高级系统访问权限的人员，以及那些在个人职业描述中记录相关系统详细信息的工作人员。可以使用简单的 Dorks 查找在感兴趣的公司工作的人员简历。通过 Dorks 的强大威力，可以得到一份在简历或描述中提及过该公司的详细人员名单。与 LinkedIn 的内置搜索相比，使用 Dorks 的一个好处是不需要登录就可以查看基本信息，这样就可以防止目标人员在平台上收到提醒。

"Company"site:Linkedin.com

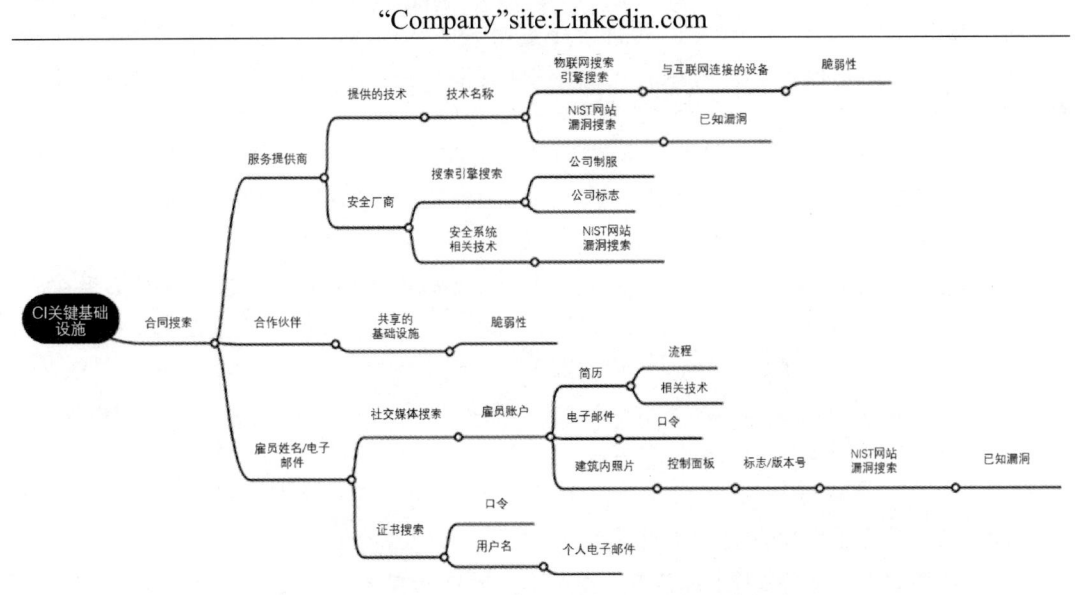

图 9.15　作者分析 CI 关键基础设施合同的一个拓线图

找到员工后，通过查看简历，可以发现他们在该公司工作时使用的特定技术。这些技术可用于针对性的攻击，如通过鱼叉式攻击进入系统等。在进一步缩小 Dorks 的范围并将职位名称加入关键词后，甚至可以找到在特定系统或位置上使用的关键软硬件及其版本号信息。如果得到的结果有限，那就稍微概括一下标题然后再试一次，直到找到我们想要的。例如，可以用"engineer"或者"technician"代替"Industrial Engineering Technician"：

"Industrial Engineering Technician"and"company"site:Linkedin.com

9.2.3.3　招聘广告

我们可以利用公司的职位列表和招聘广告来了解公司内部使用哪种类型的工业制造系统或运行系统。下面是几个对这类搜索很有用的 Dorks。

如果你知道公司，但不知道职位名称，就用这个：

"公司名称"和"职位"

如果你知道公司和职位名称，就用这个：

"公司名称"和"职位名称"

如果你知道要查找的系统信息，请用这个：

"公司名称"和"工作"和"系统名称"

9.2.3.4 公司发布的信息

公司或组织会在其网站或社交媒体上披露有关团队合作、伙伴关系和股东的详细信息，而年度报告则可以揭示大量有关公司结构及可能存在的薄弱环节的信息。我们可以找到他们在关注些什么。

假如我们的任务是收集有关特定公司系统的信息，并从对抗的角度告诉他们漏洞在哪里。我们可以研究公司网站上的年度报告、文件和网站中的细节，这些可能会告诉我们有关公司布局、结构、系统和软件/硬件使用的线索。

我们在 usaspending.gov 对提及该系统的公司合同进行定向搜索。在合同中，我们注意到另一家公司为该系统提供了年度运维服务。也许这个系统制造了一个在其他任何工厂都不生产的集成部件，所以关闭这个系统将导致灾难性后果。

在合同文件中，我们可以看到该系统的软件名称和版本、设备的机械结构及面板配置。在社交媒体上搜索该系统的名称，发现有其他公司的人在介绍如何使用该设备，这样我们就知道了它的工作原理，以及哪些部件是关键的。进一步从简历和招聘信息中收集系统信息，就能找出机器的哪些部分可能存在漏洞。

转到 NIST 的网站，我们可以检查系统软件、硬件的对应版本是否存在已公开的漏洞。此外，我们可以尝试使用 Censys 和 Shodan 来查看系统是否有面向公众的、可接入互联网的终端，这些终端存在漏洞利用的风险。

9.2.4 基础设施搜索工具

在前几章中，我们学习了整合 Shodan 等物联网搜索工具用于查找交通设备、摄像头和其他信息的技术。下面我们将特别关注识别关键基础设施和物联网工业控制设备的方法。相关的搜索方法很多，而且随着时间的推移我相信会有更多好用的工具出现。除了 Shodan，来看看可另外两个工具：Censys 和 Kamerka。

9.2.4.1 Censys

Censys 是一款由密歇根大学的科学家开发的设备搜索工具，可以搜索和识别联网设备、物联网/工业物联网设备及工业控制系统与平台。Censys 的目的是使互联网更加安全，CISA 曾经公布了一篇介绍 Censys 如何有助于"减少攻击面"的白皮书。Censys 和 Shodan 的主要区别在于，Censys 可以自由使用，没有搜索限制。同时 Censys 的创建者声称，Censys 的搜索更加精确，可以显示每个设备具体的漏洞。

9.2.4.2 Kamerka

Kamerka 是研究人员 Wojciech 开发的一款工业控制系统和物联网设备搜索工具。它最初是为查找联网监控摄像头而开发的，后来进行了扩展，更多地关注 ICS 和物联网设备。与 Censys 相似，它通过 Shodan、WHOISXML 和 BinaryEdge 的 API 进行被动信息收集，同时根据设备响应内容和地理标签进行地理定位。通过 Kamerka 可以找到下列信息：

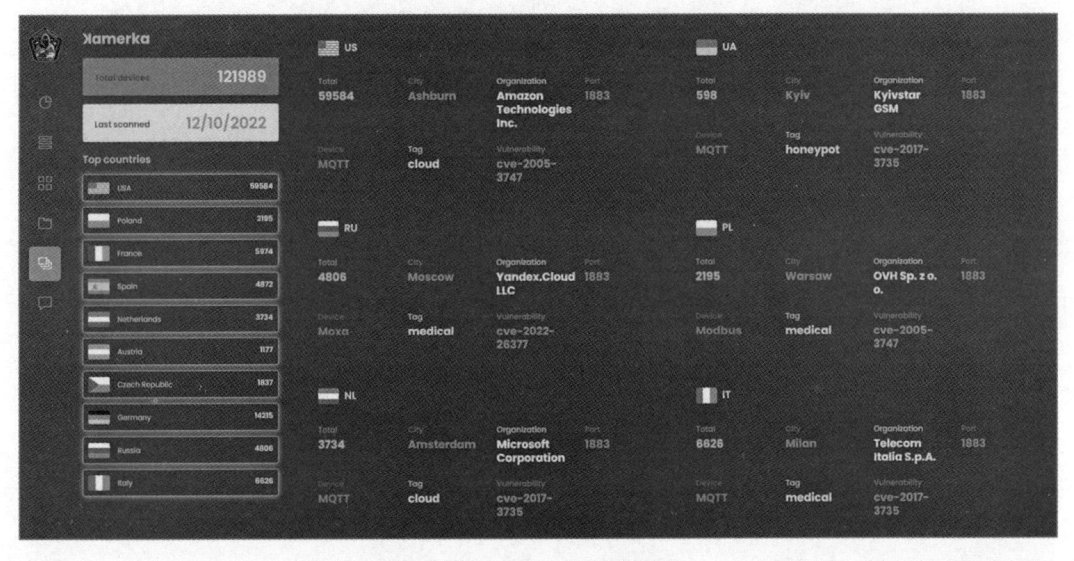

- 摄像头
- 打印机
- ICS/SCADA
- MQTT 传感器
- 基于 RTSP 的视频流
- 社交媒体地理位置详细信息

1. Kamerka 简易版

Kamerka 简易版提供基于图形用户界面的设备统计视图，可以按国家和设备类型查看在最近一次扫描中发现的设备，同时支持轻度搜索。该工具不需要下载，可通过网站 lite.kamerka.io 访问。与基于 Python 的 Kamerka 完整版相比，它无疑是一个更轻量级的版本，在快速查看某个地区的总体统计数据时很有用（见图 9.16、图 9.17）。

图 9.16　Kamerka 简易版（1）

图 9.17　Kamerka 简易版（2）

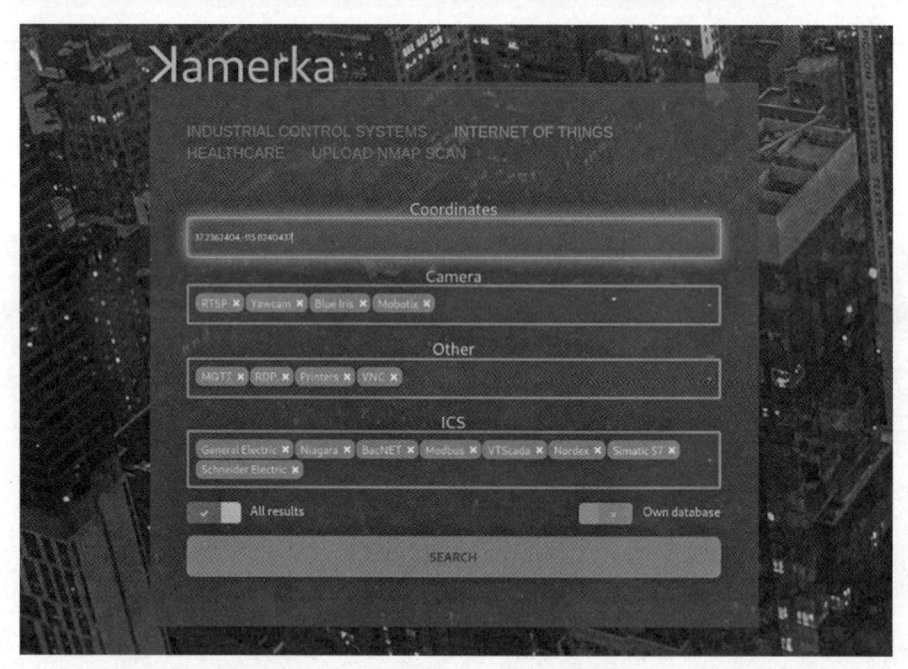

2. Kamerka 完整版

Kamerka 的完整版可以在 GitHub 网站上找到，它是用 Python 编写的。虽然对于不懂 Linux 或 Python 的 OSINT 初学者来说，Kamerka 完整版不那么容易上手，但它确实能为搜索工业控制系统和物联网设备提供一些有用的选项，因此我认为值得一试。它的安装说明可以在 GitHub 网站上找到，并且需要几个 API 密钥才能运行。安装后，Kamerka 完整版可让你按国家和特定坐标搜索工业控制和物联网设备（见图 9.18）。

图 9.18　Kamerka 完整版

我们在输入了谷歌地图的 API 密钥后还可以使用地图功能，除了在地图上显示所有找到的系统和设备，还提供详细信息和统计数据，以及进行地理定位。

9.3　无线网络

下面将介绍与无线网络相关的信息，可以用来深入分析关键基础设施。

9.3.1　无线网络概述

无线网络可以在不受任何线缆束缚的情况下，使设备间、设备与互联网间保持互联。可以连接到无线网络的设备包括手机、电视、便捷式计算机和打印机等。我们可以拿起便捷式计算机走到另一个房间，网络连接不会中断。

通过一个或多个接入点将同一位置的两台或多台设备连接起来的无线计算机网络称

为无线局域网（WLAN）。Wi-Fi 是用于构建无线局域网的关键技术之一，它允许附近的设备通过无线电波进行通信。我们的家里、办公室或健身房中的设备都是通过 Wi-Fi 连接的，它们通过附近的路由器发送和接收信号。即使我们未能连接到家里、办公室或咖啡店的 Wi-Fi，我们的设备还是会持续发出广播信标、搜索无线网络，任何能够收到这一信标的人都可以记录下我们连接网络的历史信息。

无线信号在空气中传播，加上像位置数据这样的信息片段可能会随信号一起传输，因此我们的相关数据存在被截获和暴露的可能。要使用手机上的应用程序来查看天气或者获取当地超市的优惠信息，我们必须打开定位服务。定位服务可以让设备上的应用程序访问 GPS，从而知道我们的位置，但是这些数据也可能用于精确定位某个目标的位置，或者收集与目标互动的人物及地点信息，执法部门用于确定个人位置的一种方法就是通过移动基站。除了我们常见的 Wi-Fi，无线网络也包括移动/蜂窝网络、GPS 或任何其他不需要电线传输数据的互联设备。

9.3.1.1 移动网络

如果你在过去十年中看过警匪片，那么一定不会对手机三角测量这个术语感到陌生，它是确定罪犯手机位置的一种手段。移动网络是由分布在地面上的多个蜂窝小区构成的无线网络，每个小区至少由一个基站收发器提供服务。Wi-Fi 与移动网络的区别在于，移动网络使用的是基站而不是路由器。手机三角测量的意思是使用多个移动基站，对移动信号连接到每个移动基站的延迟进行测量，并通过三角测量方法计算出手机的位置。作为普通民众，我们无法获取移动电话数据，但我们可以找到移动电话的蜂窝 IP 地址或 MAC 地址，这些地址可以告诉我们很多关于手机位置的信息。IP 地址有时会在创建账户时存储，有时可以在泄露数据中找到。

OSINT 分析师马蒂亚斯·威尔逊（Matthias Wilson）和史蒂文·哈里斯（Steven Harris）撰写了一系列基于移动电话 IP 地址进行地理定位的精彩博客，指出由于 IPv4 协议的限制，这类 IP 地址在地理定位中具有不稳定性。IPv4 地址的短缺意味着许多网站需要共用静态 IP 地址，而设备只能使用动态或持续变化的 IP 地址。移动设备在连接到的网络中可能同时与成千上万用户共享 IP 地址，而该网络每隔几秒就会动态变化一次。

当然，我们可以尝试使用 Maxmind 这样的工具来定位 IP 地址。Maxmind 是全球领先的 IP 定位公司之一，但正如博客作者所指出的，只要深入研究一下 Maxmind 公布的准确性报告，就可以发现一些 IP 地址是被错误解析的。存在偏差的原因是移动网络 ISP 会根据网络需求和地理区域对 IP 地址进行重新分配。当用户开车经过一个区域时，随着信号强度的变化，他们可能会不断地连接到新的基站和新的小区，但用户从未脱离网络，因此他们可以保持相同的 IP 地址。但如果用户关闭手机或将其设置为飞行模式一段时间（取决于供应商的设置），移动网络就会将用户的 IMSI 识别号码脱网，随后为用户的设备分配一个新的 IP 地址。通过移动网络对手机进行地理定位和三角定位最好留给执法部门和情报机构进行。对普通人而言，追踪 Wi-Fi 信号是更容易使用的策略。攻击者可以用不到 20 美元的便宜价格买到用于搜索不安全无线网络的 Wi-Fi 侦察工具，窃取信息或实现对网络的未经授权访问。

9.3.1.2 驾驶攻击

驾驶攻击（War Driving）是一种在某一区域内搜索和记录 Wi-Fi 网络信息的行为，通常在驾驶汽车时通过天线来实施。这个词出自 1983 年的电影《战争游戏》，马修·布罗德里克在电影中演绎了"拨号攻击"，即同时拨出多个电话号码以找到可用的调制解调器。驾驶攻击可以被视为"拨号攻击"的现代版本。

当通过一个地区时，驾驶中的车辆会试图寻找沿途的 Wi-Fi 网络，即便这些网络进行了加密。把这些信息上传到网站（如 Wigle）或应用程序中，就可以绘制出这个区域活跃的 Wi-Fi 网络地图。在通过驾驶攻击找到了脆弱的网络后，就可以获得其访问权限、窃取数据或安装恶意软件。驾驶攻击者还会记录网络细节，并将其上传到公共平台，用于绘制无线信号地图。

表面上看，驾驶攻击似乎是一种只有罪犯才会使用的侵入性活动。然而，Netflix 的系列节目《虚构网络：死亡、谎言和互联网》指出这个认识是错误的。臭名昭著的国税局骗子丹尼尔·里格梅登（Daniel Rigmaiden）在 2008 年被捕，他通过为死人非法报税，在十年间赚了很多钱，被控 35 项电信诈骗、35 项严重身份盗窃罪名，以及其他多项指控。虽然他的罪行引人注目，但与本书相关的是抓住他的方法。

执法部门为了找到里格梅登，使用了一种现在备受争议的工具——黄貂鱼（Stingray）。黄貂鱼可以模拟手机基站，从而诱使目标手机连接到它，而不是真正的蜂窝网络。这种工具存在的问题在于它无法针对特定的手机，而是影响区域内的所有手机，这就侵犯了其他人的隐私。2008 年，执法机构频繁使用黄貂鱼办案，但由于签订了保密协议，该工具并未公开。

里格梅登和他的律师从亚利桑那州牢房和监狱的图书馆中收集资料，然后将这些资料交给美国公民自由联盟（ACLU）。里格梅登以他的第四修正案权利受到侵犯为由，提出了撤销案件的动议，但最终被驳回。此时，这项研究已被转交给《华尔街日报》，使这项技术的使用公之于众。

在 OSINT 领域，我们不得不依靠历史信息来确定网络或设备的位置，而执法部门可以获得目标区域内活跃设备的实时地图。作为 OSINT 分析师，我们无法参与驾驶攻击行动，因为这是一种主动收集信息的行为。但是我们可以使用已经被上传到公共地图平台中的信息。

到目前为止，我们讨论的无线网络都是移动电话和计算机网络这样的长距离通信网络。不过有些网络的作用距离较短。蓝牙就是一种常见的用于替代有线连接的无线射频技术，可实现不同设备之间的近距离数据交换，连接距离通常可达 10 米。这种短距离连接适用于耳机、手机、打印机和健身手表等设备，其中许多设备都可以随身携带。

蓝牙与我们日常使用的许多个人设备和专业设备集成，会留下我们去了哪里、在那里待了多久的数字足迹。打开手机上的蓝牙设置，我们可以看到有一些设备在周围。像"戴夫的健身手表"或"公司的惠普打印机"这样的独特名称，可以表明它们的用途。与移动设备接收周围信号的方式相同，蓝牙信号监听者也可以开车经过一个区域，接收同样的信号、记录下来并上传到地图网站。用户在访问网站时，如果他们想确定戴夫住在街上的哪个地方，就可以根据蓝牙连接的名称来推断出他的位置。这也可以解释健身手表的 OSINT 使用方法，通过像 Strava 这样的网站，结合目标的生活模式，我们可以根据蓝牙和基于位置的连接信息来跟踪一个人的位置。

9.3.2 低功耗广域网

低功耗广域网（LPWAN）是一种可用于连接和服务 10 千米范围内设备的无线网络。LPWAN 主要用于智能城市和工业园区，它们的功率较低，因此设备可运行长达 20 年。目前使用的一种特定的 LPWAN 被称为 LoRaWAN。

LoRa 是一种无线协议，专为 M2M（机器间通信）和 IoT 网络等低功耗、远距离通信而设计，可在同一网络上连接多个应用。LoRaWAN 是一种建立在 LoRa 协议之上的低功耗、广域网络协议，用于管理设备和网关之间的通信。

LoRaWAN 的一个常见用途是在智能社区和工业园区中连接如水位传感器等低功耗物联网设备，信息会定期发送给系统管理者。设备在激活后使用 LoRaWAN 连接到网络，激活过程需要使用个性化的网络和应用程序会话密钥，虽然设备是基于密钥硬编码的，安全性略低，但更容易访问。

了解 LPWAN 和 LoRaWAN 网络的价值在于，如果调查者正在对一个城市的关键基础设施进行 OSINT 分析，而该基础设施是基于 LoRaWAN 运行的，那么他可以找出城市周围主要传感器和探测器中存在的漏洞，告知相关者及时修补，防止城市失去与这些重要设备的连接。我曾对 LoRaWAN 设备安装人员在社交媒体上发布的图像进行分析，这些图像拍摄到了设备内部的技术信息，让我找到了设备内部关键组件的特定制造商。

9.3.3 无线 SSID、BSSID、MAC

了解无线信号和相关标识符的构成，有助于 OSINT 分析师确定网络的位置、身份和所有者等信息，有时也可以根据标识符的命名规则进行推断。一旦明确了调查目标，就可以很容易地找到与分析相关的有用数据。

9.3.3.1 服务集标识符（SSID）

SSID 是可用于连接的网络名称。当我们打开计算机并尝试连接互联网时，附近的 SSID 列表就会显示出来供我们选择。有时人们会发挥创意，将自己的网络命名为"FBI Van"或其他名字。SSID 的作用是将数据包正确路由到正确的 WLAN。

9.3.3.2 基本服务集标识符（BSSID）

回想一下典型办公室的布局，你可能很熟悉放置在天花板上的锥形物体，那是无线接入点。通过它，网络就可以覆盖整栋大楼。当无线局域网内存在多个接入点时，为了将数据包路由到正确的接入点，网络会使用一种称为 BSSID 的标识符。一般来说，用户并不知道他们连接的是哪个 BSSID，但当你把便捷式计算机从一个房间移到另一个房间时，你

273

的 BSS 可能会改变，因为它切换到了另一个接入点。如果用户设置了隐藏的 Wi-Fi 网络，但没有公开广播其 SSID，那么我们仍然可以识别出其 BSSID。

9.3.3.3 扩展服务集标识符（ESSID）

这是一个 6 字节的电子标记，用于标识一组具有相同 SSID 的 BSSID。

9.3.3.4 媒体访问控制（MAC）地址

MAC 地址是设备用于连接网络的 12 位十六进制（6 个字节，也就是 48 位二进制数）唯一标识符。在 OSINT 中，我们可以使用 MAC 地址的前缀（前 7 位数字）来确定制造商。每个制造商都会从 IEEE 注册 MAC 前缀，并定期维护一个在线列表。通过搜索引擎查询"制造商名称"和"MAC 前缀"可以找到这个列表，找到他们使用的前缀。如果不知道具体的制造商，可以在 maclookup/macaddress 等网站查询。

例如，在图 9.19 中 MAC 地址中前缀是 ffc22c，其余是设备标识号：

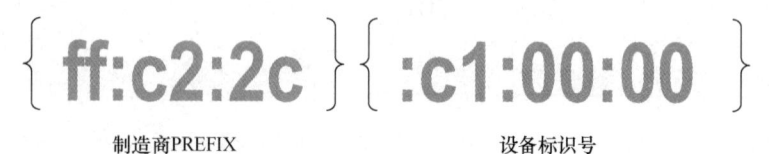

$$\underbrace{\text{ff:c2:2c}}_{\text{制造商PREFIX}} \underbrace{\text{:c1:00:00}}_{\text{设备标识号}}$$

图 9.19　MAC 地址

通过 maclookup 或类似的 MAC 搜索工具，我们发现该前缀属于苹果公司，同时也找到了对应的地址范围。这些信息有助于确定某个实体或人员正在使用哪种设备，以及它们可能存在哪些漏洞（见图 9.20、图 9.21）。

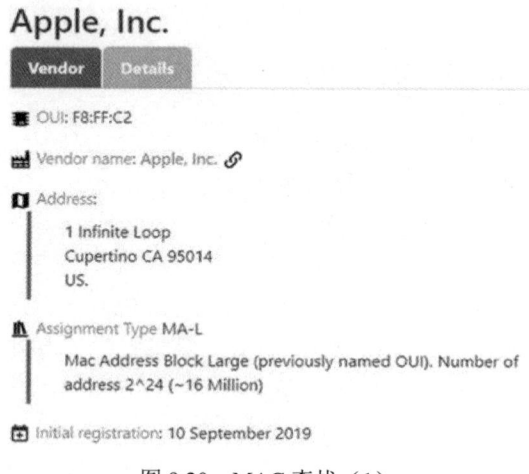

```
Apple, Inc.
Vendor  Details

OUI: F8:FF:C2
Vendor name: Apple, Inc.
Address:
1 Infinite Loop
Cupertino CA 95014
US.
Assignment Type MA-L
Mac Address Block Large (previously named OUI). Number of address 2^24 (~16 Million)
Initial registration: 10 September 2019
```

图 9.20　MAC 查找（1）

掌握了无线通信网络的构成和标识符，对于接下来的工作是一个很好的开始。在此也要提醒，无线连接可能暴露个人信息，因此请确保关闭位置服务，并尽可能使用 VPN 和虚拟机，防止无线连接泄露我们的数据。

图 9.21　MAC 查找（2）

9.4　分析无线网络的方法

我们应当基于情报周期中规划和需求阶段获取的信息，以及历史调查工作的反馈结果来确定下一步分析的重点。我们还应该确定是否可以合法地访问第三方采集的网络数据。根据利益相关方的需求，深入分析的方向可能包括图 9.22 所示的方面。

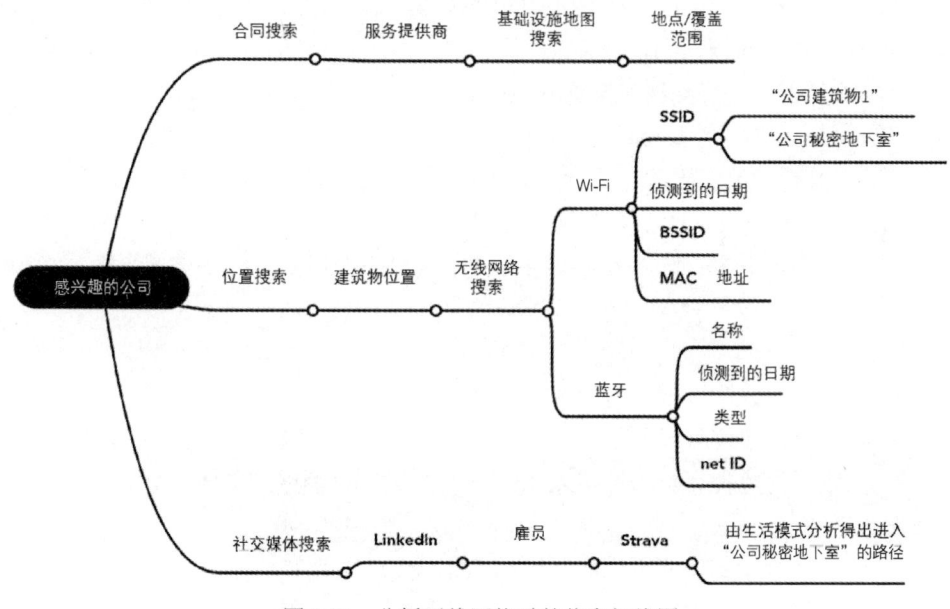

图 9.22　分析无线网络时的信息拓线图

9.4.1　信息收集技术

下面是一些无线网络信息收集的要点：
- 查找指向人员的标识符
- 查找指向组织的标识符

- 查找可推断使用情况的标识符（如 Printer1）
- 发现与设备存在漏洞相关的标识符
- 绘制时间关系图，确定目标生活模式

使用在关键基础设施分析中介绍的漏斗法，我们可以与利益相关方一起缩小需求和问题的范围。这里我们将"查找指向组织的标识符"。

在本例中，问题的"基线"可能涉及对组织内部使用过的技术类型进行研究，以建立一个初始的拓线点。在此基础上，我们再提出开放问题，在进一步聚焦重点之前，先划定一个广泛的信息边界。最终，我们会提出一些问题并逐个回答，从而完成系统规划分析的所有步骤。

问题：我们能否识别出属于特定组织的无线网络？

1）梳理基线

在对无线网络进行基线分析时，我们必须以网络在过去一段时间内的情况作为基线，这样才能分辨出网络的模式变化，下面将举例说明为什么基线是有用的。假如我们正在分析某个组织的无线网络供应商，它在过去的 15 年间一直没有变化，但现在其中一个突然改变了。

我想了解新供应商的情况、他们和旧公司的合作历史，以及发生了什么事情导致更换供应商，是诉讼还是合同终止？围绕我们的问题"能否识别出属于特定组织的无线网络？"我们可以通过下面的问题作为基线：

➢ 该组织是否与无线网络供应商有过合作？
➢ 该组织与无线网络供应商之间是否有任何合同？
➢ 该组织是否与无线设备制造商（如惠普或施乐打印机）有任何合作关系？

Open Signal 是我发现的一个非常适合进行基础分析的资源，它是一家为全球通信和网络提供市场洞察的独立报告公司。我们可以在该网站中根据地区和市场收集感兴趣的见解和信息。

2）拓宽视野
➢ 该组织所在区域是否有无线信号？
➢ 附近有蓝牙信号吗？
➢ 该组织内是否有员工经常光顾的场所（餐厅、酒吧、咖啡厅）？

3）聚焦重点
➢ 我们能否找到任何可推断到组织的无线 SSID 名称？
➢ 我们能否在 SSID 中找到任何技术名称？
➢ 我们能找到与员工相关的无线信号吗？
➢ 设备的 MAC 地址是什么？

4）分层识别
➢ 所列技术中是否有已知漏洞？
➢ MCC、MNC、CID 和无线电类型是什么？
➢ MAC 地址与哪个供应商绑定？

9.4.2 Wi-Fi 搜索技术

许多与无线分析相关的工具和技术都利用图表和地图来显示基站或信号的位置。下面我将深入介绍几种工具，并举例说明它们可以获取的数据类型，以及分析师可以利用这些数据做些什么。

9.4.2.1 WiGLE

WiGLE 是一款著名的无线网络搜索引擎和可视化工具，用于分析 Wi-Fi、蓝牙和蜂窝数据。WiGLE 有基本和高级搜索选项，可从以下方面进行搜索：

- 地址
- GPS 坐标
- SSID
- BSSID
- 时间
- 小区运营商、LAC 或网络
- 基站
- 网络名称
- MAC 地址

WiGLE 的典型搜索结果看起来像一张带有 SSID 的地图，其中显示了通过"驾驶攻击"记录并上传的信号位置。在使用此工具时，了解数据的准确性和位置的限制非常关键。WiGLE 完全依赖于进行"驾驶攻击"的人员收集和上传的数据，这意味着我们看到的信息可能不是最新的。在某个区域的地图上没有 SSID，但这并不意味着它不存在，它也可能表示区域从未被信号扫描过。

此外，不要将地图上 SSID 的位置作为设备精确位置的证据。无线信号可以传播很远，特别是在没有大量建筑物反弹的地区更是如此。如果将 SSID 的位置视为事实，可能会导致分析产生偏差。正确的做法是将 WiGLE 和类似工具作为指南，为进一步分析提供拓线点。

WiGLE 不仅能显示 SSID，还能根据地区或特定搜索条件显示设备的 MAC 地址。我们可以注册一个账户以访问高级搜索选项，从查询结果中我们能够获取大量可用于进一步分析的信息（见图 9.23），也可以将 MAC 地址输入其他工具（如 macaddress）中进行更深入的分析。

图 9.23 WiGLE 搜索结果截图

在图 9.23 中，你可以看到这两条记录具备关联关系。

在 macaddress 工具中查看前一个 MAC 地址，我们可以得知其供应商为 WatchGuard Tech Inc，并且地址的详细信息表明它是一个虚拟网络设备。作为分析师，我可以对该组织进行 OSINT 评估，将得到的信息与 NIST 漏洞数据库比对，搜索已知的漏洞（见图 9.24）。

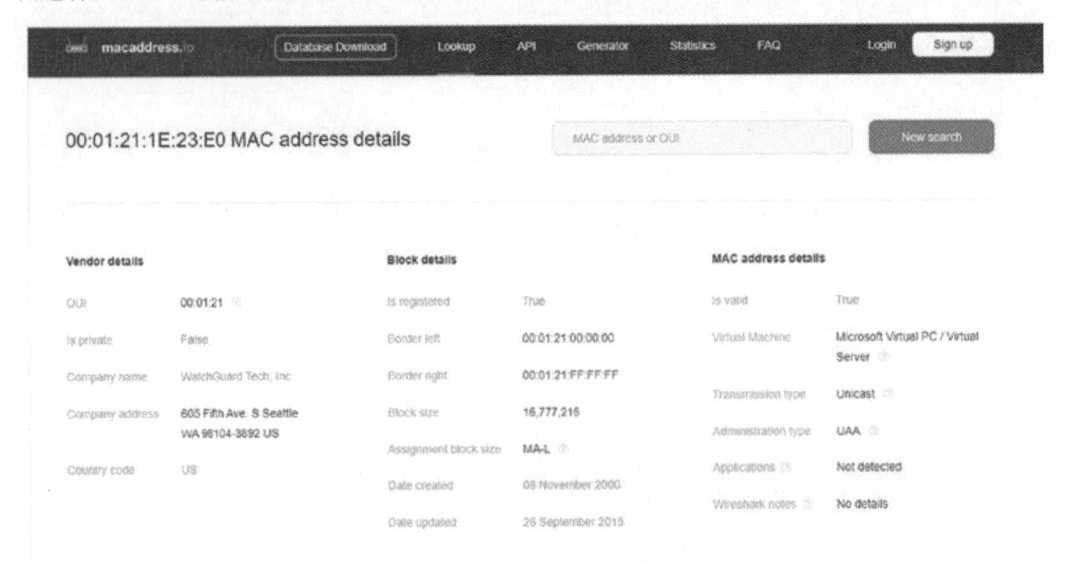

图 9.24　在 macaddress 工具中查看信息

在 NIST 中搜索 WatchGuard Tech，会发现 WatchGuard Firebox 存在一个允许远程攻击者访问系统的重大漏洞。再深入调查一下，我们就能通过合同或公开披露的信息，发现该组织是否正在使用这一系统（见图 9.25）。

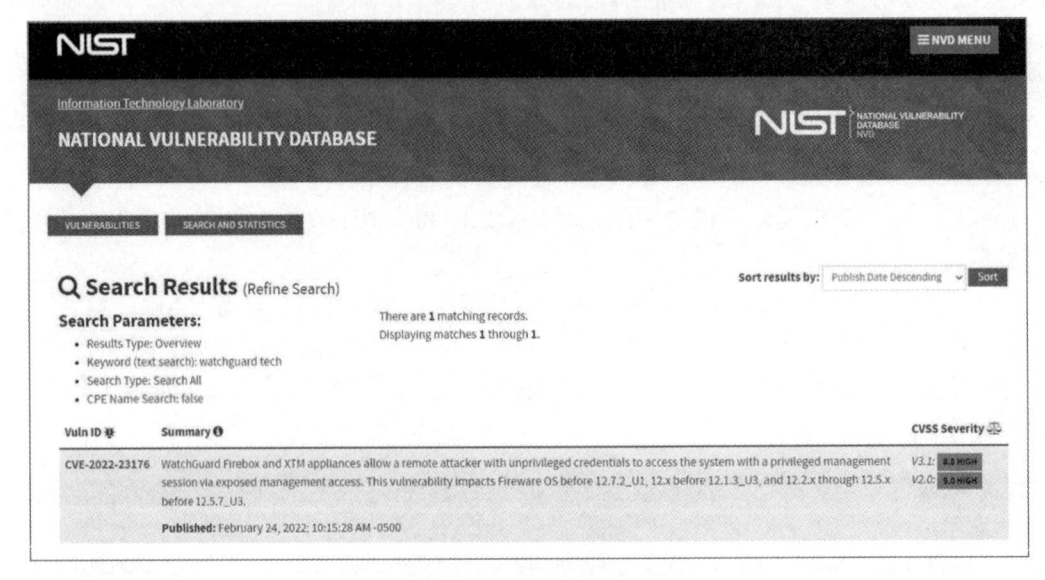

图 9.25　NIST 数据库

WiGLE 的另一个用法是缩小信息查询范围，直到建立起有用的联系。以下是一个例子。

- 我们感兴趣的对象是 X 公司的一名女职员。
- 通过使用 WiGLE，我们收集了在她工作期间，X 公司周围地区的所有无线信号。
- 这位女职员在社交媒体上发帖称，2022 年 11 月 1 日她正在得克萨斯州达拉斯参加一个会议。
- 我们通过 WiGLE 查找当天酒店和会议区域附近的无线网络信息。
- 将范围缩小到只在其中两个或更多地点出现的 SSID，可以帮助我们：
  - 为我们的研究目标增添更多线索信息
  - 收集执法部门可以使用的信息，如 MAC 地址
  - 对研究目标进行更详细的生活模式分析

如果我想识别某个设备的运行模式，进而找到使用/携带该设备的人，我需要一种方法来提取特定条目的 WiGLE 数据，并对其进行长期跟踪。幸运的是，使用谷歌地球和从 WiGLE 导出的 CSV，这项工作相当简单。

9.4.2.2　使用谷歌地球绘制无线网络位置图

跟踪设备的运行模式可以很好地归纳目标活动的规律，从而揭示目标的主要活动地点（工作、家庭、健身房）。同时追踪多台设备，帮助我们了解人群之间的活动的关联性，例如，去同一个办公室或住在同一个家里。考虑到 Wi-Fi 信号的位置差异，我们可以使用谷歌地球和 WiGLE 来追踪生活模式。

步骤 1：下载 Google Earth Pro。

步骤 2：注册 WiGLE 账户并检查数据。

在创建账户后进行检索，如果有一台或多台特定设备返回了 ping 记录，我们就可以进入下一步了（见图 9.26）。

图 9.26　无线 ping

步骤 3：安装 Instant Data Scraper 并搜索页面。

安装完成后单击 Instant Data Scraper 插件以抓取页面内容。在本例中，我忽略了不重要的列，只保留了纬度和经度，并将其保存为 CSV 文件（见图 9.27）。

步骤 4：按照之前介绍的导入步骤通过谷歌地球绘图。

步骤 5：分析绘制的地图。

在设备的 ping 信号被绘制在地图上之后，我们可以使用视觉聚类来尝试找出设备在哪里花费的时间较多。现在我们可以转而分析地图上的位置，甚至可以尝试找出谁拥有该设备。

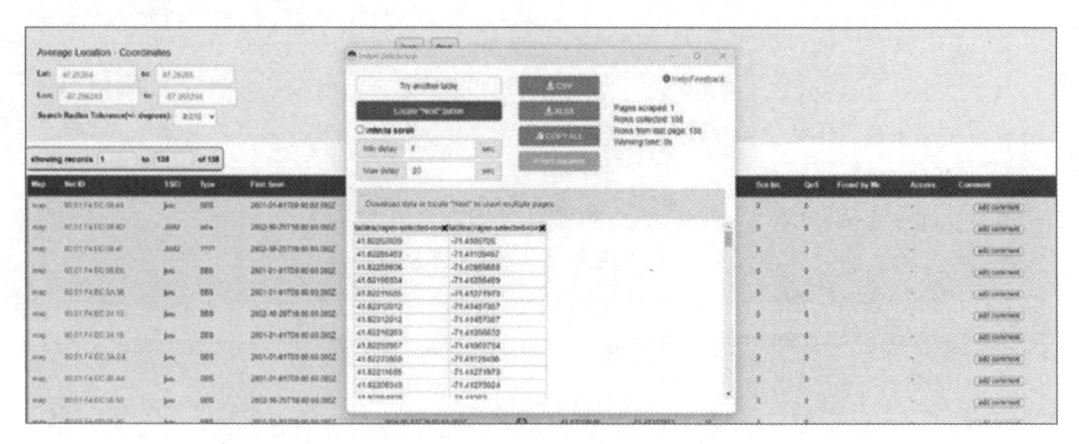

图 9.27　使用即时数据抓取器

WiGLE 肯定不是唯一的 Wi-Fi 搜索工具，但我们已经了解了它能够实现的功能，以及利用数据进行的拓线方法，在使用其他工具时也更加得心应手。

9.4.3　搜索基站

有时我们可能需要知道移动基站的位置及其信息。这在对特定地区的关键基础设施进行分析时非常有用。例如，在电网断电的情况下确定一个城市是否能在紧急情况下保持通信。利用 OSINT，我们可以根据合同、公开信息和识别工具对基站和基础设施进行评估。

OpenCellID 是世界上最大的开放式基站数据库，Cellmapper 等网站拥有全球的基站信息，包括每个基站的系统和识别信息。

图 9.28 是对某个感兴趣的区域进行无线和蜂窝数据分析的拓线图。

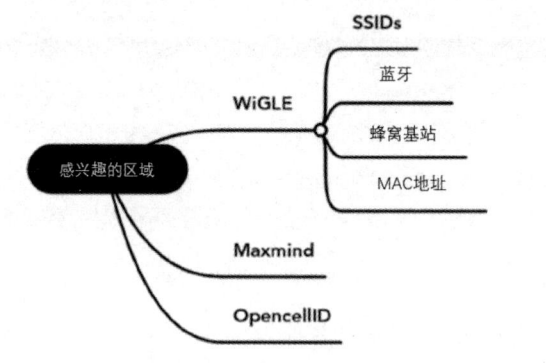

图 9.28　对某个感兴趣的区域进行无线和蜂窝数据分析的拓线图

第10章 金融情报

10.1 概述

金融情报（FININT）主要对实体的财务状况进行收集、监控和报告，以了解其当前行为并预测其未来行为。金融情报的典型作用是识别洗钱、逃税、资助犯罪或恐怖组织等犯罪行为。金融情报领域的数据分析通常包括从大量交易数据中识别参与特定活动的人员和实体等。当然，作为 OSINT 分析师，我们很多时候无法获得银行交易历史记录，必须依靠公开来源追踪资金流向。以下是我们从 OSINT 角度寻找金融情报的一些例子：

- 人员与特定账户的绑定关系
- 大额/异常采购记录
- 高风险行为识别
- 发现表明存在安全港的活动模式
- 对从事银行卡欺诈、贩毒或洗钱对象的侦查
- 从加密货币交易中确定恐怖组织之间的关系

有几类金融组织值得去了解。

10.1.1 金融情报机构

金融情报机构（FIUs）是各国内部设立的调查机构，负责收集和分析银行提供的有关洗钱、资助恐怖主义和犯罪活动的原始交易报告和可疑活动报告（SAR）。金融情报机构的责任还包括通过政府间网络向其他国家传播他们的分析结果等。

10.1.2 金融犯罪执法网络

金融犯罪执法网络（FinCEN）隶属于美国财政部，通过在美国国内和国际开展业务来打击洗钱活动、保护金融系统免受非法活动的侵害，同时它也负责在网络中分发金融情报以加强国家安全。此外，它还为 10 万多家金融机构制定反洗钱规则。如果已经提交了 SAR，根据 FinCEN 的文件规定，他们禁止披露参与该交易的任何人员信息。

10.1.3 反洗钱金融行动特别工作组

反洗钱金融行动特别工作组（FATF）是一个针对全球洗钱和恐怖主义行为资助的国际政府间监督组织。该组织制定了《反洗钱金融行动特别工作组标准》以协调全球应对措施，帮助各国当局打击人口贩运、非法毒品、恐怖主义和其他由金钱驱动的犯罪活动。FATF出版了一些对分析师有用的读物，包括 FATF 标准、建议和针对某些特定地点和情况的专门报告（例如，"针对芬太尼和合成阿片类药物的洗钱活动"）。

10.1.4 联邦存款保险公司

联邦存款保险公司（FDIC）是美国国会设立的机构，在银行倒闭时为金融存款提供保险、平时对银行业进行监督以保护消费者。FDIC 证书 ID 是 FDIC 分配给每家存款机构的唯一编号。FDIC 网站上有一个"分析"版块，里面有大量金融研究报告，我们可以利用它更好地了解金融业。该网站还提供了整套数据工具和支持查询操作的美国银行信息数据库，可以作为机构财务报告、存款市场份额报告等文件的权威数据来源。网站中还包括银行查询套件（Bank Find Suite）。

Bank Find Suite 提供以下方式进行 FDIC 数据记录搜索（见图 10.1）：

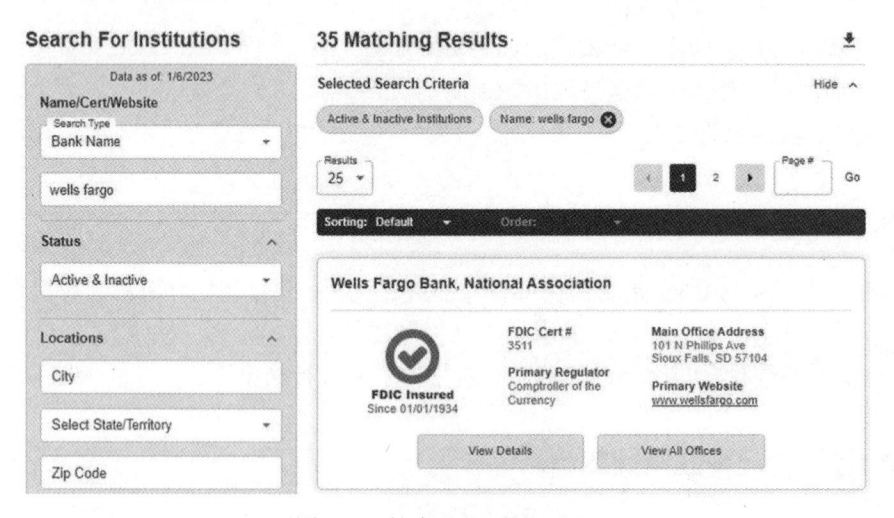

图 10.1　搜索 FDIC 数据记录

- 按名称和地点分列的机构
- 按 FDIC 证书 ID
- 自 1934 年以来的银行历史数据

- 银行破产和援助数据
- 财务报告
- 同行比较
- 分行存款汇总表

10.1.5 国际货币基金组织

国际货币基金组织（IMF）包括189个成员国，其宗旨是通过支持各成员国执行经济政策以促进金融稳定。国际货币基金组织的工作重点是识别成员国面临的洗钱和其他金融犯罪等风险。IMF编制了很多有用的报告，如《世界经济展望报告》，还就各地区具体金融问题发布了各类出版物和工作文件。

10.1.6 联邦金融机构审查委员会

联邦金融机构审查委员会（FFIEC）制定了BSA/AML检查手册和程序，该手册和程序被视为反洗钱圣经，可以在FFIEC信息库中找到。它除了提醒银行业务中需要注意的危险信号，还囊括了监管机构对金融机构合规性的要求。虽然很多分析师无法访问金融机构记录，但我们可以使用FFIEC提供的文档来帮助确定分析目标，并识别这些目标和实体中存在的类似危险信号。

10.1.7 外国资产管理处

外国资产管理处（OFAC）是美国财政部的执法机构之一。我们在本书的多个章节（包括第7章"商业与组织情报"）中讨论过OFAC，它也是我在日常工作中使用最多的金融情报资源。

本章我将重点介绍如何通过OFAC识别和理解金融犯罪。OFAC为分析师提供有关有组织犯罪的报告和信息，允许对任何可能被列入制裁的信息（包括加密货币钱包、姓名、地址、组织、车辆标识等）进行搜索。由于有组织犯罪和金融犯罪之间的紧密联系，我们必须研究犯罪组织"如何"及"为何"开展金融犯罪。

10.2 金融犯罪与有组织犯罪形影不离

历史上已知的最悠久的有组织犯罪团伙是日本山口组，他们大约从1612年开始活动。起初，山口组成员在市场上出售劣质产品以赚取利润，到了20世纪90年代山口组成员增加到18.4万人，他们经商、放高利贷、贩毒、走私，以及参与政治腐败。

如果你觉得山口组的发展道路听起来很熟悉，那是因为美国的"La Cosa Nostra"也是这么成长起来的。从1919年到1933年，美国的意大利犯罪家族利用劳工战争和全国禁酒令攫取了对工会的控制权，并在工会中操纵竞标和固化利润。几十年来，La Cosa Nostra

经营非法赌博集团、放高利贷、贩毒并左右政治舆论，而联邦调查局对此却不闻不问。据报道，1925 年左右，罪犯"Lucky Luciano"每年通过走私和非法赌博赚取 400 万美元的利润，这一数字约合 2023 年的 6 800 万美元。大多数有组织犯罪是以金融犯罪的形式存在的，因为这些组织的最终目标是权力和利润。

根据联合国毒品和犯罪问题办公室（UNODOC）的资料，最主要的有组织犯罪形式是：

- 洗钱
- 资产挪用
- 伪造品和违禁品
- 欺诈和勒索
- 人口贩运
- 网络犯罪

它们都有一个共同点：利用犯罪活动获取经济利益。有组织犯罪可以集中在某一特定地区，也可以将其团伙跨越国界分布在几个不同的国家，这种被称为跨国犯罪组织。

10.2.1 跨国犯罪组织

跨国犯罪组织（TCOs）是指跨越国境协调犯罪的组织，它们涉及来自多个国家的人员，利用暴力和腐败为非法业务提供便利。跨国犯罪组织的一个例子是在加拿大、萨尔瓦多、墨西哥和美国发现的 Mara Salvatrucha（MS-13）团伙。该组织由萨尔瓦多移民组成，其中一些成员曾接受过游击战训练，以通过恐惧和暴力进行恐吓而闻名。与他们有关的跨国犯罪包括武器走私、毒品贩运、人口贩运和盗窃车辆贩运。OFAC 是研究跨国犯罪组织的很好的起点，因为他们提供了详细的跨国犯罪组织报告，其中包括相关组织布局和主要参与者的新闻图表。图 10.2 是 Kinahan 有组织犯罪集团（KOCG，也被称为 Kinahan Cartel）的新闻图表示例。Kinahan Cartel 是活跃于爱尔兰、西班牙和阿联酋的跨国犯罪组织，他们参与毒品和枪支贩运，并利用迪拜作为便利中心洗钱（见图 10.2）。

有趣的是，2020 年，重量级拳王泰森·富里（Tyson Fury）在一个热门视频短片中三次提到 Daniel Kinahan，导致外国资产管制处对 Kinahan 家族的 7 名主要成员实施制裁。

富里，世界上最著名的拳击手之一，在 2020 年 6 月的视频短片中说道："我刚和 Daniel Kinahan 打完电话。他刚刚告诉我，英国拳击史上最大规模的一场比赛敲定了。为 Daniel 大声欢呼，他做到了，是他让这场比赛得以顺利达成。泰森·富里与安东尼·约书亚之间的两场对决，将在明年举行。非常感谢 Daniel 促成了这笔交易。一切顺利，愿上帝保佑你们，再见，祝你平安。"

虽然 Kinahan 与拳击手的关系可能会让该组织受到关注，但他们其实早已被国际刑警组织等机构盯上。国际刑警组织（INTERPOL）拥有一个可搜索的"红色通缉令"数据库，红色通缉令是向世界各地的执法机构发出的正式请求，要求他们找到并逮捕特定的人员

（见图 10.3）。虽然"红色通缉令"指出了被通缉的目标，但它们并不是逮捕令，因此成员国可以根据本国法律进行关于逮捕行动的裁量。红色通缉令中包括人员的关键细节，如照片、出生日期、国籍和犯罪指控。

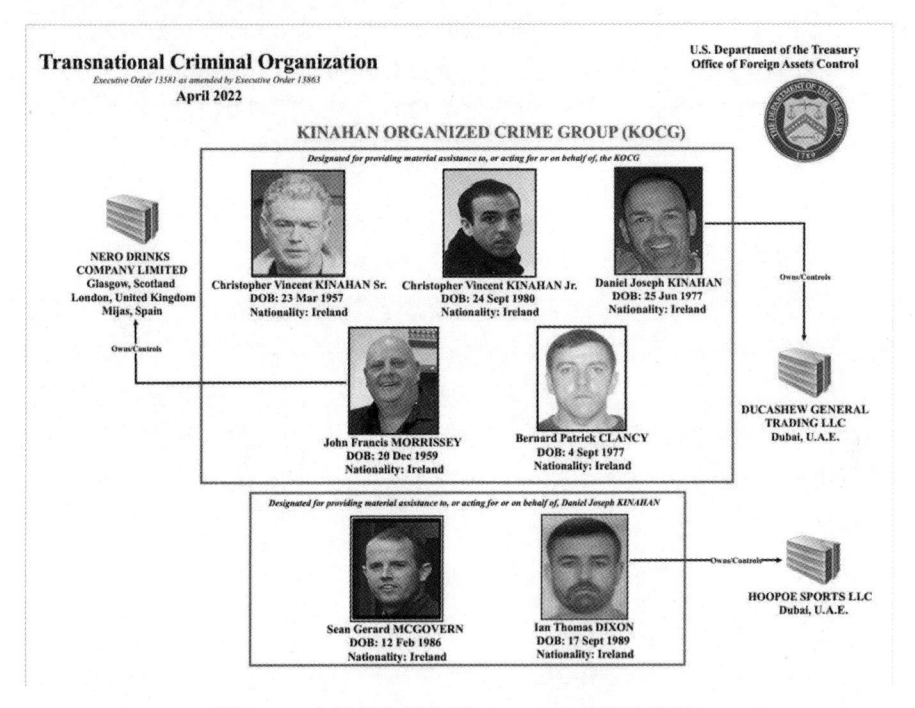

图 10.2　有组织犯罪集团（KOCG）的新闻图表

图 10.3　"红色通缉令"数据库

贩毒集团也是一类有组织犯罪团伙，他们利用暴力、非法销售和腐败牟利，不仅对其所在国家，也对全世界构成威胁。

OSINT 分析师在调查金融犯罪时可能会注意到，他们的一些工作与跨国犯罪组织发生了交集，因为跨国犯罪组织对全球各地都有着广泛的影响。深入研究跨国犯罪组织、了解他们的势力范围、掌握他们是如何赚钱和转移资金的，可以帮助分析师从数据中找到突破点。掌握了特定组织的运行策略，有助于分析师从金融情报转向对相关跨国犯罪组织的研究，进而支撑对人口贩运、洗钱、非法移民、非法赌博和腐败等行为的打击。一些从事非法行动的人员通常在政府中身居高位，或在社区中具有影响力，但他们对某些罪行视而不见。

10.2.2 政治公众人物

政治公众人物（PEP）是指因其担任重要职位或具有社区影响力，而容易受到贿赂、腐败或非法活动影响的人。被归类为政治公众人物并不意味着他们实施了非法行为，而是指他们从事着与政府、立法、行政、司法、外交、军事、金融机构相关的工作，或者是这些行业利益相关者的直系亲属或商业合作伙伴。具有以下特征的人通常是政治公众人物：

在政府部门工作的人员：
- 外交官
- 议会成员
- 国家元首
- 总统团队

司法角色：
- 最高法院
- 宪法法院
- 司法机构

美国国有企业：
- 董事会成员（过去和现在的）
- 高管

高级职位：
- 中央财务人员
- 武装部队高级军官
- 国际体育委员会

政治人物的亲密伙伴和亲属：
- 家长
- 子女
- 直系亲属、二级和三级家庭成员
- 业务合作伙伴
- 唯一受益人
- 共同所有权成员

在一名墨西哥检察官领导下，阿提拉·比罗、莉莉亚·罗德里格斯和约翰尼撰写了一篇针对罗马尼亚犯罪团伙的有组织犯罪和腐败调查报告，揭示了政治公众人物在有组织犯罪活动中所扮演的重要角色。维埃拉玛雅团伙的一名前成员被该团伙的其他成员刺伤，但墨西哥州检察官乔纳森·梅迪纳·纳瓦拒绝将他们视为可能的嫌疑人。2021 年，因为发现了几笔与该团伙有关的交易，梅迪纳·纳瓦的银行账户被墨西哥金融调查人员冻结。黑帮头目福里安·都铎的前同伙告诉记者，梅迪纳·纳瓦每月收到 5 000 到 6 000 美元的礼物。虽然梅迪纳·纳瓦与都铎和里维埃拉·玛雅的关系没有在法庭上得到证实，他也没有被控犯罪，但这起案件反映了掌权者被腐化的方法。PEP 的腐败可以有多种形式，包括送礼、庇护和裙带关系等，虽然它们并非总是与有组织犯罪相关，但这些行为将导致洗钱、挪用公款和欺诈，我们可以通过金融情报对其进行识别和追踪。

10.2.3　反洗钱

反洗钱（AML）是指对洗钱行为的打击，洗钱是一种金融犯罪，其目的是转移犯罪所得的非法收益并隐藏其来源，使其看起来合法。反洗钱包括对金融机构、政治人物和实体进行调查、分析和监控，发现可能涉及洗钱的可疑或非法活动。要了解反洗钱，我们必须首先了解洗钱的过程。

在 AMC 的电视剧《绝命毒师》（Breaking Bad）中，主角沃尔特·怀特（Walter White）是一名高中化学教师，他通过出售冰毒（同时也制作其他毒品）来支付自己的癌症治疗费用，从而赚取了大约 8 000 万美元。随着沃尔特的钱越来越多，有人建议，作为一个失败的化学老师拥有大笔现金看起来很可疑，他应该通过一家挡箭牌公司来隐藏这笔钱的来源。在电视剧里，沃尔特和妻子斯凯勒购买了一家洗车店，通过合法的洗车店"清洗"非法资金，将其转化为"干净"的利润。

洗钱活动要想奏效，一般需要经过布局、伪造和整合 3 个步骤。

步骤 1——布局：沃尔特买了一家洗车店。

将非法或"肮脏"的资金引入金融系统，通过"清洗"来掩盖资金的来源。这方面的例子包括：

- 用非法资金偿还债务
- 以小额方式存入资金，以规避申报门槛
- 用非法资金购买外汇

步骤 2——伪造：斯凯勒"伪造"账目以掩盖资金流入。

为了使洗钱活动更难被察觉，通过有策略的资金流动来掩盖洗钱活动，可以增加其"合法性"。可能包括以下内容：

- 投资合法企业
- 在金融机构之间转移资金
- 销售高价值商品

步骤 3——整合：怀特一家通过洗车店的利润洗钱。

在这一步中，肮脏的钱通过看似合法的来源，作为合法货币重新融入经济体系。这些钱获得了"合法身份"，回到了犯罪分子手中。

怀特夫妇使用结构化方法实施犯罪，即把交易分解成较小的金额，列入洗车店账簿并使其合法化。斯凯勒具有会计专业背景，她将毒品交易分解后列入洗车店的财务账目，使其看起来像正常的客户付款。

为了防止这类犯罪活动，包括金融机构在内的政府、公共实体（如警察）和情报部门制定了关于发现和报告洗钱活动的法规、合规要求和流程。在财务监控中使用的特定尽职调查过程称为 KYC（了解你的客户），它是确定客户风险的关键。

KYC 是金融公司对客户身份，以及与客户开展业务的相关风险进行检查和核实的过程。金融公司通过核实客户的身份，根据其持有的账户推测其动机，并对客户的可疑活动进行持续监控以防止洗钱、欺诈和恐怖主义融资。按照反洗钱法的要求，机构必须通过身份证、生物识别、面部识别和/或文件来验证客户身份。美国于 1970 年制定了《银行保密法》（BSA），由金融犯罪执法网络（FinCEN）负责执行；随后不久又成立了 FATF，负责制定和维护国际法规和标准，防止洗钱和其他犯罪活动（如资助恐怖主义）。

由于洗钱与资助恐怖主义密切相关，如果我们能通过 OSINT 分析发现这类情况的模式或迹象，就有可能为打击恐怖主义资助行为提供帮助。

10.2.4 打击恐怖主义资助

打击恐怖主义资助（CFT），即打击资助恐怖主义的金融行为，其重点是通过政府法规、法律和其他手段防止或限制资金流向恐怖组织。从事 CFT 工作的分析师的关注重点是金融实体、组织和企业，他们通过识别资助恐怖活动的资金来源和去向来防止恐怖活动的发生，同时也负责监管、监督和发布报告。CFT 由 FATF 牵头，旨在通过制定政策和分享信息，防止洗钱和其他非法的隐蔽融资手段。资助恐怖主义的资金可能来自宗教组织或企业等合法来源，也可能出自腐败和走私等非法来源，这也是该类资金在资助恐怖主义之前需要进行洗钱的原因。美国财政部发布了一份名为《国家恐怖主义融资风险评估》（NTFRA）的报告，指出了美国面临的恐怖主义融资威胁、风险和脆弱性。虽然这份文件以美国为重点，但其中的内容也可适用于其他发达国家。

传统的金融犯罪分析要求检查银行记录和交易信息，但 OSINT 分析师不一定能访问到这些内容。开源情报能够提供的价值在于从对手的角度审视问题，以及对特定开源数据的访问能力，这些数据往往因时间久远或访问障碍而处于政府监管范围之外。此外，定位金融交易中的支付和账户信息，并将其与人员和组织联系起来，可以为调查任务提供额外的背景信息和分析途径。有时，我们可能无法获得政府所有的信息，但可以借助额外的背景信息来拓展分析过程。

许多 OSINT 金融案件都始于金融领域以外的某条关键信息，这条信息将我们带入金融领域。我曾处理过这样的案件：最初的数据仅仅是一个与非法活动有牵连的用户名，我通过该用户名与其社交媒体进行关联，找到了真实的用户，并注意到他在社交媒体上发布的意外之财内容。这种方法同样适用于将金融交易与特定对象关联起来的恐怖主义资助案件。我们通常从一个名字或一次交易开始，利用针对金融、加密货币、企业和人员的 OSINT

技术来揭示以下内容：
- 参与的人员和组织
- 涉及的 PEP
- 财务交易
- 加密货币钱包
- 人员的意外之财（新车、新房、珠宝）
- 可疑的洗钱计划
- 基于交易的洗钱计划
- 逃税和欺诈
- 挪用公款

10.2.5　逃税、税务欺诈和挪用公款

逃税是指个人或实体利用欺骗或隐瞒等手段逃避纳税或大大减少纳税额的行为。电信企业家沃尔特·安德森（Walter Anderson）是美国最大的逃税案之一的当事人，他于 2005 年被起诉利用离岸公司和账户向美国国税局隐瞒收入，总共逃避了 2 亿美元的联邦税和地方税。2008 年 9 月，安德森承认在 1998 年至 1999 年期间向美国国税局隐瞒了数亿美元的收入，并承认犯有两项逃税罪和一项欺诈罪。除了这些罪行，安德森还拥有至少 7 个化名并利用它们伪造身份证明，发布了如何制作假身份证明并躲避政府的手册。安德森确实犯了逃税罪，故意通过虚报费用、不报告收入或根本不报税等手段提交虚假信息的行为，构成了税务欺诈。

税务欺诈领域的一个著名案例是 FTX 的倒闭。2022 年年底，加密货币交易所 FTX 倒闭，其创始人兼前首席执行官萨姆·班克曼.弗里德（Sam Bankman-Fried）因申请破产而被从巴哈马引渡。11 月，FTX 向币安网寻求帮助以解决流动性危机。在进行尽职调查后，币安网退出了收购交易。随后，法庭指定的一位 CEO 接替了弗里德的职位，这位 CEO 随后申请公司破产，给投资者造成了数十亿美元的损失，它们之中的大部分无法挽回。11 月 12 日，FTX 报道称，在弗里德于巴哈马被捕并因欺诈指控入狱之前，黑客攻击了该公司并窃取了高达 4.77 亿美元的资金。在 12 月 22 日的法庭听证会上，一名联邦法官以 2.5 亿美元的保释金释放了他，这是历史上数额最大的保释金。2023 年 1 月 3 日，弗里德对所有刑事指控宣称无罪，目前他正在等待审判。被任命为首席执行官的约翰·雷在美国众议院委员会上表示："FTX 以'不做账目记录'方式逃税，这是一种老式的公款挪用手段。"

挪用是指被授信管理资金的人故意滥用和盗用这些资金。例如，庞氏骗局是一类承诺了低风险和高回报的投资欺诈，新投资者受利益驱使，持续向现有的投资者投入资金。最著名的庞氏骗局之一是伯尼·麦道夫丑闻，他以"保证 50% 的回报"为榜子欺骗了成千上万的投资者，事实上将他们的钱存入了他的个人银行账户。另一个不太为人所知的挪用公款的例子是喜剧演员戴恩·库克同父异母的弟弟达里尔·麦考利，他在管理库克的业务时

窃取了 1 200 万美元。麦考利因通过电汇和支票将库克商业账户中的数百万美元转移到自己的个人账户中，被判处 6 年监禁、16 年缓刑。作为 OSINT 分析师，我们通常无法直接获得财务记录，但利用开源情报我们能够发现麦考利在社交媒体上发布的意外之财或其他重要信息，从而及时识别出潜在的公款盗用事件。

在案件中出现的危险信号和指标，可能意味着税务欺诈、逃税、挪用公款和其他类似类型的白领犯罪。通过 OSINT 收集信息并识别罪犯，可以为执法和情报机构提供证据，支撑其开展法律行动。我们可以在 OSINT 中使用一些关键的金融标识符和方法（如负面搜索字符串[1]）来寻找金融信息。

10.3 分析方法

由于我们是 OSINT 分析师而不是金融分析师，在无法接触到内部财务数据的情况下，我们的分析只能来自公开信息。这意味着我们在本书前几章中学到的工具和方法，相关的资源也可以应用于财务分析。下面举例说明，如何从一个用户名入手开展财务信息挖掘（见图 10.4）。

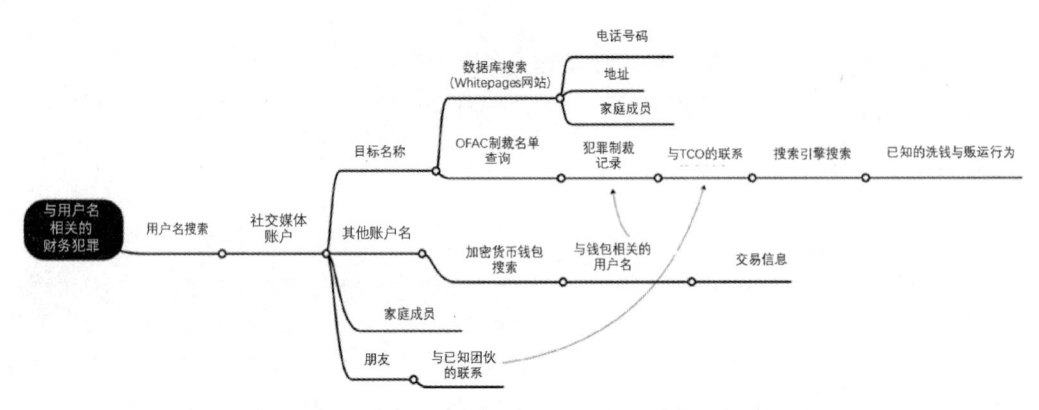

图 10.4　与用户名相关的财务犯罪分析的信息拓线图

金融分析的具体需求决定了我们从哪里开始挖掘。对许多分析师来说，了解银行业情况、基础金融犯罪、如何追踪资金流及如何分析感兴趣的对象，对于最终确定非法活动主体是不可或缺的。可以从我们已经熟悉的用户名、电子邮件、电话号码、对象姓名开始金融情报分析；但不同之处在于，在搜索的过程中应重点寻找与财务相关的关系、动机和信息。我们可以通过自问自答的方式进行研究，从而缩小查询范围：

- 你所关注的目标或主体是否与有组织犯罪有联系？
- 你研究的目标是 PEP 吗？

---

[1] 译者注：负面搜索字符串（Derogatory Search String）指用于搜索与非法、欺诈或不当行为相关的财务或个人信息的特定查询字符串，如"诈骗、盗用、破产、负债、违约、洗钱、黑市交易、非法转移"等。

- 你研究的目标或主体是否与其生活方式匹配？
- 他们似乎获得了意外之财吗？
  - 我们能通过 OSINT 确定其来源吗
- 社交媒体上是否有任何线索？
- 目标的电子邮件、用户名或电话号码是否出现在论坛、网页或广告上？
- 目标是否隶属于任何企业？
- 目标及其活动是否与有组织犯罪有关？

通过向自己提出针对性的问题，可以帮助我们制定相应的搜索策略，利用金融标识符、资源及负面搜索字符串在互联网上查找信息。

10.3.1 金融术语和标识符

银行业务在金融犯罪分析中具有极其重要的地位，因此了解一些银行交易的相关术语和标识符非常有用。当我们关注特定的金融犯罪时，就可以根据分析的重点，围绕相关术语精心设计数据库搜索关键字。假如我们正在调查某人在暗网上非法出售信用卡信息的案件，那么知道 BIN 和 SWIFT 的含义将会很有帮助。以下是一些经常被提及的金融术语。

10.3.1.1 发卡行识别码

发卡行识别码（IIN）是指金融机构发行的信用卡、借记卡或其他类型的支付卡卡号的前几位数字（通常是八位）。

发卡行识别码对于发卡机构及其合作商来说是唯一的，它有助于识别支付卡交易使用的业务网络。

10.3.1.2 银行路由编号（ABA 路由编号）

银行路由编号是一个九位数的数字地址，用于识别银行并允许其发送和接收资金。没有路由编号，我们就无法知道钱被转到了哪里。这一编号用于电汇、银行存款、付款、直接存款和其他交易。

10.3.1.3 环球银行金融电信协会（SWIFT）

环球银行金融电信协会（SWIFT）代码和银行识别码（BIC）是可互换的标识符。每个 SWIFT 代码都有一个 BIC 句柄，这对于弄清楚汇款的来源或去向很重要。BIC 是一个由 8～11 个字符组成的银行识别码，用于从一家银行向另一家银行转账。典型的 SWIFT 代码遵循 "AAAABBCCDDD" 模式：

- AAAA：银行名称缩写
- BB：银行的国家代码
- CC：银行总部所在地
- DDD（可选）：分行代码，可能会被省略，或用 "XXX" 填充

以下是美国银行伦敦分行的示例，其 SWIFT 代码是 "BOFAGB22XXX"：

- BOFA 代表美国银行
- GB 代表国家（英国）
- 22 是银行总行的位置代码
- XXX 是支行代码

可以尝试使用 Swift 网站上的在线 BIC 搜索工具来解析 BIC 代码，该网站提供 BIC 数据查询，包括机构名称、描述和标识符，但不显示该 BIC 目前是否与 SWIFT 网络连接（见图 10.5）。

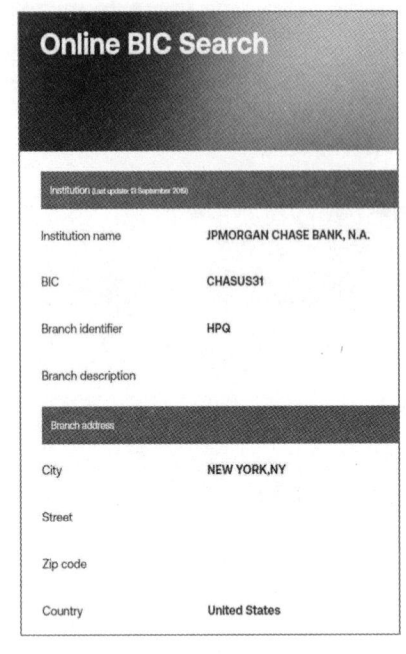

图 10.5　在线 BIC 搜索

10.3.1.4　增值税

许多国家都在使用增值税（VAT），但美国没有。它是一种消费税，在供应链的每个阶段都会被附加到产品上。每个企业都必须注册增值税，因此我们可以使用相关数据库对目标和实体进行搜索，收集主体名称、企业名称、地址、增值税状态等信息。Vat 网站就属于该类型的数据库，我们可以使用免费账户访问（见图 10.6）。

10.3.1.5　银行识别码

银行识别码（BIN）是银行卡、信用卡或借记卡号的前 6~8 个数字，用于识别银行卡所属的金融机构。BIN 能够将银行交易与金融机构相关联，以帮助识别伪卡或被盗卡。使用像 binlist.io 这样的免费网站，我们可以确定 BIN 的归属网络、卡片级别（可以表明持卡人的地位）、卡片类型（信用卡或借记卡）、国家和发卡银行。另一个选择是使用 binlist.net 网站，它提供额外的信息，如卡片是否为预付费卡等，而这可以用作是否存在洗钱活动的指标（见图 10.7）。

图 10.6　Vat 网站的增值税搜索

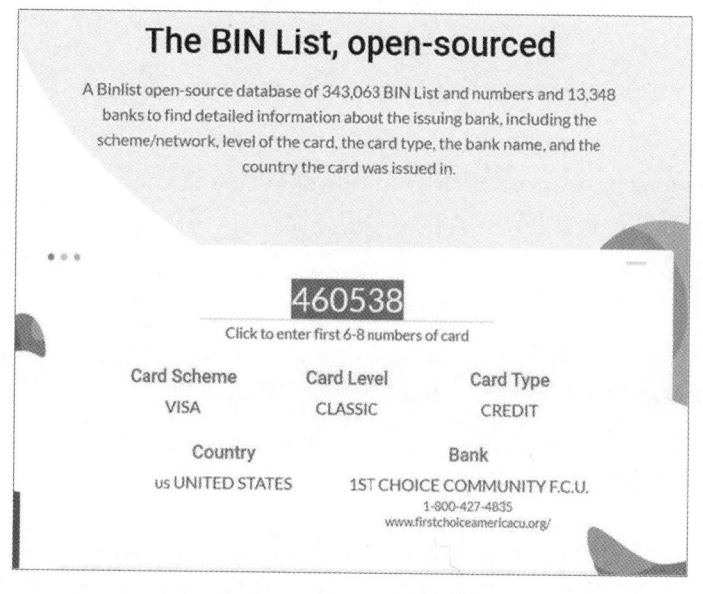

图 10.7　binlist.net 网站截图

为了准确识别银行，我们可以使用维基百科中的银行列表来缩小搜索范围，并按州、大洲、跨国银行或重要性等特定条件进行检查。可以从中找到银行分行、子公司和董事的信息，以及经过整理的关键银行名单（见图 10.8）。

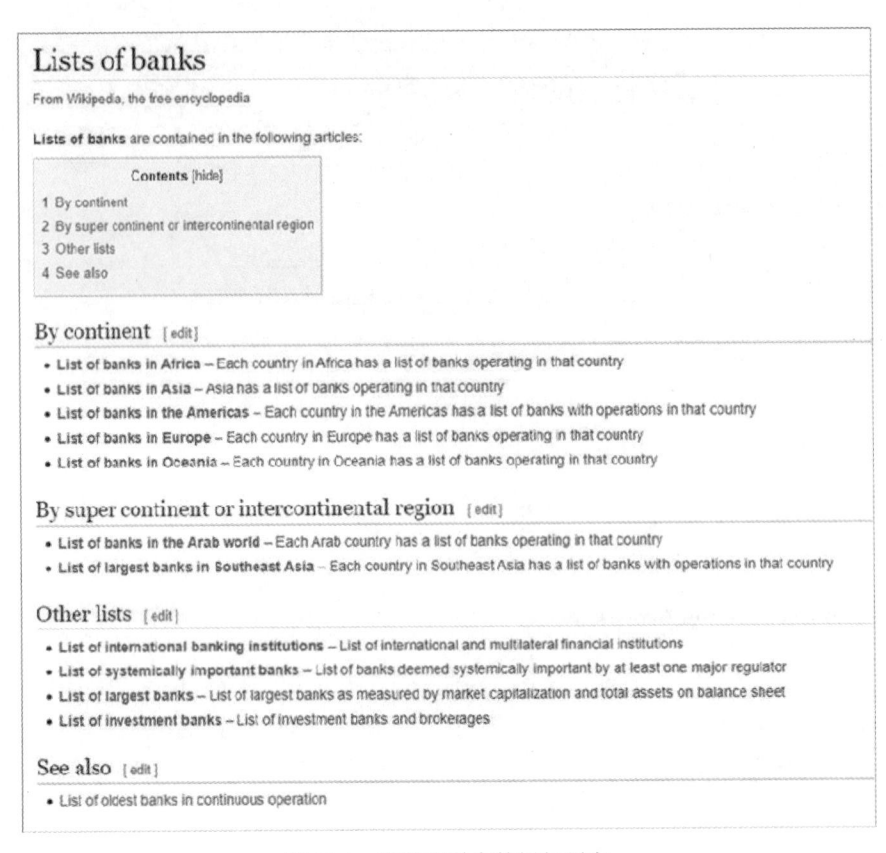

图 10.8　维基百科中的银行列表

利用从维基百科中提取的信息，我们可以进而搜索更权威的数据来源。例如，在查找该银行相关的其他业务标识符和人员时，我们可以从维基百科中提取目标银行附属信息，将其与 Open Corporates 或 Corporation Wiki 中的数据进行核对。分析师通常会在商业情报、人员情报和金融情报之间来回跳转，试图发现负面信息、公开披露信息、受制裁实体和政治人物的相关信息。

鉴于所有地区和国家对金融机构都有不同的规则和规定，通过使用与各国情况对应的资源，我们可以研究特定地区的金融犯罪、国家代码和货币信息。这种情况下，如果我们有个可以将它们联系起来的地点时，标识符就能发挥最大作用。

10.3.2　与地区相关的金融资源

无论分析的是哪个国家，我们都希望尽可能多地了解其金融法律、法规和该国的常见普遍犯罪活动。每个国家都有一个国际公认的 ISO 国家代码，它是 2~3 个字母的组合，很像美国各州的缩写。

在互联网上多个地方都可以搜索到 ISO 国家代码清单，但我喜欢使用 nationsonline.org/oneworld/country_code_list。尽管知道一个国家的代码对案件而言并不重要，但它可以帮助我们在只列出了 ISO 国家代码的财务文件中快速识别国家。了解目标国家的普遍犯罪和风险情况，可以帮助我们快速聚焦应当注意的犯罪类型。假如我们正在分析一个以洗钱和贩毒著称的地区，那么就可以通过本土化方法为研究提供前期支持，从而帮助我们更好地集中精力。

使用全球反洗钱查询工具 Know Your Country，我们可以找到针对特定国家的 FATF 状况、制裁、黑名单、贿赂评级和经济报告的信息，以及相关的可视化工具，如世界风险地图、筛查工具和麻醉品信息等。

在了解各国犯罪风险的同时，我们还应当能够识别国际货币的外观、代码，以及特定类型的货币在全球的使用地点。一种相关的情况是，如果我们在社交媒体上发现了毒品、枪支和金钱的图片或视频，就可以根据照片中的货币类型快速估计照片可能是在哪里拍摄的。为此，我们可以使用像流通货币维基列表这样的资源（见图 10.9），或者基于以特定关键词（如“货币”）使用搜索引擎，查找需要的信息。流通货币维基列表提供了按字母顺序排列的货币名称、缩写、ISO 国家代码、单位及货币的图像链接，我们可以将它与社交媒体、网站或暗网上图片中的货币进行比较。

List of circulating currencies by state or territory [edit]

Indicates a given currency is pegged to another currency (details).

State or territory[1]	Currency[1][2]	Symbol[C] or Abbrev.[3]	ISO code[2]	Fractional unit	Number to basic
Abkhazia	Abkhazian apsar[B]	(none)	(none)	(none)	(none)
	Russian ruble	₽	RUB	Kopeck	100
Afghanistan	Afghan afghani	Af or Afs (pl.)	AFN	Pul	100
Akrotiri and Dhekelia	Euro	€	EUR	Cent	100
Albania	Albanian lek	Lek	ALL	Qintar	100
Alderney	Alderney pound[B]	£	(none)	Penny	100
	Sterling banknotes are issued by the Bank of England and by some banks in Scotland and Northern Ireland (incl. Danske Bank). Laws on legal tender vary between various jurisdictions.[4]	£	GBP	Penny	100
	Guernsey pound	£	(none)	Penny	100

图 10.9　流通货币维基列表

10.3.3　药物财务分析资源

金融财务分析常将我们引向暗网上的论坛，甚至是明网上的社交媒体上关于毒品的讨论之中。这些讨论可能会使用俚语和暗语，我们需要知道它们的含义才能理解相关内容。美国缉毒署（DEA）提供的文件和信息，对买家/卖家使用的俚语和暗语进行了概述。有时我们甚至可以在像 Venmo 这样的公共支付系统上看到这些用语，它们出现在用户发表的评论中。此外，dea.gov 网站还提供有关日益增长的毒品威胁的信息，以及最常见的毒品滥用情况指南。DEA 还提供了《国家毒品威胁评估》（NDTA），其中列出了通过贩运毒品对美国构成的威胁、有关跨国犯罪的信息，以及毒品贩运过程的照片。

我们还可以查看《管制物资清单》，找到美国境内非法或限制销售药物的列表。基于美国食品及药物管理局（DFA）批准的药物清单，我们可以确定哪些药物不需要处方即可购买，而哪些药物及其基本成分是受限制的。如果你居住在美国以外，可以在国际麻醉品管制局（International Narcotics Control Board）找到一份国际管制药物清单。联合国毒品和犯罪问题办公室（United Nations Office on Drugs and Crime）也在 unodc.org 网站上公布了有关国际药物管制公约的更多信息，以及特定地区药物的市场价格。

如果我们遇到待售毒品的图片并且需要快速识别，可以使用 DEA 的毒品图片库，里面包含常见的瓶子、标签、药片的图片。

在州一级，分析师可能需要了解大麻合法化的情况并跟踪持证大麻销售商。由于相关法律经常变化，我的建议是在搜索引擎上查询"州+大麻合法化"（state+marijuana legalization）。大麻相关企业（MRBs）必须在其经营地获得许可，我们应该能在州数据库中搜索到这些许可。

10.3.4　针对有组织犯罪的分析资源

如果我们认为正在和一个有组织犯罪团伙打交道，那么可以利用有组织犯罪维基等资源进行背景研究，这为我们了解不同的犯罪组织及其"商业模式"提供了一个很好的切入点。针对各国的帮派，我发现美国国家帮派中心的信息交换网站（National Gang Center's Information Exchange）是一个很好的资源。我们可以通过该网站注册为执法人员、研究人员/政策制定者或服务人员，在帮派识别、指标、活动、培训和工作等方面交流想法、意见。

DEA 的通缉逃犯数据库是分析逃犯的好地方，它可以为我们提供目标的体貌特征、别名、照片及其被指控的罪名。这些信息也可以通过搜索引擎查询到。

许多分析师在处理贩毒融资问题时，往往把重点放在南美。Insight Crime 提供的国家贩运报告可以帮助我们了解贩毒集团、帮派的活动，以及各地区与金融犯罪活动相关的政治腐败情况。ocindex.net 上的"全球有组织犯罪指数"（Global Organized Crime Index）工具可以衡量一个国家的有组织犯罪情况，评估该国对犯罪活动的处置能力，并将这些信息在一张地图上呈现。

这项研究可以让我们深入了解各地区的犯罪情况，如果我们要对某个地区进行深入分析，那么在扩大搜索范围之前，我们可以明确从调查哪些关键人物开始。

10.3.5　基于负面字符串的新闻搜索

目前我们已经很好地掌握了银行和金融犯罪术语，以及可用于拓线的更多资源。为了查找负面信息，我们可以利用所学知识，针对感兴趣的实体/人员和特定关键字及术语来设计搜索引擎字符串。例如，在谷歌中运行下面的搜索字符串（如使用其他搜索引擎，可根据其字符串逻辑相应调整），结合本章中的其他关键字搜索特定实体，能够确定在互联网上是否有任何可以用于分析的负面信息：

"ENTITYNAME"AND"arrest"OR"conviction"OR"criminal"OR"fraud"OR"lawsuit"OR"money+launder"OR"ofac"OR"ponzi"OR"terrorist"OR"violation"OR"honorary+consul"OR"consul"OR"panama+papers"OR"embezzlement"OR"evasion"OR"occrp"

搜索字符串中的内容可以调整，以匹配我们所需的关键字或犯罪名称，利用获取的结果进一步深入分析。每次我在任务开始时，都会使用类似的搜索字符串进行搜索，以缩小重点分析范围。

我们在人员情报和商业情报中掌握的方法和技术，也能够应用到金融情报分析中，可以使用 OCCRP、Open Corporates、Corporation Wiki 和 Whatsmyname.app 等工具来获取线索，并回答情报周期初始阶段列出的问题。金融犯罪可能会非常复杂，不仅犯罪分子难于实施，我们也很难揭开其神秘面纱。通常情况下，对金融犯罪的分析会横跨多个调查团队，由金融分析师发现最初的犯罪活动，OSINT 分析师识别资产和其他信息，其他的所有团队与数字货币分析师则共同追踪非法资金的来源和去向。

第11章 加密货币

11.1 加密货币概述

如果你在 2010 年比特币刚推出时投资了 1 000 美元,那么你今天就能拥有 354 947 000.00 美元。20 世纪 80 年代,人们开始构想的"赛博货币"（Cybercurrencies）只是一种替代性的支付方式,直到 2008 年比特币的出现才逐步实现了这个目标。加密货币是一种使用加密算法进行交易的数字货币,它是一种虚拟存在,在大多数情况下没有像法定货币那样的中央机构来维护或管理价值。与当今由政府和/或企业发行的"中心化"加密货币不同,"去中心化"的加密货币将货币的管理任务分配给遍布互联网的用户。加密货币不像政府发行的货币一样具有法定价值,而是人们愿意支付多少,加密货币就值多少。

尽管加密货币往往因与非法活动相关而被赋予负面含义,但对许多人来说,加密货币的使用方式与法定货币买卖商品和服务的方式一致。然而作为 OSINT 分析师,你很可能必须与加密货币的"邪恶一面"打交道,以便分析和了解欺诈、诈骗、贩运和洗钱等涉及加密货币犯罪的动机、方法和过程。

2014 年,创始人 Ruja Ignatova 和 Sebastian Greenwood 利用 OneCoin 公司实施了一项加密货币庞氏骗局。OneCoin 是一种中心化的货币,托管在保加利亚离岸公司 OneCoinLTD 的服务器上。该公司利用数据录入欺诈来模拟未在区块链上注册且也未曾实施过的交易,其招募人员通过鼓动其他人购买 100～118 欧元的加密货币教育套餐来收取佣金。Greenwood 是这一计划的领导者,他设计的多级营销骗局套餐鼓励人们购买 OneCoin 代币,声称这些代币产生的利息会存入他们的账户,并且能够再次转换为欧元。司法部称,有 300 多万人投资了这一加密货币套餐,使得 Greenwood 每月能够赚到约 2 000 万欧元。投资者在 OneCoin 网站上看到他们的钱越来越多,因此争先恐后地投入。直至一位投资者开始产生质疑,她所在的 OneCoin 小组的负责人才揭晓了真相,存储这些代币的"区块链"实际上只是一个 SQLServer 数据库。

2022 年 5 月,OneCoin 的推动者和发明者 Ignatova 被列入欧洲刑警组织的通缉逃犯名单,她也被一个讲述其罪行的播客称作"加密皇后"。她至今仍在逃亡,但 BBC 记者认为她可能以假身份藏匿在欧盟。利用这个案件我们可以说明加密货币与 OSINT 分析师的相关性,通过人员情报技术揭露欺诈团队的活动历史和相互关系,基于商业情报识别他们使用的离岸账户，利用金融情报了解欺诈的程度并分析相关加密货币交易。但在深入研究之前，我们必须更多地了解加密货币的工作原理，以及通过基本加密技术维护交易的安全性。

密码学是使用数学计算方法对数据进行编码和解码的实践。加密货币使用加密算法或数学公式将输入的文本加密为密文，只有使用密钥才能将其重组为可读文本。就像你在银行兑现支票前需要在支票上签名以验证身份一样，加密技术也可用于确保交易中发送方和接收方的真实性。加密货币可实现自由交易，加上难以被政府监管所具备的安全性，是一些人选择它们作为支付方式的原因。

现在我们已经明白了使用数字货币的动机，下面来了解一下加密货币是如何使用的，以及它是如何从一处转移到另一处的。

11.1.1 加密货币基础知识

在开始分析加密货币之前，我们先来了解一下基础知识。

1. 加密货币如何使用和转移？

作为一种数字资产，加密货币可以在许多地方使用，就像现金和借记卡等其他常见支付方式一样。人们可以直接消费，或通过 Bitpay 等第三方加密货币支付处理商使用加密货币支付账单。

2023 年，主要有以下几家公司和商店接受比特币作为支付方式：
- 美国电话电报公司
- 微软
- 维基百科
- 星巴克
- Airbnb

要使用加密货币支付服务或产品费用，用户可以在结账时选择"使用加密货币支付"，或者通过登录持有加密货币的钱包账户，向接收者的钱包地址发送相应金额的加密货币，将其转移给他人。实际上，付款者是在对该笔交易的哈希值进行数字签名，然后将收款人的公钥添加到账本的末尾，收款人在对所有权进行验证后进行数字签名。加密货币协议的性质决定了它一旦被转移，通常就无法撤销或取消，除非付款者知道收款人的身份，并且收款人愿意归还资金。与 Monero 这样的隐私币或私有区块链不同，很多区块链都是完全公开的，从付款者钱包发送的所有交易都会被公众看到。这意味 OSINT 分析师也可以查看加密货币所有者的钱包及其交易情况，包括日期、姓名、金额和其他对分析有帮助的细节。了解正常的加密货币钱包和交易看上去应当是怎么样的，是分析师训练自己提升异常交易能力识别的好方法。

2. 什么是加密货币钱包？

加密货币钱包存储私人加密密钥，用户能够用它管理其拥有的加密货币，并执行发送和接收操作。加密货币钱包可以是基于硬件的、基于软件的或基于云的，例如，CoinbaseWallet 这类应用程序可以通过存储私人加密密钥来发送、接收或消费加密货币。但是，加密货币钱包的工作原理与实体钱包不同，它们实际上并不"存储"货币，而仅是为用户访问和使用存在于区块链中的货币提供便利。

为了访问基于云的加密货币钱包，需要提供钱包地址、密码和可选的辅助身份验证凭证。如果钱包是基于硬件的，那么私钥就会存储在硬盘等物理设备中。这类使用方式的一个非常明显的缺点是：如果丢失了硬盘或忘记了钱包密码，其所有者将对资金失去掌控。对某些人来说，这种损失高达数百万美元。

2013 年，英国威尔士纽波特的詹姆斯·豪厄尔斯（James Howells）扔掉了一个他以为是空白硬盘的东西，但实际上他扔掉的是一个装有 7 500 个比特币私钥的硬盘，这些比特币今天的价值超过 2.8 亿美元。为了找到丢失的硬盘，他恳求当地官员让他自费挖掘垃圾填埋场，并将 25% 的所得捐给 COVID 救援基金，但迄今为止他仍未能说服当地官员。同样令人沮丧的还有旧金山的程序员 StefanThomas，几年前他丢失了一张小纸条，纸条上面写着他的 IronKey 硬盘的密码，这个硬盘"虽然小，但很坚固"，里面有他的数字钱包和 7 002 个比特币的私钥，约合现在的 3 亿美元。

只要知道密码并能访问钱包，任何人就可以发送和接收货币，但做到这一点需要一个加密货币地址。可以把加密货币地址想象成传统的银行账户，一个用户可以持有多个账户（支票、储蓄、度假基金），每个账户都有自己的账号。当从储蓄账户中添加或支取资金时，用户需要提供具体账号。

同样，加密货币钱包为比特币、以太坊、莱特币等区块链代币保存各自的地址。如果要通过某个账户从钱包里接收或发送资金，需要知道双方的账号，即发送资金的地址和接收资金的地址。假设你我都有一个包含两个以太坊地址的钱包。如果你想把资金从你的以太坊地址 1 发送到我的以太坊地址 2，你需要知道这两个地址，这样资金才能正确地传输。以太坊地址的示例如下：0x71C7656EC7ab88b098defB751B7401B5f6d8976F。

3. 什么是区块链？

区块链是一种存储交易编码的分布式数字分类账本，它由网络中的多台计算机维护，根据使用情况可分为集中式和分散式（见图 11.1）。区块链由一组被链接在一起的单独的数据"区块"构成，每个"区块"都记载着经过网络中每个成员验证的交易信息。每当新发生一笔交易时，一个新的"区块"就会被创建，链上的所有节点均会对其进行验证。在每个节点均对新增内容达成一致后，它们会更新各自的区块链账本，使其保持一致。在这种情况下，交易历史几乎不可能被伪造，因为单个节点无法在没有所有节点监督和同意的情况下就对全局账本进行更改。每个"区块"的开头都包含前一个"区块"的哈希值，这样就形成了一条链。如果一个恶意节点决定伪造第 10 个区块的交易，那么第 10 个区块的哈希值就会改变，从而不再与第 11 个区块开头记载的"前一个"区块哈希值相匹配，整个网络就会意识到出了问题，进而销毁存在问题的区块链的副本，重新启用之前通过验证的副本来取代它。通过这种方式，我们不仅可以检测到区块链何时发生了变化，还可以准确地看到变化发生的位置并进行修复，如图11.2所示。

图11.1 集中式和分散式

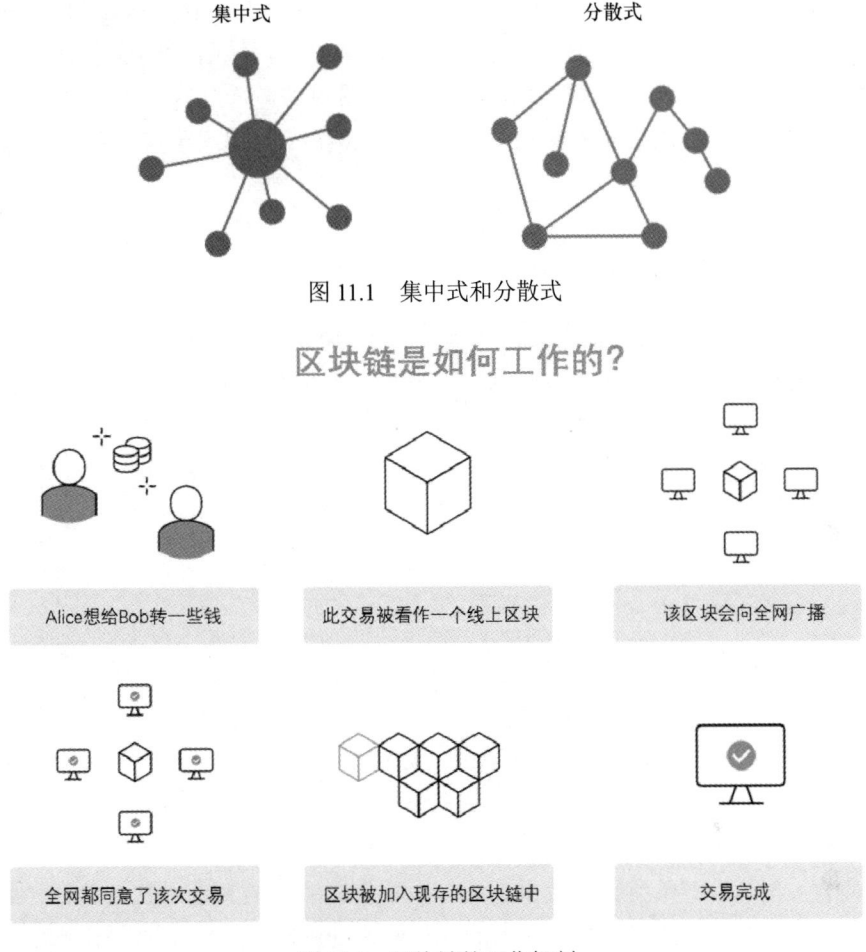

图11.2 区块链的工作机制

要成功伪造区块链交易，一个节点不仅要控制整个网络的51%或更多节点以获得共识，还必须重新生成带有伪造交易的"区块"及之后的每个"区块"，并且要比其他节点更快形成共识。以比特币为例，新的"区块"每10分钟就会被挖掘出来，因此攻击者最好比这个速度更快。攻击者想要伪造的交易在整个区块链上处于越靠前的位置，对每个后续"区块"进行哈希值计算所需的算力就越大，伪造也就越困难。对区块链的数据验证由节点网络完成，节点通过记录和验证这些数据（这种行为称为"挖矿"）获得奖励。此外，还可以在区块链和智能合约中嵌入数据的来源，记录类似NFT（非同质化代币）的交易历史，以证明其合法性。

当某人将加密货币从一个账户发送到另一个账户时，区块链中会留下公开的数据线索，而分析师可以利用这些线索追踪资金的流向，有时甚至可以直接追踪到该人的身份。为了隐藏区块链上的公开交易历史，"混杂"（Mixing）服务应运而生。根据Chain Analysis最近的一份报告，从非法钱包地址发送的资金中将近10%是通过混杂器发送

301

的。一个名为 Tornado Cash 的虚拟货币混杂器于 2022 年 8 月因"对国家安全构成重大威胁"而受到制裁，其洗钱金额超过 70 亿美元。对 Tornado Cash 公司制裁的决定招致了民众批评，因为他们认为政府对一项正当的、也用于合法目的的服务做出了明显的越权行为。使用区块链来维护交易隐私显然有其局限性，而且监管机构也很头疼，因为很难对去中心化平台进行审查。对于注重安全和隐私的用户来说，特定的货币类型可以提供交易的匿名性。

11.1.2 加密货币的类型

目前在使用的不同类型的加密货币超过 2 万种，但随着市场的波动（如比特币在 2022 年年初下跌 65%），许多加密货币已经倒闭破产，甚至更糟。TerraLUNA 的 UST 稳定币在 2022 年下跌 99.9%导致崩溃，引发了其他加密货币的连锁雪崩，最终使相关投资者损失了 330 亿美元。有些加密货币似乎一夜之间就会出现，之后又在一夜之间消失。由于每种加密货币或代币的隐私程度、验证方法及与之相关的地址标识符都各不相同，我们在分析关联交易和账户时应当分别考虑。

1. 加密货币快速参考

下面是关于加密货币和代币的快速参考：
- 货币（Coin）：在自己的区块链上运行的数字货币，如比特币，主要用于支付
  - Altcoin（替代币）：除比特币以外的所有加密货币
  - Stablecoin（稳定币）：价值与美元等其他"稳定"资产挂钩的加密货币
  - Meme coin（模因币）：受互联网笑话和备忘录启发而产生的加密货币
- 代币（Token）：在与加密货币不同的区块链网络上运行的可交易资产。代币不是像加密货币那样被"挖掘"出来的，而是通过智能合约"铸造"出来的
  - Value Tokens（有价代币）：具有价值的物品
  - NFTs（非同质化代币）：无固有价值
  - Security Tokens（安全代币）：资产所有权，如公司股权
  - Utility Token（实用代币）：赋予用户在区块链或网络上执行操作的权利

2. 比特币

比特币（BTC）是世界上最著名的加密货币。比特币使用去中心化的账本系统（区块链），并通过工作证明共识来确保安全性。比特币诞生于 2008 年，当时一个使用假名"中本聪"（Satoshi Nakamoto）的人宣布创建了一个点对点电子现金系统，随着比特币价值的增加，它被商店接受用作付款方式，同时它也被用作投资。比特币的总量是有限的，其最大供应量仅为 2 100 万个。比特币是可互换的，这意味着可以交换、分割和合并比特币。比特币地址一般以数字 1、数字 3 或 bc1 开头，如 3J98t1WpEZ73CNmQviecrnyiWrnqRhWNLy。

3. 以太币

以太币（ETH）是使用以太坊区块链的加密货币。以太币没有上限，可以无限量地创建。此外，它还支持在满足条件时自动执行智能合约。以太坊地址长度为 42 个字符，开头为 0x，如 0x71C7656EC7ab88b098defB751B7401B5f6d8976F。

4. Binance

Binance（BNB）是 Binance 区块链的原生代币。较低的交易费用推动了该币的流行。该币最初是作为以太坊区块链上的 ERC-20 代币发行的，之后于 2019 年推出了自己的 Binance Chain，即 BNB Beacon Chain。因此，以太坊区块链上较早的 BNB 以 0x 地址开头，而 BNB Beacon 链上较新的 BNB 地址则以 bnb 开头。

5. Tether

Tether（USDT）是一种稳定币，这意味着它的波动性较小，因为它与美元等外部资产挂钩。Tether 最初在比特币区块链上发行，但现在可以在任何支持 Tether 的区块链（比特币、以太坊、EOS、Tron、Algorand 和 OMGNetwork 区块链）上发行。Tether 地址以 T 开头，如 TR7NHqjeKQxGTCi8q8ZY4pL8otSzgjLj6t。

6. Solana

Solana（SOL）是 Solana 平台在区块链上的原生货币，其优势在于每秒可执行 50 000 次交易，因此非常适合快速交易的投资者。Solana 地址为 32～44 个字符，但不像比特币或以太坊那样以特定字符开头，其地址示例为：HN7cABqLq46Es1jh92dQQisAq662Smx ELLLsHHe4YWrH。

7. 狗狗币

Dogecoin（DOGE）基于莱特币技术，起初是作为一个玩笑而诞生的，因而被认为是一种"模因币"。Dogecoin 没有上限，其供应是无穷无尽的。Dogecoin 地址以字母 D 开头，如 DLCDJhnh6aGotar6b182jpzbNEyXb3C361。

8. Monero（XMR）

Monero 是一种注重隐私的加密货币，它专门为提供匿名性而设计。发送方和接收方的身份及交易金额都不会公开，使用的地址也会进行伪装。Monero 的挖矿方式也有些不同，每个人都有平等的机会挖矿。此外 Monero 被认为是一种可互换货币，这意味着它具有可互换性（一个 XMR 可以与另一个 XMR 互换，没有任何区别）、可分割性（可以拥有一个 XMR 的一部分）和统一性（每个 XMR 都不是唯一的）。Monero 因其匿名性而声名狼藉，常常被用于恶意或非法活动以逃避执法。Monero 地址由 95 个字符组成，以 4 或 8 开头，如：4AdUndXHHZ6cfufTMvppY6JwXNouMBzSkbLYfpAV5Usx3skxNgYeYTRj5Uzqt ReoS44qo9mtmXCqY45DJ852K5Jv2684Rge；888tNkZrPN6JsEgekjMnABU4TBzc2Dt29EPAv kRxbANsAnjyPbb3iQ1YBRk1UXcdRsiKc9dh（如果以 8 开头，则此地址为子地址）。

我们需要充分认识到，了解加密货币是如何运作的，以及如何分析它们，需要大量的知识。编写本章的目的不是要让读者不知所措，而是想让他们快速了解主要的加密货币，同时提供一些关键字让调查员在分析过程中快速找到所需的内容。现在，让我们来简要概述挖矿和验证过程，这有助于理解相关主题的一些个人行为和动机。

11.1.3 什么是挖矿和铸币

比特币和其他一些加密货币用于生成新币和验证交易的过程被称为"挖矿"（Mining）。这个过程的复杂度根据所使用的验证机制而不同，对应的验证机制决定了加密货币是"挖矿"还是"铸币"（Minting）。代币是通过一个与加密货币类似的，但相对独立的过程产生的，这个过程被称为"铸币"，如图 11.3 所示。

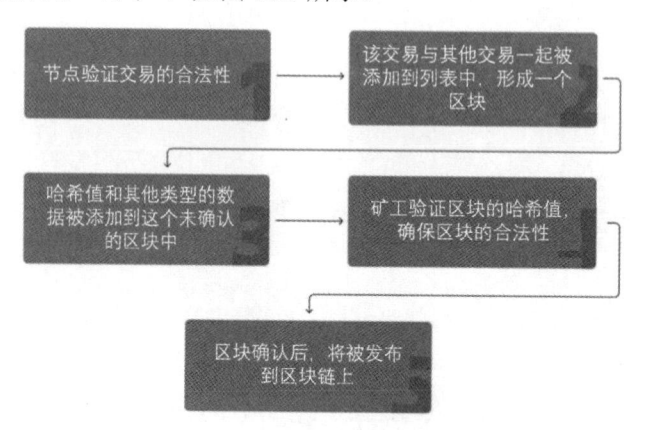

图 11.3　对加密挖矿流程的逐步分析

正如我们所知，区块链是由包含哈希值在内的交易数据的区块链接而成的链条。新区块创建后，包括新区块在内的所有交易列表都会被重新构建，这可以防止数字货币被使用两次，即所谓的重复消费。账本一旦得到验证就无法更改或破坏。当足够多的交易被添加到区块头时，一同被添加进去的信息还包括上一个区块的哈希值和新的哈希值。

网络矿工会验证哈希值，以确保未经确认的区块有效，并提供工作证明。到达这一步意味着矿工完成了区块链的某些计算需求，从而有权要求获得奖励，同时对应的区块也将被添加到区块链中。由于挖掘加密货币需要耗费大量算力，人们有时会将自己的算力整合到所谓的矿池中。如果矿池获得奖励，奖励就会在成员之间分配。区块链和挖矿过程都尽力确保交易行为的有效性，防止伪造和欺诈行为。犯罪分子规避区块链安全机制的一种方法是利用区块链桥接器的漏洞。

桥接器用于为互不兼容的区块链赋予互操作性，使用户能够将资产从一个区块链转移到另一个区块链。桥接器从一种类型的钱包中获取货币，对其进行包装，然后将其转换为另一个区块链可以使用的货币。例如，如果约翰想将 Solana 币发送到简的以太坊钱包，约翰将使用区块链桥接器，而简将收到已转换为 ERC-20 币的 Solana 币的桥接包装版本。但攻击者可以利用桥接器中的漏洞牟利。2022 年 2 月，流行的区块链桥接器 Wormhole Crypto 的智能合约代码中一个漏洞被利用，黑客在不需要向区块链桥接器提供必要的等价币抵押的前提下，就能在 Solana（weETH）上铸造 12 万个包装好的以太坊，其价值超过 3.2 亿美元。这个例子很好地说明了在典型的区块链交易中验证环节是多么的重要。合法矿工在验证每笔交易时使用的技术称为证明，这种证明有许多不同类型，包括工作证明、股权证明和时间证明。

1. 证明的类型

在传统中心化系统（如银行数据库）中，管理员可以更新和维护数据库。但在去中心化的公共区块链中，系统不断变化，因此需要一种安全、实用的机制来就数据值、信任和安全性达成一致。这些用于加密货币的分布式安全证明机制被称为共识机制。对于 OSINT 分析而言，了解证明类型可能有助于确定能够在哪里寻找更多信息。空间类型的证明表明存在类似 S3 存储桶这样的存储空间；而工作类型的证明则可以将调查工作引向矿池以查找更多数据。

1）工作证明（Proof of Work，PoW）

工作证明是指一个节点使用大量计算能力参与"比赛"，为可能添加到区块链中的区块找到正确的加密哈希值。为了维护区块链的完整性和安全性，这一正确的值被添加到该区块的末尾和下一个区块的开头。哈希值被发送出去并由网络的其他部分进行"验证"，然后区块就被接受了。

优势：
- 激励矿工，增强其权力/安全感
- 破坏区块链非常困难

缺点：
- 耗费大量能源
- 于某些区块链而言，难以扩大交易规模
- 处理时间更长

2）权益证明（Proof of Stake，PoS）

权益证明根据每个节点在加密货币池中拥有的加密货币数量和参与时间长短，将维护公共分类账本的责任转交给网络中的部分节点。PoS 的目的是奖励投入最多的参与者，以激励他们不要破坏其资金所在的网络。在 PoS 中，新的加密货币区块并不是开采出来的，而是经过验证后铸造出来的。

优势：
- 处理快速
- 能耗较低

缺点：
- 鼓励用户囤积加密货币；不过，有些区块链设置了储量上限虽然 PoW 和 PoS 是使用最普遍的证明机制，但还有另外的机制。

容量证明：使用节点的可用硬盘空间来决定在网络上挖矿的权利。

活动证明：是工作证明和权益证明的混合体，首先要求矿工竞争计算能力，并根据他们拥有的加密货币随机选择一个节点。

消耗证明：让参与者证明他们已将代币发送到一个可验证但不可消费的地址，该方法消耗的资源很少。

时间证明：根据参与者在网络上的活跃时间和声誉选择参与者。

2. 公共区块链与私有区块链

区块链有两种类型：公共区块链和私有区块链。公共区块链可供任何人参与（读取、写入、审计）。尽管区块链是公共的，但它仍然是去中心化的，因此没有人可以控制单一节点。私有区块链由一个团体或组织内部所有，它决定谁能够参与进来。与公共区块链不同的是，私有区块链有权回退并更改区块链，其功能类似于分布在许多节点上的安全存储系统。

11.1.4 为什么跟踪加密货币至关重要

跟踪和了解加密货币的流动对于识别实体、目标和他们使用数字货币购买的产品或服务之间的关联至关重要。检查加密货币钱包之间往来的交易可以让我们了解一个人的习惯和外部关系。在某些情况下，这些模式还可以揭露非法活动的存在。当然，并不是说所有的加密货币交易都是非法的，但通过加密货币交易获得的隐私和安全性却尤其为网络犯罪分子所青睐，并乐此不疲地享用这一点。

与加密货币相关的最主要的非法活动包括洗钱、欺诈和以盈利为目的的儿童性虐待材料（CSAM）交易。关于加密货币的一个误解是它只能用于数字犯罪。但实际上，它可以与货币相关的任何犯罪活动相关。美国联邦政府问责局（GAO）在 2022 年发布的一份报告中指出，数据显示数字货币正越来越多地用于人口和毒品贩运等线下犯罪活动。在金融情报分析中，经常用到的一句话是"跟着钱走"。到本章结束时，你将学到一些处理真实加密货币案例的技巧。我们之前谈到过有组织犯罪利用洗钱来掩盖非法资金的来源。如果我告诉你可以通过加密货币交易洗钱，你会不会感到惊讶？

1. 洗钱

Crypto Runner 行动是有组织犯罪缉毒特遣部队（OCDETF）对跨国洗钱网络开展的一项为期多年的调查。这些洗钱网络实施了恋爱诈骗、商业电子邮件泄露和其他欺诈计划，然后通过加密货币进行洗钱，其中 21 人被起诉，罪名涉及暗网毒品销售、假药和空壳公司。在大多数案件中，被起诉的主体接收受害者的资金，将它们兑换成加密货币并发送给国外的同谋，同时利用数百次分层交易来清洗利润。

针对去中心化数字货币可能引入的欺诈和非法活动，政府对其进行监管并非易事。此外对加密货币的监管也是一个备受争议的话题，虽然政府可以监管接收和发送加密货币的企业和实体，但无法有效监管货币本身，就像无法监管在街上交易现金或黄金的人一样。

传统的反洗钱法律旨在防止"分层转换"过程，但是利用加密货币，非法资金可能会通过数百个地址进行转移，然后在加密货币交易所兑现。与传统银行账户不同，这些钱包地址不需要护照或驾照等任何身份证明即可开通。虽然有些分析师可以使用付费工具来辨别资金的来源，并根据过去的异常交易记录来分析风险，但我们中的许多人只能利用有限的公开信息来判断。

随着贩毒活动的猖獗，使用加密货币洗钱的情况也在增加。在纽约布鲁克林，一个名叫 Mustafa Goklu 的男子在 Localbitcoins 网站上发布了一则广告，声称可以收取一定费用将比特币（BTC）兑换成美元，他随后被捕。有人在一家咖啡店外看到 Goklu 开着奔驰车与毒贩会面。毒贩会支付 7%到 8%的佣金，将 BTC 转到 Goklu 的加密货币钱包里以换取 5 000 到 133 000 美元不等的报酬。虽然 Goklu 提供的服务并不复杂，但大多数大规模洗钱行动都需要专业洗钱者网络。一位从事金融情报工作的好朋友曾告诉我："实施大规模犯罪活动需要一个群落的力量，而摧毁它也需要与之相称的实力。"这就是为什么我们应该尽自己的一份责任，学习一些潜在模式的辨认方法以识别非法活动。

2. 识别交易的不同模式

如果我现在让你闭上眼睛，想象一下 OSINT 分析是什么样子，我敢打赌你们中的大多数人都会想到电影《费城永远阳光灿烂》中的查理· 戴和他著名的"红线白板"，如图 11.4 所示。事实上，红线代表的是一个模拟链接分析图。在执法案件中，这些红线将连接地图上发生过犯罪的地方，为通过空间分析方法发现犯罪模式或集中地点提供便利。当我们调查加密货币交易数据时，我们也在尝试找出资金来源、目的地、转账金额，以及转账方式中包含的模式。

图 11.4 电影《费城永远阳光灿烂》剧照

洗钱的常见模式是"分层"，其目的是使资金流和资产来源难以追踪。在加密货币中，类似的分层是通过多次交易、"混杂器（Mixer）"或"滚筒（Tumbler）"、暗网市场和点对点交易所来实现的，如图 11.5 所示。

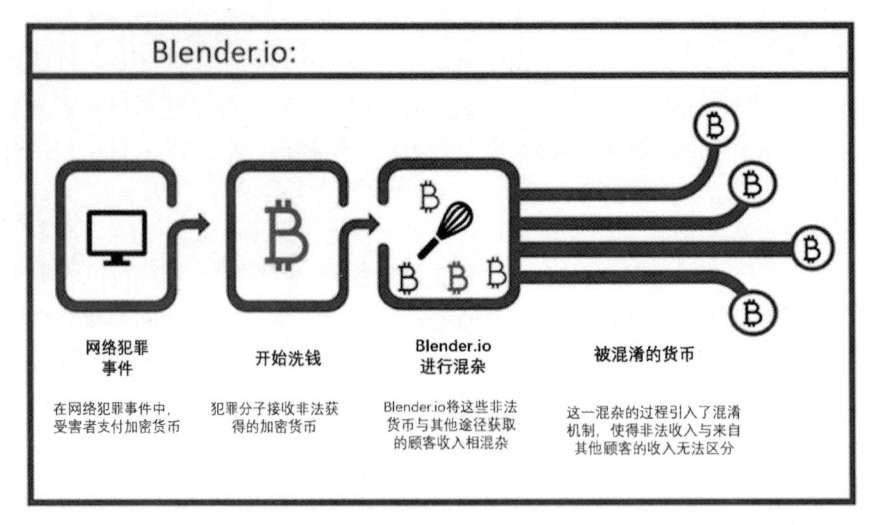

图 11.5　Blender.io 的加密货币混杂原理

"混杂器"或"滚筒"是一种用于掩盖资金来源的服务。它们通过汇集多个所有者的加密货币，将其混杂在一起，然后向每个所有者发送经过处理后"干净"的加密货币，从而使其完全匿名。使用混杂器会让调查人员难以追踪资金流向，这也是暗网加密货币洗钱服务公司 Helix 的所有者 Larry Dean Harmon 能够利用它们赚钱的原因。2014—2017 年，Helix 与臭名昭著的 Alphabay、Cloud9 和 Evolution 等暗网市场合作，为来自非法毒品、枪支和儿童色情制品的比特币洗钱。Helix 让客户将比特币发送给指定的收件人，收取一定的费用，随后这些比特币将被汇集和混杂，然后"干净"地返回。在 Helix 运营的几年中，Harmon"洗净"了超过 35 万枚比特币，折合当时的 3 亿美元。

另一种隐藏加密货币资金来源的方法是所谓的"剥离链（Peelchain）"分层模式。剥离链的原理是从加密货币钱包中逐步"剥离"出来一长串小额交易，并将这些交易引导到可以将资金兑换成法定货币的交易所，从而实现加密货币的混淆。这类小额交易通常不会触发强制报告或引发红色警报。

剥离链并不是掩盖资金来源的唯一交易方法。还有一种模式被称为"联合币（Coin Join）"，即多个用户签署一份数字智能合约，将他们的币混合在一起，从而达到比特币来源和去向的匿名化效果。当我们分析加密货币交易和账户以寻找洗钱迹象时，我们必须牢记洗钱是一种试图掩盖其他类型犯罪活动所产生的资金的方法。一般认为诈骗是洗钱的前置犯罪，也就是说，诈骗是产生非法资金并需要进行洗钱的原因。这一概念同样适用于非法毒品和武器销售，以及儿童性虐待材料交易等活动。

3. 欺诈、非法销售和 CSAM/CSEM（儿童性虐待材料）

使用加密货币，特别是 Monero 这种提供了可感知匿名性的隐私币，加上混合器、搅拌器（Blender）等隐私服务的帮助，犯罪者会感到他们处于安全保护之中，于是可以放心地实施非法行为。

我印象最深的利用加密货币进行诈骗的案例非常有趣，主人公是挪威勒伦斯科格的著名商人安妮·伊丽莎白（Anne-Elisabeth）和她的丈夫汤姆·哈根（Tom Hagen）。2018 年，Anne 失踪，但现场几乎没有留下任何法医证据，也没有任何人强行进入这对夫妇家的迹象。Tom 向警方透露，他收到了一封勒索信并要求价值 1 000 万美元的 Monero 作为回报。此后多年都没有任何线索，然而警方于 2020 年逮捕了 Tom，罪名是杀害和协助杀害其妻子。

令人惊讶的是，与 Tom 一起被捕的还有一名 30 岁的男子，他使用的是从暗网 CardPass 网站上购买的假身份 Ole Henrik Golf。执法部门透露，绑架者使用加密货币来掩盖此案中的资金流动，但在警方帮助 Tom 支付 140 万美元赎金后就没有回音了。随后，Tom 在被捕 11 天后获释，并未被指控犯有任何罪行，而且也否认与妻子的失踪存在关联。Anne 仍然下落不明，不知道她是否还活着。利用暗网可以购买到护照和驾照等假证件，从而在实施诈骗时用来隐藏自己的真实身份，似乎整个市场就是为了出售这类非法证件而存在的。

对于在网上实施欺诈和非法行为的人，使用暗网市场并通过隐私币、混杂器、VPN 和匿名电子邮件来掩盖自己的身份和购买行为是司空见惯的。这种方式还被用于购买毒品、武器，甚至还有儿童性虐待材料（CSAM）。根据互联网观察基金会（Internet Watch Foundation，IWF）提供的数据，自 2018 年以来，接受加密货币用于购买 CSAM 的网站数量每年都增加一倍以上。这就像一场无奈的打地鼠游戏：犯罪者受益于无法追踪的加密货币交易，每当调查人员关闭一个 CSAM 网站时，又会有两个网站冒出来。

许多人认为他们参与的交易永远不会被追溯到自己身上，就像安迪·格林伯格（Andy Greenberg）在《黑暗中的追踪者》一书中概述的 2017 年马修·法尔德（Matthew Falder）案一样。法尔德是曼彻斯特的一名学者，他假装成一名女艺术家并在网上向陌生人索要裸照，然后进行威胁，除非录下自己的自残和性虐待等堕落行为视频，否则就将这些照片曝光给他们的家人和朋友。当英国国家犯罪署（NCA）（相当于美国联邦调查局）逮捕他时，发现他是一个名为"Welcome to Video"网站的注册会员。

用户在支付比特币后就能访问 Welcome to Video 庞大且不断更新的 CSAM 数据库了。NCA 的一名特工随后联系了 Chainanalysis 公司，该公司开发了一种能够实现比特币用户去匿名化的技术，它将持续监控比特币在区块链中的移动路径，直至其抵达一个可以用于识别出真实人物身份的地址。使用一种名为 Reactor 的加密追踪工具，NCA 很快就找到了几乎整个用户群，其中许多人直接从他们的个人钱包中向 Welcome to Video 支付款项，并未对交易进行匿名化处理。

通过交易分析，他们追踪到了在韩国的两个交易所发生的套现行为，但执法人员需要更迅速地采取行动，而不仅是关闭在韩国的服务器，因为这个拥有 25 万部视频的网站是执法部门所见过的最大的 CSAM 视频库之一。在调查中，一名分析师登录了 Welcome to Video 网站并凭直觉右键单击页面查看页面来源，在那里通过 HTML 中的 IP 地址直接获取到了 Welcome to Video 服务器的物理主机位置。网站管理员所犯的错误是，虽然该网站在 Tor 上托管，但网站上的图片却没有通过 Tor 的匿名网络进行混淆，反而直接引用了他们计算机所在的位置。调查小组煞费苦心地在区块链上追踪每个用户，试图确定这些人的真实身份。最后，他们根据 23 岁的韩国人 Jong Woo Son 套现网站收益的情况，搜查了他的 Gmail 账户和交易所记录。

接着，包括学者和幼儿园教师在内的大量网站用户自投罗网，经过调查和逮捕，Welcome to Video 最终于 2019 年被当局查封。2019 年 10 月，Jong Woo Son 因经营这一 CSAM 网站被起诉 9 项罪名。Jong Woo Son 和该网站的无数其他用户所不明白的是，暗网和加密货币的使用在本质上并不能够为用户提供匿名性。OSINT 分析师可以通过技术和工具对资金和用户的行为进行追踪，进而揭露他们的身份。之前我们也提到过，暗网既可用于合法用途，如在受限制地区进行新闻报道，也可用于非法活动。下面让我们来仔细研究一下分析师如何利用它来查找信息。

11.2 暗网

现在我们来谈谈加密货币和暗网。

11.2.1 暗网概述

要充分了解加密货币的使用方式，我们就必须了解互联网的不同层次，特别是暗网。本书开头已经提到，谷歌等搜索引擎一直在对互联网进行索引和爬取，它们捕捉数据以便我们轻松搜索。搜索引擎能够触及并收集数据的网络部分被称为明网。然而，互联网上有些地方是搜索引擎无法访问或不允许访问的，这些地方被称为深网（Deep Web）或暗网（Dark Web），如图 11.6 所示。

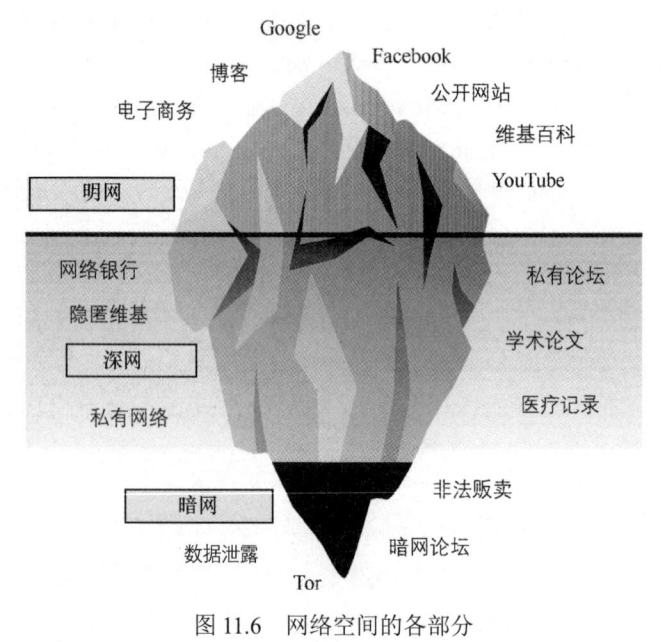

图 11.6 网络空间的各部分

深网（Deep Web）是互联网的一部分。在深网中，内容的所有者阻止搜索引擎爬取其数据编制索引，或者数据位于付费墙或登录页面之后，从而阻止索引编制。典型的深网内容包括医疗记录、法律文件、机密网页和政府资源等。据估计深网约占互联网的96%。暗网是深网的一部分，约占互联网的5%，不仅搜索引擎无法访问，普通浏览器也无法访问。用户需要通过Tor这样的特殊浏览器来使用暗网，因为暗网的存在就是要与互联网的其他部分隔离开来。

人们提到暗网一般只会想到其负面作用，认为它仅被用于非法或违法活动，如销售毒品、武器和CSAM内容等。然而，暗网也有合理合法的用途，比如，类似ProPublica的新闻机构网站在国际某些地区可能会被禁止访问，像Facebook这样位于明网的网站也可以通过暗网访问，因为记者和举报人需要频繁使用暗网与其消息来源进行匿名交流。重要的是，我们不能把暗网上的所有网站和用户都视为罪犯。作为一名分析师，由于匿名性、特殊浏览器和地下市场为调查工作设置了门槛，跟踪暗网上的用户和活动可能非常棘手。在许多情况下，分析师可以在公开网络上找到有关目标或实体的足够信息。但如果他们最终不得不进入暗网，则可能会遇到一些典型的非法活动：

- 买卖信用卡数据（盗刷）
- 黑客/出售勒索软件
- 毒品销售
- 武器（尽管这几乎总是由执法人员作为诱饵进行的）
- 伪造身份信息（护照、驾照等）
- 买卖CSAM

例如，如果项目要求调查者搜索在暗网上从事非法毒品销售的用户，则最好遵循几个步骤：

步骤1：实行良好的OPSEC，确保其身份不会与暗网活动产生任何关联。
步骤2：使用Tor等浏览器访问暗网。
步骤3：需要定位到特定暗网地址的市场以找到销售点，该地址可以在列表或公开网络广告中发现。
步骤4：使用市场广告寻找感兴趣的卖家。
步骤5：分析可能推断出目标真实身份（用户名、加密货币钱包、社交媒体和通信ID）的拓线点和模式。

暗网里许多非法活动都发生在地下市场中，卖家可以在这些市场发布广告以招徕卖家，商品包括毒品、武器、CSAM和黑客雇用等，其中有些本身就是骗局。

11.2.2 暗网市场

暗网市场是利用加密货币为匿名的买卖双方销售合法或非法产品（通常是骗局）的黑市。要访问暗网市场，用户需要有一个洋葱地址（用于访问Tor网站的特定链接），它们通常可以在暗网的广告、论坛或网站上找到。

此外，在dark.fail这样的站点上可以找到暗网市场、论坛和其他Tor网站的当前洋葱地址，分析师也可以使用 Hunchly 暗网报告等可信资源，该网站每周提供的暗网市场报告内包含相关的 Tor 地址。

有了市场地址并不一定能保证进入市场。如果你想在一个新市场作为卖家上架货品，市场会要求提供推荐人、信誉证明、犯罪证明，甚至现金作为押金。作为买家，申请账户也会有类似的要求，因此很难使用新创建的账户来调查暗网市场。如果你预计自己今后将大量进行此类分析，那就未雨绸缪，现在就开始策划并申请一个研究账户吧。账户的存在时间越长，看起来就越值得信赖。需要注意的是，作为 OSINT 分析师，我们很难进入一些特定的市场，因为它们要求提供准入证据，这意味着要开展犯罪或与现有用户建立密切关系。

一旦供应商获准在暗网市场上销售，他们一般会发布广告，附带产品照片、描述、好评、如何收款和如何将货物交付给买家的说明。广告中通常包含可用的 OSINT 信息，如隐私电子邮件、WhatsApp 地址、明网地址和"良好隐私"（PGP）加密密钥等，这些信息都可以使用我们在本书中学到的技术进行独立分析。如果购买和收货成功，买家留下的评论会给卖家的账户增加好评级，使他们获得良好的声誉，证明他们没有在诈骗。暗网市场销售可以为卖家带来巨额利润，比如，马克西米利安·施密特（Maximilian Schmidt），这位 19 岁的德国少年在他母亲家的卧室里经营着一个毒品帝国。

Schmidt 在暗网上的名字是 Shiny_Flakes，他利用几个暗网市场在全球公开销售数百公斤的可卡因、迷幻药、冰毒、大麻、摇头丸和它们的混和物。他接受加密货币付款，发货时他会用临时 SIM 卡叫一辆出租车，将货物送到他家附近的 45 号包裹站。好景不长，某个邮包上邮资不足的错误向调查人员提供了最初的线索，接下来一名来自荷兰、每周四例行投递毒品的快递员被执法人员逮捕，Schmidt 堆满毒品的住所也遭到了突击搜查。被捕时，他的计算机上打开的一份文件列出了他所有服务器的登录名。Schmidt 被判处在青少年拘留中心服刑 7 年，并在服刑过半后于 2019 年获释；然而目前当局怀疑他仍在网上贩毒，并正在对他进行积极调查。在我看来，物流似乎一直是非法在线销售链条中的薄弱环节，但暗网论坛也有针对买家和卖家的培训，提供在运输过程中避免被发现的技巧。

与整个名为 AlphaBay 的暗网市场相比，Shiny_Flakes 作为供应商经营的毒品帝国业务就显得微不足道了。2017 年美国与 6 个以上的国家合作，在名为"刺刀行动"（Operation Bayonet）的秘密行动中多方协同查获了 AlphaBay，发现它是芬太尼和海洛因，以及假身份证、枪支、有毒化学品和恶意软件的主要分销来源。管理员 Alpha02 又名亚历山大·卡泽（Alexandre Cazes），因创建和管理该市场在泰国被捕。他因多项罪名被起诉，包括数百万加密货币在内的资产被冻结，这些都是 AlphaBay 非法交易的利润。在该网站被取缔时，论坛中有超过 25 万条非法药物和化学品的信息，是当时最大的暗网市场。

AlphaBay 被取缔后，负责后续调查的荷兰警方注意到 AlphaBay 的竞争对手 Hansa 的用户数量不断上升。调查小组发现由于 AlphaBay 会员的涌入，新出现了数千笔加密货币交易。当"刺刀行动"随着 AlphaBay 被查封和 Alexandre Cazes 在泰国牢房自杀而曝光时，针对 Hansa 市场的行动也接近尾声。用户们并不知道，德国警方已经逮捕了 Hansa 的管理员，而荷兰警方则冒充他们以收集市场上用户、卖家和工作人员的信息。警方对 Hansa 进行了长达 27 天的监控，查获了 27 000 笔交易信息，收集了超过 42 万名用户数据和超过

10 000 个家庭住址信息，扣押了 1 200 枚比特币，它们价值数千万美元。最终该网站迫于检察官的压力被关闭，在整个暗网播下了恐惧的种子。

这些惊心动魄的故事讲述了执法部门和犯罪分子之间的"猫鼠游戏"，以及犯罪分子所赚取的暴利，调查者关于暗网的知识将在加密货币分析中持续发挥巨大作用。了解加密货币的历史、转移方式和使用方式只是成功的一半，另一半还需要学习从公开信息中分析加密货币的方法。

11.3 加密货币分析方法

之前我们已经对加密货币及其使用方法有了一定的了解，下面让我们来看看一些分析方法。

11.3.1 从哪里开始

加密货币的使用根植于匿名性，而且许多替代币（如 Monero）专门用于掩盖用户的身份和地址，因此分析加密货币交易可能很困难。在本书中，我希望将分析过程缩小到 3 个要点，以它们为基础进行分析：

- 从感兴趣的人物开始
- 从感兴趣的钱包开始
- 从感兴趣的交易开始

一旦调查者与利益相关方就需求达成一致，就可以通过"漏斗模型"对要点进行分析。

11.3.2 从感兴趣的人物开始

问题：能否将人物与加密货币钱包关联在一起？

梳理基线（Baselining）
- 是否有与该目标人物相关的历史案例？
- 我们已经知道哪些信息？

拓宽视野（Wide）
- 目标人物的姓名是否出现在 NFT 的搜索结果中？
- 钱包搜索结果中是否出现了目标人物的姓名？
- 目标人物是否披露了任何钱包地址？

个人主动披露：

个人主动披露是收集 OSINT 信息最重要的方式之一。下面举例说明个人是如何披露钱包地址的：

- 使用该地址在其网站上募捐。这种情况经常发生在政治关联团体或诈骗团体的募捐活动中；

- 在明网或暗网论坛上发布该地址，使得账号可与身份相关联；
- 使用加密货币钱包，并提交姓名、电子邮件地址、用户名等信息进行个人身份识别。

例如，可以在加密货币钱包搜索（如 etherscan.io）或 NFT 搜索（如 opensea.io）中搜索目标人物的姓名。如果目标人物对自己的身份保护不是非常谨慎的话，这可能会直接暴露他们的加密货币钱包。被发现的钱包可能会显示与其他钱包的联系，从而揭示出一个可供分析的交易网络。

如图 11.7 所示，这一拓线图表达了从目标人物开始的分析要点。

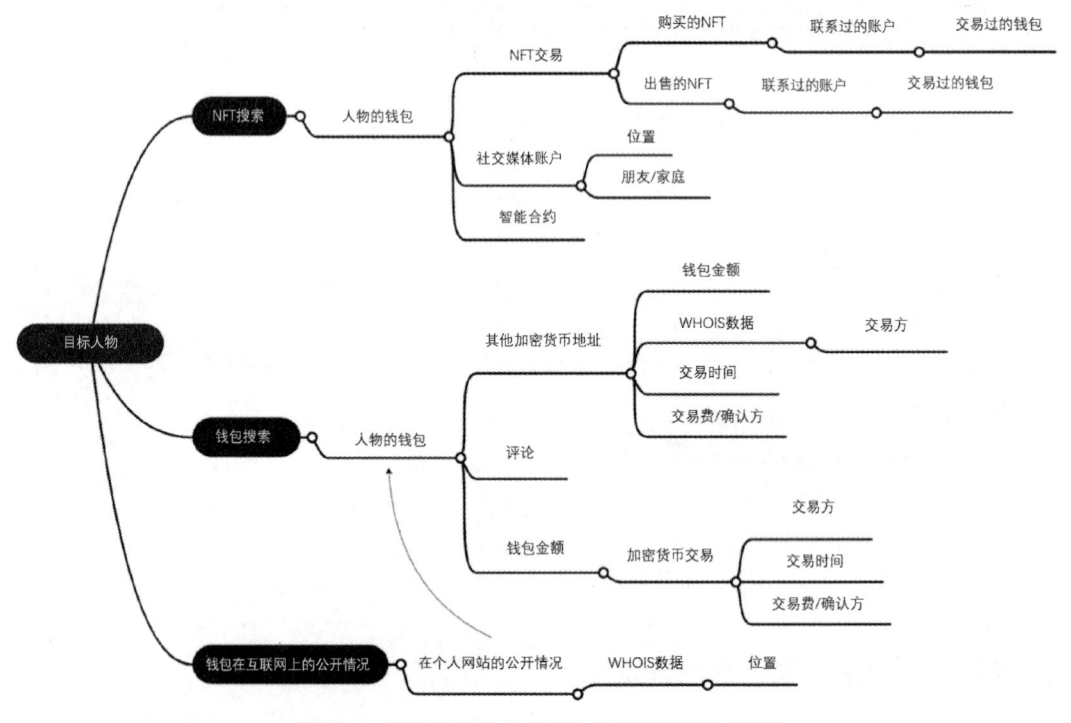

图 11.7　以目标人物出发的加密货币调查拓线图

聚焦重点（Narrow）
- 你能将任何交易与目标人物联系起来吗？
- 当事人是否在多个区块链上拥有账户？
- 目标人物是否拥有任何 NFT？

分层识别（Layering）
- 目标人物是否附有任何用户名、密码或其他可识别的特征？
- 在搜索引擎搜索结果中会出现钱包地址吗？
- 交易的日期是什么时候？
- 对象是否有虚构地址（Vanity Address）？

虚构地址是一种可定制的加密货币地址，地址的字符可由所有者选择，可以用任何单词、名字或品牌名称开头。虚构地址有时会为我们的分析提供更多线索，因为人们有时会主动暴露自己。

一个虚构地址的例子：1WondersHHqnDPRSfiZ5GXJ8Gk9dbjO。

11.3.3 从感兴趣的钱包开始

问题：能否将钱包地址或物理地址与目标人物关联在一起？

梳理基线（Baselining）
- 历史上是否有相关案例可供我们借鉴？
- 我们已经知道了哪些信息？
- 该地址是否有任何历史记录？

拓宽视野（Wide）
- 暗网上有钱包地址吗？
- 钱包搜索结果中会出现钱包地址吗？
- 钱包账户中是否有任何身份信息？
- 是否有任何相关交易导致身份暴露？

聚焦重点（Narrow）
- 地址会出现在搜索引擎结果中吗？
- 这些地址会出现在审查清单中吗？
- 这些地址是否与任何非法销售广告有关？

分层识别（Layering）
- 地址或钱包上是否附有任何用户名、密码或其他可识别的特征？
- 钱包交易的日期是什么时候？
- 交易中的收款人是否透露了自己的身份？
- 钱包会出现在其他区块链上吗？
- 如果该地址用于暗网支付，它是否与任何社交媒体或通信账户（WhatsApp、电子邮件等）相关？

在查看地址和钱包时，请记住有一些隐私选项会使来源更难确定。归根结底，对于注重隐私的加密货币，我们希望所有者会犯一些 OPSEC 错误，从而能将地址与他的真实身份联系起来。

注重隐私的加密货币：虽然比特币是公开的，但 Monero 注重隐私，因此本质上更难追踪。

公开加密货币：这里我们只关注比特币，因为它是历史最悠久的活跃的加密货币，而且所有比特币交易都是公开的、可追踪的，并存储在比特币网络中，我们能够获取每个地址的信息。所有的比特币地址在其钱包中都是唯一的，虽然我们无法识别地址的所有者，但我们可以看到以下信息：
- 比特币钱包余额
- 交易历史
  - 发送金额
  - 发送地址

- 交易日期
- 收件人地址
- 产生的费用
- 确认标记

如图 11.8 所示，这一拓线图表达了从感兴趣的钱包开始的分析要点。

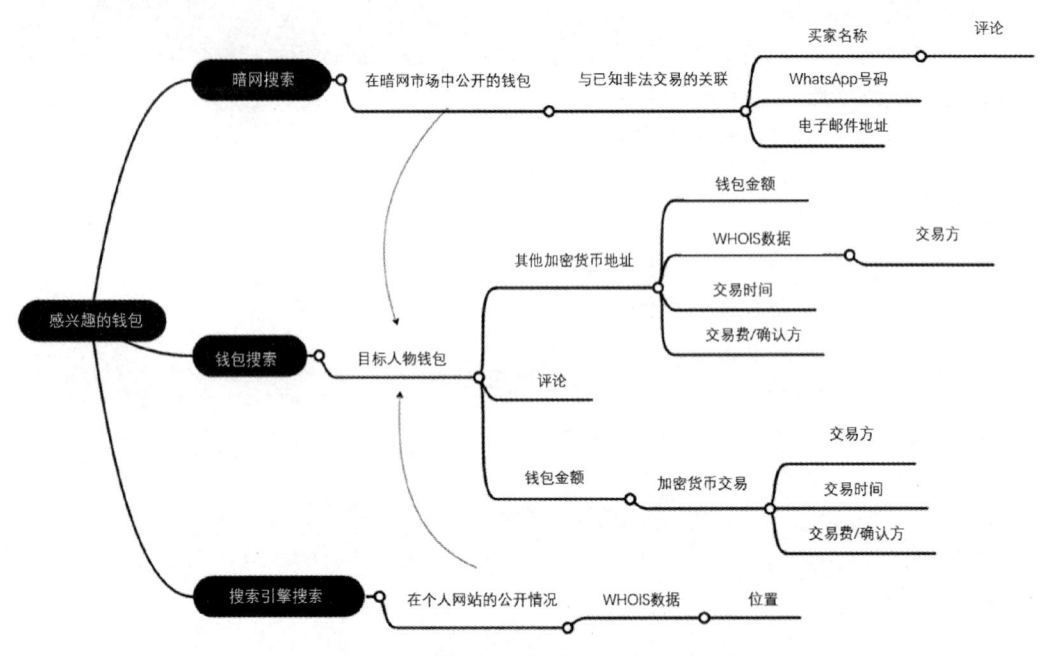

图 11.8　从感兴趣的钱包开始的调查拓线图

在交换点追踪加密货币套现过程：根据资深 OSINT 分析师和加密货币追踪专家 @sinwindie 的说法，分析加密货币交易最有效的方法是在交换点或交易所追踪它们，以揭示利益相关者。在交换点可得到的信息将取决于特定的区块链，一些交易所（如 ETH）的钱包会注明交易由哪些交易所发起。

加密货币挖掘脚本是一种网站本身提供的功能，它使用网站访问者的 CPU 来挖掘加密货币，当区块被成功验证时，访问者就会获得加密货币奖励。通常，Monero 因其匿名性而被用作加密货币的首选。有时可以在 Docker、Gitlab 和 GitHub 等公共代码库或威胁情报报告中找到这些脚本，其中可能包含以下信息：

- 用户名
- 密码
- 矿池
- 工人编号

11.3.4　从感兴趣的交易开始

从交易开始，我们的目标可能是确定交易中涉及的钱包及钱包的所有者。可以使用交易映射技术将金融交易追踪到其交易所的端点。

梳理基线（Baselining）
- 历史上是否有相关案例可供我们借鉴？
- 我们已经知道哪些信息？
- 该地址是否有任何历史记录？

拓宽视野（Wide）
- 是否通过钱包搜索获得了与交易相关的钱包地址？
- 还有其他交易吗？
- 钱包账户中是否有任何身份信息？
- 是否有任何相关交易导致身份暴露？

聚焦重点（Narrow）
- 地址是否与其他区块链绑定？
- 交易是通过哪些地址进行的？
- 付款金额是否有规律可循？
- 在搜索引擎中能搜索到这些地址吗？

分层识别（Layering）
- 地址或钱包上是否附有任何用户名、密码或其他可识别的特征？
- 钱包交易的日期是什么时候？
- 这些地址是否出现在暗网上？
- 地址是否与个人披露信息一起出现在网站上？
- 如果该地址用于暗网支付，它是否与任何社交媒体或通信账户（WhatsApp、电子邮件等）相关？

如图11.9所示，这一拓线图表达了从感兴趣的交易开始的分析要点。

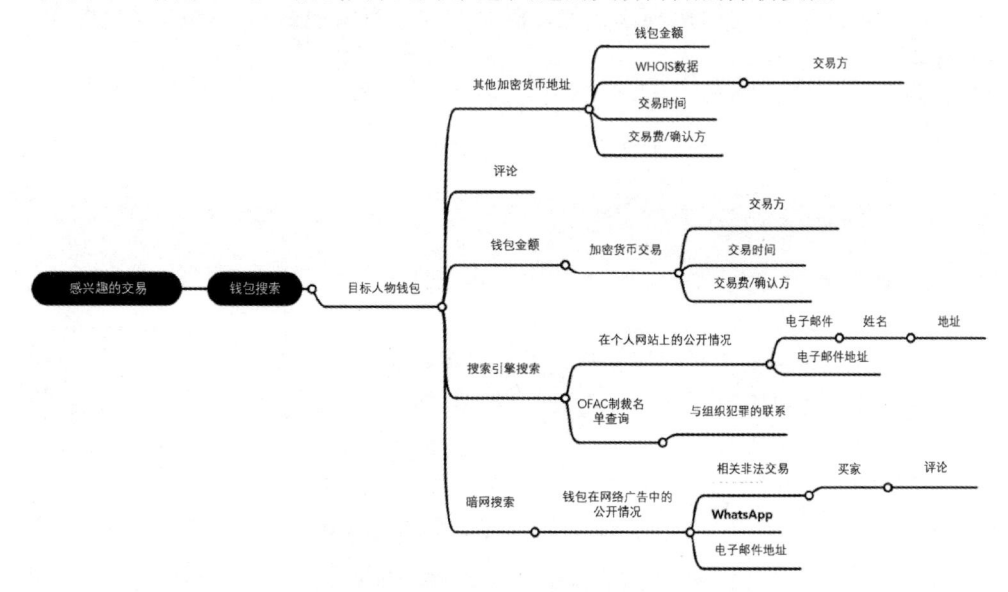

图 11.9　从感兴趣的交易开始的调查拓线图

第12章 非同质化代币

12.1 NFT 概述

我们之前讨论过比特币或莱特币等可替代代币，这些代币不具有唯一性，也没有序列号等识别标记。现在我们来谈谈不可替代的物品，它们是完全独一无二、不可分割的，如房子、汽车或艺术品。非同质化代币（NFT）是独一无二的加密货币物品，它存储了数字艺术品或学历证书等无法被复制的数据。NFT 通常在 Opensea.io 和 Rarible 等专门的交易网上买卖，并根据所谓的智能合约运行和交易。智能合约是用于执行买卖双方协议的程序，其输出通常会根据输入而变化。

智能合约控制着 NFT 的权威性、稀有性和收藏等事项，最终决定着 NFT 如何使用及 NFT 的转售价格。个人对 NFT 的所有权完全取决于他是否拥有 NFT 及其私钥。如果有人窃取了私钥并将 NFT 转移到自己的钱包，那么 NFT 现在就属于他了。

第 11 章"加密货币"中与 Ronin Explorer 漏洞利用相关的钱包地址是分析 NFT 犯罪的一个好例子。如果我们检查该钱包，就会发现所有者也购买了 NFT（见图 12.1、图 12.2）。

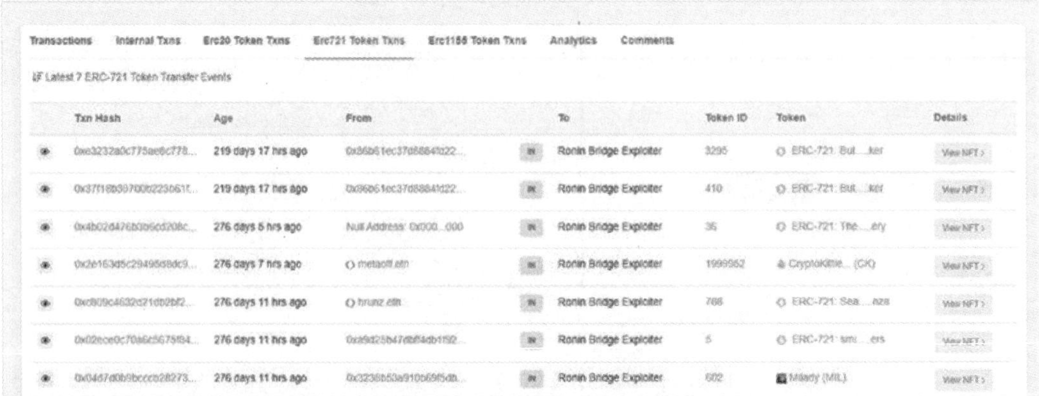

图 12.1 Ronin Explorer 钱包地址交易

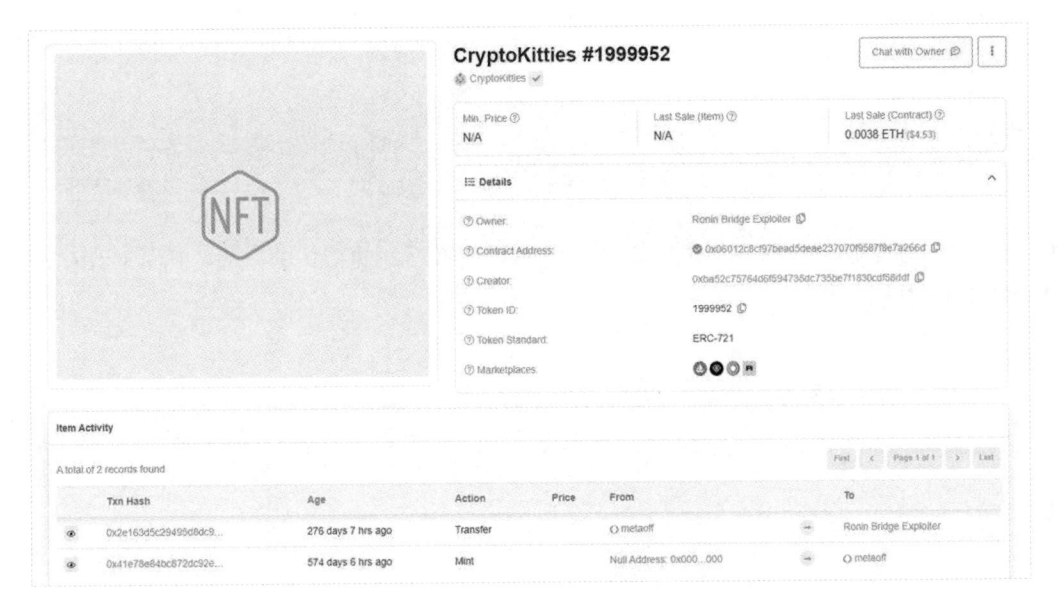

图 12.2　NFT 详情

12.1.1　NFT 犯罪

现在，让我们来探讨一下有关 NFT 交易的一些犯罪类型。

1. 庞氏骗局（Ponzi Schemes）和拉地毯骗局（Rug Pulls）

"庞氏骗局"是一种让投资者把钱投资在某件事情上并承诺高回报的骗局。但实际上，每个新投资者都是在向现有投资者付钱，而幕后黑手却在发财。基于 NFT 的庞氏骗局很有吸引力，因为很难对其进行估值，而市场营销带来的感知价值会推高价格。"拉地毯骗局"是指加密货币开发者吸引早期投资者，然后突然放弃项目，开发者要么携款逃跑、要么出售资产，总之榨干了投资者的资金。

2. NFT 伪造

在这一骗局中，有人以低廉的价格制造出毫无价值的假 NFT，然后通过让名人或其他具有影响力的人在社交媒体上发布相关信息，让所有人相信这些 NFT 是稀有和珍贵的。NFT 的价格被迅速推高，所有者将其卖掉以赚取巨额利润，留给买家的是毫无价值的 NFT。任何人都可以创建 ERC-721 代币，因此无法保证其价值。

3. 快速致富

有人创造了一种 NFT，声称它很稀有，值很多钱，然后以比实际价值高得多的价格卖给消费者。

4. 网络钓鱼

网络钓鱼诈骗与传统的网络钓鱼一样，都是通过交易所、企业或钱包提供商向钱包所有者发送虚假信息的。信息中通常包含一个诱骗用户输入证书的链接，用户点击后，骗子就可以盗取钱包中的资金。

12.2 NFT 分析方法

我们已经了解了什么是 NFT，以及它们如何被用于好的或坏的方面，下面来看看如何从 OSINT 角度分析它们。

12.2.1 通过钱包编号或地址分析

与其他形式的加密货币一样，NFT 市场也允许通过钱包号码搜索用户，通常可以找到：
- 钱包交易活动
- 拥有者的其他账户
- 拥有者的网上形象
- 拥有者的身份

搜索钱包地址的一种方法是使用 Opensea 网站（见图 12.3）。在 Opensea 上可以搜索、收集和出售 NFT，对我们来说它很有用，通过在多个市场账户中按用户和钱包编号进行搜索，看看是否能找到一些相似之处。

图 12.3　Opensea 网站上的用户 BenColefax

例如，如果复制 Opensea 上某用户的钱包编号并在 Etherscan 网站中搜索，就可以看到钱包余额、以太币价值和多笔交易信息。在钱包编号的顶部，会显示该钱包编号在其他哪些区块链上出现过（见图 12.4）。

在 PolygonScan 上也能查到相应的编号信息。Polygon（MATIC）是一种使用以太坊区块链并连接其产品的代币，在不牺牲安全性的情况下提高了可扩展性和灵活性。MATIC 大约有 100 亿个代币，其中大部分已经发行。我们可以探索这些区块链，寻找可能揭示目标人物身份或与其他钱包地址的细节（见图 12.5）。

接下来跳转到另一个顶级 NFT 市场 Rarible 并搜索相同的钱包编号，看看这个钱包是否与该市场上出售/销售的任何物品有关（见图 12.6）。在这些市场中搜索可能会发现一些零散的披露信息，这些信息单独来看意义不大，但结合起来就能帮助我们识别目标。

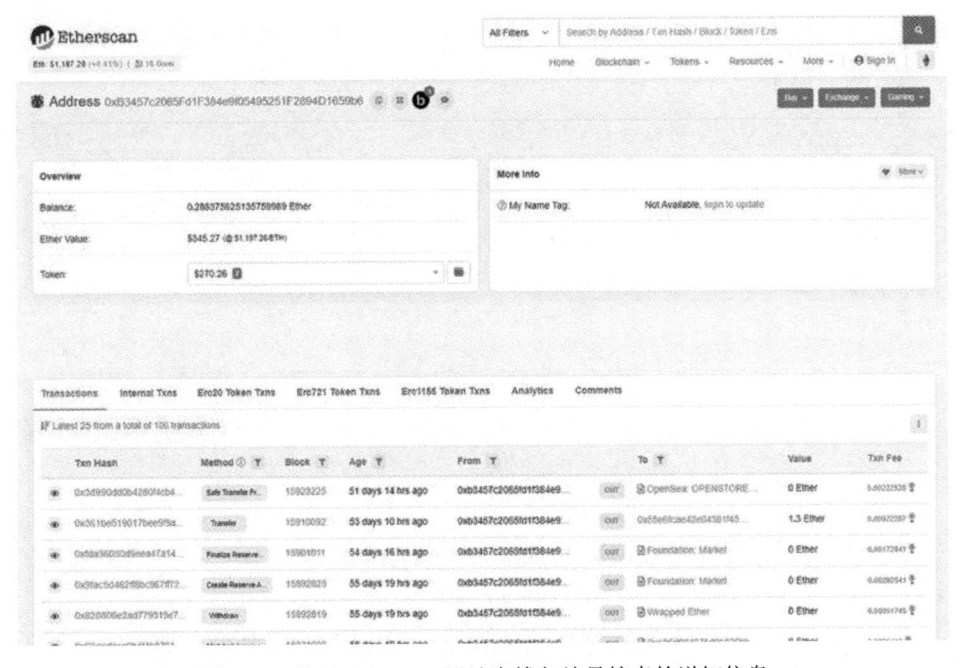

图 12.4　基于 Etherscan 网站中钱包编号搜索的详细信息

图 12.5　其他链上的其他钱包地址

图 12.6　在 Rarible 上找到的钱包号码

在 Rarible 上看到这个钱包与一个拥有多个 NFT 的账户相关联。查看账户活动，就能看到与原始账户风格一致的 NFT，而且还能看到相同的名称（见图 12.7）。名称是一个很好的线索，但我并不指望他们会把这些名字用于非法交易，所以你可能需要发挥创造力才能找到个人账户信息。

图 12.7　在 Rarible 上找到的钱包信息

在 Google 搜索引擎中使用高级搜索符（"姓名"和"NFT"）查找此人的名字，会出现许多社交媒体账户，其中包括一个 Twitter 账户，该账户不仅提供了用户名和地点供我们查询，还链接到了"基金会应用程序"市场。使用 Whatsmyname 网站搜索得到的 Twitter 用户名，可以找到一个带有艺术照片的 YouTube 账户和一个 Instagram 账户。这可以简要说明在 OSINT 分析中从 NFT 到感兴趣人物的"转换过程"。

只要通过搜索符（"名字"+"所在地"）继续搜索这位艺术家的名字和所在地，我就能找到他的 LinkedIn 页面和 Udemy 课程列表。

12.2.2　通过图片分析

从 NFT 中找到感兴趣主题的另一种方法是图像搜索，以及反向图像搜索。如果我们有 NFT 的图像，就可以通过反向搜索找到互联网上存在该图像的其他地方。我使用与之前相同的账户对其中一张图片进行了反向搜索，最终找到了艺术家的网站（见图 12.8）。遗憾的是，该网站已不复存在，WHOIS 记录也被隐私保护所覆盖。

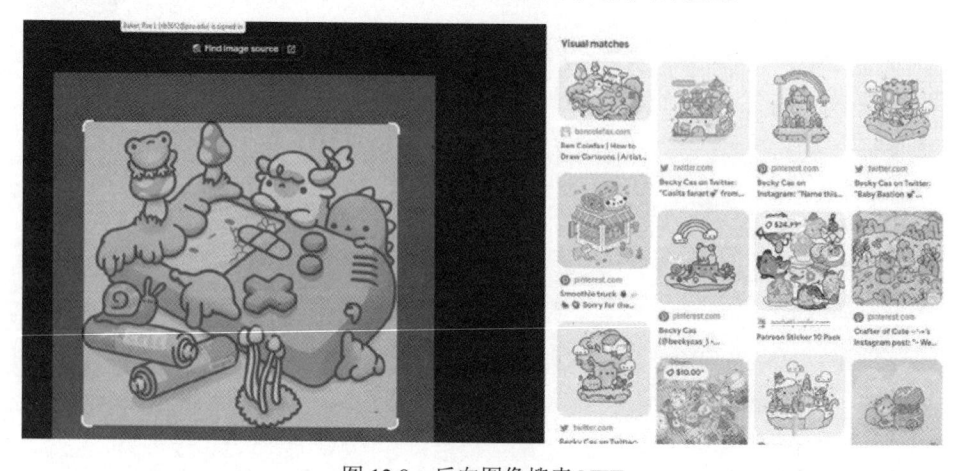

图 12.8　反向图像搜索 NFT

推特用户 sinwindie 向我介绍的另一个工具是 NFTFinder，它可以搜索文本或直接将图片拖入搜索框中，以查找类似的 NFT（见图 12.9）。

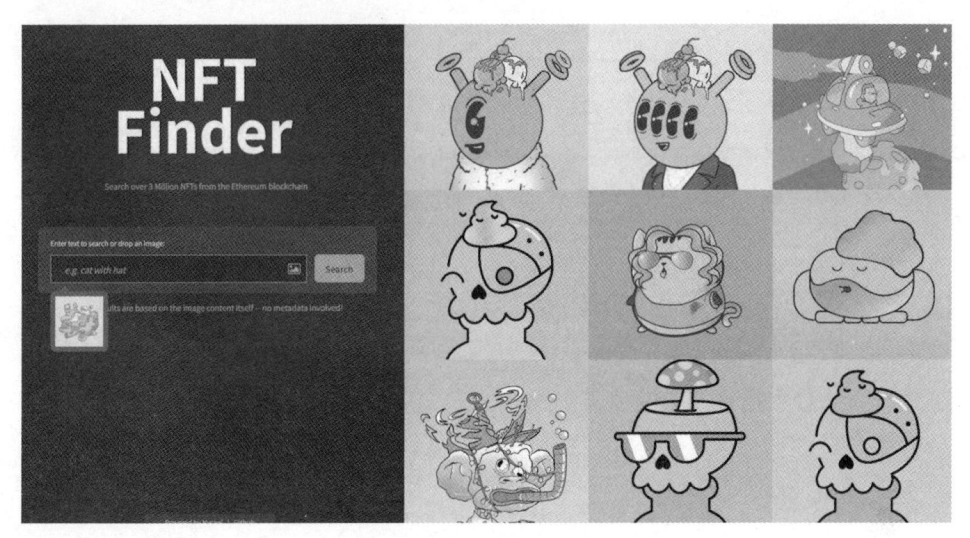

图 12.9　NFT 查找器

1. 什么是 ENS？

查看 Opensea 上的另一个账户，我们会在钱包编号上方看到另一个以.eth 结尾的标识符。.eth 代表以太坊名称服务（ENS），它是一种区块链命名服务，类似于域名系统（DNS）（见图 12.10）。与 DNS 相似，它将机器可读的标识符映射为人类可读的名称，就像我们使用 URL 而不是令人讨厌的冗长数字来记住网址一样。这些 ENS 名称在用以太坊上钱包购买后就会链接到钱包，使钱包地址比随机的数字字符串更容易记忆。

图 12.10　Opensea 上的另一个账户

通过使用以太坊名称服务应用程序，我们可以搜索.eth 地址来看看它是否提供了更多关联。下面的例子提供了注册人和控制器的地址（见图 12.11）。

在 Etherscan 上搜索注册人和控制人，就可以看到钱包的价值、拥有的任何 NFT，以及历史交易。有时我们会很幸运，在搜索引擎查询中使用的.eth 地址也能在 Instagram、

Twitter 和其他社交媒体的资料中找到。在这些社交媒体上，艺术家正试图销售他们的产品。这一行为可能会揭示钱包所有者的身份。

图 12.11　以太坊名称服务

2. 查找元数据

就像我们可以在图像中发现隐藏的元数据一样，NFT 文件中的数字信息或元数据也可用于分析。NFT 中的元数据是创作者认为有必要包含的信息。事实上，NFT 的元数据通常保存在星际文件系统（IPFS）中，这是一个能够保存多媒体文件的 P2P 系统。当创建一个 NFT 时会为它生成并分配随机数，该数也保存在元数据中。我们可以使用 Etherscan 查看 NFT 的元数据、确认其所有权并跟踪交易，但要查看控制 NFT 的智能合约的元数据，我们需要检查"详细信息"下的智能合约中的以下内容：

- NFT 令牌 ID
- 合同地址
- NFT 元数据状态
- NFT 编码协议
- 容纳 NFT 的区块链

虽然金融研究和加密货币分析需要一些高级 OSINT 技术，但这种类型的分析当然对于不同水平的分析师都非常有用。关于这些技术和金融系统如何工作的背景信息都可以在网上找到，只需要一点点经验并勇于尝试，任何人都可以开展金融 OSINT！

后记　　下一步是什么

感谢你与我同行

这本书的结尾该从何说起呢？我觉得我们才刚刚认识，而现在已经到了你们走向世界的时候了。当一年多前首次构思本书时，我有一个目标：为新晋和资深 OSINT 分析师们提供以方法论和技术为重点的读物，使他们能够将其应用于当前的工作中。

我衷心希望本书能成为你长久而宝贵的资源。我并没有在本书中介绍多少工具的原因是，我认为相比具体的工具而言，OSINT 的方法论更为重要。我知道你们当中有不少人喜欢工具清单，我将在我的网站 raebaker.net 上提供这份清单。如果你渴望获得更多的 OSINT 学习资源，那么 Twitter、YouTube 和 Discord 上有一个庞大的分析师社区。另外分析师的博客也很有价值，我在书中提到了其中一些。如果你想了解我在 YouTube 上发布的培训视频、博客和会议演讲的最新情况，可以在 raebaker.net 上注册并订阅我的时事消息。请记住，每件事都有起点，你的现在就是别人的开始。

重要提示

现在你已经通读了本书，但是在开始处理实际案例前，还有一些提醒。

1. 照顾好自己

根据角色不同，你可能会遇到一些需要付出沉重情感代价的案件，但我们并不总是能清楚地意识到自己何时会患上抑郁症。在处理任何创伤性案件时，一定要定期找人倾诉，并照顾好自己的身体和情绪。永远记住，你并不孤单，整个 OSINT 社区都在支持你，你可能也会放下一切去帮助其他分析师。本书的第一部分"OSINT 基础"中提供了帮助信息。如果你感觉需要倾诉，请立即使用这些资源。通过经常休息、起身活动、与他人交谈和合理饮食，确保你能照顾好自己。

2. 善用技能

信息本身并不可怕，可怕的是我们如何使用这些信息。在这个领域，你会接触到个人数据，也会学习到相当强大的情报技能（OSINT Tradecraft）。在帮助或伤害某人之间，你可能会被迫做出选择。我恳请你们利用自己的技能让世界变得更美好。有许多志愿者组织利用 OSINT 能力帮助人们摆脱危机。你可以选择自己想成为什么样的分析师。

做以下事情是绝对不行的：
- 未经同意在互联网上发布个人隐私信息；
- 在没有执法部门支持的情况下惩罚嫌疑人；
- 对尚未获得批准调查案件的当事人进行监控（前任、母亲、父亲、老板也不行）；
- 使用主动侦察技术。

3. 终身学习

如果我没有永不满足的求知欲，我就不会在 30 多岁时盲目进入网络安全领域（也有人说我疯了）；同样，如果我没有在宾夕法尼亚州立大学学习网络安全，我也不会接触到 OSINT。当然，你不需要通过全新的职业生涯来学习 OSINT，只需要对新的经验和想法持开放态度就够了。

向自己学习。把你的胜利、失误甚至错误作为学习经验。当你站在英雄身边时，很容易陷入冒名顶替综合症的陷阱。但你是属于这里的，继续寻找新的技巧和方法，设定新的目标，尝试新的事物吧。

向他人学习。由于技术行业的性质，作为专家我们被寄予重望，我们应当成为知道所有答案的独行侠，这也是一种挥之不去的烙印。然而，当我们能够承认自己的错误、分享想法并向他人寻求帮助时，我们作为分析师将发挥更大的价值。如果说这本书是我一个人写出来的，那虽然很了不起，但不是事实。我的后援团由才华横溢、和蔼可亲的专家组成，他们每天都会教给我新的东西。更重要的是，我与那些想法与我不同、勇于（善意地）教育我并希望看到我成功的人保持着联系。找到你的后援团，当时机成熟时也回馈别人。

4. 时刻保持良好的 OPSEC

在分析过程中应确保了解任何潜在的敌人，留心可能产生的数据痕迹。主动通过 VPN、虚拟机、研究账户等维护你的隐私。一个案件可能会毁于一旦，你和他人的安全也可能很快受到威胁，因此要提前并随时做好充分的准备。

> "对不起，老板，我只信任两个人。一个是我，但另一个不是你。"
> ——尼古拉斯·凯奇在《Con-Air》中饰演的卡梅隆·坡

当你将这些方法付诸实践时请记住，在信息时代，开源情报的力量只受到我们的想象力和学习意愿的限制。